꿈과 사랑이 있는 풍경

— 101인 학자들의 진솔한 이야기

꿈과 사랑이 있는 풍경

—101인 학자들의 진솔한 이야기

한국문화사

꿈과 사랑이 있는 풍경

–101인 학자들의 진솔한 이야기

1판1쇄 2008년 2월 25일
2판2쇄 2012년 2월 10일

엮 음 박 영 순
펴 낸 이 김 진 수
편 집 허 미 양

펴 낸 곳 **한국문화사**
등 록 1991년 11월 9일 제2-1276호
주 소 서울특별시 성동구 아차산로 3(성수동1가) 502호
전 화 (02)464-7708 / 3409-4488
전 송 (02)499-0846
이 메 일 hkm7708@hanmail.net
홈페이지 www.hankookmunhwasa.co.kr

책 값은 뒤표지에 있습니다.

잘못된 책은 바꾸어 드립니다.

ISBN 978-89-5726-930-5 03810

이 수필집은 혜당 박영순 선생님과 친분이 두터운 101인의 학자들이 선생님의 삶을 가까이에서 지켜보고 느끼고 생각한 것들, 선생님께 다 하지 못한 이야기들을 책으로 묶은 것입니다. 惠堂 朴榮順 선생님께서는 고려대학교 국어교육과에서 27년간 봉직해 오시면서 한결같은 사랑과 정성으로 많은 제자들을 배출해 오셨고, 국어학, 사회언어학, 국어교육학, 한국어교육학 분야에서 우뚝한 학문적 업적을 남기셨습니다. 또한 한국어세계화재단 이사장을 역임하시면서 세계 각국에 한국어를 널리 전파하시고 세계화하는 데에도 크게 이바지하셨습니다.

이 책은 문하생들이 혜당 선생님의 정년을 맞이하여 선생님의 학덕을 기리기 위하여 기획한 문집으로, 혜당 선생님의 스승, 동료, 제자, 친구, 가족에 이르기까지 선생님과 인연이 깊은 분들이 대부분 선생님과 관련된 일화를 중심으로 엮은 것입니다. 이 문집은 제목과 같이 101인 학자들의 꿈과 열정과 사랑을 짤막한 글이나 그림, 글씨로나마 공유해보는 것도 하나의 큰 즐거움이 될 수 있고, 필자들 모두 혜당 선생님을 존경하고 사랑한다는 공통분모를 통해 공동체를 이루는 기쁨도 나눌 수 있었습니다. '구슬이 서 말이라도 꿰어야 보배'라는 속담도 있듯이, 한 사람, 한 사람의 생각이나 삶의 이야기, 혜당 선생님의 인간적 조명 등 다양한 이야기를 한 곳에 모아놓고 보니 우리 편집진들은 흐뭇하기 그지없습니다.

다만 촉박한 일정 때문에 결국 글을 못 내셨거나, 너무 짧은 분량의 글을 부탁하여 하고 싶은 얘기를 충분히 못 쓰신 분들에게는 죄송하다는 말씀을 드리고 싶습니다.

한결같이 성실한 자세로 공부하고 가르치고 사람을 아끼고 사랑해오신 한 원로학자를 '상아탑'이라는 좁은 공간에서 '사회'라는 더 큰 공간으로 보내드리는 우리 필자들의 마음은 모두 하나일 것입니다. 부디 강령하신 가운데, 더 넓은 세상에서 더 자유롭고 더 행복한 삶을 누리시길 간절히 기원하는 마음 말입니다.

이 문집을 위해 좋은 글과 그림, 글씨를 보내주신 선생님들께 깊은 감사의 말씀을 드립니다. 특히 바쁘신 중에도 따뜻한 축사와 축시, 훌륭한 그림과 서예 작품을 주신 난대 이응백 선생님과 고려대 이기수 총장님을 비롯한 여러 선생님들께 머리 숙여 감사드립니다. 그리고 이 문집을 정성스럽게 만들어주신 한국문화사에도 감사의 뜻을 전하며, 회사의 무궁한 발전을 기원합니다.

2008. 1. 30

혜당 박영순 교수 정년기념 문집 편집위원

김무림, 원진숙, 정주리, 전은주, 김유범

삼가 올림

차 례

큐빅드림(1994)

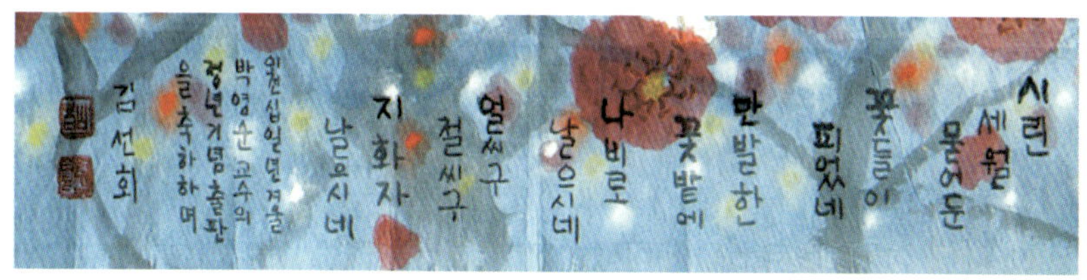

김선회(대한미전 심사위원장 역임)

들판이 보이는 청맥(2002)

祝停年

李淑子(고려대 교수)

생명(2005)

존경하는 교수님의 정년퇴임을 진심으로 축하합니다.
교수님의 아름다운 봄비는 가을 들판의 풍요로움을 만들었습니다.

문송란(서양화가, 대한민국 국전 국무총리상 수상자)

祝 書為 惠堂 朴榮順 教授

深谷花自開

蘭臺 李應百

爲朴榮順博士停年退任紀念之禧
栽花種
西紀二千十一年秋 石湖 金東泳 書

樹

賦女弟停年退職頌德之禧

停年此日貢平生
一貫輸誠訓育行
培養英才全刻勵
垂慈子女翹然成
千篇著述餘丕績
言誨多重溢厚情
咸祝絳帳龜鑑燦
彬彬師道永傳名

戊子元旦 湘碧朴重培作詩 月荷趙成達謹書

朴榮順 교수님

美意延年

甲申 正初

黃在國 拜

祝 惠堂 頌功

蘭臺 李 應 百
(서울대 명예교수)

사람이 한 일에 沒頭하다 法定年을
보람 있게 맞이함은 참으로 心祝해
마땅한 일이라는데 全的으로 共感하죠.

더구나 在職 시절 소련과 中國에서
二重 言語 大會를 盛況裡에 가졌음은
참으로 두고두고 稱訟할 훌륭한 일이었죠.

言語 교육 밑바탕에 文化傳統 중요성을
力說함은 그 효과를 참답게 올릴 수 있는
基本의 기본으로서 記念碑的 着眼였죠.

家庭과 大學에서 마련해 놓은 깊은 골짝
게서 꽃이 優雅하고 탐스럽게 활짝 피어
듬씰한 열매 맺기를 두 손 모아 빕니다.

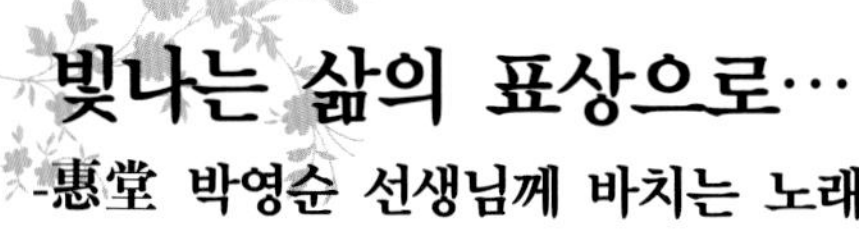

빛나는 삶의 표상으로…

-惠堂 박영순 선생님께 바치는 노래

金 亭 子
(부산대 교수·시인)

사랑하는 惠堂선생님!

당신은 역사의 격동기를 거쳐
햇살 푸른 예천 땅에 태어나신
아름다운 백합의 들판이십니다

비바람 몰아치는 벌판에서도
당신은 언제나 향기로웠고
꺼지지 않는 생의 불꽃으로
우리들을 이끌어 주시었습니다

학문의 장에서는 근엄하나 뜨거웠고
삶의 터전에서는 무한히 살갑고 따뜻했던 당신
당신의 맑고 높은 기상은

우리들의 형형히 빛나는 귀감이었습니다

쉬임없이 정정한 나무들을 길러내고
도저한 생의 울타리를 둘러쳐
세상의 향맑은 터전으로 살아오신
혜당선생님!

당신은 햇빛 찬란한 초원과
물결 넘실거리는 파도를 넘어
도도히 흐르는 강물줄기로 살아
불멸의 스승이 되실 것입니다

진솔한 삶의 노래로
오래 오래 강녕하시고
새빛 새날로 열려가는
빛나는 삶의 표상이 되소서

자치同甲을 위한 獻辭

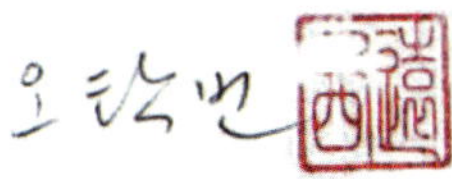

오늘 아침은
다홍치마 회장저고리 입은
나하고 자치同甲
醴泉 누이가
수줍게도 어여쁜 내 누이가
정년을 맞는 젤 소중한 날
능금처럼 익은 두 볼과
粉筆 가루 여직 묻은 손가락이
저녁답 박꽃보다 더 곱다

참 이상하다
신입생 엠티 갈 때면
소주와 과일 한 짝 씩 들고
대성리 강낭콩만한 민박집 방에서
학생들과 주거니 받거니
새벽까지 홀딱 밤을 새우던
80년대 초의 아픈 세월이
왜 자꾸 그리워지는지
왜 눈시울도 뜨거워지는지
참 이상하다
얼굴도 이젠 가물가물한
아득히 흘러간 학생들아
이젠 오십줄 바라볼 미운 제자들아
그때 신설학과 학생인 너희들만

외로웠던 게 아니란다
우리도 되게 외로웠단다

신설학과의 철부지 학생들한테
술만 퍼 먹이는 내가
욱 하는 성질머리 父性이라면
앞뒤 재며재며 속삭이는 누이는
경상도 내륙 醴泉에서 올라온
깨알같은 母性이었을라
내가 父性이고 누이가 母性이라면
그러면 누이와 나는
신설학과의 夫婦 사이였겠네?
-아이쿠! 큰일나겠다!
검사 사위한테 괜히 잡혀갈라

허지만
국제변호사 아들도 있다니
그 녀석이 금세 빼주겠지?
지나간 30년의 세월
누이가 곁에 있어서
행복했노라고
촌티 나는 인사를 해야겠네
내 정년 이제 한 학기 남았는데
나 또 외로워지면 어쩌나

퇴임을 축하드리며

宇玄 김 민 정
(장평중학교 교사)

얼굴엔 미소 가득 입에는 덕담 가득
아직도 볼 붉히는 소녀의 고운 심성
그러나 손색없는 학자요 국어학의 요람이네

만나면 늘 즐거워 웃음꽃이 만발하고
헤어질 땐 아쉬워라 팔 벌려 안아주시던
다정한 큰언니 같은 넉넉한 그 품새여

수많은 후학들과 제자들을 남겨놓고
오래고 정든 교정 이제 떠나가지만
학풍은 오래 남으리 인덕 또한 넘치리

축사

이 기 수
(고려대학교 총장)

안녕하십니까?

저는 고려대학교 총장으로서 혜당 박영순 교수님의 명예로운 정년퇴임을 기념하는 이 뜻깊은 자리에서 축사를 하게 되어 매우 기쁘게 생각합니다.

박영순 교수님께서는 1981년 3월에 고려대학교 사범대학 국어교육과 교수로 부임하신 지 꼭 27년이 되었습니다. 그 27년 동안 박영순 교수님께서는 많은 제자들을 훌륭하게 가르치셔서 교육계와 학계로 배출해 오셨고, 학문적으로도 국어학, 국어교육학, 한국어교육학, 사회언어학 등의 분야를 넘나들면서 무려 170여편의 논문을 발표하시고 총 30권의 저서를 출간하시는 큰 업적을 이루셨습니다.

제가 알기로 박영순 교수님께서는 국어학자로서는 매우 드물게 학문의 국제화에 단연 두각을 나타낸 여걸이셨습니다. 이중언어학회, 사회언어학회, 한국어학회 등의 학회장으로서 굵직굵직한 한국어 관련 국제 학술대회를 주관해 오시면서 한국학의 국제화에 지대한 공헌을 해 오셨습니다. 또한 한국어 세계화재단 이사장을 맡으시면서 한국어 교재 발간, 이주노동자, 이주 여성, 다문화 가정 자녀들을 위한 한국어 교육 지원 사업, 외국인들을 위한 한국어 능력 시험 등을 개발하고 시행하는 사업을 통해 한국어의 세계화에 크게 기여하셨습니다.

그런가 하면 우리 고려대학교의 국제화를 위한 노력에도 헌신적이셨습니다. 영국의 런던 대학, 호주의 모나쉬 대학, 캐나다의 UBC, 독일의 레겐스부르크 대학과 우리 대학 간의 자매 결연의 초석을 놓는 데 결정적으로 공헌하신 것으로 알고 있습니다.

이렇게 제자 사랑과 학문 연구에 불철주야 앞으로만 달려 오셨던 박영순 교수님께서 어느새 정년을 맞으신다니 실감이 나지 않습니다. 제자들의 정성으로 마련된 오늘 이 자리는 특히 혜당 선생님의 학덕을 기리면서 펴낸 책들을 봉정하는 자리이기도 한 것 같습니다. 제자들이 스승을 존경하고 사랑하는 모습이 참으로 보기 좋고 아름답습니다. 박영순 교수님께서는 참 복이 많은 분이라는 생각이 듭니다.

저는 개인적으로도 이런저런 일로 박교수님을 자주 뵈었습니다. 특히 1996년 하버드대학에서 연구년을 함께 보내며 선생님 부부와 우리 부부가 자주 만나 식사도 하며 학문에 대한 이야기, 하버드대학 이야기, KAIST 이야기, 고려대학교 이야기를 나누었던 것이 즐거운 추억이 되었습니다. 그땐 우리 모두 너무도 진지하게 나라를 걱정하고, 학문의 발전에 대해 의견을 교환하고 KAIST와 고려대의 발전 방향에 대해서도 의견을 나누었었지요. 그때 두 분이 얼마나 금슬이 좋으시고, 또 학문에 얼마나 열정적인가도 더욱 잘 알게 되었습니다. 또한 박교수님은 얼마나 고려대학교를 사랑하시는 지도 새삼 느끼게 되었습니다.

박영순 교수님.

그동안 우리 고려대학교를 위해서, 학문 발전을 위해서, 제자 교육을 위해서 헌신해 오시느라 참으로 수고가 많으셨습니다. 고려대학교 총장으로서 박영순 교수님의 노고를 진심으로 치하하며 심심한 감사를 표하는 바입니다. 선생님이 계셔서 우리 고려대학교가 더욱 빛나고 자랑스러울 수 있었습니다.

히로나가 헤이스케가 쓴 『학문의 즐거움』이라는 책에는 늦깎이 수학자의 인생론이 차분하게 잘 쓰여져 있는데, 대학에 몸담은 우리들에게 공감을 불러일으키는 얘기가 많이 있지요. 그 중에서도 저는 '목표를 확실히 갖고 있는지 아닌지에 따라 사람의 성장은 상당히 달라진다. 그 목표에 도달하는 자체가 중요해서가 아니라 목표가 그 사람을 끌어당기는 힘이 되어, 일을 하게 하고 발전, 진보시키기 때문이다.'라고 한 그의 말을 좋아하는데, 마치 박교수님을 두고 한 말인 것 같습니다.

제가 보기에 박교수님은 일찌감치 '학문의 즐거움'을 깨닫고, 학자로서 해야 할 일들을 스스로 찾아서 목표로 삼고, 필요한 만큼의 노력을 하신 분인 것 같습니다. 학회를 창설한다든가, 국어학자들이 미처 생각하지 못한 국제활동을 한다든가, 한국어의 국제화를 위해 남다른 노력을 하신 것들이 그걸 말해주고 있습니다. 항상 시대를 앞서가신 박교수님의 학자적 여정이 무척 존경스럽고 아름다워 보입니다. 이제 학교는 떠나시지만 교수님의 학문의 길은 끝나지 않았습니다. 오히려 더 자유롭게 무엇이든 하실 수 있을 것입니다.

정년은 문자 그대로 'retire' 즉, 타이어를 새로 갈아 끼고 새출발한다는 의미입니다. 박 교수님께서는 지금까지 멋지게 달려오신 것처럼 정년을 통해 새로 타이어를 갈아 끼고 다시 남은 삶을 힘차게 달려가실 줄 믿어 의심치 않습니다.

선생님과 선생님 가족 모든 분들에게 늘 행운이 함께 하시길 빌면서 간단하게나마 축사에 갈음하고자 합니다.

늘 행복하십시오. 감사합니다.

2008. 2. 23.

축하 말씀

우메다 히로유끼(梅田博之)
(라이다쿠대학교 총장 · 일본언어학회 회장)

혜당 박영순교수님께서 정년퇴직하실 때에 동도동학(同道同學)하신 101분께서 박영순교수님의 공덕과 학덕을 칭송하여 교수님과의 교류를 회고하여 만든 문집 "꿈과 사랑이 있는 풍경"이 출판된다고 하니, 진심으로 경하해 마지않습니다. 이에 충심으로 축하의 뜻을 전하는 바입니다.

교수님께서는 오랫동안 고려대학교에서 국어학, 국어교육 및 외국인을 위한 한국어교육, 나아가 사회언어학분야에서 연구와 교육을 담당하시며, 수많은 저서와 논문으로 탁월한 연구업적을 내시어 학문의 발전과 심화에 공헌하셨습니다.

또한, 한국어학회, 이중언어학회, 사회언어학회, 한국어의미학회, 민족어문학회 등, 다섯 개의 학회 회장을 역임하시어 학계의 발전에 기여하심과 동시에, 많은 국제학회를 기획 · 개최하시어, 한국어연구의 국제화와 학술의 국제교류에 힘을 쏟으신 것도 특기할 큰 공덕입니다. 더욱이 한국어세계화재단 이사장도 역임하시어 한국어의 국제적인 보급에 진력하셨습니다. 이러한 중요한 일들을 높은 이상(꿈)과 열정을 갖고 추진해 오신 박영순교수님께 진심으로 경의와 감사의 뜻을 올리는 바입니다.

제가 박영순교수님을 처음 만나 뵌 것은 1988년 여름에 이중언어학회가 "일본에 있어서의 한국어교육"이라는 주제하에 고려대학교 과학도서관에서 개최된 때였습니다. 당시, 학회장을 맡으셨던 박영순교수님의 초청을 받아 참석하였습니다. 저는 그보다 훨씬 전에 이미 박교수님의 연변조선어의 사회언어학적 연구에 관한 논문을 읽고 교수님에 대해서는 알고 있었습니다만, 실제로 박교수님을 뵙고 교수님의 연구자로서의 진지한 태도와 학회장으로서의 지도력에 깊은 감명을 받았습니다. 저는 한국어학을 전공하면서, 높은 한국어 구사능력을 가지려고 노력했지만 항상 자신은 없었습니다만, 박교수님께서는 저의 한국어 실력을 매우 칭찬해 주셨습니다. 그리고 그때 교수님으로부터 일본에서의 한국어교육의 방향성에 대하여 유익한 시사와 조언을 받은 일이 생각납니다. 이 세미나는 일본이나 한국에서 처음 개최되는 것이어서 역사적인 것이었습니다. 이 세미나를 통해 일본에서 한국어학을 전공하는 학자들에게도 큰 자극이 되고 도움도 되었으며, 이후 일한 학자들 간의 학술적 교류도 더욱 활발해졌습니다.

또한 1990년 여름에 이중언어학회가 연변대학에서 세미나와 연구발표회를 했을 때에도 때마침 연변조선어 조사를 위해 연변대학 초대소(招待所)에 머무르고 있던 저는 참석하였습니다. 멀리 연변 땅에서 교수님과 재회했을 때의 반가웠던 기억은 지금도 잊을 수가 없습니다. 아직 한중 수교도 없던 시절 국제학술회의를 조직하여 연변에서 성대하게 치르는 것을 보고 너무 놀라고 경이로웠습니다. 더욱 놀라운 것은 바로 이듬해 『소련에서의 한국어학과 한국어교육』이라는 주제로 모스크바에서 개최했다는 소식을 듣고 더욱 놀랐습니다. 어느 남자 교수도 해내지 못한 일을 여성의 몸으로 훌륭히 해내는 것을 보고 더욱 큰 감동을 받았습니다.

또한, 2002년 한국어학회 회장이던 박선생님께서 이번에는 『한국어학의 오늘과 내일』이라는 국제대회가 서울대학교 호암회관에서 열렸을 때에도 초청받아 참석하였습니다만, 학회활동을 통해서 학술연구의 발전과 국제교류의 활성화를 위해 진력하시는 교수님의 진지한 모습을 접할 때마다 깊은 감명을 받고 새삼 경의와 존경의 마음이 깊어졌습니다.

제가 아는 박영순교수님은 학문적으로도 선구자적 활약을 하셨지만, 남이 생각지도 못한 때에 그리고, 아직 수교도 없는 등 어려운 때에 일본대회, 중국대회, 소련대회를 연달아 개최하시는 것을 보고 참으로 놀라고, 앞날을 보는 혜안이나 일을 추진 함에 있어서 남다른 리더십이 있다고 생각하였습니다. 인간적으로도 매우 따뜻하고 배려심이 많으신 분으로 기억하고 있습니다. 저의 회갑과 고희 기념 논문 본정식을 한국에서 할 때 논문도 써주시고 참석도 해주신 점, 지금도 감사하게 생각하고 있습니다. 선생님과는 특별한 인연이 있는 것 같습니다. 박영순교수님은 훌륭한 제자도 많이 길러내신 것으로 알고 있습니다. 이런 많은 업적을 쌓으시고 정년퇴임하시게 됨을 진정으로 축하드리고 박교수님의 건강과 가일층의 활약을 기원하겠습니다.

2008년 1월 8일

축사

임 지 룡
(경북대학교 부총장)

존경하는 혜당(惠堂) 박영순(朴榮順) 선생님께서 명예로운 정년을 맞이하시게 되었습니다. 이를 기념하여 문하생들께서 평소에 혜당 선생님과 가까웠던 지인들을 모시고 출판기념연을 갖게 된 것을 퍽 뜻 깊게 생각합니다. 우선, 혜당(惠堂) 선생님의 정년퇴임을 경하 드리면서도 섭섭한 마음을 금할 길이 없습니다. 아울러, 『한국어와 한국어교육』, 『101인의 학자들이 엮어낸 진솔한 이야기: 꿈과 사랑이 있는 풍경』, 『우리가 정말 알아야 할 한국 문화』 및 『하나의 위대함 여럿의 아름다움』의 간행을 축하드리며 이 간행에 기울이신 문하생들의 아름다운 정성을 높이 기립니다.

저 자신은 혜당 선생님께서 1997년 2월 21일 한국어의미학회를 창립하시고 초대회장직을 수행하셨을 때 연구이사로서 선생님을 뫼시게 된 축복을 받은 바 있으며, 현재 한국어의미학회의 회장을 맡고 있습니다. 또한 2002년에 검인정 교과서를 심의하는 모임에서 혜당 선생님을 위원장으로 뫼시고 10명이 여덟 차례에 걸쳐 한 달 넘게 합숙을 하게 되었으며, 이후 '양문회'를 결성하여 해마다 한 차례씩 만나고 있습니다.

저는 한국어의미학회와 양문회를 통해 선생님의 높으신 학덕과 함께 따뜻하고 넉넉하신 인품을 보다 더 가까이에서 뵈올 수 있게 되었으며, 이 과정에서 혜당 선생님께서 일을 풀어나가시는 높으신 경륜과 사람을 대하는 깊은 정성에 큰 감명을 받게 되었습니다.

혜당 선생님께서 쌓으신 학문 세계와 학계에 끼친 공적은 범인들이 쉬 헤아리기 어려운 특별한 여정이었습니다. 선생님께서는 국어학을 전공하시면서 일찍이 University of Illinois at Urbana Champaign에서 언어학 박사학위를 취득하신 뒤 경희대학교, 교려대학교에서 후진을 양성하시고, UC Berkeley와 Harvard 대학의 객원교수를 역임하셨습니다. 이 기간 동안 혜당 선생님께서는 주옥같은 논문 178편, 24권의 저서와 6권의 편저를 통해 국어학, 언어학, 국어교육학, 한국어교육학, 한국어문화론의 새 지평을 여셨습니다. 특별히 2000년부터 2007년까지 선생님의 서서 가운데 문화관광부 우수학술도서 4권, 학술원 우수학술도서 1권으로 선정된 것은 우리 학계 모두의 기쁨이 아닐 수 없습니다.

잠시 혜당 선생님의 학문 세계, 후진 양성, 학문행정의 큰 자취를 뒤돌아 보면서 저의 세 가지 소회를 말씀드리고자 합니다.

첫째, 혜당 선생님의 학문 세계는 그 시야가 국어학, 언어학, 언어교육학, 문화학에 걸쳐 매우 넓은 특징을 지니고 있습니다. 구체적으로 국어학의 경우 '의미론' '통사론' '화용론' '담화 텍스트론' '문체론'을 망라하셨으며, 언어학의 경우 '언어발달론' '사회언어학'에 정통하였으며, 언어교육학의 경우 '문법교육론' '한국어문법교육론' '이중/다중언어교육론' '언어문화교육론'을 체계화하셨으며, 문화학의 경우 '한국어교육을 위한 문화론' '다문화사회의 문화론'을 최초로 정립하시는 등 인문학 분야에 혜당 선생님의 손길이 미치지 않은 곳이 없으며, 그 손길 가는 곳마다 길 없던 곳에 훤한 새 길이 뚫렸습니다. 한마디로, 혜당 선생님의 학문 세계는 높은 균형감각과 깊은 종합력을 지님으로써, 도도히 흘러가는 한강물과 같이 독보적인 '혜당 학파'를 구축하셨습니다.

둘째, 혜당 선생님은 빼어난 제자들을 길러서 학계에 진출시키셨습니다. 재직기간 동안 석사 47명, 박사 20명을 지도하셨습니다. 제가 틈틈히 지켜 본 바 혜당 선생님께서는 엄격함과 사랑으로 제자들을 가르치셨는데, 그 엄격함은 서릿발 같이 차갑고 한 점의 오차도 용납하지 않으셨으며, 그 사랑은 뜨겁고 넘칠 정도였습니다. 당신의 분신으로 키우신 제자들이 학계의 중견이 되시어 경향각지에서 혜당학맥의 큰 지평을 더욱 섬세하게 확장하는 것을 보면서 저 자신 부러운 마음을 금할 수 없습니다. 진정 혜당 선생님께서는 "천하의 영재를 얻어 교육하심"으로써 맹자님이 말씀하신 인생삼락 가운데 또 하나를 누리셨습니다.

셋째, 혜당 선생님은 여러 학계를 이끄시면서 이른바 '학문 행정'의 큰 자취를 남기셨습니다. 우리나라 인문학 분야의 중추적 학회인 이중언어학회, 민족어문학회, 한국어의미학회, 사회언어학회, 한국어학회의 회장을 역임하시면서 다섯 차례의 국제학술대회를 주관하시고, 두 차례의 한국을 대표하는 국제학회의 대표 및 조직위원으로 국위를 선양하셨으며, 해당 학술지를 등재지로 선정되도록 하는 초석을 다지셨습니다. 또한 한국어 세계화재단 이사장을 역임하시면서 세계 무대로 한국어를 보급하는 데 크게 이바지 하셨습니다. 이 학문행정에서 혜당 선생님은 늘 큰 그림을 설계하시고 이후의 일들은 전적으로 주변 분들을 믿고 맡기시는 넉넉함을 보이셨는데, 이는 사람을 믿고 키우시기를 즐겨 하신 혜당 선생님의 큰 도량에서 비롯된 것으로 보입니다.

이 세 가지 경우에 비추어 볼 때 혜당 선생님은 우리나라의 인문학 분야에 강력한 학문적, 인적 네트워크를 주도해 오시고 그 중심에 서 계셨다 하겠습니다. 한 알의 밀알이 썩어서 수많은 꽃을 피우고 값진 열매를 맺는 것은 실로 크나큰 감동이 아닐 수 없습니다. 저 자신은 혜당 선생님께서 걸어오신 밀알과 같은 삶에 잠시나마 뒤따를 수 있었던 축복과 감명을 결코 잊을 수 없습니다.

존경하옵는 혜당 선생님! 제도권의 '정년(停年)'을 맞으셨으나, 이 용어가 선생님께는 전혀 어울리지 않으십니다. 선생님을 따르는 수많은 후학들과 이 땅의 젊은이를 위하여 더 많은 가르침을 베풀어 주시고, 오래오래 건강하시고 길이 복된 나날을 누리시기 바랍니다. 감사합니다.

2008년 2월 23일

봉정의 기쁨

장 경 희
(한양대학교 사범대학 학장)

오늘 우리는 사회언어학계에 이바지하신 혜당 박영순 선생님의 깊고 크신 뜻을 기리고자 조그마나마 정성을 담아 논문집을 만들어 봉정하고자 합니다. 이 뜻 깊은 자리에서 축하의 말씀을 드리게 된 것을 매우 기쁘게 생각하며, 여기 계신 모든 분들과 참석하지 못한 여러 분들을 대신하여 혜당 선생님께 마음으로부터 축하를 드립니다.

이미 다 아시는 바와 같이 혜당 선생님께서는 고려대학교에 27년간 봉직하시고 올 2월에 정년 퇴임하시게 되었습니다. 실로 평생을 학계에 몸담고 계시면서 혜당 선생님께서는 개인적인 학문적 성취에서 나아가 우리 한국 인문학계에 크나큰 공헌을 이루어 내셨습니다. 선생님의 손길이 닿지 않은 곳이 없을 정도로 국어학의 통사론, 의미론, 담화 텍스트론, 문체론의 영역에서 길잡이가 되는 중요한 학술 업적을 내셨고, 국어교육, 한국어교육, 한국문화, 언어학에서도 새길을 개척하시고 새 지평을 여는 발전과 도약을 이루어 내시곤 하셨습니다. 70여명이 넘는 석·박사 제자 양성, 170편이 넘는 연구 논문, 30여권의 학술 저서가 이러한 사실을 잘 보여 줍니다. 또한 이중언어학회, 한국어의미학회 등 여러 학회를 창설하시고, 한국어학회, 사회언어학회 등 여러 학회의 회장을 역임하시면서 우리나라 인문학 분야의 학문 발전을 헌신과 애정을 다하여 주도해 오셨고, 우리 인문학의 연구와 학술 활동들을 국제적인 무대로 전환하고 한국어를 세계적으로 보급하는 데 있어서도 혜당 선생님은 획을 긋는 일들을 하셨습니다. 혜당 선생님께서는 우리나라 인문학에 나열하기 어려운 만큼 많은 공헌을 하셨습니다만, 그 가운데서도 혜당 선생님의 각별한 사랑과 관심을 담은 영역은 사회언어학이 아닐까 생각합니다.

혜당 선생님께서는 지금의 한국 사회언어학이 있기까지에 그 출발과 발전과정에 남다른 관심과 노력을 기울여 오셨습니다. 최근에는 사회언어학이 여러 학자들의 관심 속에서 활발하게 연구되고 있습니다. 그러나 불과 얼마 전까지도 사회언어학은 활발한 조명을 받지 못한 영역이었습니다. 그러한 학문 풍토에서 혜당 선생님께서는 무려 40여년전부터 사회언어학적 접근에 관심을 가지시고 일리노이 대학에서 1973년에 '한국 여성의 언어'로 석사학위를 받으셨고, 1978년에는 '의사소통능력 발달 양상'을 주제로 동대학에서 박사학위를 받으셨습니다.

의사소통은 요즈음 인문학의 핵심 연구로 부상되었고, 대중과 사회에서도 의사소통 문제는 중시되어 많은 영역에서 의사소통이 화두로 등장하고 있습니다. 그리고 여성 언어 연구 또한 아주 매력적인 연구 주제로 부상하였습니다. 30, 40년 전, 당시의 학계나 대부분의 연구자들이 별로 관심을 갖지 않던 사회언어학적 연구를 혜당 선생님께서는 벌써 먼 옛날에 착수하셨던 것입니다. 감히 보통 사람들은 깨달을 수 없는 문제의식을 발현하셨고, 참으로 선구적인 업적들을 이루어내셨다 하겠습니다.

또한 애정과 헌신을 다하여 사회언어학회를 이끌고 발전시켜 오신 공헌자이기도 합니다. 혜당 선생님께서는 연구와 강의, 후학 지도, 그리고 끊임없는 저술들로 한국의 사회언어학 학문 영역을 키워 오셨고, 사회언어학회 회장을 역임하시면서 학회 발전에 노력을 다하셨습니다. 차갑고 엄격한 사도로 제자와 후학들을 이끄셨고, 때로는 가족같은, 때로는 친구같은 사랑과 관심으로 제자와 동료를 격려해 주셨습니다. 혜당 선생님의 가르침을 받은 학도가 헤아릴 수 없이 많고, 이제 이들이 도처에서 새로운 도약을 이루어내고 있습니다.

혜당 선생님의 이러한 공로와 실적에 대하여 우리 후학들이 조그만 정성을 모아 논문집을 봉정드리면서, 한국사회학회 그리고 한국 인문학계를 혼신을 다하여 이끌어 오신 혜당 선생님의 헌신적이고 열정적인 삶과 학문의 길에 힘찬 박수를 보냅니다. 앞으로 부디 오래 오래 건강하시어 우리 사회언어학회의 발전과 후학들의 성장을 행복한 미소로 지켜봐 주시기 바랍니다. 감사합니다.

* 이 글은 「사회언어학」제16권 1호(2008) 혜당 박영순교수 정년퇴임기념 특집호 발간 기념식에서 하신 축사임을 밝혀둔다.

祝 朴榮順教授 停年退任

李 準 尙
(成均館儒道會 安東 支會長)

敎育功成不穢名　高齡退職感懷明

平生修學全人格　弟子傳知使物成

遵守家風詩禮洽　發刊書籍精誠盈

多勳褒賞京鄕耀　壽福兼行無盡榮

賦 女弟停年退職

박 중 배
(전통문화연구회 지도위원)

停年此日貢平生　一貫輸誠訓育成

培養英才全刻勵　秀拔子女母心行

千篇著述功留績　言誨多重樂性情

惜別斯筵觀送裡　幾何頌德永傳名

혜당의 학문세계

김 무 림
(강릉대학교 교수)

우선 惠堂 朴榮順 선생님의 학문적 넓이는 타종을 불허할만큼 넓다고 할 수 있다. 순수국어학, 사회언어학, 국어교육학, 한국어교육학, 이중/다중언어교육학, 문화론에 걸쳐있기 때문이다. 그러므로 여기서 혜당선생님의 학문세계를 다 논의하기에는 지면도 시간도 허락지 않는다. 더구나 필자는 혜당선생님과는 거리가 먼 국어사와 음운론, 한자음을 전공했고, 지금까지 이 분야에 매달리고 있는 터라 혜당 선생님의 학문 세계를 다 알 수도 없다. 그러므로 논의가 매우 거칠고 피상적일 수 밖에 없는 점 독자들의 이해를 바란다.

우선 혜당 선생님의 순수국어학 연구에서는 문장 이상 단위의 구조와 의미에 관심이 집중되어 있다. 따라서 음운론이나 형태론은 두세 편씩의 소논문만 있을 뿐 저서는 없다. 단독 저서 24권 중 순수국어학이 10권, 응용국어학이 14권이다. 편저한 4권은 국어학, 국어교육학, 한국어교육학, 국어학과 한국어교육학을 아우른 저서이다. 공저한 4권은 연변 조선족자치주 연구, 국제 독서교육 총서, 한글의 세계화 등이다. 순수국어학 저서는 통사론 3권, 의미론 2권, 은유론 2권, 담화텍스트론 2권, 화용론 1권, 도합 10권이다. 국어교육학 관련 3권, 한국어교육학 관련 3권, 사회언어학 관련 3권, 이중/다중언어학 관련 2권, 한국문화 관련 4권에 이른다. 이렇게 방대한 분야에 걸쳐 이렇게 많은 저서를 낸 학자는 한국 내에 혜당선생님뿐이다. 그 질에 있어서도 통사론, 의미론, 사회언어학, 은유, 한국어교육론, 담화텍스트론, 화용론, 문화론 등의 저서는 단연 한 획을 그을 만큼 독보적이라 해도 틀리지 않을 것이다.

소논문은 총 178편을 분석해 보면 미시적이고 분석적인 논문보다는 거시적이고 종합적인 논문이 월등하다는 특징을 보인다. 분야별로 보면 음운론, 형태론, 통사론, 의미론, 은유 관련, 문체론, 응용국어학 등 다양하나 의미론이 가장 많다. 이밖에 사회언어학, 문법 교육, 이중언어 관련, 외국어로서의 한국어 교육관련, 한국어의 세계화와 관련된 논문이 상당히 많다.

여기서 반드시 짚고 넘어갈 문제는 1981년에 쓰신 이중언어교육론과 관련된 논문들이다. 아직 한국에서는 거의 누구도 모르던 미국의 이중언어 이론을 소개하고, 한국의 재외동포들의 이중언어교육의 필요성을 주장하며 이중언어학회를 창설하셨다는 사실이다. 이후 이중언어학회장을 역임하시며 혜당선생님의 진면목이 여실히 드러났다고 할 수 있다. 4년 동안의 회장 재임기간 동안 3번의 국제학술대회를 개최하셨는데, 모두 다 역사적인 것이었다. 1988년의 『일본에서의 한국어교육』은 한국에서는 사상 처음으로 개최된 한일세미나였고, 1990년의 『중국에서의 한국어교육』은 한중 수교 이전에 중국에 가서 국제학술대회를 성황리에 개최한 역사적인 것이었으며, 1991년의 『소련에서의 한국어학과 한국어교육』 역시 소련이 해체되기 전, 그리고 역사상 처음으로 모스크바에서 소련에서의 한국어학과 한국어교육의 현황을 파악한 최초의 국제학술대회였기 때문이다. 이 때 나온 두툼한 논문집들 속에서 놀랄만큼 충실한 혜당의 논문들을 볼 수 있다.

이후 이중언어학회는 비약적으로 발전하여 몇 천 명의 회원을 가진 거대학회가 되어있다. 한국에서 이중언어이론을 가장 먼저 소개하고, 학회 활동을 통해 이룬 혜당선생님의 여러 논문과 저서는 향후 30년 뒤 폭발적으로 증가한 외국어교육으로서의 한국어교육의 수요에 대비해 일찌감치 이론적 토대를 쌓은 것이었으며, 해외 동포자녀들이나 국내의 이민 자녀들에 대한 이중언어교육의 이론적 바탕을 제공한 것이었다.

혜당 선생님의 학문적 흐름을 요약해서 본다면 다음과 같이 7단계를 설정할 수 있을 것 같다.

1. 사회언어학 연구 시기
2. 통사론 연구 시기
3. 의미론 연구 시기
4. 은유 연구 시기
5. 이중/다중언어교육론 연구 시기
6. 한국어교육론 연구 시기
7. 한국문화 연구 시기

이 일곱 단계는 시간적으로 딱 갈라지는 것은 아니지만, 대체로 사회의 변화와 학문적 흐름과도 어느 정도 연관이 있으나, 가장 특징적인 것은 혜당 선생님의 연구는 시대를 앞서갔다는 것이다. 1970년대 미국 유학시절 석 박사 논문이 사회언어학이라는 점도 이미 시대를 앞서 갔다고 할 수 있고, 국어학자 가운데 변형생성문법에 가장 정통했다고 할 수 있는 혜당 선생님께서 1985년, 1993년, 1997년에 내신 『한국어 통사론』도 국내에서는 변형문법이론에 따라 국어의 통사구조를 체계적으로 기술하신 선구적인 것이었다. 그다음 의미론 연구는 기존의 의미론 관련 저서가 많이 있었지만, 1994년에 내신 『한국어의미론』은 기존의 의미론 저서들이 어휘의미론 중심이었다면 혜당 선생님의 의미론은 어휘의미론, 문장의미론, 논리의미론, 화용의미론을 포괄한 유일한 저서였음은 주지하는 바다. 1996년 하버드대학 객원교수로 계시면서 자료를 모아 75개국의 이중/다중언어교육 현황을 다룬 『이중/다중 언어교육론』이 1997년에 나왔는데. 아마도 이 책은 앞으로 몇 십 년이 지나도 다시 나올 것 같지 않은 귀중한 저서이다.

1997년은 혜당에게 있어 또 하나의 주요 업적이 이루어진 해로 기억되어야 할 것 같다. 이 해에 한국어의미학회를 창설하셨기 때문이다. 국어학 관련 학회는 여러 개가 있었으나, 2, 3일 개최되는 학회에서 의미론 관련 논문은 두 세편 밖에 발표되지 못하는 것을 안타깝게 생각하신 것이다. 언어가 구조와 의미로 구성되었다면, 그 연구에 있어서도 구조와 의미가 적어도 반반의 비중으로는 다루어져야 함에도 의미는 상대적으로 너무 경시되는 경향이 있다고 보고, 의미론 연구의 활성화를 위해 의미학회를 만들어야 한다고 생각하신 것 같다. 혜당은 뜻을 같이 하는 학자들과 함께 의미학회를 창설하게 되는데, 학계의 반향은 기대 이상이었다. 이후 이 학회가 괄목할만한 성장을 거듭하고 있고, 혜당선생님 역시 의미론 연구에 좀더 힘을 기울이게 된다.

혜당은 의미론 연구의 마지막은 결국 은유 의미에 대한 연구라고 믿고, 은유에 관해 천착하셨다. 그 결과 국어를 중심으로 국어의 은유를 체계적으로 기술한 유일한 저서가 2000년에 나온 『한국어 은유 연구』다. 이 책은 아직까지도 단 한 권도 더 나오지 않는 것을 보면 혜당이 얼마나 어렵고 힘든 연구를 하였는지 알 수 있다. 이 책은 당연히 이해 문화관광부 우수 학술도서로 선정되었다. 그리고 한 해 뒤 2001년에 나온 『한국어 문장의미론』은 학술원 우수학술도서로 선정되었다. 같은 해에 나온 『한국어의 사회언어학』도 한국어를 대상으로 한 최초의 사회언어학 저서였다. 더욱 놀라운 것은 이 해에 『외국어로서의 한국어교육론』도 이 분야의 최초 저서였다는 것이다. 한 해에 독보적인 저서 3권을 낸다는 것은 범인으로서는 상상도 할 수 없는 일이다.

바로 한 해 뒤인 2002년에 또 한권의 역사적인 저서를 내셨는데, 이것이 바로 『한국어교육을 위한 한국문화론』이었다. 이 책은 국어학계로서는 처음으로 양장지에 컬러사진이 수 백 장 들어간 획기적인 책이었다. 주제가 '문화'기 때문에 책 자체도 '문화상품'으로 만들고자 했던 혜당 선생님의 안목이 느껴진다. 후문에 의하면 이 사진들을 구할 수 없어 문화관광부의 지원을 요청하여 겨우 사진 지원을 받았다고 한다. 이 책에는 한국의 문화라 할 수 있는 모든 분야가 망라되어있고, 유무형 문화재, 국보 400점도 소개되어 있다. 너무도 당연하게 이 책 역시 문화관광부의 우수학술도서로 선정되었다.

뿐만 아니라 이 해에는 혜당 선생님이 편저한 『국어학의 현황과 과제』, 『국어교육학의 현황과 과제』, 『한국어교육학의 현황과 과제』 3권의 기획논문집이 나오게 되었는데, 이것 역시 누구도 생각 못한 획기적인 것이었다. 왜냐하면 한 명의 학자가 이 세 분야를 아우르는 논문집

간행을 기획하기란 상상하기 어렵기 때문이다. 혜당선생님은 평소에 이 세 분야가 서로 긴밀하게 협력해야한다는 생각을 하고 계셨고, 실제로 이 세 분야를 관통하는 실력과 안목을 가진 거의 유일한 학자였던 것이다. 최근에 들어 '융합학문'이라는 용어가 대두되는데, 혜당선생님은 이보다 이미 10여 년 전에 이런 시도를 하셨으니, 시대를 앞서가셨다고 말 할 수밖에 없다. 2004년에는 『한국어 담화텍스트론』이라는 책을 내셨는데, 이 책 역시 학계에서 처음 나온 저서였다. 이 책에서는 그간 논란이 되어온 담화와 텍스트의 구별을 명쾌하게 보여주고, 문학텍스트와 비문학텍스를 망라하여 모든 종류의 텍스트 자료를 가지고, 구조와 의미 분석을 하신 것이다. 서양이론을 참고는 하되, 허점을 찾고, 선생님 나름대로의 체계를 다시 세워 늘 독창적인 책을 쓰셨던 것이다. 바로 이어서 『국어 문법교육론』을 음운론, 형태론, 통사론, 의미론, 화용론 교육까지 아우르는 저서를 냈는데, 이 책 역시 학술원의 우수학술도서로 선정되었다. 2007년에는 역시 국어학계에서는 처음으로 『한국어 화용론』을 펴내셨는데, 이 책 역시 문화관광부 우수학술도서로 선정되었다.

제자들과 함께 쓰신 『한국어와 한국어교육』은 한국어교육을 전공하는 사람에게는 필독도서가 되었다. 한국어 교육전공자라면 반드시 알아야 할 어학적 교육학적 내용이 충실하게 체계적으로 잘 쓰여 있기 때문이다.

이상 간단히 살펴 본 바와 같이 혜당 선생님의 학문세계는 넓고도 깊다. 한사람의 학자가 이루었다고 보기에는 도저히 믿어지지 않을 정도의 실력과 열정과 혜안과 거시적인 안목이 한데 어우러져 누구도 넘보지 못할 독자적인 학문세계를 구축하셨다고 할만하다. 현대국어와 관련된 구조, 의미, 문화 자체를 기술하고, 이것들을 내국의 중고등학생, 외국인에게 어떻게 가르칠 것인가를 명쾌하고도 체계적으로 제시했다고 할 수 있다.

그리고 수많은 논문을 통해서는 국어와 관련된 미시적인 문제부터 거시적인 문제에 이르기까지 문제제기와 그 해답, 그리고 앞으로의 과제를 제시하셨다고 할 수 있다. 혜당 선생님의 연구는 그 범위의 방대함에도 불구하고 국내외의 선행연구를 섭렵하지 않고 쓰신 것이 없으나, 그 하나도 독창적인 것이 아닌 것이 없다는 데에 후학으로서 우러러 보지 않을 수 없다는 것이다.

이렇게 엄청난 연구업적을 볼 때 혜당 선생님은 확실히 학문적 선구자였다는 것을 더욱 절실히 깨닫게 되었다.

박영순 선생님께 드리는 글

정 주 리
(동서울대학 교수)

오늘 이 자리에서 제자들을 대표하여 혜당 선생님께 헌정의 글을 올릴 수 있게 되어 걱정과 설렘이 앞섭니다. 제자들마다 혜당 선생님께 드리고픈 메시지가 가득 할 텐데……. 제가 그 마음을 대표할 수 있을까 하는 우려가 생깁니다.

저는 선생님을 대학 신입생시절부터 뵈었습니다. 꿈이라면 다 이룰 것 같던 철없는 나이였기에 언젠가 나도 나이가 들면 선생님처럼 될 수 있을 것이라고 생각했습니다. 선생님처럼 학문과 가정의 균형을 맞추고 스승의 책임을 다해내는 사람이 될 걸로 딕없이 생삭했습니다.

지금 저는 학부시절에 뵌 선생님보다 더 나이가 들었습니다. 그런데 선생님처럼 지혜롭지도 못하고, 넓은 마음을 갖지도 못한 채 흘러버린 세월 탓을 합니다. 그러면서 선생님이 남다른 분이시라는 걸 조금씩 알게 되었습니다. 사람들은 상황에 따라 불도 되고 나무도 되고 돌도 되고 구름처럼 떠돌기도 하는데, 선생님은 늘 물처럼 흐르셨습니다. 경사지고 울퉁불퉁한 길이나 좁고 굽이치는 길이나 몸을 섞어 큰물을 만들어야 하는 때는 서슴없이 흘러가셨습니다. 가면서 남의 탓을 하거나 시간 없음을 한탄하거나 흐르지 않았어야 한다고 후회하는 마음을 만들지 않으셨습니다. 물처럼 덮고 어루만지고 쉬지 않고 흘러서 마른 가슴들을 적셔주셨습니다.

제자들이 가끔 선생님께 묻습니다. 지금까지 이렇게 고운 모습을 지니신 특별한 방법이 있으신 게 아닌가 하고요. 특별한 노화방지의 비법이 있을 리 없는데도 선생님의 모습이 부러워 제자들이 억지질문을 하는 겁니다.

선생님께서는 늘 긍정적인 생각을 하셨던 것 같습니다. 일이 어려워도 마음의 근심을 미리 만들지 않으셨고 몸이 고단하셔도 남을 탓하지 않으시고 받는 것보다는 줄 것만 생각하시는 타고나신 성품이 노화방지의 비결이란 걸 배웠습니다. 그러니 늙지 않으려고 애쓰는 세상 여자들에게 선생님의 비법을 알려주고 싶습니다.

선생님, 저희에게 선생님은 행운이었는데, 저희들은 선생님께 어떤 모습이었는지요?

선생님 기대만큼 부지런하지도 않고 마음만 분산한 제자들은 아니었는지요. 하나를 알면 열을 깨쳐야 할텐데 둘도 깨치기 어려운 우둔한 제자들은 아니었는지요. 묵묵히 가야할 길을 두고 자꾸 요란한 세상에 마음 쓰는 변덕꾸러기들은 아니었는지요. 낭만적인 학문의 길만 생각하다가 꾸지람 한 번 들으면 몇 날 며칠을 허송하는 답답한 제자들은 아니었는지요.

선생님. 저희는 이 모든 부족함을 안은 제자들이었는지도 모릅니다. 그런데도 선생님은 저희를 하나도 놓지 않으시고 포기하지도 않으시고 각각의 몫에 맞는 맞춤형 지도를 하셨던 것 같습니다. 제자들마다 기억하는 선생님의 얼굴은 달라도 저희는 모두 같은 마음을 선생님께 받았습니다. 그건 성실과 용기, 그리고 책임감입니다.

아직은 가야할 길도 멀고 마쳐야 할 일도 많은 저희들이지만 선생님께 배운 삶의 자세를 마음에 단단히 채워 넣었습니다. 알 수 없는 미래를 향해 가는 걸음인데도 저희가 다른 사람들보다 굳건한 것은 선생님을 기억하기 때문입니다.

오늘 선생님께서는 정년을 맞이하셨지만 저희는 고려대학교가 마련해준 인연을 혜당선생님의 큰 울타리로 잘 엮어서 아름답게 이어가겠습니다.

선생님 정말 고맙습니다.

늘 건강하셔서 저희들의 발전과 성장을 지켜봐 주십시오.

2008년 2월 23일

정주리 올림.

잊을 수 없는 편지

강 영
(문학박사 · 고려대 강사)

혜당(惠堂) 선생님과 나는 스승과 제자로 만났으나, 당신은 나를 여성 동지 혹은 인생의 선배로도 대해 주셨다. 그러니 선생님께는 말로 다 하기 힘든 은혜를 입고 지내왔다. 학문적으로 많은 가르침을 받았지만 진솔한 생활 이야기와 몸소 보여 주시는 주부로서, 혹은 부모로서의 모습을 통해 느낀 점이 많았던 것이다. 가족들에게 극진하시고 일도 열정적으로 하셨으며 밤 새워 책을 읽으시고 지인들과의 사교에도 소홀함이 없으셨다. 나는 대체 그러한 에너지가 어디에서 솟아 오르는지 지금도 알 길이 없다. 최근에 선생님께서 오래도록 불면증에 시달리고 계셨고 그것도 약이 없이는 잠을 이룰 수 없는 심한 경우라는 말씀을 듣고, 더욱이 놀라게 되었다. 힘들고 어려운 상황일수록 더욱 강해지시는 그런 타고나신 성품과 노력의 결과일 것이리라.

선생님께 지금도 잊을 수 없고, 또한 감사하게 생각하는 일이 있다. 내가 박사 과정에서 수학하고 있을 때, 선생님께서 미국 대학에서 연구년을 보내고 계실 때의 일이다. 그때 나는 선생님으로부터 노란색의 긴 편지지에 석장이나 빼곡하게 채워진 편지를 받았다. 나에게 유학을 권유하시는 길고 따뜻한 글을 보내주셨던 것이다. 나는 놀라움과 감격으로 그 편지를 여러 번 읽었는데 그 때 솔직한 마음을 담아 답장을 보내 드리지 못한 것이 이십 년이 다 된 지금도 마음 깊이 후회된다. 지금 생각해 보면 나는 그때 매사에 자신이 없어 의기소침하여 지냈다. 게다가 시골 출신의 소심한 대학원생이 넉넉지 않은 집안 사정을 이야기하면서 나의 비겁함과 옹졸함이 들키지나 않을까하는 두려움이 컸으리라. 그때 용기백배하여 선생님의 권유대로 유학을 준비했었더라면 어둡고 혼탁한 눈으로 보고 있는 이 세상이 좀 달리 보이지 않았을까? 이제 너무 오래전의 일로, 돌이킬 수 없으나 그때 나를 일깨우고자 하셨던 선생님의 마음은 아직도 잊혀지지 않고 오히려 새롭게 나에게 잔잔한 감동으로 살아난다. 일상에 묻혀 지내는 하루하루에 익숙해지는 가운데에서도 생각에는 많은 변화가 있음을 느낀다. 후회도 많고 아쉬움도 있으며 포기도 잘 한다. 그런 어두운 생각들 속에서 선생님께 받았던 환하고 따뜻한 배려의 마음들에 대한 기억은 변함없이 나를 넉넉하게 감싸준다.

돌이켜 보면 나는 선생님께 마음이 움직이는 만큼 다가가지 못했다. 존경하는 마음과 예(禮)를 갖추려는 마음으로 혹은 더 솔직하게는 자신감이 부족하여서였을 것이다. 그러나 먼발치에서 뵐 때도 결코 감사와 존경의 마음을 잊은 적이 없다.

늘 우아하시고 화사하시고 그리고 거침이 없으셨던 선생님께서 정년을 맞으신다니 도저히 실감이 나지 않는다. 세월이 무심하다는 것은 이를 두고 하는 말이리라. 무뎌진 내 감성이, 이 아름다운 가을 날, 마음 깊은 곳에서 차오르는 감사와 사랑의 마음으로 다시 살아난다. 선생님 영원히 사랑합니다. 제 기억에 계신 그 또렷한 모습 그대로 언제나 행복하시기를 기도합니다.

“어서 들어와요 고경태 군”

고 경 태
(국어학 박사 · 고려대 한국어문화센터 전임교원)

고려대 중앙 도서관 4층까지 오르는 계단에서 오만 가지 생각들이 다 떠올랐다. 대관절 무슨 일로 교수가 나를 부르는 것일까. 이제 대학 1년생. 뭐 하나 내세울 것도 없고 수업 시간에도 눈에 띌 만한 행동을 한 적이 별로 없었는데 무슨 일일까.

고3때 내 목표는 그저 영어교육과를 가는 것뿐이었다. 중학교 때부터 영어는 조금 자신이 있었다. 문법과 어휘를 중심으로 하기는 했지만 영어는 내 취향과 잘 맞았던 것 같다. 그러나 국어 실력은 고교 시절 내내 중위권에 머물면 다행이었다. 자연히 흥미도 없었고, 그저 모의고사에서 평균이 넘으면 다행이라고 생각하던 터였다.

중등 교사가 되는 것은 내 아버지의 오랜 꿈이었다. 가능하면 서울대였으면 하고 바라셨으나 나는 학력고사 마지막 세대로서 재수란 엄두도 못 낼 형편이었다. 가뜩이나 집안도 재수를 시킬 수 있는 형편은 못됐다. 고려대가 갈 만한 대학이었다. 영어교육과를 지원하고 싶었으나 고3 담임은 애써 국어교육과로 지원하라고 종용했다. 그렇게 들어온 고려대 국어교육과. 부모님은 뜻밖에도 이 동네에서 일류대 간 사람이 둘뿐인데 그중 하나가 당신의 아들이라는 사실에 기뻐하셨다.

그러나 국어에는 도통 취미가 없던 나는 국어교육과에 입학한 그 날부터 내내 기가 죽어 있었다. 문학 수업에서 뭔가 손을 들고 발표하는 동급생들을 보면 부러운 눈으로 보곤 했다.

중앙도서관 406호에 박영순 선생님 연구실이 자리 잡고 있었다. 이런 데를 오가시니 그렇게 가쁘게 숨을 몰아쉬셨나 보다.

신입생 환영회 이후로 혜당 선생님을 만난 것은 2학기였다. 전공 필수 과목으로서 '한국어학의 이해'라는 과목에서였다. 첫 시간부터 여러 책들을 양팔에 들고 오셨던 모습이 눈에 선하다. 첫 시간이라고 해서 만만한 게 아니었다. 듬뿍 안아 오신 책들을 교탁 위에 내려놓으시고는

선생님의 해맑은 웃음과 핵폭탄 같은 말씀.

"내가 이번 방학 때 미국에 다녀왔는데 이렇게 좋은 책들이 많이 나온 거예요. 이번 학기에는 일단 이 책 중에서 이거랑 이거를 볼 거예요."

아. 원서다. 저것이 말로만 듣던 그 원서구나. 볼륨을 보니 상당해 보였다. 대략 300페이지? 아니 400페이지는 됨직하다. 저걸 한 학기에 다 본다고? 아니 그것만이 아니라 저것도?

"여러분이 너무 부담스러워할지 모르니까 일단 이 책으로 가볍게 빨리 읽고, 그 다음에 이 책을 볼게요."

나만이 아니었다. 아무런 마음의 준비도 없이 찾아온 폭탄 같은 말씀에 동급생들도 어안이 벙벙한 표정들이었다. 재수강을 하는 선배들의 당황해 하는 눈빛이 역력했다.

"매주 월요일에는 쪽지 시험을 볼 거예요. 공부한 내용을 얼마나 잘

이해하고 있는지 내가 일일이 다 볼 거니까 각오들 단단히 하세요."

아까가 폭탄이었다면 지금은 날벼락이다. 설상가상이란 말은 이때에 딱 맞는 말이리라. 어쩌면 저리 해맑은 표정으로 이런 말씀하실 수 있다는 말인가! 여기저기서 장탄식이 쏟아져 나오는 소리. 수업 내용은 물론 어려웠다. 문학이야 감으로 잡는다고 해도 이건 어학이다. 문법은 국어 중에서도 나는 가장 취약했다.

그런데 놀랍게도 원서를 읽으며 오히려 문법이 생각보다 재미있는 구석도 있고, 영어로 된 어학책이 제법 읽혀지기 시작했다. 그렇게 몇 주를 보내고 중간시험까지 치른 뒤에 갑자기 선생님이 나를 부르신 것이다.

"고경태 군, 누구예요?"

"저...전데요?"

"잠깐 내가 할 말이 있는데 언제가 좋아요?"

"글쎄요. 저는 아무 때나 괜찮습니다."

"그럼 ○○일 몇 시에 내 방으로 와요. 요 앞 중앙도서관 406호."

3층에서 4층으로 계단을 올라갔다. 406호를 확인하고 문 앞에 서서 심호흡을 했다. 계단을 올라오면서 머릿속으로 몽글몽글 떠오르는 여러 잡생각들이 일시에 사라지고 갑자기 긴장이 되었다. 문을 두드렸다. 똑똑똑.

"어서 들어와요. 고경태 군."

앞에 있는 커다란 탁자 뒤 소파로 안내하시고는 바로 찻잔을 꺼내어 놓으셨다. 멋쩍어서 여기저기 둘러보았다. 아, 여기가 바로 교수 연구실이구나. 생각해 보니 교수 연구실에 발을 들인 것은 이번이 처음이다. 사방을 꽉꽉 메운 책들, 그중 상당수를 차지하고 있는 원서들. 절로 경외감이 들었다.

"뭐 마실래요?"

"아...전 그냥 녹차할게요."

스테인레스 전기 주전자가 우그르르 소리를 내며 물의 온도가 80도에 다다랐음을 알리고 있을 때 선생님은 익숙한 솜씨로 봉지 녹차를 꺼내어 담아 주셨다.

"자 마셔요."

"네. 잘 마시겠습니다."

"내가 왜 경태 군을 불렀다고 생각해요?"

"아, 그게요."

딱히 답할 말이 생각나지 않았는데 무심코 '아, 그게요'라는 말이 나왔다. 아차 이런 실수를 하다니. 예의 해맑으신 선생님의 미소.

"내가 중간고사 답안지랑 쪽지 답안지를 쭉 살펴봤는데…"

봤는데? 내가 무슨 실수를 했나. 그렇게 답안지를 잘못 썼나. 아 역시 어려운 과목이었구나. 그래서 선배들이 죄다 이 수업 들으면 죽는다고 했었나 보다.

"… 고경태 군 답안지가 아주 마음에 들어요."

엥? 이건 또 무슨 말씀인가. 마음에 드신다니?

"… 어학 쪽에 소질이 다분히 있어요. 어때요? 공부 재미있어요?"

뭐라고 형언할 수 없는 기분이었다. 뭐랄까. 죽 쑨 성적표 받아들고 교무실로 끌려 왔는데 거기서 은인을 만난 기분이랄까. 그런데 이건 또 무슨 말씀인가. 내게 어학적 소질이 있다니. 정신을 차리고 한 마디를 꺼냈다.

"선생님, 아니에요. 그럴 리 없어요. 저보다 잘하는 친구들이 정말 많은데요.”

“아니에요. 나는 이 과목을 계속 맡아 왔는데 이 정도 능력을 가진 친구는 별로 없어요. 난 답안지를 한 번만 봐도 딱 알 수 있어요.”

전혀 주저하지 않으시고 내게 어학 소질이 있음을 강조하셨다. 선생님 저는 원래 문법이 제일 자신없는 과목이에요. 말도 안 되는 말씀이에요. 라고 말하고픈 마음이 목구멍까지 차올랐지만 차마 꺼낼 수 없었다. 아마도 사방에 두른 책들에 대한 무게감 때문에 더 그랬을지 모른다.

“그래서 말인데, 이제부터라도 어학반에서 공부하면서 대학원 생각해 보는 게 어때요?”

대, 대학원? 대학원은 한 번도 생각해 보지 않은 곳이었다. 솔직히 대학원 안 나와도 선생님 되는 데 전혀 문제없는데 구태여 그곳을 갈 이유가 없었다. 그런데 대학원이라니.

“차근차근 공부해서 대학원에 가고 박사를 받아 교수를 하는 것이 좋을 거 같아요.”

교수? 중등 교사가 아니라 교수? 그럼 나도 이런 방을 가질 수 있을까. 나도 모르게 머릿속에서는 언젠가 보았던 TV 전문가 인터뷰 장면 속에 나를 끼워 놓고서는 ‘멋지겠다’ 생각하고 있었다. 지금 생각해 봐도 참으로 철없는 때였다.

“교수요? 선생님 그거 아무나 하는 거 아니잖아요.”

“여기 졸업한 선배들 중에도 교수들 많아요. 내가 밀어 줄 테니까 한 번 해 봐요. 며칠 생각해 보고 다시 나한테 말해 줘요.”

선생님의 말씀은 짧았지만 확신이 있었고 무척 단호하셨다. 그 압도적인 힘에 눌려 나는 그만 ‘네’ 하고 말았다. 불과 10분 있었을까. 연구실에서 나눈 이야기는 매우 짧게 했지만 거의 충격적이었다. 내가 대학원에 진학해서 교수한다고? 그게 정말 가당한 이야기일까. 연구실 문을 닫고 나온 뒤 그제서야 당시 1학년생의 머릿속에서 현실적이라고 말하는 것들과 맞닥뜨렸다.

아버지의 반응은 예상했던 것보다 더 냉랭했다. 아니 많이 노하셨다. 내가 뭐 때문에 너를 사범대학에 보냈는 줄 아냐? 교사하면 적어도 굶지는 않으니까! 정년까지 보장되니까! 니 애비가 이 고생하는 거 나로서 족하다고 생각하고 길렀더니 뭐? 대학원? 그게 아무나 가는 곳이냐? 그리고 학비는, 학비는 어떻게 조달할 거고? 난 능력 없어. 그렇게 못한다. 당장 니 동생 2년 뒤 대학 갈 때 대비해서 등록금이라도 좀 마련해야 하는데 무슨 소리냐. 하루 벌어 하루 먹고 사는데 그게 무슨 소리야! 교수가 됐든 교수 할아버지가 됐든 그 양반이 너 인생 책임진대? 임마, 니 인생 책임질 사람은 나야, 니 애비라고. 어디서 쪼끔 칭찬 들었다고 여기 와서 애비한테 그 따위 소리냐!

여보 그만하세요. 아직 1학년이에요. 지금 당장 대학원 가겠다고 하는 것도 아니고 지금 당장 고민해야 할 문제도 아닌데 너무 지나치잖아요. 애는 생전 처음으로 교수님한테 칭찬 받고 와서 한 이야기인데 너무하잖아요. 이어진 어머니의 소리.

울컥 눈물이 나왔다. 그랬다. 대학에 들어왔을 때 그제야 아버지가 힘겹게 꺼내신 말씀은 당신이 일찍 회사에서 내쫓김을 당했고, 그 뒤로는 계속 행상을 하셨다는 것이다. 그래도 애들 기죽이진 말자고 늘 회사에 출근하듯이 말끔히 차려 입고 집을 나오신 뒤, 두 아들이 학교를 가면 다시 몰래 집으로 들어와 허름한 옷을 갈아입고는 리어카를 끌러 가셨다는 것이다. 비가 와서 리어카를 끌지 못하는 날에는 그냥 집에 내내 있다가 우리가 하교하는 시간 전에 바깥으로 나와서 내내 길을 돌아다니고 다시 저녁 시간에 맞춰 귀가하셨다는 것이다. 눈물을 주억거리는 나에게 아버지는 나 호강은 안 바란다. 너가 빨리 자립해서 안정적으로 생활했으면 하는 바람이다. 그게 내 소원의 전부다.

그랬다. 철이 없었다. 대학원 이야기는 왜 꺼냈을까. 그냥 칭찬 들었다고만 하면 됐을걸. 잠깐 동안 장밋빛 생각에 젖었던 나는 이내 마음을 고쳐 먹고 선생님께 갔다. 중앙도서관 406호로 가는 길. 이틀 전보다는 마음이 가벼웠다. 내가 드릴 말씀이 결정이 돼 있었고, 나는 당당히 내 의사를 표시하고 나오면 그만이었다.

"선생님, 저는 집이 어렵습니다. 부모님과 상의를 해 봤는데 대학원 공부는 어려울 것 같습니다. 그저 여기서 공부 잘 해서 좋은 선생님이 되고 싶어요."

"… 그래서 고경태 군의 생각은 뭐예요?"

"네?"

"그래서 고경태 군은 어떻게 하고 싶냐고요. 집안이 어렵다는 건 핑계고, 정작 고 군의 생각은 뭔지 말하지 않았잖아요."

"그게요……."

"집안이 어려운 친구들은 많아요. 여기 대학원 선배들도 집안이 어려운 사람이 부지기수예요. 어렵다고 자기의 꿈을 포기하는 것은 안 되죠. 다시 묻고 싶어요. 대학원 가서 교수 되고 싶어요?"

갑자기 눈물이 나오려는 것 같아 얼른 고개를 돌렸다. 사람이 분수를 알아야 한다는 것. 국어 과목에도 자신이 없고 그저 무사히 졸업해서 선생님이 되겠다는 생각밖에는 없었다. 그것은 정확히 말하면 아버지의 꿈이었다. 나는 꿈이 무엇인지 한 번도 생각해 본 적이 없다는 것을 그때 알았다.

"아버지가 진학을 반대한다면 내가 전화를 해 줄게요. 집 전화번호가 어떻게 돼요?"

"서…선생님…"

"아니 그런 건 문제가 아냐. 나는 고 군이 꼭 성공적으로 잘해 낼 거라고 믿어요. 내가 얼마든지 설득할 수 있으니까 당장 전화번호 불러 봐요."

"아니요, 그게요. 아직 제 꿈은 생각해 보지 못했…"

"아니야. 아직 생각할 시간은 3년 넘게 있어요. 하지만 그런 생각을 가지고서는 절대 아무 것도 할 수 없어요. 내가 부모님하고 통화해 볼 테니까 여기 전화번호 적어 놓고 나가요. 그리고 약속합시다. 여기 어학반에 가서 공부를 하고 계속 관심을 갖고 어학을 하겠다고."

선생님은 뭐든 이미 결정을 한 사안에 대해서는 일절 다시 돌아보지 않으시고 참으로 적극적으로, 밀어붙이는 매우 강한 추진력을 갖고 계시다는 걸 이때에 깨달았다. 눈물 그렁그렁한 눈으로 전화번호를 소심하게 적고는 접때처럼 연구실 밖으로 휑하니 나오고 말았다. 아, 큰일 났다.

마음이 정리되지 않아 여기저기 서성이다가 평소보다 늦게 집으로 들어갔다. 어머니는 밝은 표정으로 나를 맞으셨다. 아버지는, 아버지의 표정은 뭔가 굳은 결심을 하신 듯하다. 난 그날 아버지의 비장함이 섞인 말을 들었다. 오늘 네 엄마가 박영순 교수라는 분으로부터 전화를 받았다. 아버지가 계시느냐고 묻고 귀가 시간에 맞춰 다시 전화를 하셨단다. 아버지는 내게 했던 똑같은 말씀을 전화기 너머 박영순 교수님께 했다.

그랬는데, 박영순 교수님이 널 책임지겠다고 하셨다. 그리고 말씀하시기를 '고경태 군의 가능성이 크고 확실한데 왜 그런 문제로 붙잡으려고 하느냐, 성공할지 안 할지는 두고 보라. 내가 책임지겠다고 하셨다.' 그리고 당신이 더 설득해야 할 필요가 있으면 언제든지 만나서 이야기하자고 하시더라. 찬찬히 다 말씀해 주겠다고 하셨다.

그러시고는 갑자기 아버지 눈에서 울컥 눈물이 쏟아졌다. 나는 살면서 늘 남에게 속고만 살아왔는데, 그래서 여러 번 믿는 사람들로부터 배신도 당하고 사기도 당했는데, 수화기 너머로 들리는 그 확신과 믿음에 찬 목소리에 감동 받으셨다는 것이다. 내 아들 실제로 책임지지는 못하시더라도 이만한 분 다시 만나기는 어려울 것이라는 확신은 가지게 됐다. 그러니까 선생님을 이제부터 부모님처럼 여기고 그 분 말씀에 절대로 따르라고 하셨다.

나의 천성이 꼼꼼하지 못하고 닥친 문제에 대해서 안이하게 대처하는 경향이 있어서인지 번번이 혜당 선생님의 말씀에 즉각즉각 행동하지 못한 적이 많다. 그래서인지 군대도 늦게 다녀오고 학위도 늦었다. 선생님은 정말로 그때 내 아버지께 하셨던 당신의 말씀을 지키시려는 듯 퇴임을 하신 지금도 아드님 걱정 이상으로 내 걱정을 하신다. 그동안 나는 결국 어학으로 박사도 했고 나의 가정도 생겼고, 어느 정도는 윤택한 삶을 영위하고 있으며, 부모님의 삶도 좀 더 밝아지셨다. 나자신보다도 나를 더 잘 알고 믿어주셨던 혜당선생님!!

406호에서 처음 개인적으로 대면한 이후로 지금까지 무려 20년 가까이 되었다. 그 긴 시간 한결같은 마음으로 나를 돌봐주신 혜당 선생님의 은혜는 이루 말로 다 할 수 없다. 나중에 알고 보니 나처럼 혜당선생님으로부터 대학원에 가라고 종용받아서 대학원에 온 사람은 나밖에 없다는 걸 알았다. 당시 내 동기 박선우(한신대 교수)가 어학반에 있었는데, 서로 의지하면서 함께 공부하라고 나를 발굴(?)해 내셨다는 짐작을 나중에야 하게 되었다. 나는 선생님과 전생에서부터 인연이 있었던 것일까? 그러나 혜당회 제자들은 각자 나름대로 선생님으로부터 얼마나 많은 사랑을 받았는지 모두 잘 알고 있다. 그리고 지도 교수와 제자들의 이런 특별히 돈독한 관계는 아마도 우리 혜당회밖에는 없을 거라고 생각한다. 나는 선생님께 받은 그 은혜를 다시 후진들에게 베풀기 위해서 교수가 되어야겠다는 꿈을 갖고 있다. 물론 지금도 외국에서 온 대학생들에게 한국어를 가르치고 있고 내 후배들에게 어학 강의를 하고 있지만, 대학원생을 지도하는 기회를 갖고 싶다. 그리고 나도 그 때의 혜당 선생님처럼 자신 있게 제자를 향해 이렇게 말해 보고 싶다.

"어서 들어와요. 김철수 군, 이영희 양"

내가 만난 혜당 선생님

고 은 숙
(문학박사 · 동국대 BK 연구원)

내가 혜당 선생님을 처음 만난 건 학부 4학년 때 상명대학교 서울캠퍼스에서 열린 한국어의미학회 학술대회장이었다. 2000년 5월이니까 벌써 10년도 더 되었다. 선생님은 내가 그때 멀리서 선생님을 뵈었다는 사실을 아직 모르고 계신다. 내가 고려대 대학원에 입학하기 전 선생님 연구실을 찾아뵈었을 때가 처음인 것으로 알고 계실 것이다.

당시 나는 상명대 국문과에 재학 중이었는데, 대학원에 가려고 마음을 먹고 있던 터라 학술대회가 어떤 곳인지 무엇을 하는 곳인지 미리 경험해 보고 싶은 마음이 있었다. 나는 멀리 청중석에 앉아 있었는데, 선생님께서 발표를 마치신 후 주변에 있는 선생님들과 인사를 나누며 자리로 돌아오시던 모습이 지금도 또렷하게 기억난다. 선생님 가까이에는 지금은 나의 선배님이 되신, 정주리 선생님도 계셨다. 물론 다른 선배 선생님들도 계셨을 텐데 지금 생각나는 건 학부 때 은사이신, 고 형진 선생님의 사모님 정주리 선생님뿐이다.

그때 내가 처음 본 선생님의 인상은 미소를 가득 머금은, 굉장히 따뜻하고 푸근한 모습이었다. 기존에 생각하던 학자의 이미지와 너무 달라 충격이었다. 학자라고 하면 으레 머리숱이 좀 적거나 흰머리가 있는, 근엄한 이미지의 남자 선생님이 먼저 떠오르는데, 차분하고 따뜻한 이미지의 중년 여선생님이라니. 그때 가졌던 선생님의 좋은 인상은 한때의 기억으로만 끝나버릴 수도 있었는데, 그 분이 나의 지도 선생님이 되실 줄은 그때는 전혀 상상도 하지 못했다.

그 이후 선생님을 다시 뵙게 된 건 학부를 졸업하고 거의 일 년의 시간이 흐른, 2001년 11월 혜당 선생님의 연구실이었다. 당시 나는 대학원에 갈 등록금을 마련하고자 학원강사로 일하고 있었는데, 원서를 냈던 고려대 국문과 대학원에 합격했다는 소식을 듣게 되었다. 입학 전에 선생님들께 먼저 인사를 드려야 한다는 얘기를 어디선가 흘려듣고 처음 인사를 가게 된 곳이 혜당 선생님 연구실이었다. 미리 전화도 안 드리고, 갑작스레 연구실 문을 두드렸는데 다행히 선생님이 계셨다.

선생님께서는 갑자기 찾아온 낯선 손님 때문에 좀 불편하셨을 것이다. 그런데도 전혀 귀찮은 내색 없이 너무 반갑고 따뜻하게 맞아주셨다. 이번에 국문과 대학원 석사과정에 입학하게 된 학생이라고 인사를 드리러 왔다고 하니까 여러 가지 조언을 해주셨다. 간단히 인사만 받고 돌려보내실 수도 있었을 텐데, 선생님께서는 학부가 다른 나의 입장에서서 여러 가지 격려의 말씀과 함께 공부에 관한 많은 조언을 해주셨다.

그날 혜당 선생님 말고도 국문과의 최호철 선생님과 정광 선생님도 뵈었지만 이전에도 한번 뵈었던 혜당 선생님의 모습은 직접 뵌 그날의 모습과 겹쳐지면서 나에게는 크게 자리할 수밖에 없었다. 안 그래도 학부 때 국어학을 가르쳐주신 선생님 두 분이 여자 선생님(김미형, 구현정 선생님)이라 친근하게 잘 배울 수 있어서 좋았는데, 그날 만난 혜당 선생님께서 너무 따뜻하게 대해주셔서 힘과 위로가 되었다.

물론 그 이후에 지도 학생이 되어 뵈었던 혜당 선생님의 모습은 마냥 따뜻하기만 한 것이 아니었다. 무섭고 카리스마 넘치는 모습일 때가 많았다. 그렇지만 제자를 아끼시는 마음만은 한결같으셨다. 시험에 떨어졌을 때나 경제적으로 힘들었을 때, 위로해 주시고 격려해 주시는 것도 모자라 경제적 지원까지 해주셨던 것은 결코 잊을 수 없을 것이다. 석사과정 종합시험에 떨어져 낙심했을 때 야단치지 않고 꼭 끌어안아 주셨던 것은 지금도 잊혀지지 않는다.

석사과정에 입학한 후 박사과정을 졸업하기까지, 또 지금까지 선생님께 분에 넘치도록 받은 사랑과 은혜는 평생 갚아도 부족할 것이다. 학자의 길에 들어선다는 것이 나에게는 즐거운 일이었지만 한편으로는 너무 어렵고 힘들어서 과연 졸업을 할 수 있을까 싶은 생각도 많이 들었었다. 그런데 지금은 졸업도 하고 학생들도 가르치고, 연구원으로도 일하고 있다.

석사과정을 다니면서는 과연 졸업이나 제대로 할 수 있을까 싶을 때가 많았는데, 박사과정은 남들보다 빨리 마쳐서 다른 친구들이 힘들게 학위논문을 쓸 때 나는 비교적 여유로운 생활을 할 수 있었다. 박사과정을 빨리 마친 것이 남들보다 잘한다거나 특별히 열심히 했다거나 하는 척도가 될 수는 없지만, 그래도 무난한 수준의 박사논문을 빨리 써서 다른 것들을 할 수 있는 시간적 여유를 많이 얻게 된다면 그것은 정말 큰 소득이라고 생각한다.

낙천적이고 느긋한 성격 때문에 누군가가 옆에서 채찍질하지 않으면 한없이 꾸물대는 내가, 선생님 덕분에 졸업을 빨리하고 시간을 벌게 된 것이다. 가정이나 학교에서의 여러 가지 일들로 인해 학위논문을 쓰기 힘든 상황이었는데도 선생님의 채찍질 덕분에 논문을 무사히 쓸 수 있었다. 이것은 내가 평생을 두고 선생님께 감사해야 할 부분이다.

문득 이번 학기에 내가 가르쳤던 학생이 나에게 보낸 편지 내용이 떠오른다. 수업 시간에 학생들의 입장에 서서 배려해 주고 다양한 방법으로 쉽게 가르치려고 노력했던 것이 인상적이었다고, 그게 학습 동기를 크게 자극했다고 했다. 워낙 어설프고 미흡해, 준비해온 내용을 제대로 전달하지 못할 때가 많았는데, 그렇게 얘기해 주니 너무 고맙고 한편으론 반성도 되었다.

나에게는 혜당 선생님이 지금껏 가장 큰 자극제였다. 다른 무엇보다도 선생님의 따뜻한 말 한 마디와 관심, 지속적인 사랑은, 공부하는 과정에 생기는 여러 가지 어려움을 극복할 수 있게 해주는 원동력이었다. 앞으로 나도 열심히 노력해서 학문적으로도 발전하고, 내가 가르치는 학생들에게도 혜당 선생님이 나에게 해주셨던 것처럼 따뜻한 관심과 사랑을 전해주는 교사가 되고 싶다.

언어학의 실용적 발전을 위하여

고 창 수
(한성대학교 교수)

먼저 선생님의 정년을 기념하는 특별한 책에 기고할 기회를 주신 혜당 선생님께 감사의 말씀을 드리고 싶다. 선생님으로부터는 대학원 초기 시절부터 William Labov를 통한 사회언어학이라는 생소한 분야에 대한 전망, 언어 연구에서 Continuum의 개념이 중요하다는 사실, 그리고 Chomsky 언어학 이론의 핵심 내용, 우월성, 한계와 발전 방향 등을 배울 수 있었다. 그러한 배움들이 쌓여서 언어학의 한 귀퉁이를 산책할 수 있는 안목과 식견을 얻게 되었다.

이 글에서는 선생님의 정년 기념사업의 취지 중의 하나에 부합하도록 그동안 언어학을 하면서 느꼈던 언어 이론의 비현실성과 이를 극복하기 위한 실용적 연구 태도의 필요성을 간단히 적어보려고 한다.

1980년대 중반만 해도 언어학은 정밀한 과학적 방법론으로 무장하고 장차 인문학의 주류로 성장할 수 있는 많은 잠재력을 가지고 있다고 믿는 분위기였다. 이제 대부분의 한국어 전공자들은 Chomsky 언어학의 세례로부터 어느 정도 자유로워진 느낌이다. 대학원에서 언어학을 전공하겠노라 생각할 때는 주로 계통론 및 고대 한국어의 문제를 풀어

내겠다는 야무진 꿈으로 시작하였다. 그런데 그 꿈을 이루기 위해서는 언어학의 본류를 이해하는 일도 필요하였다. 그래서 Chomsky 언어학을 시작부터 끝까지 한 번은 훑어보아야겠다는 의욕도 함께 요동치게 되었다. 누군가 왜 언어학을 연구하냐고 물으면, 언어야 말로 인간을 이해하는 가장 기초적인 지식을 제공한다고 큰소리치기도 하였다.

이제 어느 정도 세월의 바람을 맞으면서 언어학과 함께 동경하던 인문학적 신비의 세계는 오히려 깊고 깊은 베일 속에 숨어버렸다. 처음에는 살짝 들추기만 해도 속살을 내보일 것 같은 인간 언어의 핵심적 비밀도 인간 이해의 길을 헤매는 과정에서 점점 더 알 수 없는 미궁에 빠진 꼴이 되었다. 이런 문제가 발생한 이유는 언어학의 초기 단계에서 변형생성문법이 심어놓은 일종의 허구적 목표 때문이다. 물론 이러한 허구적 목표의 시작은 구조주의가 뿌린 씨앗으로부터 자란 것이다.

생성문법이 최소주의 이론으로 발전하였지만, 우리가 언어에 대해서 새롭게 알게 된 사실은 거의 없다. 오히려 언어학은 일반인들이 거의 이해하기 어려운 용어들을 나열하는 이상한 학문이 되어버렸다. 물리학이 난해하긴 하지만, 물리학의 이론을 통해 우리는 우주여행을 할 수 있다. 난해해진 기호들의 나열을 통해 언어학이 실제의 언어생활을 윤택하게 하는 것은 아니며, 지금까지 알려진 언어에 대한 지식을 통하여 인간 두뇌의 비밀이 좀 더 자세히 밝혀진 바도 없다. 그래도 인간 언어가 인간의 종적 특성이며, 연산 가능한 두뇌 지식의 일종이라는 단순한 작업가설만은 이제까지 언어학이 발전하면서 알 수 있었던 분명한 사실이다.

고대 한국어의 자료들도 마찬가지다. 물론 최근 들어 이전에는 볼 수 없었던 각필 구결과 같은 자료들이 연구되고 있지만, 이 자료들이 정당한 해석을 받기에는 아직도 연구자들이 접근할 수 없는 고대인과의 지식적 간극은 더 많은 연구가 계속된다고 해도 좁혀지기 어려운 실정이다. 그럼에도 불구하고 이제까지 제안된 여러 학설들 중 어떤 것들은 검증되지도 않은 채 사실로 받아들여지고 있다는 사실은 안타깝기만 하다.

유전자 추적 기술과 같은 생물학적 지식 덕분에 지구상의 모든 인류는 하나의 조상으로부터 퍼져 나온 갈래임이 정설로 받아들여지고 있는 분위기다. 지난 세기만 해도 인류는 여러 갈래의 계통으로부터 출발되었다는 주장이 상식이었던 분위기와는 아주 다른 것이다. 이런 점에서 굳이 언어의 계통적 갈래도 처음부터 달리 시작되었다는 기존의 학설은 기반적 사실부터 재점검할 필요가 생겼다. 이런 관점이라면 인류의 모든 언어는 하나의 언어 사회로부터 발전한 것이라는 가정도 가능하기 때문이다. 사실 계통론적 연구 방법을 엄밀하게 들이대지 않는다면 세상의 모든 언어들은 한 20~30%쯤 유사한 형태들을 보이기 때문이다. 보편문법을 강조하는 생성문법의 가정도 이를 뒷받침한다.

삼국 시대의 언어들이 서로 다른 기원을 가진 것인지 아니면 방언적 차이에 불과한지를 입증할 자료도 부족하면서도 고대 한국어의 상황을 마치 입증된 사실로 기술하는 개론서들과 아무런 후속 검증 없이 특정 학설에 기반하여 고대나 중세 한국어의 문법 현상을 설명하는 태도도 지양될 필요가 있다. 언어가 복잡하다는 사실은 한 언어에도 얼마나 많은 변이체들이 혜당 선생님이 늘 주장하시는 Continuum을 이루고 있는지 생각해 보면 쉽게 짐작이 갈 수 있다. 우리가 품사를 대략 10개 내외로 한정하는 것은 하나의 이론적 방편에 불과하다. 실제의 단어들의 상관관계는 훨씬 복잡하게 얽혀있다.

복잡한 사실을 단순하게 설명할 수 있다면 그보다 좋은 학문적 성취는 없을 것이다. 그러나 원래 복잡한 사실을 단순하게 설명하다 보면 "장님 코끼리 만지기"식의 연구가 될 개연성이 높다. 그러나 실용적 측면이라면 가능하다. 복잡한 엔진 구조를 모르고도 자동차를 잘 운행하면 그만이듯, 언어가 아무리 복잡한 실체라 하더라도 언어 습득이나 학습, 언어 치료, 글쓰기를 비롯한 각종 실용적 요구에 부응하는 언어적 설명은 단순할 필요가 있다. 언어학이 한 단계 발전하기 위해서는 다시 한 번 언어학의 본류인 실용적이며 응용적 연구 태도에 대한 발전적 회귀가 필요한 실정이다. 국어학에서 사회언어학, 국어교육학, 한국어교육학 등으로 영역을 넓혀오신 혜당선생님은 이미 이러한 언어학의 실용적 측면을 일찌감치 꿰뚫어 보시지 않았나 한다.

내 멋진 배낭에 담긴 호주

김 대 희
(원광대 교수)

오후 햇살이 다소 따갑지만, 테라스 그늘에 앉아 속이 깊은 머그컵에 향이 진한 원두커피를 가득 담아 마시는 기분은 제법 그럴싸하다. 테라스 바닥이 감정없이 느껴지는 콘크리트가 아니라 도각도각 발소리를 울려주거나 양말마저도 벗은 발이라도 온기를 느낄 수 있는 나무 바닥이었더라면, 앉은 의자가 동네 슈퍼마켓 앞에서나 볼 수 있는 하얀색 플라스틱 간이 의자가 아니라 저 옛날 초등학교 교실에서나 볼 수 있는 투박한 나무 의자였더라면 한없이 만족스러웠겠지만 그냥 그것만으로도 오후의 여유를 즐기기에는 충분했다.

테라스 앞에 높이 선 야자수 나무의 길고 빳빳한 잎들이 만들어낸 공간 사이로 하늘이 보인다. 하늘 속으로 구름도 보인다. 구름 곁으로 바람도 보인다. 그 바람은 야자수 잎을 스치며 시원한 소리를 만들어낸다. 의자 등받이에 몸을 한껏 기대어 가만히 눈을 감으면 바람이 만들어낸 소리는 커피 향기와 섞여 진한 그리움을 그려낸다.

오후 한때 그런 여유를 즐길 수 있는 이곳은 우리나라에서 아주 멀다. 비행기로 10시간을 쉬지 않고 날아야 올 수 있는 오세아니아 대륙이다. 적도를 지나왔지만 그리 뜨겁지는 않았다. 쓰고 나니 농담이 진담이 된 듯하여 바보처럼 느껴지기도 한다. 브리즈번 공항에 도착했을 때에 입고 간 옷을 벗어야 할 정도로 다소 더운 기운이 느껴졌다. 아시다시피 여기는 우리나라랑 계절이 반대다. 한여름에 사람들에게 '메리 크리스마스'라는 인사는 왠지 안 어울렸다. '메리 크리스마스'라는 인사 안에는 '춥지만 마음 따뜻하게 잘 보내세요'라는 의미가 내포된 것 같아 찬바람 속에서 건네야 제격이라는 생각이 자꾸 들었다. 그래서 나는 그냥 '해피 크리스마스'라고 말로 인식의 문화적 격차를 조금 줄이고자 하였다.

여행이 목적이 아니라 거주가 목적이었기 때문에 생활에 대한 걱정이 많았지만 살다보니 걱정 중 일부는 시간이 해결해 주었다. 해결되지 않은 걱정 중 가장 큰 건 언어였다. 답답한 마음에 한 번은 번개가 칠 때, 내가 저 번개를 맞고 영어를 술술술 하게 되면 좋겠다는 상상을 해 본 적도 있다. 걱정이 가장 먼저 현실이 된 건 교통수단을 이용할 때였다. 이동을 할 때에는 주로 버스를 이용하는데, 버스를 탐에 익숙해지기까지 삯을 지불할 때의 의사소통이나 버스의 경로 때문에 몇 번의 당황스러운 상황을 맞아야했고, 안내 방송이 없어서 밤에 집으로 돌아올 때는 길이 눈에 익지 않아 지나치기도 했다. 참고로 우리집 다음 정거장은 Griffith 대학교인데 학교가 산에 있다. 지나치면 밤길에 하산을 해야 한다. 우리나라에서는 교통비 결재 기능을 가진 은행 연계 카드만 있으면 되지만 여기는 월이나 주, 횟수 단위로 구입한 티켓이 아니면 탈 때마다 버스기사에게 어디를 가는지, 일회용인지 하루용인지를 말해주어야 하기 때문에 나에게는 좀 불편하지만 이곳 사람들은 교통 카드라는 걸 모르기 때문에 모르는 게 오히려 다행이라는 생각이 들었다.

이곳의 생활은 여유롭다. 이곳에 살면 여유로워질 수밖에 없는 사회 구조를 지니고 있어서인지도 모르겠다. 관광객들이 몰리는 시내를 제외하고는 저녁이 되면 대부분의 가게들이 문을 닫아서 일과 이후에 회식이나 오락으로 마땅히 시간을 보낼 수 있는 장소가 없기 때문에 다들 집으로 돌아가야 한다. 그래서 생존을 위한 시간에 대해 보상으로 주어지는 시간이 많다. 공부하는 사람은 그 시간에도 열심히 공부해야 한다. 이 사회가 공부하기에 참 좋은 환경을 만들어줘서 고마우면서도 밉다.

브리즈번에는 한국인들이 매우 많다. 대부분 젊은 사람들이다. 젊은 친구들이 호주에 입국하기 좋은 방법 중 하나가 워킹 할리데이 비자(working holiday visa)이다. 우리말로 옮기면 '취업 관광 비자'이다. 여행 기간 중에 각종 아르바이트를 통해 여행 경비를 충당할 수 있도록 취업 허가를 해 줌으로써 경제적인 자립심과 현지 문화에 대한 적응력을 길러 양국 간의 이해 증진과 문화 교류에 이바지할 수 있도록 돕는다는 취지에서 만들어진 것이다. 워킹 할리데이 비자 덕분에 브리즈번 거리에는 한국인들이 넘쳐난다. 영어 학원을 가도 한국인이 가장 많고, 여행을 가도 마찬가지이다.

사회 구성원 중 한국인의 비율이 높다는 건 호주 사회 내 우리나라의 위상을 높이고 국가 경쟁력을 신장시킬 수 있는 요인이 될 수 있다. 그렇지만 높아지는 비율에 비해 비중은 그에 따라 가지 못하고 있다.

워킹 할리데이 비자로 입국한 젊은 친구들은 취업과 관광보다는 학업과 취업이 주목적이다. 그런데 공부를 하기 위해 돈을 벌기보다는 돈을 벌기 위해 공부를 하는 경우가 대부분이다. 기본적인 의사소통이 가능할 정도의 영어만 되면 더 이상 공부를 하지 않고 일자리를 찾아간다. 안타깝지만 그것이 또다른 긍정적인 효과를 창출하길 바랄 뿐이다.

나는 참 청소를 잘한다. 같이 사는 18살짜리 중국애가 한 말이다. 처음에 얻은 집이 부엌과 거실을 3명이 공동으로 쓰는 집이었는데 부엌이 말이 아니게 더러웠다. 그 상황은 말로는 설명이 안 된다. 접근은 커녕 쳐다보기도 싫을 정도였다. 상황을 파악하건데 사우디아라비아에서 온 친구는 집에 거의 안 들어온다니 그 중국애가 그리 만들어 놓은 것이다. 2평 남짓한 부엌을 5시간 동안 청소했다. 청소를 마치고 밖에서 잠깐 쉬고 있는 사이에 장본인이 내가 없는 줄 알고 구경을 나왔다. 부엌을 쓱 한 번 둘러보고 뒤돌아 다시 자기 방으로 가는 길에 나를 보고서는 이렇게 얘기했다. “You’re a good cleaner.” 마땅히 할 말이 없어서 그냥 “Thank you.” 했다. 호주는 다민족, 다문화 정책을 표방하는 국가이다. 그러다보니 자연스럽게 주류와 비주류가 존재하게 되었다. 주류는 물론 호주를 건설한 백인들이며 비주류는 그 외의 민족들이다. 전세계 대부분의 다민족 국가는 사회의 비주류가 주류의 언어와 문화에 흡수되어야 하는 주류－비주류의 관계에만 초점을 두고 있다. 그렇지만 중국 애와 나의 경우처럼 비주류와 비주류의 관계의 문제에도 관심을 둘 필요가 있을 것 같다는 생각도 들었다. 다른 나라 문화에 대한 기본적인 이해가 공유되었다면 아직도 내가 부엌 청소를 하고 있는 일은 없지 않을까 싶다. 아시아 국가에서 온 이민자를 중심으로 다

민족, 다문화 사회가 형성되어 가고 있는 우리나라도 비주류들 간의 접촉과 결합을 배제할 수 없기 때문에 그들끼리의 문화에 대한 이해와 교류가 다양한 방법을 통해 수반되어야 하지 않을까 하는 생각이 든다.

가뭄이 극심하다고 하여 제 집 화단에 물주는 것조차 금지하는 나라에 몇 년간 볼 수 없던 많은 비가 왔다. 오늘로 열흘째다. 호주는 그야말로 물 만났다. 햇살 아래보다 빗속에서 커피 향기가 더 진하다. 누군가가 심하게 그리워진다. 머그컵을 테라스 밖으로 내어 빗물을 조금 받아 마셔보았다. 좋다.

한국을 떠나오면서 가졌던 걱정 중에 하나는 우리 선생님이 나를 보고 싶어 하실까였다. 그런데 가끔 전화를 드리면 참말로 반가워하시는 목소리에 걱정이 풀렸다. 또 한 가지 걱정은 누가 우리 선생님을 기쁘게 해 드릴까였다. 그래서 가끔씩 들려오는 기쁜 소식을 들으며 선생님을 기쁘게 해 드리는 공로를 세운 사람에게 별점을 하나씩 주고 있다. 가장 혁혁한 공로를 세운 분께는 캥거루 한 마리를, 가장 노력을 많이 한 분께는 코알라를 한 마리를 선물하기로 했다. 그리고 우리 선생님께는 나를 선물하기로 했다. 선물의 가치를 높이기 위해 오늘부터 나는 더더욱 공부를 열심히 하기로 했다.

한마디로 표현할 수 없다!

김 명 광
(대구대학교 교수)

글로만 보아왔던 박영순 선생님을 처음 뵌 건 한국어세계화재단에 제2대 이사장님으로 취임하신 2004년 2월 중순경으로 기억한다. 이 시기를 내가 기억하는 이유는 이사장님께서 오시기 직전에 나도 박사 학위를 마치고 그 재단에 입사한 때이기도 하며, 이 시기가 이전의 나와 이후의 나를 가르는 전환점이었기 때문이다. 더 나아가 그때 함께 했던 선생님과의 인연으로 감히 지금 대학에서 학생들을 가르치는 이 자리에 내가 서 있기 때문이기도 하다.

선생님에 대한 생각을 한마디 말로 표현하기에는 상당히 버겁다. 서로 공존하기 어려운 것들이 선생님의 내면에 조화롭게 자리 잡고 있기 때문이다.

우선 내가 보는 박영순 선생님은 자상하시지만 열정적이라는 점이다. 늘 진솔하게 대화를 하시기 때문에 듣는 이에게 부드럽게 다가가지만, 남들이 할 수 없다고 포기한 것을 끝까지 해내시는 그 추진력은 누구보다 강하시기 때문에 열정적이시다. 처음 재단에 오실 때 선생님께서는 긴장한 재단 연구원들의 서툰 말에도 일일이 귀를 기울이시면서 자상하게 말씀을 하셨다. 때로는 연구원들의 재미없는 말에도 환하게 웃으시는 모습은 아직도 내 눈에 선하다. 하지만 일에 있어서는 그 누구보다 열정적인 분이 되신다. 박영순 선생님께서는 재단에 취임하시면서, 아니 그 전부터 한국어 교육과 관련된 많은 일을 구상하셨다. 그리고 그 구상한 것을 무섭게 추진하시는 도전 정신은 재단과 재단 연구원들에게 때로는 힘으로 다가오고 때로는 버겁게 느껴질 때도 있었다.

선생님의 성격을 단적으로 알 수 있는 사건(?)은 당신께서 야심차게 추진하셨던 고용허가제 한국어시험 사업이었다. 당시에 선생님은 자주 정부의 여러 부처를 부지런히 돌아다니셨다. 실무진으로서 나는 선생님과 같이 정부 부처를 함께 돌아다니게 된 경우가 많았다. 선생님께서 노동부에 들어가셨을 때, 노동부에서 추진하고 있었던 고용허가제 제도 하의 시험 즉 외국인 근로자들이 한국에 입국할 때 한국어 시험을 응시해야 되는 제도 운영에 대한 논의를 하고 있었다. 노동부 실무진들은 한국어 시험을 국외에서 시행해본 경험이 없었기에 많은 고민을 하고 있었다. 이러한 상황에서 박영순 선생님께서는 노동부 실무진들에게 그 일은 국외 한국어 보급과 정책을 추진하는 한국어세계화재단에서 시행해야 한다고 논리적이면서도 열정적으로 말씀하셨다. 노동부가 재단이 할 수 있느냐라는 질문에 이사장님은 '할 수 있다'고 단언하여 말씀하셨다. 그리고 선생님께서는 재단이 하는 지금의 일과 그리고 시험에 대한 계획을 말씀하셨다.

하지만 그 순간은 정말이지 가슴이 두근거렸다. 왜냐하면 당시 재단은 다른 기관과 같이 국외 시험에 대한 경험이 없었기 때문이며, 무엇보다도 이를 추진할 재정이 거의 바닥난 상태였기 때문에 나로서는 이 시험 추진은 거의 불가능하다고 생각했기 때문이다. 하지만 막연한 두려움을 가진 연구원들에게 선생님께서는 하지 않은 일에 대하여 겁먹을 필요 없다고 말씀하시며 무서울 정도로 밀어붙이셨다. 이러한 선생님의 도전 정신은 나에게 하나의 교주처럼 다가오게 되었으며, 더 나아가 무모하리만치 나자신에 대한 신뢰 속에, 선생님의 도전 속에 참여하게 된 것이다. 하지만 나는 의욕만 앞섰다. 시험 문제는 어떻게 출제해야 되나, 평가는 어떻게 해야 되나, 외국에 어느 기관과 해야 되나 등 어디서, 누구와 어떻게 해야 되는지 아무 것도 알 수 없었기에 눈앞이 캄캄하였다. 하지만 결과는 '도전하는 자가 얻게 된다'는 매우 상식적인 것이 통하게 된 것이다. 선생님의 가르침 속에서….

박영순 선생님께서는 도전적이시면서도 아주 치밀하게 계획을 짜시는 전략가이시다. 노동부에서 나오시면서, 당신 마음 속에서는 이미 그 계획을 치밀하게 구상하시고 있었던 것이다. 박영순 선생님께서는 "잘 될 거 같다"라는 의미심장한 말씀과 함께 환하게 웃으시는 것이었다. 당신께서 아무 경험도 없는 재단이 어떻게 잘 될 거 같다고 생각하셨는지 도무지 알 수가 없다. 재단에 돌아오면서 박영순 선생님께서는 재단 연구원들에게 학문 목적의 한국어 교육뿐 아니라 이제 노동자 교육을 준비해야 된다고 말씀하셨다. 으잉! 이건 또 무슨 말씀! 고용허가제 시험에 대한 준비가 아직 시작도 되지 않았는데…. 그러자 당신은 말씀하셨다. 우리 재단이 이 사업에 우위를 가지고 경쟁력을 가지려고 하면 외국인 노동자의 교육이 반드시 필요하다는 말씀인 것이다.

그리고 외국인 노동자를 위한 교육을 위해서는 교재가 필요하다는 것이었다. 그것도 한달 내에! 한꺼번에 선생님의 계획과 미션이 떨어지자 재단 연구원들 모두 긴장한 모습이 역력하였다. 그 교재 사업이 내게는 떨어지지 말기를! 하지만 나는 신입 사원이라는 죄(?)로 이 일을 맡게 되었다. 어떻게 보면 이는 내 마음 속에 원한 것일 수도 있으리라. 왜냐하면 내 자신의 능력을 한 번 시험해 보고 싶기도 하였으며, 당신의 신뢰를 저버릴 수 없었던 우매함이 있었기 때문이었다. 이미 나는 당신의 그 무모함 아니 도전 정신을 배운 것이었다. 그 때부터 밤새도록 일을 하였다. 진짜 밤을 새운 것이다! 한 달이 지나 드디어 교재가 완성이 되었을 때는 그 내용을 차치하고서라도 나는 무한한 성취감을 느꼈다. 이런 내 모습을 보시고 당신께서 환하게 웃으셨으며 "고생했어요."라는 그 한 말씀에 그 힘든 것은 이미 저 멀리 떠나고 없었다.

연이어 선생님께서는 그 다음 계획을 구상하셨다. 외국인 근로자들이 많이 모여 있는 곳에 가서 실제적으로 한국어 교육을 시행하자는 말씀이었다. 하지만 돈이 문제였다. 이때부터 선생님의 집요함이 돋보였다. 선생님께서는 그 예산을 얻기 위하여 문화부에 턱이 닳도록 들어가셨다. 마침내 문화부의 예산 지원을 약속받으시고 어린아이와 같이 기뻐하신 모습이 지금도 생생하다. 하지만 그것도 잠시! 예산을 지원해 준다는 약속이 장관이 교체가 되어 문화부 실무진으로부터 지원을 하지 못하겠다는 대답이 온 것이다. 하지만 박영순 선생님께서는 좌절하지 않으셨다. 왜냐! 다음을 준비한 것이다. 곧 차관을 만나셔서 다시 한번 단판을 지으셨기 때문이다.(^^!) 그리고 약속을 다시 한 번 받고 돌아오셨다. 그러나 이 역시 무너졌다. 차관께서도 그 다음날 교체되었기 때문이다. 선생님께서는 그래도 의기소침해지지 않으셨다. 다시 힘을 내시어 실무진을 만나서 적은 액수지만 기어코 돈을 받아내셨기 때문이다. 그 집요함에 문화부가 손을 든 것이다.

어느새 나도 그 무모함에 빠져들었다. 한국어 교육을 하기 위해 안산 지역 공단에 돌아다니면서, 교육장소를 물색하는 데 번번이 퇴짜를 맞았지만, 선생님의 실망하시는 모습, 아니 나 자신에게 좌절하는 모습을 보이기 싫어 백방을 돌아다녔다. 드디어 경기 공업 대학에서 받아주었고 한국어 교육이 기어코 시행되었다. 이러한 일련의 노력을 통하여 우리 재단은 마침내 노동부의 고용허가제 한국어 평가 기관으로 선정되었다. 이는 남들이 보기에는 그냥 얻어진 것 같지만, 박영순 선생님의 도전 정신과 치밀한 계획이 없었다면 결코 이루어 질 수 없는 것이었다.

박영순 선생님과 모든 연구원들의 각고의 노력으로 재단은 고용허가제 한국어시험 시행 기관으로 선정되었다. 하지만 이것은 험난한 여정의 시작일 뿐이었다. 그것은 이 시험과 관련해서 아무것도 갖추어진 것이 없었기 때문이다. 즉 시험 문제 출제, 시험지 인쇄, 듣기 테이프 작성, 그리고 채점 등 시험과 관련된 기본적인 사항에 대한 사전 준비가 부족했고 또 국외에서의 시험 경험이 없었기 때문에 현지의 어느 장소에서 시험을 보아야 될지, 그리고 현지 어떤 기관과 접촉을 해야 하는지, 감독관은 어떻게 해야 하는지 등에 대한 지식도 전무했기 때문이다. 더 나아가 우리를 끊임없이 괴롭혔던 것은 이 시험 추진을 위한 재정 문제였다. 말 그대로 "맨주먹 불끈 쥐고(?)" 시험을 추진할 수밖에 없었다.

이러한 문제를 해결하기 위해 박영순 선생님께서는 또 한 번 모험을 하셨다. 그것은 인도네시아에서 모의고사를 치르자는 것이었다. 이를 통해 한국어 시험의 노하우를 쌓고, 본격적인 시험을 추진할 재원을 마련하자는 것이었다. 박영순 선생님의 제안에 이제 더 이상 연구원들은 움츠려 들지 않았다. 재단 연구원들도 말 그대로 군대 정신으로 똘똘 뭉쳐 일을 하기 시작했다. 그 결과 인도네시아 현지에 있는 한국어 학원과 연계하여 모의고사를 시행하게 되었으며, 이를 계기로 귀중한 경험과 함께 시험을 추진할 재원을 얻게 되어 본격적으로 고용허가제 시험 준비에 돌입하게 되었다.

우리 기관은 노동부와의 협의를 통해 6개의 고용허가제 시험 대상 국가 중 필리핀, 스리랑카, 태국에서의 시험 주관 기관으로 선정되었다(나머지 3개 국가, 몽골, 베트남, 인도네시아는 세계인증말위원회에서 위탁 시행하게 되었다). 이 대상 국가를 중심으로 본격적으로 연구원들은 시험과 관련된 업무를 차근차근 준비하기 시작하였다. 우선 듣기와 읽기 시험 문제를 출제하였으며 이 출제된 문제를 각국의 언어로 병기하는 작업을 하였다. 더불어 듣기 대본 구축과 듣기 녹음 그리고 삽화 작업을 하고 난 후 시험지를 인쇄하였다. 시험지 인쇄와 관련하여 이 인쇄를 국내에서 할 거냐 국외에서 할 거냐 라는 토론을 벌였다. 국내에서 인쇄를 할 경우, 비용도 비용일 뿐만 아니라 국외로 운송하는 작업(송장을 발부받고, 현지에 보관할 장소 등)이 만만치 않기 때문이다. 반면에 국외에서 인쇄를 할 경우 비용과 운송 부담은 상당히 줄어들지만 보안이 문제 될 수 있다는 점 때문이었다. 결국 돈보다는 보안을 중시하여 국내에서 인쇄를 하기로 결정하였다.

이와 동시에 우리 연구원들은 국외 시험 장소와 감독관 섭외를 위하여 시험 대상 국가에 출장을 나가 이를 도와줄 현지 협력 기관을 찾았다. 그리하여 스리랑카에서는 SLBFE, 태국은 TOEA, 그리고 필리핀의 경우 POEA를 선정한 후 이 기관들과 업무 협약을 맺었다. 여기에서도 여러 가지 사건이 있었다. 예를 들어 필리핀의 경우, 애초에 TESDA(해외 취업 교육청)와 업무 협약을 맺으려 했으나 필리핀의 반대로 POEA(필리핀 해외취업청)가 선정되었지만, 다른 국가와 달리 시험 장소 선정, 시험 감독관 선정, 시험 홍보, 응시료 수납 기관을 선정하는 등 모든 것을 알아서 하라는 것이었다. 나는 여기에 굴하지 않았다. "그래 그럼 한번 해보자"라는 오기가 발동하여 현지에서 정말 발에 땀이 나도록 발품을 팔면서 시험 장소와 감독관을 섭외하고, 현지 신문에 시험 공고를 내는 한편 응시료 수납 기관을 직접 구축을 하였다. 불굴의 정신으로 일을 해 나아갔다.

이러한 문제뿐만 아니라 우리가 당연히 여겼던 많은 것들이 현지에서는 매우 낯선 것으로 받아들여지는 문화 충돌을 경험하면서 재단은 전문 시험 기관으로 거듭나게 되었다. 이제 시험지를 현지에 운송할 때 시험지를 개봉하려는 현지 사람들의 무지, 현지에서도 이러한 시험 경험이 없기 때문에 컴퓨터 수성 사인펜, 수정펜, OMR 용지 등을 일일이 공수하는 일, OMR 카드를 사용 해 본적이 없는 응시자들이 모든 답안에 마킹을 한다든지, 그리고 컴퓨터가 인식할 부분이 잘못됐다고 수성사인펜으로 과감히 답안지에 줄을 그어 버리는 일 등은 이젠 더 이상 놀랄 일이 아니라 즐기는 일이 되었다.

하지만 문제는 시험 채점이었다. 재원이 없어서 OMR 판독기를 이천만원짜리를 산 것이 말썽이었다. 리젝팅(잘못된 시험지가 튀어 나오는 것)을 방지하기 위해서는 잘못 표기된 OMR을 스캔하여 보관하는 장치가 있는 기기가 필요하였지만 재원이 없던 관계로 이 기능이 없는 OMR 판독기를 산 것이다. 하지만 태국의 경우 시험 응시생이 예상외로 많았을 뿐만 아니라(한번에 2만명이 넘은 적도 있었다.) 무엇보다도 한국에 오려는 그들의 열정(?)이 리젝팅 수를 기하급수적으로 만들어 내었다. 곧 한 응시자를 합격시키기 위하여 각지에 있던 친척들이 한 사람의 수험번호로 시험을 본 것이 부지기수로 많았기 때문이다. 이를 찾아내기 위해서는 일일이 수작업을 하여 찾아내야 했으며, 이런 일들로 합격 통보를 2주 내에 해 주기로 사전에 약속했었는데, 무려 2달이 걸려서야 합격 통보를 할 수 있었다.

필리핀에서 재단 응시료가 한국에 들어오지 않는 바람에 재단의 회계팀이 급파되었지만, 현지 은행의 잘못된 정보를 통해 돈이 묶여버리게 된 사건, 이를 해결하기 위하여 필리핀 중앙은행에 가서 해명했던 일 등 상상도 하지 못했던 경험을 하게 되었으나, 이 모든 시련을 재단 사람들이 견뎌내고 여러 번의 시험을 치르면서 그 어느 때 보다도 재단의 재정이 안정되고, 연구원들은 스스로 생각해도 대견할만큼 '국제화' 되었고, 국제적인 일을 처리하는 데 있어서도 많은 노하우가 축적되어 자신감이 충만하였다. 지금은 아름다운 추억이면서 술 한잔 기울일 때 좋은 안주 거리이다. 함께 했던 사람들에 대하여, 그리고 그 사람들과 일했던 모든 것들에 대하여 감사함과 그리움이 밀려온다. 그리고 재단에 있을 때 단련된(?) 몸과 마음은 현재 대학에 근무하면서 직접간접으로 도움이 되고 있다.

지금 옆방에 계신 그리고 옛 직장 상사인 우창현 선생님과 나는 박영순 선생님에 대하여 자주 이야기를 한다. 그리고 가끔 우창현 선생님께서 나에게 이런 말씀을 주신다. "나는 네가 왜 이사장님과 오버랩이 되는지 모르겠어!" 나는 또 말한다. "사돈 남 말씀하시네요. 하하!"

趣味三題

김 무 림
(강릉대학교 인문대학 국어국문학과)

나의 취미는 등산, 바둑, 음악감상의 셋이다. 등산은 초등학교 5학년, 바둑은 중학교 1학년, 음악감상은 대학교 1학년 때에 각각 시작되었다. 등산과 바둑과 음악감상이라는 나의 취미는 대인관계에 능숙하지 못한 나의 생활을 지탱해 주는 변함없는 친구 같은 것이라고 할 수 있다. 오늘은 이 세 친구에 대한 자랑과 험담을 해볼까 한다.

보성남국민학교 5학년 때에 우리 반은 특별한 담임(고영묵 선생님)을 만났다. 담임 선생님께서는 한 달에 한 번 정도로 전 학급생을 끌고 단체 등산을 하셨다. 전남 보성군의 명산인 봉화산, 제암산, 득량의 칼바위산 등을 선생님을 따라 올랐던 기억이 지금에도 새롭다. 선생님께서는 사진기(아마도 파노라마 사진기)로 우리들을 찍어 주셨는데, 나의 옛 앨범에는 빡빡머리의 콩알만한 우리들의 얼굴들이 산 정상에 옹기종기 모여 있는 사진이 지금도 남아 있다. 서울로 유학한 철도고등학교 시절에는 기차를 공짜로 탈 수 있었고, 대학입시를 준비하지 않았던 관계로 주말에는 멀리 기차 여행을 많이 했었다. 그 중에서도 용산역에서 호남선 밤차를 타고 정읍에 내려 내장산의 서래봉에 갔던 날은 마침 10월 하순이라서 단풍이 참으로 좋았던 생각이 난다. 고려대학교를 다닐 때에는 제법 장비를 갖추어 등산가를 자처했었다. 그 중에서도 1981년 12월 6일에 지리산을 단독 등반했던 일을 잊을 수 없다. 백무동에서 시작한 등산이 장터목 산장에 이르도록 한 사람도 만날 수 없었던 그 날의 산행은 나에게 어떤 힘을 주는 것 같았다. 그 후로 화엄사에서 천황봉까지 지리산 종주를 몇 차례 하면서, 어느 땐가는 나 스스로 지리산 종주용 지도를 작성하여 知人들의 안내자 노릇도 한 적이 있다. 이러한 산행에 대한 경험을 밑천 삼아 강릉대학교 교수가 되어서는 교수산악회를 이끌기도 하였다.

바둑은 중학교 1학년 때에 배웠다. 수학 선생님 댁에서 싸구려 과외(한 달에 6백원 정도로 기억)를 받으면서 공부는 대충하고, 선생님과 또는 친구들과 바둑을 두는 일이 많았다. 나의 바둑 실력은 일취월장하여 어느덧 우물안 고수가 되었으며, 고등학교 시절에는 종종 학교 근처의 기원에서 바둑을 두었다. 바둑은 승부를 가리는 게임이므로 남의 실수를 틈타 이기는 경우가 많다. 남모르게 計家를 하면서 표정은 유불리를 드러내지 않도록 무표정해야 되고, 남의 실수에 기대어 최대한 이익을 취해야 하므로, 도덕적으로 칭찬할 만한 취미가 아니다. 내 연구실에는 대학의 교수 바둑대회에서 우승해 얻은 트로피가 하나 있다. 이 트로피도 결승 3번기에서 상대방의 실수를 틈탄 간발의 차이에 의하여 획득한 것이므로, 결코 자랑할 것은 아니라고 생각한다. 아마추어 1급에서 3단까지 상황에 따라 오르내리는 나의 급수도 결코 정직한 것은 아니다. 요즘은 가급적 바둑을 삼가려고 하므로, 이 친구에게는 좀 미안한 일이다.

본격적인 음악감상은 대학교 1학년 때 시작되었다. 지금은 없으리라고 생각되지만, 80년대의 고려대학교 안에는 고대신문사가 있던 건물에 음악감상실이 있었다. 주로 클래식 음악을 틀어주던 감상실은 음악이 바뀔 때마다 한쪽 작은 칠판에 담당자(학생)가 曲名을 적었다. 수업이 없는 시간에 나는 음악감상실에 자주 갔다. 나의 음악감상의 이력은 기숙사와 연관이 깊다. 나는 고려대 기숙사에서 사생, 방장, 층대표, 사감보 등의 다양한 신분의 이동을 경험했다. 내가 고려대 기숙사의 층대표로 있을 때에는 기숙사 음악실의 책임자로 있었다. 마란츠 앰프와 테크닉스 턴테이블에 이름 없는 스피커, 그리고 엘피 500여 장을 갖춘 음악실은 아침 저녁의 식사 시간에 식당에 음악을 내보냈다. 영화음악 같은 편안한 음악도 가끔 틀었지만, 주로 클래식을 선곡했기 때문에 일부 학생들로부터 소화에 지장이 있다는 불평을 듣기도 했다. 그러나 전체적으로는 호의적이었으며, 때로는 신청곡을 받기도 했다. 학기별로 음악실 회원들은 음대 학생을 초청하여 음악 설명회를 열었다. 주로 女大의 음악 전공생을 부르는 경우가 많았음은 물론이다. 교수가 되고 나서는 오디오 장비에 돈을 제법 많이 썼다. 집에는 거실과 서재에 각각 오디오셋트를 갖추었으며, 학교 연구실에도 한 셋트를 갖추었다. 셋트라고 하면, 엠프와 스피커, 그리고 턴테이블이나 시디플레이어 같은 소스(source) 기기를 총괄하여 말하는 것이다. 음반은 엘피(LP) 2000여 장, 시디(CD) 600여 장 정도를 모았다. 나의 음악감상의 포인트는 엘피에 의한 아날로그(analog) 감상에 있다.

複製 文化인 디지틀에 비하여 아날로그는 정보 전달의 과정에 착오가 생기게 되지만, 이러한 착오의 틈 속에 자아와 개성이 파고든다는 유쾌한 속성이 있기 때문이다. 턴테이블의 설치에서 카드리지 선택, 침압, 오버행, 수평 등과 같은 나의 조정에 따라 그 음악적 질감이 달라진

다. 오전에 儀式처럼 듣는 베토벤의 피아노 소나타(1번~32번)는 나의 지정 메뉴이지만, 나른한 오후에는 재즈 보컬 빌리할리데이로 판을 바꾸기도 한다. 클래식은 현악기보다는 피아노를 더 선호하고, 재즈(Jazz)는 50~60년대의 아메리칸 뮤지션이 중심이다. 음울하면서도 청아한 쳇 베이커의 트럼펫, 따뜻하게 깊은 호레이스실버의 피아노, 치열하면서도 분방한 소니롤린스의 섹소폰, 그리고 빼놓을 수 없는 누군가의 묵직한 베이스 등을 들으면 모든 욕망이 사라지는 기분이 든다. 클래식은 나를 반듯하게 해 주지만, 재즈는 체념과 달관을 준다. 음악에는 이렇게 각각의 맛이 있다. 굳이 聖俗을 가릴 필요는 없을 것이다.

趣味三題, 이들 세 친구는 古今의 시간에 서서 여전히 그 자리에 있다. 山은 산대로 여전하고, 바둑의 19路는 반듯한 모습으로 그대로 있으며, 음악은 모든 조화를 품고 있다. 이들과 함께 보냈던 즐겁던 시절을 이제 다시 돌이켜 보면, 곡절 많은 인생이 별 게 아니라는 생각을 하게 된다. 결국 시간은 흐르고, 세월의 도도함 속에서 모든 것은 없어진다.

취미 생활과 관련하여 가장 아쉬운 것은 나의 대학, 대학원 은사이신 혜당 박영순 선생님과 아무런 취미도 공유하지 못한 점이다. 아마 위의 세 가지 중 한가지만이라도 함께 했다면 훨씬 더 좋았을 것 같다는 욕심이 든다. 혜당 선생님은 별 취미가 없으시다. 그저 가정과 학교만을 생활무대로 삼아 가르치고 연구하고 가족들 돌보고, 제자들 걱정하시는 게 전부다. 운동도 안 하시고 일만 하시는 게 안타깝지만 제자로서 어떻게 해볼 수도 없다. 그러니 혜당선생님 앞에선 나의 취미생활 같은 건 얘기하기가 매우 어렵다. 물론 지리산 등반을 한번 자랑했더니 칭찬해주셨다. 선생님과 함께 땀 흘리며 설악산 등반을 하거나, 바둑을 하며 일진일퇴를 하거나, 함께 베토벤의 음악에 대해 대화를 할 수 있었다면 더 많은 추억이 생겼을 것이다.

내가 혜당 선생님을 처음 뵌 건 학부 1학년 때였다. 그때부터 우린 전생에서 이미 무슨 인연이 있지 않았나 싶을 만큼 질기고도 뜨거운 인연을 이어오고 있다. 내가 학부를 졸업하고 대학원에서 석사, 박사를 모두 혜당선생님 문하에서 했으며, 내가 전임이 되고 내나름대로 학문에 매진해 오는 동안 혜당선생님의 사랑과 염려는 다 표현하기 어렵다. 선생님은 때론 우리 제자들에겐 지도교수라기 보다 차라리 보호자와 같았다. 그분의 학문적 열정과 제자 사랑은 유명하다. 내가 이만큼이라도 학문에 게으르지 않는 학자가 되는 데에 혜당 선생님의 영향은 참으로 컸다고 말할 수 밖에 없다. 스승님에게 부끄럽지 않기 위해서, 스승님을 기쁘게 해드리기 위해서, 선생님을 넘어서기 위해서 공부하고 논문 쓰고 책을 쓸 때가 많았기 때문이다. 새삼 선생님에 대한 감사한 마음이 북받쳐오른다. 그런데 다행한 것은 선생님과 나는 세부 전공이 다르다는 것이다. 그러므로 직접적 비교가 안 되니 마음이 편하다. 이십 몇 년 전인가 내가 『국어음운론』 책을 탈고했다고 말씀드렸더니 너무도 기뻐하시면서 당시 언어학 책을 가장 활발히 내던 한신문화사에 나를 데리고 가서 사장님에게 소개하면서 '장차 국어학 분야 거목이 될 학자인데, 이번에 국어 음운론 책을 내고자 하니 여기서 내주세요.' 라고 하셨다. 사장님은 그 자리에서 흔쾌히 출판을 결정해주었다.

십여 년 전에도 내가 『국어사』책을 썼다고 하니 입이 닳도록 칭찬하시며, 이번엔 한국문화사에 '현재 국어사 분야 최고의 학자이고, 앞으로 몇 십 년 안에는 나올 것 같지 않은 대학자이니 최고의 대우로 책을 내주시오.'라고 하여 파격적인 조건으로 책을 출간하기도 했다. 이젠 제법 앞가림을 하는 중견학자가 되었는데도, 선생님은 날 아직도 어린 제자로 보시는 것 같다. 이제 선생님의 정년을 맞이하고 보니 여러 가지 감회가 물밀 듯 밀려온다. 혜당 선생님의 정년퇴임은 한편 섭섭하지만, 한편은 안도도 된다. 2, 3년 전부터 기관지로 고생하셨는데, 이젠 좀 쉬실 수 있구나 하는 생각이 들기 때문이다. 그간 국어학, 국어교육학, 사회언어학, 이중언어학, 외국어로서의 한국어 교육학의 이론적 토대를 구축하시고, 한국어의 세계화를 위해 선구적인 활동을 왕성하게 하셨는데, 이제 정년이 되셨으니 모든 일은 후학들에게 맡기고 여생을 편안히 지내시라고 말씀드리고도 싶고, 조금 더 후학들을 이끌어주십사고 부탁드리고도 싶다. 어쨌든 이제 나는 우리 혜당회의 맏이로서 앞으로 혜당회를 이끌어야 하는 막중한 책임감을 느끼게 된다. 선생님 건강이 조금만 더 좋아지시면 혜당회 전체가 등반계획을 세워보고도 싶다. 혜당선생님의 만수무강하심을 기원한다.

시간의 강물

宇玄 김 민 정
(문학박사 · 시조시인)

만남의 기쁨 있어 서로서로 기다렸고
이야기꽃 만발하던 양평의 눈덮힌 산속
다정한 북한강물이 가슴속을 흐르고

몇 날 며칠 간혀있던 그 좁은 공간에서
용기있게 탈출하여 여유있게 마신 커피
유명산 개울물들이 함께 깔깔 웃어 주던

양평의 가을숲길 추억 속을 걷노라면
함께 어울려 용문산 은행나무가 되고, 봄밤의 달아공원 매화가 되고, 박수치는 맘마미아 관객이 되고, 그 옛날 경복궁 풍경이 되고, 그윽한 평창동 솔바람이 되고, 굽이도는 하회마을 강물이 되고, 넘실대는 제주앞 푸른 바다가 되고, 먼 속리 법주사 풍경소리가 되고, 가슴마다 한 편의 아름다운 시가 되어,
아득한 그리움으로 출렁이며 흐르네

우리 엄마는 수퍼우먼

김 보 경
(언어학박사 · 에모리대 교수)

난 무엇이든 척척 해내는 수퍼우먼이 되고 싶었다. 어릴 적부터 여성의 사회활동에 관심이 많았던 나는 현모양처만이 나의 꿈이 아니었다. 사회인으로서의 성공한 모습으로 당당하게 살고 싶었고 동시에 주부로서도 최고가 되고 싶었다. 아내로서 어머니로서 며느리로서 당연히 '최고다' 소리를 들어야 한다고 생각했다. 호기있게 나는 수퍼우먼이 될 자신이 있다고 생각했다.

그러나 내가 결혼을 하고 수퍼우먼이 되어야 하는 시점에 이르렀을 때 나는 현실은 이상과 다르다는 것을 깨달았다. 수퍼우먼은 커녕 그 어느 역할 하나도 최고로 하는 것은 쉬운 일이 아니라는 것을 쉽게 깨달을 수 있었다. 결혼 전에는 오로지 내 자신 하나 챙기는 것만 생각하고 사니 내 자신의 성공을 위한 사회생활이나 가족 구성원으로서 좋은 딸이 되기 위한 나의 노력은 한 맥락이었으므로 두 배의 노력이 따로 필요하지 않았다. 나는 늘 학생으로서 살아 왔기 때문에 학생으로서의 의무만 성실히 이행하면 학교에선 선생님들께 사랑받는 우등생이 되고 집에서는 사랑받는 딸이 될 수 있었기 때문이다.

하지만 결혼을 하고 나니 모든 것이 달라졌다. 결혼을 해야 비로소 어른이 될 수 있다는 옛 어른들의 말씀이 결혼이라는 제도를 정당화하기 위해 그냥 나온 말이 아니었다. 결혼 전에는 실수를 해도 그 실수를 언제나 덮어 주시고 나의 어려운 상황을 해결해 주시기 위해 내 자신보다 더 열심히 뛰시는 부모님이 계셨기에 인생에 대한 부담감이 거의 없었던 것 같다. 하지만 결혼을 하고 나니 난 더 이상 나만의 인생을 살 수가 없었다. 나는 그때부터 어른이 되어 나뿐만 아니라 남편, 아이들의 인생에 너무나 큰 영향력을 미치는 사람으로서 나의 역할과 의무는 갑자기 몇 배로 늘게 되었다. 즉 드디어 수퍼우먼으로서 살게 된 기회가 온 것이다. 그러나 현실은 그렇게 녹록치 않았다. 사실 나에게는 집안 가사일 하나만도 너무나 벅차게 느껴졌다. 아이의 엄마가 되고 나선 자연스레 그 아이가 내 인생의 중심에 있었기 때문에 그 아이에 집중하게 되었지만 박사과정 학생으로서의 생활을 병행하기는 쉬운 일이 아니었다. 주말이면 꼼짝없이 집안일과 아이들에 매달려야 했던 나는 주말에도 도서관에 책 싸들고 도서관에 가서 마음껏 공부할 수 있는 싱글들에게 끝없이 부러움과 열등감을 느껴야 했다. 주중에도 아이들이 잠들기 전에는 공부와 숙제는 시작도 할 수 없었다. 그러니 자연스레 그 어느 역할도 포기 못하는 나의 성격 탓에 다른 사람들에겐 학교생활도 가정생활도 어느 정도 다 해 내는 모습으로 비춰졌을 수도 있지만 내 마음은 언제나 도달하지 못하는 목표에 안달이 났다.

실지로 수퍼우먼 콤플렉스라는 말이 있다. 수퍼우먼 콤플렉스란 우리나라 여성들은 직장인, 주부, 어머니, 아내, 며느리로서의 역할을 모두 완벽하게 해 내어야 한다는 컴플렉스에 시달리고 있는 현상을 말한다. 즉, 이 모든 역할을 완벽하게 수행해 내는 멋진 수퍼우먼이 되어야 하는데 현실적으로 그 많은 역할을 완벽하게 소화해 내기란 쉽지 않은 일이므로 심한 초조감이나 불안감을 느끼게 된다는 것이다. 수퍼우먼 콤플렉스는 흔히 전통적으로 집안일은 여자가 해야한다는 남성 중심의 가치관 때문에 생겨난 병폐라고 이야기한다. 즉 수퍼우먼은 되기도 힘들 뿐더러 전혀 이상적이지 않은 사회적인 폐해일 뿐이라는 것이다.

그러나 나는 실제로 진짜 수퍼우먼 한 분을 알고 있다. 그 분은 다름 아닌 나의 시어머님이신 박영순 교수님이다. 우리 어머님께서 수퍼우먼이라는 사실은 나에게 두 가지 양면의 결과를 가져다 주었다. 첫째, 나는 결코 우리 어머니와 같은 수퍼우먼이 될 수 없다는 사실이 나를 더 힘들게 만들었고, 둘째, 그래도 늘 어머니의 가르침으로 어머니와 비슷하게 살아 보려는 나의 노력은 분명 나의 발전에 가장 긍정적인 힘으로 작용하였다.

오늘은 우리 어머니께서 수퍼우먼이 되실 수밖에 없는 이유를 생각해 보려 한다. 먼저 이 짧은 지면을 빌어 우리 어머니에 대한 이야기를 다 한다는 것이 불가능이지만 짧은 언변으로나마 나는 오늘 우리 어머니 자랑을 좀 해 보고 싶다. 우리 어머니의 믿을 수 없는 파워의 첫 번째 근원은 사랑이다. 우리 어머니는 어머니의 가정에 대해 어머니의 일에 대해 어느 누구도 쉽게 흉내내기 힘든 뜨거운 사랑을 가지고 계신다. 어머니께서 꾸리신 가정에 대한 애정과 모든 가족 구성원들에 대한 우리 어머니의 사랑은 맹목적이시다. 나도 한 가정의 아내와 어머니로서 가족에 대한 한없는 사랑을 가지고 살고 있지만 그 사랑은 우리 어머니의 그 크나큰 사랑 앞에선 늘 부끄럽고 고개를 숙일 수밖에 없게 된다. 사랑이 있으면 정말로 불구덩이에라도 뛰어들 수 있는 건가 보다.

우리 어머니는 자식들에게 정말로 완벽한 어머니셨다. 그 바쁜 직장생활을 남들보다 몇 배로 다 해 내시면서도 어머니로서 아내로서의 역할을 완벽 이상으로 해 내셨다. 우리 어머니에 대해 잘 모르는 사람은 어쩌면 우리 어머니가 굉장히 건강 체질이고 차가운 마음을 가진 사람으로 오인할지도 모르겠다. 하지만 우리 어머니는 너무나 여성스러우시고 오히려 육체적 연약함을 가지신 분이시다. 우리 어머니의 가족에 대한 뜨거운 사랑에서 북극의 얼음도 녹이는 강인한 힘이 나오는 것 같다.

우리 어머니의 그 사랑의 힘은 가정에서뿐 아니라 학교에서 제자들에게 또 학계에서도 고스란히 발휘된다. 나도 공부를 하는 주부로서 정말 놀랍지 않을 수 없다. 우리 어머니가 가지신 사랑의 힘은 아마 끝이 없는 것 같다. 제자들에 대해 끝없이 샘솟는 어머니의 사랑을 보면 자식으로서 어쩔 땐 질투가 날 정도이다. 나는 어머니에게 직접 가르침을 받은 제자는 아니지만 충분히 짐작할 수 있다. 우리 어머니는 제자들에게 세상을 살아가는 가치관 및 지혜를 늘 직접 가르쳐 주시는 것은 말할 것도 없고 지식적으로 학문적으로 제자들에게 모범이라는 말로도 부족할 만큼의 모범을 보이시는 훌륭한 학자이시다. 끝없이 논문을 쓰시고 책을 척척 써 내시는 어머니를 바라보며 나같은 보통 사람은 탄식을 할 수밖에 없는데 어머니의 그 모습 자체가 나뿐 아니라 제자들에게 가장 큰 가르침이 되지 않을까 한다.

나는 교보문고나 영풍문고에 가면 언어학 시리즈 책을 구경하는 것을 참 좋아한다. 빽빽하게 꽂혀있는 서간에서 내가 사랑하는 우리 어머니의 존함을 발견하는 것 또한 나만이 느낄 수 있는 짜릿한 기쁨이다. 한 번은 딸을 데리고 언어학 코너를 간 적이 있었다. 거기서 할머니의 존함이 적혀져 있는 책들을 발견하고 깜짝 놀라면서 자랑스러워하던 딸의 모습을 잊을 수 없다.

우리 어머니와 나는 종종 언어학 이야기를 한다. 우리 어머니는 정말로 모르시는 것이 없다. 내가 안 풀리는 어떤 현상에 대해 넌지시 여쭤보면 그 자리에서 모든 문제점들이 쭉 정리되고 창의적인 대안이 곧 제시된다. 우리 어머니는 때로는 로보트 같다. 우리 어머니께서 언어학 전반에 대해 가지고 계신 비젼은 아마 저절로 생긴 것이 아닐 것이다. 끊임없이 읽으시고 연구하시는 어머니의 언어학에 대한 열정의 결과일 것이다. 실지로 어머니께서는 거의 모든 언어학 분야의 입문서를 쓰셔서 언어학을 공부하는 대학생, 대학원생들에게 커다란 도움을 주셨고, 여러 분야의 학회를 몸소 설립하셔서 각 언어학 분야의 발전에 크나큰 공헌을 하셨다. 내가 알고 있는 또 내가 적고 있는 어머니의 학문에 대한 공헌은 정말 빙산의 일각이다. 난 우리 어머니의 능력은 가히 초인적이라고 말하겠다. 이 모든 초인적인 능력이 가녀린 우리 어머니의 뜨거운 사랑에서 온 점을 난 존경하고 내가 그 사랑을 받는 자식임을 너무나 감사한다.

실질적으로 사랑만 가지고 이 모든 초인적인 일들을 이루셨다고 말해도 과언이 아닌데 그 사랑의 힘에 보태어 어머니께는 한치도 실수가 없는 일의 경중의 판단과 시간을 최대한 경제적으로 쓰시는 현명함이 동반된다. 우리 어머니의 연구실은 오랫동안 도서관 안에 있으셨다. 도서관을 다니던 학생들은 늘 책을 들고 뛰어다니시는 어머니를 만났다고 한다. 한 조각의 시간도 우리 어머니는 그냥 흘려버리는 법이 없으시다. 언제나 순간순간 어떤 일이 가장 필요한 일인지 판단을 하셔서 곧바로 행하신다.

책을 안고 바쁘게 다니시는 우리 어머니의 모습을 본 사람이라면 언제나 한치의 흐트러짐도 없이 아름다운 모습이셨음을 어느 누구도 인정하지 않을 수 없을 것이다. 나를 포함하여 같은 여자인 제자들에게 우리 어머니는 영원한 롤모델이시다. 우리는 모두 우리 어머니와 같이 아름답고 부드러우면서도 강하고 능력있는 여자가 되고 싶다. 어머니와 비슷한 길을 가는 우리들에게 어머니는 한마디 변명도 할 수 없게 만드신다. 변명의 여지조차 주지 않으시는 우리 어머니의 부드러운 카리스마를 우리 모두 존경하고 사랑하지 않을 수 없다. 나는 아이도 키워야 하고 공부도 해야 하고 남편 뒷바라지도 해야 하는 이 힘든 현실에서 수퍼우먼은 허상일 뿐이야 소리치며 안주하고픈 유혹도 느끼지만 동시에 난 또 우리 어머니같은 열정을 가지고 우리 어머니처럼 멋지게 살아 보고 싶은 유혹을 느낀다.

KTX와 저녁놀

김 영 만
(중앙일보 NIE논술 전문위원)

오늘도 나는 지방강의를 마치고 서울로 올라가기 위해 KTX에 몸을 실었다. 2, 3일 단위로 반복되는 일과이지만 내려가는 새벽의 KTX는 그날의 강의를 구상하느라 어느 만큼 긴장이 되기도 하는데 강의를 마치고 해방감 속에서 귀경하는 하오의 KTX 여정은 습관처럼 '나만의 시간'을 갖는 상념의 시간이 되어버렸다. 중앙일보 NIE논술 전문위원이 된지도 벌써 4년째가 되고 있다. 그동안 지내온 일들이 주마등처럼 스쳐지나간다.

전국 24개 대학에 개설된 논술지도자 강좌에 특강강사로 순회강의를 하게 된 것은 전공분야 활동을 떠나 나에게는 특별한 행운이었던 것 같다. 늦깍이로 박사과정에 들어가서 나의 능력을 과분하게 인정해 주신 박영순 교수님을 만나 3년 만에 학위를 받았던 일. 그것도 NIE분야 한국 1호의 학위임을 확인해 주었던 중앙일보 조종도 기자의 성의있는 보도, 강의장마다 언어 능력의 중요성을 강조하는 강사 앞에 생기를 북돋우며 감동해 주던 많은 수강생들, 이에 연결되는 각 지방에서의 특강 요청, 돌이켜 보면 나는 감사해야 할 일들, 또 나를 찾는 사람들에게 해주어야 할 역할들이 참 많이 남아있는 행복한 사람임을 깨닫게 된다.

한국의 국토는 결코 넓지 않지만 전국을 한나절 생활권의 문화국가로 만들기 위해 고속철도 계획을 세우고 과감히 실행에 옮긴 정치지도자도 세월이 지나고 보니 그 선견지명을 인정하게 된다. KTX가 있지 않았던들 부산, 광주, 대구, 대전의 강의들을 어찌 단 하루 일정으로 소화할 수 있었겠는가. 속도 문화에 깊숙이 적응해버린 나 자신을 발견하며 새삼 놀라기도 해본다. 밀란 쿤데라의 「느림의 미학」을 읽으며 현대 과학문명이 추구한 속도 문화가 인간사회를 얼마나 여유없고 쫓기는 삶으로 몰아붙였는지 그 폐단을 실컷 공감하고, '달려가는' 사람들 속에서도 난 '느림'의 정신을 유지하겠다고 되뇌이던 나 자신의 모순을 발견하고 어색한 미소를 지을 수밖에 없었다.

열차가 대전역을 출발하여 천안을 향해 가는데 하루 열기를 다 지상에 전한 태양이 자신의 존재를 마지막으로 알리려는 듯 서녘을 붉게 물들이고 있다. 시골에서 자란 내가 도시인이 된 후로 나를 병적일 만큼 향수에 젖게 하는 그 저녁노을이다. 나는 차창 저 너머로 멀리 펼쳐진 분홍빛 장관을 더욱 선명히 인식하기 위해 눈을 더 크게 하며 40년이나 지난 초등학교 3학년 때의 고향을 떠올려본다. 그 노을, 끝없이 뻗어있는 행길, 동화책, 소 그리고 아버지….

우리 아버지는 농부였다. 새벽이면 소를 몰고 나가 논갈이하며 해가

진 저녁까지 하루 종일 일해서 얻은 벼 2가마. 그것들을 모아 8남매를 뒷바라지 하면서도 좀처럼 지친 모습을 보이지 않으시려 했던 참 강한 아버지이셨다. 초등학교 3학년, 그러니까 내 나이 9살 때. 5월말쯤으로 기억한다. 아버지는 나에게 소를 다루는 방법을 가르쳐주시겠다고 부르셨다. 그리고 코뚜레를 잡고 소의 뺨을 때리는 척하며 '이놈, 꼼짝마. 이놈, 꼼짝마.'하며 위협을 가했다. 소는 코뚜레를 움켜쥔 아버지의 왼손 움직임에 따라 눈을 꿈뻑꿈뻑하며 꼼짝 못하고 순종하고 있었다. 이런 시범을 한참 보여주신 아버지는 코뚜레의 기능을 자세히 설명해주고 나한테 한 번 해보도록 권고하였다. 9살짜리 꼬마는 아버지 흉내를 내며 '이놈, 꼼짝마. 이놈, 꼼짝마.'하며 호통을 쳤다. 덩치 큰 소는 역시 눈을 꿈뻑이며 순종의 태도를 보였다. 이렇게 3일간 소를 제압하는 요령과 자신감을 심어준 아버지는 학교에 다녀온 나에게 마을 뒷길로 소를 몰고 나가 풀을 뜯기고 올 수 있느냐고 심중을 떠보았다. 소를 자신있게 제압할 수 있다고 생각한 나는 흔쾌히 대답했다. 나는 보호자도 없는 상황에서 그 큰 암소를 끌고 행길로 나왔다. 당시에는 농약을 별로 쓰지 않았기 때문에 우마차가 보이는 행길가 양쪽 둔덕엔 토끼풀이며 갖가지 잡풀이 무성하였다. 집에서 여물만 먹던 소는 별미의 외식 기회가 온 듯 정신없이 풀을 뜯기 시작했다. 혹시나 이 꼬마를 무시할까봐 속으론 겁을 잔뜩 집어먹고 긴장의 끈을 늦추지 않았던 나는 1시간쯤이나 지난 뒤에야 소의 충직함을 인지하게 되었다. 소가 뜯고 지나간 둔덕은 직사각형 모양을 길게 이루고 있었다. 소는 결코 옆의 감시자를 의식하지 않고 기계만큼이나 정확히 그만큼의 속도로 자신의 배를 채우는데 충실하고 있을 따름이었다. 2시간쯤이나 지났을까. 먹는 데에 약간 동작이 불규칙해지더니 왔던 곳을 뒤돌아보는 것이 아닌가.

나는 이제 양이 찼나보다 하고 재빨리 코뚜레를 잡고 나를 무시하는 상황이 나타나지 않도록 주의를 기울였다. 소는 코가 아픈 듯 고개를 옆으로 틀면서 편안한 걸음으로 나의 발걸음에 맞추어 따라왔다. 나는 코뚜레를 뚫은 소가 이렇게 먹고 휴식할 때마저 사람의 불신 속에 구속당하고 있는 것 같아 갑자기 안쓰러운 생각이 들었다. 그래서 코뚜레에서 손을 뗀 뒤 끈을 잡고 3m쯤이나 뒤에서 소를 따랐다. 집까지는 500여m가 남아있었다. 그때 나는 저 멀리 지평선 끝에 걸려있는 해를 보았다. 붉게 물든 노을. 나는 하늘이, 자연이 이렇게 환상처럼 아름다운 것을 처음으로 느꼈던 것 같다. 내 고향은 전라북도 김제. 호남 평야의 한 중심지 광활이었다. 한 면에 산이 하나도 없는 평야지대이며 그 길 끝은 서해바다이다. 그 너머엔 옥구땅이나 섬이 산처럼 아득히 서 있었고 해를 비낀 그 한쪽 옆에는 장항제련소의 굴뚝에서 나오는 하얀 연기가 구름처럼 퍼져가고 있었다. 자연현상에 도취해있는 꼬마 감독관의 분위기를 깨기라도 하려는 듯 소가 갑자기 뛰기 시작했다. 소스라치게 놀란 꼬마는 그 끈을 놓치면 소가 아예 먼 곳으로 달아나버릴지 모른다는 두려움으로 끈을 움켜쥐고 행길에 나뒹굴며 안간힘을 썼다. 그러나 힘에서 적수가 되겠는가. 나에게서 해방된 소는 전력을 다해 달리기 시작했다. 나는 큰일났다 싶어 죽어라고 뒤를 쫓았다. 소는 우리 마을에 가까이 오자 냇가로 내려가서 물을 마시기 시작했다. 허겁지겁 뒤따라온 나는 물을 들이키는 소의 모습을 보고 놀라움을 감출 수가 없었다. 들이키는 소리도 거대하거니와 저렇게 한참 마시면 밥그릇으로 수십 그릇을 마시겠구나 생각하며 경탄했다. 그리고 재빨리 코뚜레를 가볍게 잡고 물마시기가 끝나기를 기다렸다. 코뚜레를 꽉 움켜쥐고 의기양양하게 귀가한 나를 아버지는 크게 환영해 주셨다. 불안 속에 꽉 쥔

나의 손을 바라보시던 아버지는 손을 놓게 한 후 소에게 어떤 구속도 하지 않으셨다. 그리고 소의 오른쪽 옆구리를 툭툭 치시면서 말씀하셨다. "우리 영만이, 아주 소를 훌륭히 다루었구나. 소의 첫 밥통은 여기 왼쪽 옆구리 쪽인데 이 모양이면 최고로 배부르게 먹은 상태야. 소가 아주 기분 좋아있구나. 정말 수고했다." 아버지는 어머니와 누나들에게 오늘 나의 성공적 데뷔사건을 칭찬하며 자랑하셨다. 그때 느꼈던 행복감을 난 평생 잊지 못하고 산다.

다음날부터 나는 학교를 파하고 집에까지 4km를 달려서 왔다. 소를 끌고나가 그 저녁놀을 보고 싶고 아버지의 기뻐하시는 모습을 보고 싶은 생각에 호흡이 가쁜 줄도 몰랐다. 우리 집 암소와 이심전심의 친구가 되어버린 나는 이제 풀뜯기러 갈 때면 동화책과 만화책을 몇 권씩 옆구리에 끼고 코뚜레도, 끈도 잡지 않고 하오의 동행외출을 하게 되었다. 소가 자연식품을 만끽하며 포만감을 키우는 동안 여유로운 꼬마는 동화에 빠져 마음껏 상상의 나래를 펴는 시간을 갖게 되었다. 그때 이순신, 계백, 최영장군 등의 전기를 읽었다. 이솝우화, 피터팬 등의 동화와 수많은 만화를 가까이 했다. 돌아올 땐 저녁놀을 보며 어김없이 달리기도 했다. 지금 생각하니 그런 아들의 천진난만한 모습을 보며 우리 아버지도 많이 흐뭇하셨을 것 같다. 새벽부터 밤늦게까지 일하면서도 마음으론 지치지 않으셨던 아버지에게 내가 가끔은 피로회복제가 되었으리라 생각하니 고생만하시다 돌아가신 아버지께 죄송한 생각만 하다가도 조금 위로가 되기도 한다.

KTX가 천안을 넘어섰다. 조금 있으면 서울로 가기위해 광명 언저리부터 시흥까지 기나긴 터널이 시작된다. 차창 밖 바로 옆의 정경은 쏜살같이 지나쳐 눈을 어지럽게 하지만 멀리 서쪽 산 너머엔 아직 황혼의 여운이 불그레이 남아 평안을 느끼게 한다. 속도 문화에 혜택을 입으며 현대 문명에 감사하면서도 석양노을을 보며 학교 공부도, 입시 공부도 아닌 동심의 시간에 몰두했던 지난날의 여백의 시간이 그리워지는 것은 나이를 먹어도 인간에게는 벗어날 수 없는 본향이 있기 때문이 아닐까.

요즘 시골 아이들에게 소 풀을 뜯기며 오후 시간을 보내라고 하기엔 아이들에게도 해야 할 일들이 너무 많은 시대가 온 것 갔다. 그 아이들에겐 멀리에 보이는 KTX가 더욱 마음을 조급하게 할지도 모를 일이다.

아내로, 어머니로, 며느리로 가장 낮은 곳에 서서 역할을 다하시며 그 많은 제자들을 알뜰히 챙겨주신 박영순 교수님. 정년퇴임을 맞아 어린시절 나의 어머니, 아버지만큼이나 사랑을 느끼게 해주신 교수님의 사랑을 되새기며 이 글을 썼습니다.

푸른 평원 위에 드리워진 백락(伯樂)의 나무 그늘

김 유 범
(고려대 교수)

1

마음을 기댈 수 있는 나만의 장소가 있다는 건 참 행복한 일이다. 다행히 내게도 그런 장소가 있다. 대학 시절부터 마음의 위안이 필요할 때 찾아가곤 했던 올림픽공원. 비가 내리고 난 산뜻한 여름날 오후에, 쓸쓸한 마음을 푸른 하늘에 비춰보던 어느 가을날에 홀로 찾아갔던 공원의 전경은 언제 떠올려도 푸근하고 평화롭다.

몽촌토성을 품에 품고 이어진 해사(垓子)는 호수가 되어 하늘을 담고, 토성 위에서 줄달음쳐 내려와 펼쳐진 드넓은 평원은 답답한 가슴을 확 트이게 해주는 동시에 한 폭의 그림 같은 단아함을 선사한다. 하늘과 평원 언덕의 어름이 만들어 낸 부드러운 지평선은 그 너머 기다리고 있을 미래의 희망으로 마음 설레게 한다.

평원 가운데에 홀로 선 나무 한 그루. 외로워 보이지만 고고한 그 자태는 다른 나무들이 흉내 낼 수 없는 기품을 지니고 있다. 한여름 뜨겁게 내리쬐는 태양과, 갑작스럽게 쏟아져 내리는 소나기로부터 나무의 넉넉한 품은 우리에게 시원한 그늘과 든든한 지붕을 제공한다. 이렇듯 나무의 덕(德)은 은혜로이 빛나고 있다.

2

당나라의 문장가 한유(韓愈)의 글 중에 다음과 같은 글이 있다.

> 세상에는[1]백락(伯樂)*이 있은 연후에 천리마(千里馬)가 있으니 천리마는 항상 있으나 백락은 늘 있지 않은 법이다. 그러므로 명마(名馬)가 있다고 해도 다만 종들의 손에서 욕을 당하고 다른 말들과 나란히 수레나 끌다가 마구간에서 죽어가게 되니 천리마라 일컬어질 수 없다. 천리마는 한 번에 더러 조[粟] 한 섬을 다 먹기도 하는데 말을 먹이는 자가 능히 천리를 달릴 수 있는 말인지를 모르고 먹이니, 이 말이 비록 천리를 달릴 수 있는 능력이 있으나 배부르게 먹지 못해 힘이 부족하여 그 훌륭한 재능이 밖으로 드러나지 못한다. 또한 평범한 말들과 같아지려 해도 그렇게 될 수 없으니 어찌 그 말이 천리를 달리기를 바라겠는가. 채찍질을 법도있게 하지 않고 먹이기를 그 재능을 다하도록 하지 못하며 울어도 그 뜻을 알아차리지 못하면서도 채찍을 들고 말하기를 "천하에 좋은 말이 없다."라고 한다. 아! 진실로 말이 없는 것인가, 말을 알아보는 자가 없는 것인가.

이 글은 천리마는 항상 있으나 그 천리마를 알아보는 백락은 항상 있지 않음을 이야기하고 있다. 아무리 훌륭한 말이라도 그 말의 능력을

---

* 본명은 손양(孫陽). 춘추 전국 시대 진(秦)나라 사람으로 천리마를 알아보는 탁월한 능력이 있었다. 그가 한번 돌아본 말은 그 값이 열배로 뛰었다고 하는데, 이로부터 현자에게 능력을 인정받는다는 뜻의 '백락일고(伯樂一顧)'라는 한자성어가 만들어지기도 했다.

알아보고 그 능력에 맞게 말을 길러 줄 수 있는 사람이 없다면 그 말은 결코 천리마로서 살아갈 수 없으니, 백락의 존재가 얼마나 중요한지를 깨닫게 된다.

이러한 백락의 존재가 어디 말에게만 필요하겠는가? 사람을 알아보고 그 사람의 능력과 재능에 따라 그를 길러 줄 수 있는 존재, 스스로의 가능성을 발견하고 그 가능성을 발전시켜 소중한 자신의 꿈을 실현할 수 있도록 도와주는 존재. 바로 이러한 존재로서 진정한 스승의 모습을 떠올려 본다.

3

필자가 혜당 선생님을 처음 만난 것은 1988년 겨울이었다. 학력고사 고사장에서 당신의 아들도 오늘 시험을 치른다며 따뜻한 미소로 수험생들의 마음을 편안하게 해주시던 모습, 미래에 유럽에서 한국어를 가르치고 싶다는 필자의 꿈을 환한 웃음으로 반겨주시던 모습이 아련한 기억 속에 자리하고 있다.

미국에서 직접 가져오신, 새로 출판된 언어학 원서를 교재로 했던 대학 2학년 전공 수업 시간. 처음 원서로 공부하게 된 우리들은 국어교육과에서 원서를 본다는 사실 자체가 무척 낯설었고 두려움마저 느꼈던 것 같다. 매시간 돌아가며 원서를 읽고 해석하던 긴장된 시간들이 후에 공부를 하는 데 얼마나 큰 밑거름이 되었는지 모른다.

병역을 마치고 대학원 박사과정을 시작한 필자에게 혜당 선생님은 영국 런던대학(SOAS)에 교환학생으로 가서 공부할 것을 권유하셨다. 국학을 하는 필자에게 외국에서 공부하게 된다는 것은 매우 흥분되는 일이었으며, 동시에 우물 안 개구리의 처지를 벗어나 국학의 세계화를 준비할 수 있는 소중한 기회를 제공해 주었다.

이밖에도 혜당 선생님이 필자에게 베풀어 주신 은혜는 이루 다 적을 수 없을 만큼 깊고 크다. 필자는 이 모두가 멀리 그리고 긍정적으로 앞날을 내다볼 수 있는 안목과 따뜻한 가슴을 지니신 선생님의 온유돈후지덕(溫柔敦厚之德)에서 비롯되었음을 잘 알고 있다. 필자 외에도 많은 사람들이 이러한 선생님의 덕에 감사하고 있으리라.

백락(伯樂)의 식견으로 크고 따뜻한 그늘을 드리우신 혜당 선생님. 이젠 그 그늘의 가치를 깨닫고 감사하는 마음을 넘어 후생들에게 또 다른 백락의 그늘이 되도록 필자 스스로 부단히 노력해야 함을 생각하게 된다. 필자의 마음속에 영원히 푸른 평원 위에 드리워진 백락의 나무 그늘로 남아 계실 혜당 선생님! 선생님의 만수무강(萬壽無疆)을 비는 마음 간절하다.

지음, 知音, 지움

김 유 정
(문학박사 · 경희대 강사)

혜당 박영순 선생님께서는 나에게 스승으로 그리고 직장 상사로 새로운 모습의 인연을 맺어 주셨다. 스승으로서 혜당 선생님과 한국어세계화재단 이사장님으로서 혜당 선생님께서 주신 가르침을 몇 자로 정리해 본다는 생각 자체가 무리임을 안다. 그럼에도 불구하고 그 분의 뜻을 기리고픈 제자, 그리고 부하 직원으로서의 무례함을 용서하시길 바랄 뿐이다.

혜당 선생님께 배운 뜻을 '지음, 知音, 지움'으로 이야기하고 싶다.

먼저 '지음'이다.

'짓다'의 명사형인 '지음'은 바로 학자로서 학문의 터를 닦으심이며, 또한 한국어를 세계화하기 위한 기틀을 지음이시다. 학문하는 학자의 길은 다양하게 이야기될 수 있다. 누구도 따라올 수 없는 학문의 깊이를 공고히 하여 새로운 이론을 내는 것도 본받을 일이며, 훌륭한 제자들을 키워내는 것도 학자로서 자랑스러운 일이다. 혜당 선생님께서는 학문의 깊이에서도 제자를 양성함에 있어서도 뛰어나셨지만, 무엇보다 학문할 수 있는 영역을 넓히고 그 기틀을 다져주셨다는 점에서 '큰' 학자셨다고 할 수 있을 것이다. 국어학, 국어교육, 그리고 한국어교육과 이중 언어교육 등의 분야에서, 시대를 멀리 보고 밝게 보시는 혜안으로 학문의 집을 짓게 해 주셨다. 이는 단지 혜안만으로 가능한 것도 아니었을 것이며, 학자가 가져야 하는 용기 또한 '지음'에 큰 역할을 했음은 틀림없다.

그 다음은 '知音'이다.

'知音'에 관한 고사는 말할 필요도 없을 것이다. 그러나 그 뜻을 다시 한 번 생각해 보면, '소리를 알아듣는다.', 더 나아가 '누군가의 속마음을 알아준다.'는 것이 그리 간단하고 누구나 할 수 있음은 절대 아닐 것이다. 최근 한 공익 광고에서는 입은 하나이나 귀는 둘이니 다른 사람과의 소통을 위해서는 듣는 것이 더 중요하다고 한다. '말소리'를 알아들음은 의사소통의 성패를 좌우할 수 있는 중요한 일이라는 것이다. 그리고 또한 누구나 듣기보다는 본인의 말만 하고자 하는 현대 사회를 꼬집는 것이라고 할 수 있다. 이런 현실에서 '소리, 더구나 그 사람의 마음의 소리'를 듣는다는 것은 얼마나 어려운 일일 것인가? 그렇다면 눈에 보이지 않는 '마음의 소리'를 듣기 위해 필요한 것은 무엇일까? 아직은 부족하고 성급한 결론일지 모르나 그것은 바로 '관심'이며 또한 '사랑'이 아닐까 생각해 본다. 혜당 선생님께서는 어느 누구에게나 '마음'을 울리는 '진심'이 있으며, 그 '진심의 가치'를 들으시기 위해 관심과 사랑으로 대하셨다. 그리고 그 '마음의 소리'를 높이 평가하시고, 그 '소리'를 적절한 곳으로 이끄심에 과감하셨다. 그것은 '소리 들으심'

에 관한 신중함과 자신감으로 인한 스승으로서 경영자로서의 선생님의 가르침일 것이다.

마지막은 '지움'이다.

이는 '지우다'의 명사형이다. '쓰거나 그리거나 묻은 글씨, 그림, 흔적 따위를 지우개나 천 따위로 보이지 않게 없애다.'의 '지우다'도 좋을 것이다. 제자나 부하 직원의 실수와 잘못을 너그러이 용서하는 '지우다'도 스승과 경영자에게 중요한 덕목일 게다. 그러나 내가 여기에서 말하고 싶은 것은, '누군가에게 책임이나 의무를 맡기다'의 의미이다. 그런데 여기에 한 가지를 더 붙여서 의미를 부여한다면, '제자와 부하 직원에게 사랑과 믿음으로 책임과 의미를 맡기다'라고 할 수 있다.

지도자가 갖추어야 할 덕목을 보면, '공정성, 창의력, 정열, 전문적 지식, 지도력, 너그러움' 등 수도 없이 많을 것이다. 나는 혜당 선생님께서 지도자로서보여 주신 덕목을 '지움의 리더십'으로 말하고 싶다. 2007년 1월 조선일보에서는 빌 게이츠의 아내인 멜린다 게이츠를 '나눔의 리더십'으로 칭송한 바 있다. 빌 게이츠가 돈 버는 법으로 사람들에게 영감을 주는 리더였다면, 멜린다는 그 돈을 제대로 쓰는 법으로 세계의 부자들에게 영향을 끼치고 있다는 것이다. 이러한 '나눔의 리더십'은 그가 동원할 수 있는 자원과 네트워크의 규모를 엄청나게 하였으며, 더 큰 성과로 다른 사람이 동참하도록 영향을 끼쳐, 게이츠 재단의 영향력을 갈수록 커지게 하였다고 할 수 있다.

혜당 선생님께서도 평소에 늘 인적 네트워크의 중요성을 강조하셨으며 이를 위해 열과 성의를 다하셨다. 그런데 그 네트워크 구성의 열쇠는 당신 개인이 아닌, '동료, 제자, 부하직원'들과 함께 하기 위해 늘

'책임과 의무'를 '지워' 주셨다. 이러한 '지움의 리더십'은 학문도 사업도 개인이 하는 것이 아니라 '우리'가 하는 것이며, '우리'가 되기 위해 '개인'의 역할이 얼마나 중요한지에 대한 깨달음을 주셨다. 때로는 버거운 짐을 지우시기도 하셨다. 그러나 그 버거운 짐을 가벼이 해 보라는, 가벼이 할 수 있는 능력이 있다는 격려와 용기가 함께 있었기에 그 짐은 도전이었으며 성취를 통한 자신감으로 승화될 수 있었다.

누군가에게 스승이 되고, 또 누군가에게 지도자가 된다는 것은 행운이고 기쁨이며 또한 영광이다. 그러나 그 행운과 기쁨과 영광은 그냥 다가서지 않는 것임을 다시 한 번 깨달아 본다.

우리가 그녀를 사랑할 수 밖에 없는 이유

김 정 숙
(고려대학교 교수)

혜당, 그녀는 참 솔직하고 담백한 분이다. 꾸밀 줄도 모르고, 거짓말을 할 줄도 모른다. 그래서 들판에 함초롬히 피어 있는 한 떨기 감국 같기도 하고, 인공 조미료 한 톨 들어가지 않은 맑은 된장국 같기도 하다.

그녀는 참 따뜻하다. 그리고 그녀는 끊임없이 사랑을 표현한다. 그녀의 사랑 표현법은 결코 세련되지 않았지만 우리 모두는 그녀의 투박한 말투와 몸짓에 배어 있는 뜨거운 사랑을 안다. 우리에게 슬프고 힘든 일이 있을 때 그녀는 우리보다 더 마음 아파하고 더 슬피 운다. 그녀 곁에서, 그런 그녀 때문에 감사의 눈물을 흘려 보지 않은 제자가 얼마나 될까? 사랑을 표현하며 살라는 것을 실천으로 보여 주는 그녀 덕에 나는 마음의 짐을 벗은 일이 있다. 오래 전, 퇴임을 하신 지도교수님을 모시고 박사논문 최종 심사장으로 가는 길이었다. 늘 어렵기만 했던 선생님이었지만 감사하는 마음, 사랑하는 마음을 표현하고 싶어 뒷자리에 앉으신 선생님을 운전석 거울로 바라다보며 "선생님, 전 선생님이 정말 좋아요."라고 고백했다. 그 말을 들으신 선생님이 어떤 반응을 보이셨을지는 우운 선생님을 아는 사람이라면 짐작할 수 있으리라. 선생님은 얼굴이 온통 빨개지셔 '허, 참, 허, 참!'을 연발하셨지만, 내심 싫지는 않으신 눈치였다. 그리고 몇 개월 후 갑작스러운 발병과 함께 우리 곁을 떠나신 선생님을 생각하면 그때 그렇게라도 고백할 수 있어서 얼마나 다행이었는지 하는 생각이 든다. 모두가 그녀의 가르침 덕이다.

그녀는 사람을 진정으로 아끼고 사랑한다. 사람을 미워할 줄도 모르고 남에 대해 험담할 줄도 모른다. 누구를 만나든지 장점을 찾아 칭찬하고 격려해 준다. 잘난 것 하나 없는 나도 그녀의 애정 어린 칭찬을 들으며 참 많은 용기와 자신감을 얻었다. 그러나 아직도 누군가가 칭찬받는 모습을 볼 때면 질투를 느끼는, 덜 성숙된 인간인 나는 끊임없이 그녀를 배우고 싶다.

그녀는 참 검소하고 소박하다. 그녀의 생활은 선비와 같이 절제되어 있다. 나는 그녀가 자신을 위해 작은 돈도 가벼이 쓰는 것을 본 적이 없다. 그러나 그녀는 남을 위해서는 큰돈도 결코 아끼지 않는다. 많은 사람들이 어려움에 처했을 때 그녀로부터 은밀한 도움을 받았다는 사실을 훗날 고백하곤 한다. 그러나 그녀가 그런 내색을 하는 것은 찾아볼 수가 없다. 그러면서도 그녀는 제자가 들고 가는 빵 한 봉지에도 겸연쩍어하고 미안해하는 분이다. 나는 언젠가 그녀에게 작은 손가방을 선물했다가 벼락을 맞은 일이 있다. 그녀가 우리를 사랑하는 것 못지않게 나도 그녀를 사랑한다는 것을 표현하고 싶어 큰 용기를 낸 일이었다. 그러나 결국 그녀로부터 호된 꾸지람만 듣고 돌려받고 말았다. 나, 그런 그녀가 많이 야속하다. 부디 우리 사랑도 받아 주시길…….

이처럼 그녀는 때로 엄격하다. 그녀는 늘 용서하고 타이르는 분이지만 큰 잘못을 했을 때는 준엄하게 꾸짖는다. 난 철없던 석사과정 때 말도 안 되는 잘못을 저지르고 동기들과 함께 용서를 빌기 위해 평창동 그녀의 집을 찾아간 적이 있다. 삼복더위에 큰 수박을 한 덩이 들고 땀을 뻘뻘 흘리며 그녀의 집 근처를 헤매던 장면은 그녀와의 일을 떠올릴 때 빠지지 않고 등장한다.

그녀는 개척자다. 그녀는 계획하면 이룬다. 무모한 듯 보이던 일도 그녀가 손을 대면 이루어진다. 아무리 어려운 일도 그녀 앞에서는 손쉬운 일이 되어 버리며, 높고 험한 산도 그녀가 다가서면 낮은 구릉으로 바뀐다. 모두들 자신 없어하는 일도 그녀는 해 낸다. 그 작은 몸에서 나오는 에너지가 참으로 신기하고 존경스럽다.

이런 그녀가 어느새 퇴임을 맞이하게 되었지만, 작은 칭찬에 수줍어하고 여전히 소녀의 꿈을 품고 있는 그녀는 16살 이래로 계속 소녀다. 이러한 이유에서 나는, 그리고 우리 모두는 그녀를 사랑할 수밖에 없다.

그대에게 바치는 노래

金 亭 子
(부산대 교수 · 시인)

그대 손깔이 묻은
우편물 뚜껑을 열다가
불현듯 뭉클 하는 가슴 한 켠

갈대숲 기슭에 맺혔다 떠나는
바람 같은 세상 인연이라지만
그대 숨결이 묻은
소포 꾸러미를 받아들고
나는 그만 바튼 기침을 한다

목울대가 가려운 걸
참느라고 나는
자꾸 바튼 기침을 한다.

4월 소나무 숲 같은
그대 마음 한 갈피를 안고
가슴이 알알하니 저려 와서
눈시울이 칼칼하게 저려 와서-

—金 亭 子, <기침 >

그 언젠가 나뭇가지들의 새순이 순하게 돋아나는 4월, 나는 한 묶음의 두툼한 소포 꾸러미를 받았습니다. 기침이 나지 않게, 수시로 차 대신 마시라고 당부하신 메시지와 함께 당신이 보내신 우편물이었습니다.

사랑하는 선생님!

이 삭막한 세상을 살면서 혜당선생님처럼 반듯하고 따뜻한 분을 만났다는 것은 신의 은총이라는 생각을 감히 해봅니다.

교육부 일을 맡게 되었을 때, 처음 선생님을 뵌 인상은 참으로 막막하였습니다. 교과서처럼 엄정하게 일을 처리하고 한 점 오차도 없을 사람으로 보였기 때문입니다. 일 년 동안 우리는 죽었구나, 하고 큰 일 났다고 생각했습니다. 하지만 시간이 갈수록 선생님의 웃음 만연한 모습에 가슴이 풀리고, 답답한 마음이 사라지는 것을 느꼈을 때 정말 또 한 번 놀라운 마음을 숨길 수 없었습니다.

선생님은 빈틈 없이 일을 하시면서도 여유롭고 넉넉한 분이셨습니다. 그것은 곧 자기 자신의 삶에 대한 신념과 확신이 있기 때문이라고 생각했습니다. 그리고 또한 선생님의 카리스마 넘치는 유능함 때문이 아니었을까요?

저의 막내딸 걱정까지 해주시느라 더운 날 땀을 흘리면서 애쓰시던 모습은 또 얼마나 저에게 깊은 감동이었던지요. 자잘구레한 일들에서 큰일에 이르기까지 선생님은 언제나 넉넉하고 따뜻한 정을 베푸시는 분이셨습니다.

학문의 세계에서 대단한 경지를 터득하신 선생님을 존경하는 많은 찬사들은 그들 훌륭한 분들에게 맡겨야겠습니다. 그 부문에서는 누가 감히 선생님을 존경하고 따르지 않을 수 있겠습니까? 선생님이 제자들에게 향하는 마음은 어느 부모라고 해서 그렇게 간절하고 따뜻하겠습니까? 선생님의 주변을 맴돌면서, 제자들과 후학들에게 넉넉한 격려와 칭찬을 아끼지 않으시는 모습을 존경과 부러움으로 지켜보았습니다.

사랑하는 선배님!

부디 기침만 덜 하세요!

선생님에게 부탁하는 것은 오직 그것입니다.

건강하게, 행복하게, 오래 살아가시라고 빌겠습니다. 그동안 얼마나 훌륭한 학문적 업적과 스승으로서의 아름다운 공덕을 쌓으셨습니까?

그러니까 이제는 건강하게, 일은 좀 대강하시고, 쉬엄쉬엄 살아가시라는 말씀입니다.

그윽한 달빛을 받으면 더 희고 밝은 박꽃 같은, 그렇게 고우신 그 모습 오래오래 간직하시고, 늘 그렇게 웃으셨듯이 웃으시는 일만 있으소서.

그리고, 특히 우리 '양문회'의 아름다운 회원 아홉 사람을 기쁘게 하는 일만 있으소서.

선생님!

이제부터 惠堂선생님의 인생은 새롭고 신선하고 느긋하게 열릴 것입니다.

'정년'이라는 공식을 부질없는 획으로 생각하시고, 인생의 새로운 장을 환하고 아름답게 열어 가시라고 기도하겠습니다.

이 가을이 가면 다시 겨울이 오고, 풋풋한 새순들이 돋아나는 봄이 올 것입니다.

선생님에게는 늘 그러한 봄만 있을 것입니다.

늦게나마 선생님을 알게 되고, 좋아할 수 있어서 참 행복합니다.

그리고 깊이 감사드립니다.

부산대학교 인문대학 국어국문학과

金 亭 子 올림.

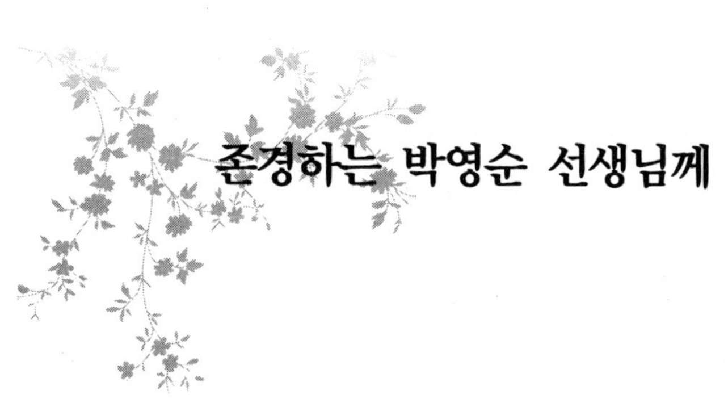

존경하는 박영순 선생님께

김 중 섭
(경희대 국제교육원장)

선생님, 그 동안 안녕하셨습니까?

저는 지금 베트남의 호치민으로 가는 비행기 안에 있습니다. 하노이에서 열린 '한국대학 유학 박람회 행사'를 마치고 호치민에 있는 주요 대학 한국어학과 교수들을 만나러 가는 중입니다.

유학 박람회에 온 베트남 학생들의 한국어에 대한 열기를 보니까 갑자기 선생님 생각이 나서 이렇게 몇 자 적어봅니다. 지난번 선생님 제자의 박사 논문심사 때 뵙고는 아직도 목이 불편하신 것 같아 걱정을 많이 했습니다.

선생님을 처음 뵈었을 때가 70년대 말쯤이라고 생각됩니다. 그 때 선생님께서는 미국 유학을 마치시고 돌아와 새로운 언어 이론을 가르치고 계셨죠. 아무것도 모르던 국문과 학생에게 그 이론은 신기하기도 했고, 또 한편으로는 원서를 읽어야 하는 부담 때문에 어렵기도 했습니다. 그래서 선생님 수업을 따라만 갔던 것이 엊그제 같은데 벌써 30년이 지났습니다.

강산이 3번 바뀌었는데도 선생님은 항상 그 모습 그대로 우리들 곁에 계십니다. 늘 따뜻하면서도 엄격하신 선생님의 모습을 뵈면서 저는 한국어 교육자로서 선생님을 닮기 위해 노력하고 있습니다.

지금껏 격려만 해 주셨던 선생님!

혹시 기억나시는지요? 제가 학군장교 후보생이 되고 나서 학교 공부를 게을리 했을 때 선생님께서 꾸짖으셨던 일을 말입니다. 그때 크게 야단을 치신 게 아니고 부드럽고 강한 몇 마디에 꽤 저는 충격을 받았습니다. 아마 훌륭하신 선생님이 저에게 많은 관심을 갖고 계셔서 그랬던 것 같습니다. 그래서 마음이 해이해지거나 게을러질 때면 그때를 떠올리면서 새롭게 시작하곤 합니다.

선생님께서는 일찍이 한국의 이중언어교육과 재외동포를 위한 한국어 교육을 개척하시고 많은 후학을 양성하셨습니다. 제가 국어학에서 한국어 교육으로 전공을 바꾼 것도 그러한 선생님의 영향이 있었기 때문입니다. 특히 선생님께서는 한국어세계화재단 이사장으로 계시면서 주요 국가의 대학에 한국어학과를 설치하는 주도적 역할을 하셨습니다. 저 또한 그것을 기억하면서 세계 각국의 한국어교육을 활성화시키고자 합니다.

이 곳 베트남은 하노이나 호치민뿐만 아니라 지방 대학에까지 한국어학과를 설치하려는 움직임이 활발합니다. 이런 모습을 보면서 선생님의 그간의 노력이 열매 맺어가고 있다는 생각이 들었습니다.

호치민으로 가는 비행기 안에서 베트남 한국어 교육의 발전상을 생각하니 선생님이 떠올랐습니다. 감사합니다.

선생님의 건강을 기원하며, 또 편지 드리겠습니다.

안녕히 계십시오.

2007년 11월 30일

김중섭 드림

5월은 사랑이다

김 진 아
(서울여대 겸임교수)

내가 왜 우리 선생님의 지도 학생이 되었냐 하면 선생님이 너무나 곱고 아름다웠기 때문이었다. 강의를 마치고 나오시는 선생님을 먼발치에서 처음 뵈었을 때, 예쁘고 우아한 선생님의 그 모습에 반했다. 그래서 지도 학생이 되겠다며 선생님께 찾아갔다. 그날 도서관 406호, 연구실에서 처음으로 선생님 맞은편에 앉아 선생님의 말씀을 들었다. 역시나 선생님의 목소리는 예뻤고 말투도 너무 좋았다. 나의 선생님 사랑은 그렇게 시작되었다.

선생님은 봄이 되면 참 고운 진달래 색깔의 트렌치코트를 입으신다. 색상이 화려할 것 같지만 우리 선생님이 입으시면 그저 곱고 우아한 봄옷이 된다. 그 옷을 입은 선생님의 모습이 얼마나 보기가 좋으냐면 여름이 되어서 더 이상 트렌치코트를 입을 필요가 없어지는 게 아쉬울 정도라고 말하겠다. 그래서 가을이 되어 "다시 그 옷을 볼 수 있겠지!" 하고 기대하고 있으면 가을에는 그걸 입지 않으시고 갈색 트렌치 코트를 입으셨다. 봄이고 가을이고 똑같은 갈색 트렌치코트를 꺼내 입었던 센스 없는 나의 예상이 빗나간 것이었다.

요즘도 나는 고려대 라이시움 앞을 지날 때면 선생님의 옛 연구실 쪽을 무심결에 올려다보게 된다. 예전과 차이가 있다면 그곳의 창가에 화분이 없어졌다는 것 정도일까? 물론 선생님은 이제 평창동 2층에 세상에서 하나뿐인 멋진 서재를 새로 꾸미셨지만 어쩐지 고려대 그 자리에서 아직 제자들을 반겨 맞으실 것만 같은 기분이다. 점심시간이면 각자가 싸온 도시락을 펴놓고 함께 반찬을 나누어 먹었다. 가끔씩은 가까운 식당에서 시켜 먹기도 했는데, 여름에는 냉면을 시켜먹기도 하고, 또 비가 오는 날엔 특별히 중국집 우동을 시켜 먹었다. 귀빈 우동은 꼭 고춧가루와 함께 배달되었는데 그걸 넣어 먹으면 우동 맛이 훨씬 좋아졌다. 맛있게 먹는 동안에 들을 수 있는 선생님의 화용론 특강이나 국제 대회 이야기는 필수 코스이다. 선생님과 마주 앉아 함께 밥을 먹는 게 참으로 좋았다.

당연한 이야기이지만 선생님 연구실에는 책이 많았다. 여느 도서관에서 쉽게 찾아볼 수 없는 서양서에서부터 최근에 나온 국내 서적들까지 정말 많은 책들이 책장에 가득했다. 그런데 이 가운데 선생님의 손때가 묻지 않은, 읽혀지지 않은 책이란 없었다. 선생님은 읽으면서 쓰면서 하루 가운데 일분일초의 시간도 낭비하지 않으셨다. 흐트러짐 없이 매 순간을 집중해서 연구하는 그 모습이 참 아름답다. 매 순간 아름다운 삶을 사는 분의 모습은 눈, 코, 입의 비율이 잘 맞는 사람의 얼굴처럼 아름답다.

여름에서 가을로 넘어가던 어느 일요일이었다. 그때 나는 집과 학교에서 꽤 먼 곳에 나와 있었다. 휴대전화가 울렸고 선생님 연구실의 전화번호가 표시되었다. 당시에 쓰고 계셨던 책의 지난번 교정본을 찾으시다가 보이질 않아서 전화를 하신 거였다. "선생님, 그건 캐비닛 위에 두었어요."라고 대답하고는 전화를 끊었는데, 계속 생각이 났다. 그래서 저녁에 집에 가는 길에 연구실에 들렀더니 선생님께서는 일요일이고 늦은 시간인데도 원고를 수정하느라 바쁘셨다. 이렇게 매일 매일의 시간을 알뜰하게 사용하시니 선생님이 마감에 쫓기는 것을 본 적이 없는 게 당연했다.

겨울의 추억을 떠올리면 나에게 한 가지 궁금증이 생기는데 그건 바로 '선생님의 안경'에 관한 것이다. 우리 선생님은 항상 웃으신다. 만면에 미소를 띠고 웃으실 때뿐만 아니라 평상시 얼굴이 웃는 표정, 그러니까 무표정으로 계실 때도 웃으시는 것 같은 얼굴이다. 안경 너머로 활짝 웃으시는 선생님의 얼굴에는 상대방의 마음을 무척 편안하게 만들어주는 힘이 있다. 그건 아마도 선생님의 마음이 항상 고요한 호수와 같이 편안해서 표정을 통해 그 마음을 전달받기 때문인 것 같다. 나는 한겨울에 선생님이 두꺼운 코트를 입고 막 연구실에 들어서실 때에도 선생님의 안경 너머 웃는 표정을 보았기 때문이다.

나는 지금 406호에 있다. 재미있는 우연이지만 서울여대 내에서 조용히 컴퓨터 작업을 하고 싶을 때 이용하는 세미나실의 호수가 406호이다. 다른 시간이지만 같은 공간에 있는 것처럼 이곳에서 처음에 고려대 도서관 406호의 일원이 되었던 때를 떠올린다. 그러자 다른 공간이지만 같은 공간과 시간에 있는 것처럼 처음의 마음이 그대로 느껴졌다.

'스승'과 자주 어울려 사용되는 단어 중 하나가 '은혜'일 거라고 생각한다. '은혜(恩惠)'는 '베풀어준 덕(德)'을 말한다. 나는 혜당 선생님이 계시기에 스승의 은혜를 사전적 의미가 아니라 경험으로 알게 되었다. 혜당 선생님께 받은 은혜가 너무나 깊다. 베풀어주신 것 가운데 가장 큰 덕(德)은 어리바리하고 부족해서 늘 실수하는 나를 한없이 아름다운 선생님의 사람으로 품어 주신 것이다.

'스승'과 어울리는 또 하나의 단어는 '사랑'이라고 생각한다. 5월에 우리는 스승의 은혜를 노래하지만 나는 스승의 사랑 또한 노래하고 싶다. 혜당 선생님의 사랑과 은혜가 깊다. 실수해서 힘없이 고개 숙이는 나를 부르시는, 나의 이름을 불러주시는 선생님의 사랑을 느낀다. "진아야" 하고 부르시는 선생님의 목소리에 사랑이 있다. 제자들에게 늘 축하와 칭찬과 격려의 소식을 전하시는 선생님의 진한 사랑을 알고 있다.

혜당 선생님에 대한 나의 사랑이 깊고 깊다. 또렷한 영상으로 떠오르는 선생님의 고운 모습을, 매 순간 열중하는 선생님의 일상을, 평온한 얼굴을 어떻게 사랑하지 않을 수 있으랴. 나를 부르시는 예쁘고 따뜻한 음성을 어떻게 사랑하지 않을 수 있으랴. 우리 혜당 선생님을 나는 정말로 사랑하고 있다. 처음보다 더 많이.

사랑과 열정을 지닌 사람들

김 향 숙
(문학박사 · 인천 관교여중 교사)

엄마를 잃은 슬픔을 안고 8월 3일 러시아 모스크바국제공항에 도착했다. 엄마는 88세의 나이로 7월 세상을 떠나셨다. 살아생전 어머니를 우리 집에서 모시지 못했다는 죄책감과 후회로 밤이면 불면증에 시달렸다. 심리학에서는 밤에 잠을 못 자는 이유는 잠을 자지 않고서라도 생각해야 할 문제가 있기 때문이라고도 한다. 집을 떠나 엄마에 대해 생각하는 여유를 가지고 싶었다.

모스크바 시차는 한국보다 5시간이 늦다. 이 공항의 컴퓨터가 386이라 입국시간이 많이 걸린다고 한다. 일행 중에는 동일 이름이 있어 확인이 안 된다며 그 사람을 입국심사절차가 끝나는 마지막까지 기다리게 했다. 일행이 입국심사를 통과해서 호텔을 출발하는 데에는 무려 3시간이나 걸렸다. 러시아가 군사적 강대국이라고 하지만 외국인 관광객을 배려하지 않는다. 일전에 뉴스에서 러시아의 한국관광객이 1/3로 줄어들었다더니 이런 이유도 큰 몫을 차지하는 것 같다. 그러나 나라마다 다른 차이에 적응해 나가는 것이 여행의 출발이리라. 우리나라보다 낮은 고객 서비스 체제에 화를 내고 있는 내 모습을 발견했다. 자정이 되어서야 숙소에 도착했다. 준특급 호텔이라고 하나 우리나라 여관 수준이다. 다소 추운 기운이 느껴져 담요까지 꺼내 덮고 잤다. 자다가 갈증이 심하게 느껴져 호텔 냉장고에 있는 물을 먹었다. 500㎖ 생수값은 140루불(5600원 정도)로 고가이다.

첫 일정지인 "무명용사의 묘"에 갔다. 비가 와서 약간 춥게 느껴졌다. '꺼지지 않는 불'이 1년 내내 타오른다는 이곳은 2차 세계대전 참전했다가 전사한 무명용사들의 넋을 추모하는 곳이다. 이곳의 경비병들은 25세 미만으로 군복무 기간은 7년이고 슬라브족만이 경비병이 될 수 있다고 한다. 슬라브족의 외형상의 특징은 다리가 길고 얼굴이 몹시 작다. 경비병의 큰 모자챙이 얼굴을 더 작게 보이게 한다. 이곳에서는 결혼 예복을 입은 신랑, 신부를 많이 볼 수 있다. 러시아의 청춘남녀들은 결혼을 하면 조국을 위해 청춘을 바친 무명용사의 넋을 기리기 위해 이곳에 헌화한다고 한다. 그들의 가슴에 꺼지지 않는 조국사랑이 고귀해 보인다. 이것이 러시아를 지탱해 주는 아름다운 힘인 것 같기도 하다. 2차 세계대전의 승리를 기념하기 위한 전승기념 50주년 승리의 탑에서도 갓 결혼한 신랑, 신부가 헌화하는 모습이 보인다. 이 나라 사람들은 평균 결혼을 세 번 한다고 한다. 18-19세의 어린 나이에, 40대의 중년에, 그리고 말년에는 황혼을 함께 보낼 사람과 결혼을 한단다. 자식들은 주로 여자 쪽에서 키운다. 초혼과 재혼 여부는 웨딩드레스에도 구분되는데 초혼은 백색 웨딩드레스, 재혼은 분홍색 웨딩드레스를 주로 입는다고 한다. 비가 오는데도 헌화하느라 긴 웨딩드레스가 바닥에 젖어 흙이 묻는 줄도 모른다. 그들의 들뜬 얼굴은 마냥 행복하기만 하다. 이 전승기념탑의 높이는 무려 141.7m이다. 탑에는 기마병이 이무기를 창으로 찌르는 모습이 형상화되어 있다. 옐친이 모스크바 시장 시절의 이야기이다. 독일방문단이 그에게 이무기가 상징하는 것이 무엇이냐고 묻자 "이무기는 독일 당신이야."라고 대답하여 화가 난 독일방문단은 모든 일정을 취소하고 그날로 독일로 돌아갔다고 한다. 옐친의 거침없는 성격이 그대로 드러난 말투다.

모스크바 예술의 거리 아르바트로 옮겼다. 그곳엔 한국인 아버지와 러시아인 어머니 사이에서 태어난 빅토르 최의 죽음을 애도하는 추모의 벽이 있다. 그는 진보적인 젊은이의 영웅으로 록그룹 키노(KINO)를 결성하여 '혈액형'으로 500만장의 앨범을 판매했다. 그의 공연티켓은 2만 루불씩 암거래되기도 했다. 그러나 그는 1990년 29세로 자동차 사고로 요절한다. 러시아인들은 그를 위해 모스크바 아르바트에 빅토르 최의 거리를 만들었다. 그가 죽은 뒤에 생긴 일들은 보편적인 상식이나 논리적으로는 이해할 수 없을 정도로 많다. 날마다 그의 묘지를 찾는 사람이 있을 뿐만 아니라 묘지 화장실에서 살면서 4년간 아침마다 묘지 청소를 하고 늘 싱싱한 꽃으로 갈아놓는 젊은이들의 수가 적게는 7~8명 많을 때는 20명이 된다고 한다. 그러면서 이 화장실이 그의 무덤보다 따뜻할 것이라고 한다. 페레스트로이카의 말기 공산당이 존재하던 시절, 그는 반전과 자유를 향한 민중의 열망을 노래하여 오랫동안 억눌려온 러시아인을 자극했다. 그의 노래 '우리는 변화를 원한다.'는 페레스트로이카의 상징이었다. 그는 페레스트로이카의 영웅으로 고르바초프가 개방정책을 채택하는 데 영향을 끼친 인물이라는 평가를 받고 있다. 윤도현 밴드가 그의 노래 '혈액형'을 리메이크하여 불렀다.

한국의 뮤지컬 기획사에서는 그의 일생을 뮤지컬로 만들고자하는 투자 설명회를 했는데 그곳에 참석한지 2년 후에 직접 아르바트 거리에서 그에 대한 이야기를 들으며 그동안 잊고 있었던 빅토르 최를 떠올렸다.

이 거리는 알렉산드르 세르게예비치 푸쉬킨(1779-1837)이 어린 시절을 보낸 거리이기도 하다. 그는 러시아인들이 가장 존경하고 사랑하는 문학가 중 한 사람이다. 푸쉬킨 어머니의 증조할아버지가 아프리카 족장의 아들로 러시아에 노예로 팔려와 표트르 대제의 신임을 얻고 귀족 계급까지 올랐다. 그가 흑인임을 새롭게 알게 되었다. 공산주의가 빨갛게만 보이던 시절, 분단의 아픔과 물질적인 결핍을 모두가 공유하던 시절, 푸쉬킨의 시 '삶'은 흔들리고 힘들었던 고교 시절의 버팀목이자 희망이었다. "삶이 그대를 속일지라도/슬퍼하거나 노하지 말라/슬픔의 날을 참고 견디면/기쁨의 날은 오리니" 그의 아내가 네덜란드 외교관인 단테스 남작과 사귄다는 소문을 들은 푸쉬킨은 분을 참지 못하고 그와 결투하여 그가 쏜 총알에 부상을 입고 이틀 후 사망한다.

지하철을 타러 가는 길에 야채와 과일 파는 곳이 있었다. 체리가 2kg에 4달러였다. 하나 집어 먹었는데 몹시 달고 맛있어 2달러어치 사서 둘이서 실컷 먹었다. 모스크바 지하철은 깊이가 140m로 모스크바 시민들이 비상시에는 방공호로 쓰인다고 한다. 실내등과 천장의 그림, 벽화 등이 아름다웠다. 그런데 전동차는 삐거덕거리는 소리가 심하게 나고 조명등은 순간적으로 꺼지기도 할 정도로 낡았다. 초임교사 시절에 본 소피아 로렌 주연의 '해바라기'가 떠올랐다. 이 영화는 1970년에 만들어졌으나 소련에서 촬영했다는 이유로, 또 해바라기가 구소련을 상징하는 꽃이라고 해서 국내수입이 지연되어 80년대에 상영되었다.

끝없이 펼쳐진 해바라기 들판, 외로움과 분노, 강인하면서도 매력적인 소피아 로렌의 모습이 되살아난다. 소피아 로렌이 시베리아전선에 나갔던 남편을 찾으러 소련에 간다. 그때 당시 전철역의 깊고 긴 에스컬레이터가 현대적으로 보여 감탄했었다. 오랜 세월이 지난 후에 러시아 지하철 역사를 보니 감회가 새롭다. "스탈린이 모스크바 사람들에게서 교회를 뺏어간 대신 지하철을 선물하였다."는 말이 있을 정도로 지하철 역사가 유명하다. 7시엔 옵션관광으로 러시아 서커스를 보았다. 원형으로 된 서커스 전용극장에는 오케스트라단도 있다. 내외국인으로 극장은 만원이다. 러시아인들은 주로 어린이가 포함된 가족 단위가 대부분이었다. 어린이들은 호기심과 즐거움에 가득 찬 모습으로 기대에 들떠있었다. 서커스는 7시에 시작해서 9시 30에 끝났다. 상해서커스나 제주도 동춘서커스에 비해 재미있고 예술성이 뛰어나서 60유로가 아깝지 않았다. 곰 · 강아지 · 호랑이 등의 동물묘기가 있었다. 미인 조련사의 채찍에 따라 그 덩치 큰 야성의 호랑이들이 질서정연하게 움직이는데, 모두 조련사의 교육의 결과로 보인다. 우리나라의 천방지축인 학생들을 어떻게 하면 잘 다스릴 수 있을까라는 생각이 스쳐갔다. 피에로의 호루라기와 드럼으로 그 많은 관중을 제압하는 솜씨도 볼만했다. 긴 머리의 금발미녀와 젊은 남자의 고공 줄타기 묘기는 환상적이다. 그들이 줄타기에 실패해서 몇 번 미끄러질 때마다 관중들은 박수로 격려하고 재시도하면 숨을 죽이고 성공하기를 기원하며 숨죽이며 지켜보았다. 서커스의 묘기에 발레 같은 아름답고 우아한 동작이 더해져서 예술로 승화시킨 것이 훌륭했다. 이제 모스크바 일정을 마치고 내일이면 상트페테르부르크로 이동한다.

러시아 여행 중에서도 엄마를 잃은 슬픔이 울컥 솟아났다. 꿈을 꾸었다. 엄마는 나를 해치려는 사람을 향해 칼을 들고 무섭게 돌진해 가고 있었다. 잠에서 깨어났다. 계속 무서움과 압박감에 짓눌려 있었는데, 죽어서도 엄마는 나를 지키고 있다는 확신이 들자 슬픔과 무서움은 점점 감사함으로 바뀌어 갔다. 그리고 박영순 교수님을 떠올렸다. 박사학위 심사 때 그분은 엄마와 같은 따뜻한 말씀을 해주셨다. 다른 교수들이 내 논문을 날카롭게 비판하고 있을 때, 그분은 "저는 이 논문을 애정을 가지고 읽었고, 이런 이런 부분은 논문으로서 새로운 가치가 분명히 있다."고 말씀하셨다. 한 줄기 빛이었다. 그 격려의 말씀과 그 고마움을 잊을 수 없다. 죽어서도 계속되는 엄마의 사랑, 무명용사탑에서 만난 러시아 청춘남녀들의 꺼지지 않는 조국사랑, 러시아 젊은이들의 식을 줄 모르는 빅토르 최에 대한 사랑, 푸쉬킨 문학과 사랑, '해바라기' 영화 속의 사랑과 이별, 박영순 교수님의 한국어의 세계화에 대한 끝없는 열정과 제자 사랑이 우리의 인생을 더욱 푸근하게 한다.

인간애와 학문적 열정을 일심(一心)으로 품고 살아오신 우리 선생님

김 혜 숙
(동국대학교 사범대학 학장)

여름 하늘이 밀려가며 높고 화사하던 가을 하늘이 어느 새 멀리 달아나고 있다. 매해 찬 바람에 잎새 하나 힘없이 떨어질라치면 돌아보는 세월 속 한 켠에서 모든 회환마저 뒤덮어 가슴을 달구어 줄만한 정겨운 사람들의 향기가 스친다.

그들 속에는 늘 우리 박영순 교수님이 계신다.

선생님과는 한국사회언어학회와 한 날 한 시에 만남의 연을 맺었다.

학회에 초대받아 발표를 하는 자리에 선생님께서 계셨고, 그것이 단초가 되어 지금까지 따뜻한 가슴으로 사랑을 나누는 사이가 되었다.

처음 발표하는 논문 내용 곳곳에 선생님 글의 인용이 들어 있었고 각주에도 선생님과 다른 견해에 대한 강한 주장들이 들어있었다.

논문을 통해 먼저 명성을 익히고 처음 인사드리는 날 하필 발표 내용이 그러한지라 영 불안하고 불편한 발표를 마치고는 대번 선생님을 눈으로 좇았다. 그런데 어느 새 가셨는지 뵐 수가 없었고 아쉬운 여운 속에 두어 달이 흘렀다.

한국사회언어학회는 발을 들여놓는 순간부터 접착제를 붙여놓은 듯 나를 끌어들였다. 그만큼 정 깊고 품 넓은 사회언어학자들의 모임이었다.

두 번째로 발표회에 참석하는 날, 처음 눈에 들어온 분은 단상 앞쪽에서 뒤를 바라보시던 박영순 교수님.

맑고 투명한 가을 하늘 같은 푸른 빛 투피스에 하얀 브로우치가 인상적인 깔끔하고 단정하신 모습.

반가운 마음에 환한 웃음으로 다가가다 짐짓 스스로 놀라 발을 멈추었다.

나는 늘 뵙듯 익숙한 선생님이시지만 선생님께서는 날 전혀 모르실 수 있다는 생각 때문이었다.

그 순간 다가오신 우리 선생님, "어머, 우리 아름답고 명랑한 김 선생! 정말 반가워요. 전번 아주 똑 떨어지는 멋진 발표 잘 들었어요."

아, 날 기억하고 있으셨다. 그것도 그 편안하고 고운 모습만큼 넉넉한 깊은 정으로 품에 담고 있으셨던 것이다.

감동으로 눈물이 날 지경이었지만 그저 당황하여 어색하게 머리만 조아리고 말았다.

그 이후 지금까지 나와 선생님의 만남의 자리에는 언제나 밝은 웃음이 있고 맞잡은 두 손이 있고 사랑 담긴 환한 눈빛이 있고 늘 훈훈한 덕담이 있어왔다.

어떤 자리에서든 먼저 달려와 반겨주셨고 어떤 때이든 마다하지 않고 도움을 주셨고 어떤 상황에서든 세심한 배려를 아끼지 않으셨다.

나도 이제 50을 넘기며 세상을 보는 눈이 많이 너그러워져 있지만, 만나는 면면을 모두 다 세심히 살피고 아끼고 기억하고 보듬는 일은 정말 버거운 일이다.

아마도 모름지기 우리 선생님을 떠올리는 모든 사람이 다 선생님의 친절과 배려와 다감함에 감동을 받지 않는 분이 없을 거라 확신한다. 선생님은 그렇게, 오로지 성취나 전진만이 아닌 귀중한 인간애를 실천하시는 깨우친 삶을 살아오시는 분이시다.

더구나 선생님께서는 우리나라에서 손꼽히는 사회언어학자이시며, 동시에 정갈한 일처리 능력과 리더쉽을 지니신 지도자이시다.

인간적인 감동에 학문적 존경심까지 아울러 갖게 하시는 데다가, 일을 하심에 추진력까지 있으시니 이 아니 부러울소냐~!

언젠가, "난 이제 사회언어학은 그만하고 의미론으로 돌아가고자 해."라고 말씀하신 이후, 최근 저작물이 사회언어학과 조금 소원해지신 건 사실이지만, 내게는, 내 머릿속과 내 가슴에 품은 선생님에 대한 추억과 기억과 사랑은 늘 사회언어학과 함께였다.

2001년 선생님 저서 "한국어의 사회언어학"의 서평을 쓰는 영광을 갖게 된 것도 이런 인연과 존경과 믿음 덕이었다.

선생님의 저서 "한국어의 사회언어학"은 사회언어학의 기본틀을 제시하고 그 개념과 동향, 저자 자신의 연구 자료나 결과까지 보여주는 사회언어학을 총망라하는 정리판이었다.

이 저서 덕분에, 그간 사회언어학의 진정한 연구의 폭과 원리를 알지 못하거나 인식 부족으로 경시하던 독자들도 쉽고 정확하게 사회언어학적 이론 및 실제를 접하게 되었다. 이렇게 선생님은 사회언어학이라고 하는 한 연구 분야를 천착하고 정리해 줌으로써 언어학계에 사회언어학의 기운을 불러일으키고 좀 더 다양하고 깊이 있는 사회언어학 연구를 섭렵하게 하는 계기를 마련하신 공로자이시다.

선생님이야말로 당신의 경험과 지식을 당신만의 언어와 방식으로 온전하게 표현할 수 있는 능력을 지니신 학자이시면서 실제 삶에서 사람을 사랑하는 실천가이시며 최고의 지도력을 지니신 일꾼이시다.

나는 사실 이 글을 쓸 자격도 없는지 모른다.

학부 제자도 아니요, 지도교수도 아니요, 길고 강한 인연으로 오랜 시간 받들어 모실 기회가 있었던 것도 아니기 때문이다.

그러나 나는 감히, 이 글을 쓸 수 있게 해 주신 우리 선생님의 사랑 가득한 포용과 아량을 잘 안다고 자부한다. 오히려 그런 길고 깊은 인연으로 묶인 사람이 아니기 때문에 더욱 객관적으로 선생님을 평가하고 존경할 수 있기 때문이다. 만남의 연륜도 중요하지만 한 고비 한 고비 신의로운 인연의 계기도 무척 소중한 것이기 때문이다.

학회에서의 첫 만남, 임원으로 모시던 두 해 동안의 정겨움, 두 손 맞잡고 반가움을 눈으로 표현하던 선생님 댁 혼삿날, 세계화재단 이사장님으로 계시면서 심사위원으로 불러주셔 설레며 찾아뵙던 그 시절, 격조한 어느 날 문득 그리움으로 메일을 교환하던 시간들…

한 번을 뵈어도 열 번을 뵌 듯 선생님 글월을 대하고, 한 번의 목소리를 들어도 열 배의 설득력으로 강인한 정신력을 배우게 하시는 선생님, 난 사실 매일 내 생활 속에서 선생님을 만나고 온 셈이 된다.

아직도 변함없이 청정하셔서 세월을 잊으신 그 모습, 여전히 빠르고 가볍고 힘찬 발걸음, 밝은 웃음과 넉넉한 품~!

이 모습 그대로 영원하실 우리 선생님의 퇴임을 맞으며, 퇴임이라고 하기엔 너무도 젊으시고 명실공히 여전히 아름다운 여왕마마이신 우리 선생님을 반추하는 이 시간, 난 참 진정 좋은 분을 알고 있음에 기쁘고 행복하다.

선생님,

보여줄 수 있는 제 사랑은 아주 작습니다만, 그 뒤에 숨어있는 정(情)의 깊이는 늘 선생님 품 속을 파고듭니다.

만수무강하옵소서~!

'성님' 소리 아무나 듣는 게 아니지요

김 혜 영
(전 레겐스부르그대 교수)

박영순 선생님을 찾아 고려대 중앙도서관 건물 4층 교수 연구실 문을 두드린 때가 1990년 초가을이었다. 당시 박선생님은 이중언어학회 회장이었다. 문을 열고 들어가자 그 다정한 음성과 웃음이 함박꽃 같은 빛깔로 나를 맞이했던 일이 아직도 생생하다.

나의 방문 목적은 해외 한국어교육자로서 국내의 전문가인 박선생님과 의견을 나누고 싶어서였다. 우리의 만남은 우선 내 자랑으로 시작했다. 즉 한국 문화와 한국의 '금수강산'을 유럽인들에게 알리려는 내 열정이 얼마나 뜨거운지를 횡설수설 겁도 없이 떠들어댔던 것 같다. 영락없는 우물 안 개구리였다.

뜻밖의 답이 돌아왔다.

"한국에도 뭐 유럽인들에게 자랑이 될 만한 큰 문화재가 있나요? 유럽의 왕궁들에 비교할 건물이라도 국내에서 찾았어요?"

그때의 내 실망이란 말로 다할 수 없었다. 두 번째 가라면 서러울 한국학 교육자가 한국 문화에 대한 자긍심이 이렇게 없단 말인가?

그러나 내 무지와 속단은 금방 탄로났다. 한참 뒤에 읽게 된 그의 저서 <한국어 교육을 위한 한국 문화론>을 손에서 뗀 순간이었다. 한국의 문화에 이렇게 박식한 분을 내가 몰라보았다니! 부끄러워 얼굴을 들 수가 없을 지경이었다.

처음 만난 날부터 우리는 의기소통하였다. 대화 중 이중언어학회의 다음 국제대회는 남부 독일의 우리 레겐스부르그대학교에서 준비를 하자는 데 합의도 하였다. 다만 그때 함께 구상하고 준비한 독일 국제학회에 참석을 못 하신데 대해 나는 아직까지 서운한 마음을 못 풀고 있다.

이것이 오늘까지 우리를 깊은 우정으로 맺어주는 기회가 될 줄이야 어찌 알았으랴. 우리 둘은 교회에 성실하게 나가는 천주교인은 아니다. 그러나 우리 두 사람을 이어주신 건 성모님인 게 분명함을 나는 의심치 않는다.

박선생님은 나보다 나이가 몇 살 아래다. 그런데도 해외에서 한국학자로 혼자 고달프고 외롭게 투쟁하는 나를 안쓰러워하고 어루만져 주는 마음은 언니요 어머니같다. 항상 나의 지도자가가 되어주신다. 그는 나를 성님이라 부르지만 나야말로 그를 성님으로 불러야 옳다. 나이가 무슨 대수인가. 그럼에도 불구하고, 솔직히 말해서 나는 이 '성님' 호칭에서 큰 힘을 얻는다. '성님'의 격에 조금이라도 가까이 다가가려고 무진장 노력을 할 수 있기 때문이다.

60살을 넘긴 나이에도 나의 한국어 사랑은 조금도 수그러들지 않는다. 조금이라도 더 열심히 공부해서 강의시간에 오는 학생들에게 더욱 잘 가르치려고 정성을 기울인다. 우리 두 사람은 완벽하게 들어맞는 하나의 꿈을 꾼다. 그 간절한 바람이란 비한류 지역인 유럽 안에 한국어의 세계화를 이룰 수 있는 방법을 찾는 것이다.

'한국어의 세계화'

얼마나 가슴 설레는 주제인가. 국내 언론이 하도 떠들기에 감탄했다. 한국인은 한국의 세계화에 정말 열성이구나 하면서. 그러나 막상 귀국해서 보니 별로 큰 관심도 없고 정보지식도, '간절한 열의'도 부족한 모습을 느꼈을 때부터는 실망이 되었다. 그 뒤부터 나는 박영순 전 한국어세계화재단 이사장을 돕느라 내 활동지 유럽에서 지금도 바쁘다. 이는 '성님' 노릇을 하기 위해서이다. 이러한 기회가 오면 '얼씨구, 성님 구실할 때구나!' 하면서 얼마나 기쁜 마음으로 달려가는지 '당신은 모를 거요.'

그러던 유럽에서 요즈음 좀 달라진 기류를 체감한다. 비한류 지역인 유럽 전체, 그리고 독일에도 한국 문화에 대한 관심이 서서히 높아가고 있음을 피부로 느낀다. 한국을 다녀온 독일인을 자주 접하고 한국인 부인, 인척간에 한국인 반려자가 있다고 반가워하는 현지인들은 한국의 문화를 접할 수 있는 기회를 이제는 스스로 찾기도 한다. 한국 파견 독일인 상사직원이 나의 '기초한국어' 교과서를 흔들면서 "이 책이 있으니 한국어 배우는 것은 문제없어요." 라며 독일 국영 텔레비전에까지 등장을 했다. 재독 한국어교육이 나날이 성장하는 모습이 여러 면에서 나타난다. 노동객으로 독일에 들어와서 정착을 하면서 자녀들의 한국어교육을 목적으로 개설되었던 70년 중반기의 38개 주말한글학교가 통폐합이 되면서 축소될 거라는 전망이었지만 금년에는 35개 학교로 정착하였으며 학생 수도 줄지 않았다. 다만 청소년 교육에서 이제는 오히려 성인교육의 일부를 떠맡게 된 상황이다.

재독 동포 외에도 현지인이 한국어를 배울 교육기관을 찾다가 결국 주말한글학교에서 기회를 발견한다. 주말한글학교에 좀 더 자격을 갖춘 성인반 한국어교사가 절실하게 필요하다. 학교 운영자인 교장과 임원의 의식이 혁명적으로 바뀌었다. 이에 따라 교사들에게 기대하는 교육수준 역시 월등하게 높아졌다. 2000년을 분기점으로 주말한글학교에 혁신의 바람이 불었다고 할까? 그보다는 해외 한민족의 모국 문화에 대한 열정, 사랑, 자부심이 높아졌다는 말이 옳을 것 같다.

해외 동포 차세대의 정체성의 근본이 되는 한국어교육이 독일에서는 희망을 보인다. 5~6개 대학에서 비실비실 연명하며 굳건히 자리 잡을 희망이 없어 보이던 대학기관의 한국어, 한국학 교육도 서서히 열을 올리기 시작했다. 한국어 강좌가 연구소 교수들의 별 반대에 부딪히지 않고 신설되는 대학교가 여기저기서 소개된다. 한국학의 중요점을 강조하는 교수들을 가끔 만난다. 다만 운영지원금을 현지국 정부로부터 못 받으니 학과 개설은 불가능하다는 주장에 아직도 안심을 할 수는 없다. '형편없이 가난해진' 독일 정부를 원망할 수만은 없다. 자위라면 그러건 말건 독일의 한국어 교육열이 서서히 상승하고 있는 것은 틀림없다. 해외에 잘 알려진 어느 한국 종교단체는 '몇십 년 후에는 한국어가 세계 공용어'가 될 거라고 하는데, 난 그 말을 100% 믿지는 않지만 헤픈 웃음을 가득하게 띠면서 그 10%라도 이루어지기를 간절히 기도한다.

책 만드는 도사인 내 '아우님' 혜당.

나는 한국에 꽤 자주 나갔다. 최소한 일 년에 두 번은 한국을 찾았다. 도착해서 며칠간은 시차에 고생도 하지만 고국에 돌아왔으니 좀 게으름 부리자는 배짱으로 집에서 마음 놓고 푹 쉰다. 그러다가 온몸에 좀이 쑤시기 시작하면 얼른 고려대학교 연구실로 달려간다. 그리고 외친다.

"출간된 책 내놓으세요!"

책상 위에서 나를 기다리는 책 두어 권을 곁눈질하면서 마치 내가 집필이나 한 듯 나는 금방 함박웃음을 날린다. 어느 때는 세 권이나 되니 무거워서 들고 갈 수 없어 내가 필요한 책만 골라서 들고 비행기를 타야 할 정도다. 책 만드는 도사는 한시반시도 놀지를 않는가 보다. 내 책장에 주욱 꽂혀있는 박영순 저서들은 해외 한국학교육자인 열람자들을 두 팔 크게 벌려 반갑게 맞는다.

금년 3월 내가 KBS가 수여하는 <해외동포상>의 인문사회학부 공로상을 받을 때 혜당은 나보다 더 기뻐했다. 그의 모습을 보면서 나는 처음으로 생각했다.

'옳지, 성님 노릇 한 번 했나 보구나! 이 큰 상이 번지를 잘못 찾아 내게 온 게 분명하구나!'라고 생각하면서도 한편으로는 성님 노릇 한 번 제대로 한 모양이라며 속으로 쾌재를 외쳤다.

나는 혜당 박영순 선생님의 그늘 아래서 해외 한국어 교육자로 그럭저럭 지탱하고 있다. 둘이서 같이 어느날 우리의 꿈인 우리가 만든 국내 '세계의 한국 마을' 안에서 세계 속의 '한국 차세대'와 한국어 문화 수업을 하는 모습을 상상해 본다. 우리의 꿈을 실현하기 위해 힘을 합칠 동지가 되겠다고 다짐을 하면서….

이제 혜당이 공직 일선에서 물러난다니 난 그저 감축한다. 아우여, 이제는 책 도사 일 그만 두고 우리 함께 훨훨 국내 산간 돌며 한국의 문화 속에 푹 잠겨보세! 말재주 없는 나, 적절한 표현이 불가능하지만, 내 마음 깊은 곳에서 우러나오는 정성을 다해 내 아우의 정년퇴임을 축하드린다.

찰스 강변에서 바라본 한국의 대학

김 희 숙
(청주대학교 교수)

지식기반사회라는 누구도 한 마디로 정의하기 어려운 개념이 우리나라를 포함한 모든 현대국가들의 지향점이 되면서 대학교육의 중요성을 강조하는 소리가 끊임없이 들린다. 이러한 시대적 요구에 발맞추어 우리의 대학들도 눈부신 변신을 거듭하고 있다. 그 속도가 때로는 너무 지나친 나머지 일 년 열두 달 365일 공사 중인 대학교도 등장할 정도가 되었다. 곧, 지하광장을 개발하고, 도서관을 새로운 디자인으로 다시 짓고, 강의실도 최첨단 정보기재에 적합한 구조로 바꾸고 있다. 물론 강의방법도 판서가 대부분인 시절은 지나가고, 이제는 예술적이기까지 한 파워포인트 그림도 모자라 음향에 동영상까지 동원되기에 이르렀다. 그 누구도 우리의 대학들이 지식기반사회의 구현을 위해 투자하지 않았다고 감히 말 할 수 없는 상황에까지 이르고 있다.

그러면, 과연 한국이 세계 여러 나라에 지식기반사회의 살아있는 모델로서 역할을 하고 있는가?

이 질문에 긍정적으로 응답할 수 있는 사람들이 그리 많다고 생각하지 않는다.

그러면, 과연 무엇이 더 필요한 것일까? 그 응답을 찾는 작업은 지금까지 우리의 대학들이 갖추어온 공통적으로 발견할 수 있는 점이 무엇인가로부터 출발할 수 있다. 새로운 건물과 강의실, 장비, 도서관 그리고 심지어 새로운 교수법 등은 모두 그 변화를 우리가 감각으로 느낄 수 있다는 특성을 가지고 있다. 곧, 우리의 대학들은 그동안 지식기반 사회를 이끌어갈 인재를 양성하는데 필요하다고 생각되는 외형을 키우고, 세련되게 만드는 데 대부분의 노력을 기울였다고 할 수 있다. 따라서 위의 질문에 대한 답변은 내면적인 변화가 어떠했는지를 살펴보는 것에서 출발할 수밖에 없다.

21세기에 들어와 가령, 미국을 여행한다면, 솔직히 뜻하지 않은 곳에서 미국에 대한 환상이 무너짐을 느낄 경우가 생길 것이다. 그 중 하나가 하버드대학교라고 생각한다. 여기, 미국 최고 명문대학교의 캠퍼스일 것이다. 바야흐로 2007년 8월에 하버드대학교(Harvard-ISOKL) 국제한국어학 심포지엄에서 논문발표를 하기 때문에, 하버드 대학교를 처음 보았을 때, 첫날 감정은 특별하지 않았다. 한국 보통의 대학교보다 그리 커 보이지 않았던 하버드 대학교의 원래 캠퍼스는 평범하다 못해 실망감을 줄 정도였다.

그런데 유난스럽게 사람들이 몰려 있는 장소가 있었다. 그 한 가운데 바로 설립자인 '존 하버드'의 좌상이 있는 것이 아닌가?

멀리, 그 분의 발이 단연코 인기를 차지하고 있었다. 사진을 찍고 또 찍어도 방문자들은 성이 안차는 것 같았다. 끝내 차례를 기다리어 '존 하버드'의 발을 만지는 순서가 끝나야 그 자리를 떠나는 절차가 끊임없이 진행되었다. 왜 그런가? 처음에는 '존 하버드'의 좌상이 자세 때문에 발이 매력적이었음이 틀림없다고 생각한 것이 너무 난센스라는 사실을 발견하였다. 곧, 좌상이 그렇게 높지 않았더라면, 대신에 그분의 손이 시달렸을 터인데…… 방문자의 손이 닿을 수 있는 좌상 부분이 발밖에 없었던 것이다. 그러니까 여기에 모인 군중은 모두 '존 하버드'를 따라서 하버드대학교의 흙을 밟은 발이 된 것이다.

그래서 송구스럽게 이곳에서 만난 한국어학자들의 발을 눈여겨 볼 수 있었다.

존경하는 많은 학자와 필자의 세계적 학연을 이어주는 발의 행렬을 드디어 2007년 하버드대학교 캠퍼스 '존 하버드' 덕택으로 보고, 동참하게 된 것이다.

하버드대학교와 학연을 맺는 상징의 "발"과 "손"!!

결국 많은 석학 교수님을 따라서 그토록 오랜 시간 끝에, 필자도 '하버드대학교를 잇는 발'이 된 점을 고백하지 않을 수 없다.

다음날 이러한 미국 최고 대학교들의 겉모습에 대한 실망감은 국제논문발표장인 Maxwell-Dawkin's hall 에 들어서면서 서서히 감탄과 긍정으로 바뀌기 시작하였다. 우선 참석한 사람들의 면면이 한국어와 관련해서는 지식의 최전선에 서있는 공부꾼들로 구성되어 있다고 해도 무리가 없을 정도였다. 미국의 대학교에서 최신이론으로 무장하고 원어민 학자들과 경쟁하면서 명성을 쌓고 있는 여러 한국인 교수들을 한자리에서 볼 수 있었다. 여기에는 동양인 학자로서, 하버드대학교 언어학과에서 아시아 언어에 관한 권위자로 자리매김한 70세가 넘은 Susumo Kuno 교수도 포함되어 있었다. 참석한 미국인 학자들의 학문적 성과 또한 인상적이었다. 이들을 훑어보던 중, 하버드가 아니었다면 이들을 과연 한 자리에서 볼 수 있을까 하는 생각이 불현듯 뇌리를 스쳤다.

이때부터, 어쩌면 하버드대학교의 강점은 바로 최고의 공부꾼들을 모을 수 있는 힘에서 나오는 것 일지도 모른다는 막연한 믿음을 품게 되었다.

최고의 공부꾼들을 한 자리에 모으고, 그들에게 "추측과 논박"의 광장을 제공할 수 있는 능력이 바로 진정한 하버드대학교의 힘일 것이라는 확신이 들고 나서 돌아보니, 하버드의 낡은 건물들은 더 이상 의미가 없게 되었다.

오늘날 우리 대학들이 기울이고 있는 투자가 전혀 의미 없다고 할 수는 없다. 분명 물리적 시설이 개선되어야 할 학교들은 많았으며, 또 새로운 개념의 교수법을 활용하여 학생들의 정보흡수력을 높일 수 있다면, 이를 마다할 이유는 없는 것이다.

그러나 지식을 창조하는데 있어서는 이는 결코 필요조건이 아니며, 당연히 충분조건도 아님을 기억할 필요가 있다. 학문적으로나 과학자로서의 자질이 훌륭한 학자들을 모으고, 이들이 자유롭게 추측하고 논박할 수 있는 환경을 만들어주는 것이야 말로 최고 학문의 필요하고도 충분한 조건임을 하버드대학교가 입증해 주고 있다. 다시 말하면, 단조롭고 오래된 건물들과 현대식 건물이 혼재된 캠퍼스를 가지고 있는 하버드대학교와 MIT의 캠퍼스가 대표적으로 이를 시사하고 있는 것이다. 따라서 좋은 시설을 갖춘 것으로 대학이 해야 할 일을 다 했다고 생각하고 만족하여 멈춘다면, 우리는 얼마 지나지 않아 지식기반사회라는 이상과 우리 현실 사이에 존재하던 간극이 별로 메워지지 못했음을 발견하게 될 것이다.

당연히 한국이 지식기반시대를 이끌어 갈 수 있는 국가가 될 수 있는

가의 여부는 이러한 학문적 특성을 대학에서 얼마나 공유하고 있는가? 그리고 공유하고 있다면, 이로부터 얼마나 벗어날 수 있는가에 달려있다고 해도 과언이 아닐 것이다.

그러고 보니, 길고 먼 여정을 거쳤지만, 세계 학연 그림자를 쫓아 하버드대학교까지 왔지만, 다시 원초인 근본적인 문제로 되돌아온 느낌이다. 잠시 머문 하버드 대학에서 학문이나 지식의 발전에 있어서, 사람이 가장 중요한 핵심임을 다시 한 번 깨달은 것이다.

특히 하버드에서 연구년을 보내신 혜당 박영순 선생님을 생각해 본다. 나에게는 대학의 대선배기도 하지만, 그분의 학문에 대한 열정과 제자들 사랑은 학계에 널리 알려져 있다. 혜당선생님은 단순히 열심히 연구만 하는 학자가 아니다. 적어도 10년, 20년, 30년을 내다보고 선제적으로 연구하고 후진들을 위해 연구의 장을 마련해놓으셨다는 것이다. 이중언어학회가 그렇고, 의미학회가 그렇고 한국어회가 그렇다. 길이 없는 곳은 길을 만들고, 길이 좁은 데는 길을 넓혀가며 연구하고, 학회를 개최하여 학자들을 불러 모으고, 심지어 아직 미지의 세계였던 중국, 소련까지 가서 한국어학과 한국어교육에 관한 국제 세미나를 했으니 정말 경탄하지 않을 수 없다. 또한 사회언어학회 국제학술대회, 한국어학회 국제학술대회를 성대히 개최한 것도 그의 능력과 추진력과, 원대한 꿈을 짐작하기 어렵지 않다. 그의 꿈은 한국어가 당당히 세계화되고, 한국어학이 세계의 학계에서 인정받고, 관심을 받는 날을 꿈꾼 것이다. 한국어세계화재단 이사장이 된 것도 매우 자연스런 일이다. 그리고 어떤 자리에 앉으면 모든 사람들이 기대하는 이상으로 일을 하시고 성과를 내는 분이다. 이런 선배 학자를 가진 것은 참으로 다행하고 행복한 일이다. 한국 대학에 혜당 선생님같은 교수들이 많이 있다면 대학 발전은 절로 이루어질 거라는 생각을 해본다. 존 하버드의 선견지명이 혜당 선생님과 오버랩되는 순간이다.

유학 생활을 되돌아보며

다케우치 노리코
(고려대 대학원 수료)

제가 한국어를 공부하기 위하여 한국에 온 지 벌써 5년이 되었습니다. 한국에 관심을 가지게 된 계기는 저도 잘 모르겠지만 지금 생각해 보니까 가장 가까운 나라에 대한 호기심이었던 것 같습니다. 그리고 '한글'을 읽고 싶다는 생각으로 한국어 공부를 시작했습니다. 한류 붐이 오기 전에는 일본에서 한국어 공부를 하는 사람이 많지 않았고 물론 한글을 아는 사람도 많지 않았기 때문에 기호처럼 보이는 이웃 나라의 문자를 제가 읽을 수 있있으면 재미있겠다고 생가했습니다. 그래서 일본에 있을 때는 취미로 조금만 공부했었는데 한국 문화와 사람들에 대한 관심이 점점 커지면서 언젠가 한국에 살면서 공부를 하고싶다는 욕심이 생겼습니다.

2003년 1월 7일, 서울에 도착하여 쌓인 눈이 언 길을 긴장과 설렘으로 가득 찬 마음으로 걸어간 것을 아직도 생생하게 기억하고 있습니다. 그 후 고려대학교 한국어문화교육센터에서 1년 반의 정규과정을 마쳤습니다. 실생활 자체가 살아 있는 교재이고 정말 즐거운 날들이었습니다. 한국어와 일본어는 유사한 점이 많고 처음에는 접근하기 쉽지만 하면 할수록 많은 차이점을 발견하게 되고 어려워집니다. 그런 한국어와 일본어에 대한 관심이 깊어지면서 좀 더 공부를 하기 위해 대학원으로 들어갔습니다. 처음에는 무엇부터 시작하면 될 지 잘 몰라서 나 자신의 선택이 잘못한 것이 아닐까 고민도 많이 했는데 나의 지도 교수님이신 박영순 교수님께 불안한 마음을 말씀드렸더니 잘 할 수 있으니 열심히 하라고 따뜻하게 격려해 주셨습니다. 미국에서 열심히 공부하시고 훌륭한 연구를 많이 해오신 교수님께서 저에게 해주신 말씀을 듣고 나서 제가 할 수 있는 것이 무엇인가 생각하면서 공부하기로 마음을 먹었습니다. 아직도 공부를 해야 할 것도 너무나 많고, 공부에 대한 자세도 부족하기 때문에 앞으로도 계속 노력해야 한다는 것을 압니다.

저에게 한국 유학 생활은 일본에 계속 있었다면 알 수 없는 것들을 배운 정말 좋은 경험이었습니다. 5년이란 시간은 긴 것 같으면서도 짧았습니다. 그러나 제 인생에 있어서 아주 소중한 5년입니다. 여기까지 올 수 있었던 것은 다 저를 도와주신 한국 분들과 일본에 있는 가족들 덕분입니다. 이 은혜를 한국에 조금이라도 갚고 싶은데 제가 할 수 있는 것이 없을까 늘 생각했습니다. 제가 할 수 있는 일은 아주 적지만 한국과 일본을 위하여 무엇인가 하고 싶어서 올해는 고등학교 일본어 수업에 들어가는 봉사활동을 했습니다. 처음에는 너무 긴장해서 불안했지만 학생들의 일본에 대한 관심이 높은 것을 몸으로 느낄 수 있었고 반가워해 준 학생들의 얼굴을 보니까 정말 기쁘고 좋았습니다. 이러한 작은 교류가 이어지면 앞으로 한국과 일본이 서로 이해하는 데 도움이 될 것 같다고 생각합니다. 그래서 저는 한국에서의 공부는 일단 마치고 일본에 돌아가지만 한국과 관련된 일을 하면서 늘 한국이란 나라와 함께 살아가고 싶습니다. 그간 한국에서 받은 혜택과 박영순 선생님께 받은 은혜를 조금씩이라도 갚을 수 있도록 앞으로도 열심히 공부하겠습니다. 혜당 선생님, 이 자리를 빌려서 그동안 베풀어 주신 사랑에 다시 한 번 감사의 말씀을 드립니다.

나비

류 시 화
(시인)

달이 지구로부터 달아날 수 없는 것은
지구에 달맞이꽃이 피었기 때문이다
지구가 태양으로부터 달아날 수 없는 것은
이제 막 동그라미를 그려낸
어린 해바라기 때문이다

아침에 눈을 뜨면 세상은
나비 한 마리로 내게 날아온다
내가 삶으로부터 달아날 수 없는 것은
너에 대한 그리움 때문
지구가 나비 한 마리를 감추고 있듯이
세상이 내게서
너를 감추고 있기 때문

파도가 바다로부터 달아날 수 없는 것은
그 속에서 장난치는 어린 물고기 때문이다
바다가 육지로부터 달아날 수 없는 것은
모래에 고개를 묻고 한 치 앞의 생을 꿈꾸는
늙은 해오라기 때문이다

아침에 너는 나비 한 마리로
내게 날아온다
달이 지구로부터 달아날 수 없는 것은
나비의 그 날개짓 때문
지구가 태양으로부터 달아날 수 없는 것은
너에 대한 내 그리움 때문

박영순 교수님께,

글이 이렇듯 급한 일인 줄 모르고 볼 일을 보러 다녔습니다.

머리 숙여 죄송하다는 말씀을 드립니다.

교수님의 뜻밖의 전화는 저를 그 시절 봄날의 햇빛 환한 강의실로 데려갔습니다.

그곳에서 이제 막 강단에 서신 어여쁘신 교수님의 모습을 볼 수 있었고, 이제 막 눈을 뜬 어린 뱀과 같았던 젊은 시절의 저를 보았습니다.

많은 것들이 변했지만, 또 변하지 않은 것들이 있습니다.

저의 새로운 글을 보내 드릴 수도 있지만,
여기 제가 전에 발표한 시 <나비>를 보냅니다.
저 스스로 저의 대표작으로 여기는 몇 편의 시 중 하나입니다.
이 시를 그 시절, 장발머리에 다 떨어진 신발을 신고 다니던 치졸한 문학 청년을 늘 애정 어린 눈으로 바라보아 주신 교수님께 헌정합니다.
오늘처럼 겨울눈이 내리는 날 찾아뵙겠습니다.

해천추범(海天秋帆): 넓은 세상으로 나아가라

민 현 식
(서울대 국어교육과 교수)

1

박영순 교수님은 일생 동안 국어학, 국어교육, 한국어교육 분야에 걸쳐 오로지 학문 연구에 정진하시어 다양한 연구 논저를 내시었다. 흔치 않은 유학파 학자로서 외국 언어학의 연구방법론을 체득하시면서 열린 시각으로 한국어의 세계를 깊이 관찰하시고 문법론, 통사론, 의미론, 화용론, 텍스트론, 문법교육론 등 광범위한 분야에 걸쳐 박 교수님만큼 책을 낸 분은 찾아보기 어려울 것이다. 특히 한국어교육 분야에 걸쳐서도 '한국어교육론, 이중언어론, 한국문화론' 등의 역저를 내시었다.

각종 학회 창립에도 큰 기여를 하시어 오늘날 한국어의미학회, 이중언어학회 등은 박 교수님의 뜻으로 잉태되어 이루어낸 결과 후학들이 연구 활동의 공간으로 자리하게 되었다. 1999년에는 다른 분야에 비하여 미미하게 존재하던 의미학계의 발전을 위해 한국어의미학회를 창립하시어 학회 발전의 토대를 닦으셨다. 1983년 이중언어학회, 1985년 국제한국어교육학회 창립에도 크게 기여하시어 한국어교육학계의 발전과 한국어의 세계화에 공로가 지대하시다. 최근까지 문화관광부 산하 '한국어세계화재단'의 이사장으로 봉사하시면서 한국어 세계화의 선두에서 많은 일을 해 오셨음은 학계가 다 아는 사실이다.

이렇게 교수의 본분인 연구, 교육, 봉사에만 오로지 전념해 오시고 특히 한국어 세계화에 헌신해 오신 박 교수님께서 퇴임하신다는 소식을 들을 때 아쉬우면서도 또 박 교수님의 퇴임 후 학문의 여정은 어떻게 펼쳐지실지 궁금하지 않을 수 없다. 박 교수님의 역저가 계속 쏟아져 나올 것도 기대하며 건강하시기를 간절히 축원한다. 아울러 박 교수님의 정년의 공로를 기리고 한국어 세계화의 헌신을 기억하고자 백여 년 전 '조선의 세계화를 꿈꾸었던 선각자' 두 분을 생각하여 보았다.

2

한국에서 세계일주를 처음으로 한 사람은 누구일까. 그 첫 인물은 유길준(兪吉濬, 1856-1914)으로 볼 수 있다. 유길준의 자는 성무(聖武), 호는 구당(矩堂), 천민(天民)이다. 그는 개화 사상가이었던 박규수(朴珪壽, 연암 박지원의 손자)의 문하생으로 개화문물에 눈을 떠 과거를 포기하고 서양 신학문에 심취하게 된다. 이 두뇌가 우수했던 똑똑한 청년 유길준이 출세의 길인 과거를 거절하고 오히려 과거제의 폐단을 비판한 용기는 대단한 것이었다.

그 후 1881년 5월 신사유람단(어윤중, 윤치호 등을 수행) 일원으로 갔다가 일본 개화의 선구자이자 게이오 대학 설립자인 후쿠자와 유키치(福澤諭吉 1835-1901: 일본 1만엔권 화폐에 나오는 인물)의 눈에 발탁되어 후쿠자와의 집에 기숙하며 일본 게이오(慶應) 대학에 유학을 하게 된다. 아마도 후쿠자와는 조선 정복을 꿈꾼 정한론자(征韓論者)라서 조선 청년을 하나 친일 인사로 키울 의향이었을 것이다.

유학중이던 1882년 7월 임오군란이 터지자 유길준은 본국의 소환을 받아 유학을 중단, 귀국한다. 이때 한성순보 창간에 관여하게 되고 창간사에서 국한혼용체 실용화를 꿈꾸는 실험을 한다. 그 후 다시 1882년 조미통상조약으로 1883년 한국 최초의 견미사절단(遣美使節團)인 보빙사(報聘使) 사절단(단장 민영익, 수행원 서광범, 홍영식, 유길준)을 파견할 때 수행원으로 간다. 이때 유길준은 민영익의 배려로 귀국하지 않고 국제법을 공부하기 위해 국비유학생으로 잔류하여 근대 유학생, 국비 유학생 1호가 된다.

1884~1885년 1년간의 유학 중에는 다시 갑신정변(1884년 12월)이 벌어져 개화파의 쿠데타가 실패하여 3일천하로 끝나는데 고종의 명령으로 6개월 후 유학을 접고 귀국하게 된다. 당시 국제법 전문가가 없어 고종과 민영익은 유길준을 불러 활용하고자 한 것이다. 유길준은 유학 중 갑신정변 소식을 듣고 보빙사 단장 민영익(친청파)과 동료 단원이었던 서광범, 홍영식(친일 개화파) 등의 신구 세대간 대립된 시국을 탄식하며 자신은 개혁당의 급진 개혁에는 반대하며 온건 개화 노선을 견지한다. 귀국 시에는 유럽, 지중해, 인도양, 동남아, 일본을 거쳐 3개월 만에 귀국하게 된다. 따라서 그는 젊은 생애 수년간 세계 일주를 한 근대 지식인 1호인 것이다.

유길준은 국가 개화 전략을 고심하며 '서유견문'을 집필하게 된다. 이 책은 일본 개화의 거두이자 유길준을 제자로 돌보아 준 스승 후쿠자와 유키치의 저서인 '서양사정'(西洋事情)을 번안하면서 자신의 견해를 첨가한 성격의 책이다. 이 책에 유명한 "개화의 등급"이란 글도 나온다. 개화, 반개화, 미개화의 등급이 있다는 것이다.

그는 당연히 서구 유학생활을 통해 조선의 갈 길이 개화임을 생각하였던 것이다. 8년여의 유폐생활 끝에 풀려나면서 1894년 갑오개혁으로 친일 개화파가 득세하고 청일전쟁으로 청나라 세력이 패퇴하자 유길준은 군국기무처의 내무대신이 되어 등용된다. 이후 일본에 잠시 다녀오면서 스승 후쿠자와에게 '서유견문'을 보이고 일본에서 1000부를 자비로 출판하여 가져와 조정 대신들에게 나누어 개화 의식을 계몽한다.

그러나 청나라 군대의 패퇴 후 일본이 서서히 조선 침략의 야욕을 드러내면서 1895년 명성황후 시해 사건 이후 반일 의식이 고조되면서 친일 개화파는 지탄의 대상이 된다. 유길준은 고종에 의해 친일 역적으로 지목되어 수배되자 1896년 일본 망명을 하게 되며 일본에서도 조선의 요구로 일본 정부는 유길준을 먼 귀양지로 유배시킨다. 그 후 12년의 망명 끝에 1907년 귀국하는데 그 10여년에 '대한문전'이라는 문법서도 짓는다. 귀국 후 벼슬을 권유받지만 사양하고 합방 후 1914년 세상을 뜬다.

3

그 다음으로 세계일주를 한 이는 유길준의 세계 일주 이후 10여년 후인 1896년 4월 1일 제물포 출발~10월 21일 귀국까지 7개월간의 여정으로 러시아 니콜라이 2세 황제 대관식에 특명전권공사로 파견되어 다녀온 충정공 민영환(閔泳煥) 선생(1861~1905)을 들 수 있다. 그의 자는 문약(文若) 호는 계정(桂庭)이며 1905년 을사조약 후 자결하자 고종이 내린 시호는 충정공(忠正公)이다.

그는 한양-제물포-상해-나가사키-도쿄·요코하마-태평양-밴쿠버-위니펙-몬트리올-뉴욕-대서양-런던-베를린-바르샤바-모스크바-페테르부르크를 거쳐 대관식 참가 후 열강 외교 속에서 약소국 조선의 자주독립을 위하여 다자외교를 벌인 후 다시 극동을 향하여 러시아 평원을 횡단하여 시베리아를 거쳐 연해주-부산-제물포로 귀국하였다. 이러한 여정을 민영환 선생이 일기체로 남긴 것이 세계일주 기행일기인 '해천추범'(海天秋帆)이다. 이 책이 '해천추범: 1896년 민영환의 세계일주'라는 제목으로 2007년 5월에 '책과함께'라는 출판사에서 사학자 조재곤 박사의 번역으로 빛을 보게 되었다.

유길준의 국한혼용체본 '서유견문'이 널리 알려진 것에 비하면 '해천추범'은 한문본이었기에 거의 안 알려져 왔다. '서유견문'이 번안서의 성격이 크고 각국 지리를 소개하는 설명체의 지리 교과서 성격인 데 반하여 '해천추범'은 일기체에 충실하고 민영환 일행의 공무 수행을 기록으로 남긴 성격이 크다는 점에서 차이가 있다. 이제 '해천추범'이 일반에게도 비로소 번역되어 알려지게 되어 앞으로 국어교육에서도 '서유견문'과 비교하여 교육자료로 제공할 수 있게 되었다.

'해천추범'은 비록 문학적 향취가 높은 편은 아니며 사실적 내용의 일과를 적은 평범한 일기문학으로 조선 고위 정치인에 의해 비친 서양을 묘사하고 있다. 자결한 순국지사의 기행록이란 점, 조선말 일기문학의 모습을 보여주어 국어교과서 읽기 자료로 소개할 가치가 충분하다고 생각한다.

'해천추범'을 보면 이미 눈부시게 발전하고 있던 중국 상해의 모습에 놀라고 전차, 기차가 오가던 도쿄, 승강기가 오르내리던 캐나다의 10층 호텔, 300만명으로 붐비던 뉴욕 등의 모습을 경이로운 시선 속에서 간결하고 담담하게 써내려가고 있는데 이러한 산업혁명기의 서양을 보면서 초가집으로 덮이고 좁은 골목으로 뒤얽힌 조선의 수도 한양 안에서 친청, 친일, 친러의 줄다리기 사대주의 정치를 하며 수구 - 개화의 명분 싸움에 파묻혀 권력다툼에만 급급해 있던 조선 사대부들의 모습이 민충정공에게는 얼마나 한심하게 비치었을 것인가. 특히 그는 러시아 군함을 타고 가면서 막강한 서양 신식 군대의 무기와 위용에 놀라 귀국 후 국방 강화, 해군 육성에도 진력한다.

민영환 특사 일행은 한국어교육의 역사에서도 흥미로운 기록을 남긴다. 민영환 특사 사절단의 파견으로 러시아의 페테르부르크 대학에 한국어 강좌가 개설되었기 때문이다. 특사 일행의 방문에 맞춰 주러 공사관이 현지에 개설된 후 주 러시아 대한제국 공사관의 직원인 김병옥 선생이 한국어를 가르치기 시작함으로써 유럽에서의 한국어교육 역사가 시작된 것이다. 당시 김병옥 선생이 쓴 한국어 교과서는 러시아의 도서관에 희귀본으로 소장되어 있다. 1899년에는 블라디보스토크의 극동대학교에서도 한국어 강좌가 개설되어 한국어교육사에서 러시아에서의 한국어교육은 유럽에서 선구적이었다.

1895년 8월 20일 명성황후 시해 사건이 벌어지자 일본의 조선 침략에서 위기를 느낀 고종이 러시아의 힘을 빌려보고자 친러, 친미, 반일 노선에 있던 민영환 선생을 러시아 특사로 파견한 것이다. 민영환 선생은 조선 군대의 현대화를 절감하여 조선 군대의 신식 훈련을 위해 러시아의 군사 교육 지원을 얻어내 러시아 교관단과 함께 귀국하여 한때 조선 군대는 러시아 교관들의 군사 훈련 지도를 받게 된다. 그러나 그 후 러시아도 1904년 러일전쟁으로 일본에 패퇴하여 민영환의 조선 군대 현대화도 성공을 이루지 못한다.

1905년 11월 17일 을사조약 체결 소식을 듣고 국망(國亡)에 아무도 책임지지 않자 황실 외척, 고위직 경력자로서 국망의 책임을 통감하고 조약 파기의 상소를 올리고 이어 2차 상소를 전개하나 나라의 운이 다했음을 깨닫고 죽음으로 항거해 국민을 각성시키려 11월 30일 2,000만 동포와 고종 및 주한 외국사절에게 보내는 3통의 유서를 남기고 자결했다. 그의 자결 소식이 들리자 조병세, 김봉학, 홍만식, 이상철 등의 지사들의 자결도 뒤따른다. 조선 역사상 전례 없는 일이었다.

'해천추범'의 '해천'은 "바다 위의 하늘"이란 뜻이고 '추범'은 "가을 돛"이란 뜻인데 민 충정공이 4월에 떠나 10월에 돌아오며 이런 제목을 붙인 듯하다. 이 책을 번역한 조재곤 박사는 "넓은 세상으로 나아가다"의 뜻을 담고 있다고 풀고 있다. 일본 메이지 유신(1864)에 10여년 뒤진 후 조선은 1876년 강화도 조약으로 개방의 문으로 나오지만 이미 일본은 해상 교역으로 서양사정을 알고 문물을 받아들여 문명의 세계로 나아가고 있었으나 그에 뒤진 중국과 조선은 결국 일본에 유린당하고 특히 조선이 더 참혹한 식민 지배를 겪었다. 조선 사대부들이 실학을 구하지 아니하고 오로지 권력 쟁투에 혈안이 되어 명분론과 관념론에만 빠져 조선이 쇄국의 길로 나아간 사대부들의 폐쇄적 사고는 개인과 나라를 멸망으로 몰아갔음을 여실히 보여 주고 있다. 한국이 조금만 더 일찍 '해천추범'의 의미와 가치를 깨달았더라면 하는 아쉬움이 강하게 남지만, 후손들의 각성과 노력으로 21세기 들어 국제화되고 강국이 된 한국을 보면 경이롭다. 각 분야별로 해천추범의 선구자들이 있었던 덕일 것이다. 국어학에서는 혜당 선생님같은 선구자가 있어 참으로 다행이었다고 할만하다.

인생의 길에서 상봉과 리별

박 기 석
(김일성종합대학 연구교수)

"심장에 남는 사람"이라는 북한에서 일반인들이 즐겨 부르는 노래가 있다. 이 노래는 북한에 관심이 있는 웬만한 한국사람들도 다 알고 있는 노래이다. 그 노래 말 속에 '오랜 세월을 같이 있어도 기억 속에 없는 이 있고 잠깐 만나도 잠깐 만나도 심장 속에 남는 이 있네'라는 가사가 나온다.

내가 살아오면서 만난 많고 많은 사람들 중에서 내 가슴에 남아 있는 몇 분 안 되는 분 가운데 한 분이 박영순 교수님이시다.

처음 서울에서 박 교수님을 만나게 된 계기는 북한에 있는 김일성종합대학에서 언어학박사과정을 할 때이다. 지도 교수이신 김영황 선생께서 이전에 중국에서 국제학술회의를 할 때 만난 적이 있는 박 교수님에게 기회가 되면 안부인사를 전해 달라는 부탁을 하셨다. 그래서 한국에 왔을 때(필자는 오스트레일리아에 살고 있음) 고려대학교를 찾아가서 박 교수님을 만난 것이 인연이 되었다. 그 이후에 학위논문을 쓰면서 몇 차례 박교수님의 도움을 받게 되었는데 뵐 때마다 신선하고도 도전적인 충격을 거듭 주셨다.

첫째 박 교수님은 섬김의 삶을 철저하게 실천하는 분이시다. 내가 평양에서 조그만 봉사라도 하는걸 알게 된 박교수님은 만날 때마다 언제나 베푸는 삶을 나에게 보여주셨다. 식사는 물론이고 내가 평양에 갈 때면 꼭꼭 봉투를 챙겨 주시곤 했다. 그래서 돌아오는 길에 그 답례로 작은 선물이라도 들고 와서 전해 드리면 받자마자 포장도 뜯어 보지 않고 감사하다는 인사말과 함께 즉시 되돌려 주셨다. 더 요긴하게 쓰라는 당부와 함께. 참으로 독특한 가치관을 가지고 사는 분이다. 베푸시는 사랑과 섬김에서 나는 박 교수님이 남남 같지 않다는 생각을 여러 번 하였다. 필자도 조금이지만 북한의 어려운 사람들에게 베풀고 살기 때문이다. 마치 시골에 사는 인정 많은 친 누님 같은 분이다. 그래서 박영순 교수님은 내 가슴에 뚜렷이 남아 있다.

둘째는 박 교수님이 언제인가 당신이 쓰신 『하나의 위대함 여럿의 아름다움』이라는 책을 한 권 주셔서 읽었는데 그 책 속에 '65년도 길더라'라는 소제목의 글에서 오래 살고 싶지 않다는 고백을 하신다. 그러면서 70이상을 넘기고 싶지 않다는 말도 하신다. 누가 20년을 더 줄 테니 살라고 한다면 사양하고 싶다는 고백을 하시는 것이 나에게는 참으로 가슴에 잊혀지지 않는 대목이다. 대부분의 사람들이 생에 대한 무서운 집착과 경쟁 그리고 하나라도 더 끌어 모으려고 하는 살벌한 이 세상에서 박영순 교수님은 나에게 수도원의 경건한 원장님 같은 깊은 인상을 심어 주셨기에 좀처럼 잊을 수 없는 분이다.

셋째는 정년을 넘긴 나이 드신 분이지만 여전히 소녀 같은 맑은 삶이 묻어나는 분이시다. 옷을 입는 것도 몇 번 관찰해 보니 탁하고 무거운 색깔보다는 밝고 단정한 옷을 즐겨 입으시는 것 같았다. 말씀하실 때도 목소리를 드러내지 않고 언제나 소녀처럼 조용조용 말씀하신다. 마치 수 십 년 전에 내가 한국에서 고등학교를 다닐 때 기억하는 어느 소도시의 여고생 같은 순박하고 때묻지 않은 소녀 같은 잔잔한 매력을 지니신 분이라서 박영순 교수님은 아직도 내 가슴 한켠을 차지하고 있다. 정년 후에도 부디 건강하시고 행복한 삶을 영위하시기를 기도드린다.

그 아득했던 원서 강독 시간이 내린 뿌리

고려대학교 사범대학 국어교육과 박영순 교수님께 올립니다

박 남 철
(시인)

선생님, 제가 아직도 철이 많이 없는 제가요,
제가 그때 우리 경희대학부에 다니고 있었을 때였지요.

소쉬르Saussure라는 이름도 알게 되었고,
노암 촘스키Noam Chomsky라는 대학자의
이름도 제법 알게 되었고, 하였을 때였지요.

선생님, 저는 그때는 선생님 시간만 되면,
(에효, 영어 공부는 좀 되어서 좋긴 하다만……)
'굶는 과'를 다니는 내가 '노암 촘스키'라는 애의

이 '변형생성문법이론'은 배워서 도대체 어디에다
써먹을 것이람, 하며 한숨을 다 내쉬곤 하였었지요……

선생님, 그런데요, 지난 2006년 3월 어느 날 문득;
제가 『금강경』을 처음으로 만나게 되었을 때요;
그 벼락같은 충격 속을; "즉비(卽非)의 논리"의 충격 속을―

영겁처럼 통과해, 멍청해지지 않을 수 없게 되어버렸을 때요!

그리고, 오늘 문득 선생님께서, 2008년 1월 24일 저녁,
문득 선생님께서 남철아! 나 기억하겠니? 나 박영순이야!
하시며, 그 "음성"을 다시 들려주셨을 때요……

선생님, 이제서야, 뒤늦게 감사 드립니다…… 이제서야,
뒤늦게나마, 이 "사은(師恩)이라는 의미"의, 이 절대적인,
부끄러움의, "오래된 음운"만이라도 간신히 되찾아서 올려드리고자 합니다.

한국어 교육의 블루오션 지역
– 대만의 한국어 교육

박 병 선
(대만 국립정치대학 한국어과 교수)

이곳 대만에 부임해 온 지 벌써 만 3년이 지나고 몇 개월이 더 흘렀다.[1] 이곳에 임용된 소식을 듣고 나서 박영순 선생님을 찾아뵈었을 때, 늘 그러셨듯이 자상한 말씀과 함께 진정으로 기뻐해 주시면서 많은 격려를 해 주셨다. 대만에서의 생활이 무척 낯설고 불안정해 보이기도 하였고 내 주(主)전공과는 좀 다른 일을 하게 되는 것에 대한 불안감이 있었다. 그런데 혜당 선생님께서는 내가 얼마나 보람된 일을 하게 되는 것인지 깨우쳐 주셨고, 부족한 내게 도움이 되는 책도 여러 권 주시면서 응원해 주셨다. 그 뒤에도 지금까지 학회 등에서 나를 보실 때마다 잊지 않고 따뜻한 말씀과 함께 선생님께서 쓰신 좋은 자료들을 듬뿍 주신다. 이런 선생님의 따뜻한 마음은 내가 이곳에서의 생활에 사명감을 갖고 더욱 열심히 살고자 하는 데에 큰 힘이 된다.

1) 2004년 8월에 부임하였다.

이곳으로 오기 전 나에게 있어서의 대만은 그저 중국 공산당 정부와 정치적 이념만이 다른 또 하나의 중국 정도였다. 그러나 여기서 3년여를 지내고 보니 전통 중화문화를 계승하면서도 그들만의 문화가 있는 대만(臺灣)이 보이기 시작했다.[2] 즉 다양한 중화문화가 혼재된 대만 특유의 문화가 있다는 것을 알게 되었다. 그러면서 자연스럽게 한국에서 대만을 제대로 이해하고 있는 사람이 과연 얼마나 있을까 의문도 갖게 되었다.

나는 '민족대학'인 고려대학교에서 학생 시절과 연구원, 강사 시절을 모두 합해 14년을 보냈다. 지금은 '민족대학'의 의미가 더 이상 한국에만 머물면서 한국적인 특징을 찾고 연구하는 것만을 뜻하지 않는다. 좀 더 적극적인 의미, 즉 세계 속의 '민족'의 의미를 찾고자 하는 것까지 포함한다. 가장 한국적인 것이 가장 세계적인 것이라는 말이 유행어가 되듯이, 한국 고유의 것이 한국 세계화의 선봉에 서야 한다는 것은 두말할 필요도 없는 시대가 되었다.

국어 교육이 아니라 문법 이론을 바탕으로 한국어 정보학을 전공하던 내가 외국에서 한국어를 가르치는 것에 처음 관심을 갖게 된 것은 영국의 대학에서 1년 동안 연구원을 하던 시절의 경험 때문이었다. 당시 공부하던 영국 랑카스터 대학에는 세계적인 언어학자 제프리 리치(Geoffrey Leech) 교수가 정년퇴임 후에 명예교수로 재직하고 있었다. 어느 날 리치 교수가 나에게 한국어 존대법에 대해 설명해 달라고 부탁

2) 대만은 포르투갈, 네덜란드, 중국, 일본 등 외세에 의해 수백 년을 통치되었었다.

을 해 왔다. 세계적인 화용론 학자 앞에서 한국어 존대법의 체계와 화용론적 특징을 설명한다는 것이 무척 부담스러웠다. 당시 그 학교에는 한국에서 공부하러 온 사람들이 몇 있었지만 한국어를 전공한 사람은 나밖에 없었다. 리치 교수는 매우 인자한 성품을 가진 분으로, 나의 부족한 영어 실력과 언어학적 지식에 대해 전혀 부담을 느끼지 않도록 배려해 주었다. 그 배려에 힘입어 나는 약 두 시간 동안 한국어 높임법의 특징을 열심히 설명했고 노(老)학자는 매우 만족스러워했다.

리치 교수 연구실을 나오는 순간 나는 무척 뿌듯했다. 이런 대학자도 내가 한국어에 대해 이야기하는 것을 열심히 듣는구나! 그리고 한국어를 잘 설명할 수 있는 사람은 바로 한국어를 전공한 사람이구나! 이런 생각이 밀려오듯 들었다. 그 후 영국에서 한국어를 가르치는 학교를 조사해 보고 어떤 분들이 그 일을 담당하는지 살펴보았다. 한국어를 강의하는 곳이 몇 대학이 있었는데, 한국어를 전공한 강사는 찾기가 힘들었다. 한국의 세계화에 있어서, 한국어 교육은 문화적 측면의 정점이라고 생각한다. 단순히 한국말을 가르치는 것도 필요하지만 보다 높은 단계의 학문적 측면을 포함한 한국어 교육이 필요하다는 생각이 들었다. 그럼에도 불구하고 한국어와 한국문학을 전공한 사람들이 외국에서 일하는 경우가 많지 않은 데 대한 의구심이 들지 않을 수가 없었다. 한국어 및 한국문학 전공자들의 사고의 전환이 필요하다는 생각을 했다.

최근 아시아를 중심으로 한류가 대유행을 했고 대만도 예외는 아니었다. 영국 랑카스터 대학교 객원연구원 시절 알게 된 대만 친구를 한국에서 열린 국제학술대회에서 만났다. 그 친구는 당시 내가 우연히 건넨 대만에서의 한류와 한국어 교육 기회에 관심을 보였고, 그것이 계기가 되어 나는 이곳에 오게 되었다. 한류는 대중문화를 중심으로 일고 있는 한국 문화에 대한 관심을 불러일으켜 대만에서는 한국의 음식이나 한국어 등이 큰 인기를 얻고 있다. 현재 대만에서는 한국어를 배우고자 하는 학생들이 점점 늘고 있다. 그러나 한국어과가 설치된 대학은 국립정치대학과 문화대학 두 곳뿐이다. 대만대학을 비롯한 일부 대학에서 한국어 강의를 개설한 곳이 몇 군데 있지만 아직 정식 전공이나 학과를 개설하고 있지 않다. 지금 한국어 전공이나 학과를 설치하기 위해 준비가 진행 중인 학교는 몇 군데 있다.

그런데 대만 사람들이 한국어를 배우는 것은 단순히 한류나 그와 연관된 취미로서의 목적뿐만이 아니다. 한국과 대만의 교역량은 대만에게는 한국이 네 번째이고 한국에게는 대만이 다섯 번째로 규모가 큰 국가이다. 즉 현실적인 측면에서 양국은 무척 긴밀한 관계에 있다. 한국에는 중국어를 배우는 사람이 많고 따라서 훌륭한 인재들도 많다. 그러나 대만에는 중국과 달리 조선족이 없고 한국 화교의 숫자도 그리 많은 편이 아니다. 따라서 현재 대만에서 한국어를 잘 구사하는 사람이 취업 등에서 매우 유리하다. 이런 현실적인 이유에서도 한국어를 배우는 사람들이 점점 늘어가고 있다. 이런 현상은 대만에서 실시하고 있는 한국어 능력시험 응시자가 계속해서 증가하고 있는 점에서도 확인할 수 있다.

이렇게 현실적인 이유로 대만에서의 한국어 교육의 수요는 계속 증가하고 있다. 그러나 앞서 말했듯이 이곳에서 한국인으로서 한국어나 한국문학을 전공한 사람은 찾아보기가 힘들다. 외국어 학습에 있어서 해당 언어에 대한 깊은 지식이 있는 모국어 화자가 교육할 때의 장점에 대해서는 긴 말을 할 필요가 없다. 따라서 이곳 대만에서 생활할수록 한국어문을 전공한 한국인으로서 해야 할 일이 너무나 많음을 느낀다. 현실적으로 외국인으로서 생활하는 데에 필요한 것이나 어려움이 있긴 하지만 이곳에서 얻는 것들을 생각하면 감수할 만하다. 뜻이 있는 곳에 길이 있다고 했던가? 나도 대만에 오기 전에는 중국어를 배운 적이 없었고 대만에 온 후에 생활하기 위해서 중국어를 익혔다. 대만에서는 중국 대륙에서 '보통화(普通話)'로 부르는 만다린을 공식 표준어로 사용한다. 이곳에서는 '국어(國語)'라고 부른다. 보통화와 국어는 역사적, 지역적 특성으로 인해 단어, 발음 등에 약간의 차이가 있지만 기본적으로 같은 언어이다. 즉 대만과 대륙은 공식적 표준어가 같다고 봐도 무방하다. 그리고 기타 생활환경은 한국과 매우 유사하다. 따라서 한국 사람이 적응하기에 큰 무리가 없다.

다소 두서없이 대만에서의 한국어 교육에 있어서 한국어문 전공 한국인의 필요성에 대해서 내 경험을 바탕으로 소개했다. 혜당 선생님께서 이제 퇴임하신다. 선생님의 은혜를 입은 후학으로서, 그 은혜에 보답하는 길은 내 스스로가 부끄럽지 않은 한국어학자와 교육자가 되는 것일 것이다. 그리고 선생님께서 몸소 보여주신 한국어 교육의 열정을 본받고 그 열정을 후배들에게 전해주는 것이라고 생각한다. 이곳 대만에서의 한국어문 교육을 통한 한국의 세계화에 기여할 인재를 기다리며, 한국에 계신 분들의 관심과 사랑을 기대해 본다.

군사부일체

박 봉 곤
(한양대 강사)

시대가 바뀌면서 빛바랜 고궁처럼 되어버린 '군사부일체(君師父一體)'란 말이 시간이 흐를수록 나의 가슴 속에서는 더욱 선명해진다.

크리스마스 이브에 우유탱크차를 몰고 나가셨던 아버지께서는 차량 전복사고로 하반신 마비가 되셨다. 아버지의 병원비와 3남매의 학비를 마련하기 위해 어머니는 공장에서 재봉일을 하셔야했고, 초등학교 5학년 때부터 우유배달을 하며 학교에 다니던 나는 현실의 냉혹함을 이른 나이에 배우게 되었다. 그런 나에게 공부란 가난에서 벗어날 수 있는 유일한 돌파구였다. 그런데 막상 대학 합격 통지서를 받고 나니 만성적인 과로로 인해 퉁퉁 부어 있는 어머니의 눈을 보며 선뜻 대학 등록을 할 수가 없었다. 하지만 초등학교까지만 나오셨던 부모님은 아들의 대학 진학을 간절히 원하셨고, 나는 마음의 부담을 안고 대학생활을 시작하게 되었다. 대학에 들어간 이상 부모님께 의존하며 살 수는 없는 노릇. 일주일에 6일 정도는 과외나 기타 아르바이트를 하며 등록금과 생활비를 벌어야 했다. 그렇게 고된 4년 간의 대학 생활을 마칠 때쯤 또

한 번의 고민이 찾아왔다. 원래 계획은 학교를 졸업하면 바로 교직에 나가서 사회생활을 시작하는 것이었다. 부모님 봉양하며 기뻐하시는 모습을 보는 것이 작은 바람이었다. 그러나 부모님께서는 기왕에 시작한 공부라면 한 살이라도 젊었을 때 더 하기를 원하셨던 것이다.

대학원 진학을 위해 고민하다가 학부에서 가르침을 주셨던 박영순 교수님을 찾아 뵙게 되었다. 학부생 때에는 개인적으로 교수님을 만난 적이 없었기 때문에 처음 뵈러 가는 발걸음은 무겁고 떨렸다. 하지만 교수님을 만나서 이런 저런 이야기를 나누면서 교수님의 인간적인 정을 느낄 수 있었고, 나의 형편을 아신 교수님께서는 공부를 시작할 수 있도록 위로와 격려를 해 주셨다.

대학원 첫 학기가 막 시작하려 할 때 교수님께 연락이 왔다. 어른을 뵈러 갈 때 빈손으로 가는 것이 예의가 아니니 뭐라도 꼭 사서 가라며 어머니는 내 손에 돈을 쥐어주셨다. 그런데 막상 집을 나서고 나니 무엇을 사서 가야할지 이만저만 고민이 되는 게 아니었다. 학교 매점 앞에서 서성거리다 결국 캔음료 한 상자를 사서 손에 들고 연구실에 들어갔다. 그러나 교수님께서는 학생이 무슨 돈이 있어서 이런 것을 사오냐고 하시면서 앞으로는 절대 아무것도 사오지 말라고 호되게 꾸중하셨다. 그날 교수님과 이야기를 나누면서 얼마나 제자를 아끼고 사랑하시는지 마음으로 느낄 수 있었다. 교수님은 경제적으로 어려워서 학업을 그만두지 않도록 최대한 도와주시겠다고 말씀하셨고, 그 이후 대학원 생활을 하는 동안 그 은혜를 평생 갚아도 모자랄 만큼 너무도 많은 도움을 주셨다. 연구실을 나서는 나에게 교수님께서는 편지 한 통을 건네셨다. 초등학교 때부터 그때까지 선생님에게 편지를 받아본 것은 그날이 처음이었다.

편지에는 대학원 생활을 막 시작하는 제자에 대한 애정이 글자 글자마다 배어있었다. 그 중에 지금도 잊혀지지 않는 구절이 있다.

"학교에서는 나를 엄마로 생각하고, 고민이 있으면 무슨 일이든지 상관말고 언제라도 찾아와서 이야기하거라."

그리고 학기초라서 전공서적이 많이 필요할테니 책 사는 데 쓰라시며 꽤 많은 돈을 봉투에 함께 넣어주셨던 것이다. 그때까지만 해도 대학교 교수님은 중고등학교 때 선생님들에 비해 권위적이고 다가가기 힘든 어른이라고만 생각했었다. 하지만 교수님께서 보여주신 모습은 무한한 애정으로 자식을 대하는 부모님의 그것이었다.

몇 년 간의 대학원 생활 동안 자주 찾아뵙지는 못했지만, 혼자서 해결하기 힘든 일이 있을 때마다 교수님을 찾아가면 자식을 걱정하는 어머니처럼 함께 고민하고 도움을 주셨다. 복잡하게 얽힌 문제, 해결하기 힘든 고민도 교수님은 늘 명쾌한 답을 주셨다.

그러나 대학원을 다니면서도 생계를 위해 학업보다는 직장 생활에 더 많은 시간을 보내게 되면서 성적은 부진해지고, 스트레스성 두통과 고혈압으로 몸은 점점 허약해져 갔다. 그런 모습에 그 누구보다도 안타까워하신 분이 바로 선생님이셨다. 결국 선생님 퇴임 전까지 학업을 마치지 못하고 마음의 짐을 남겨 드리는 불초한 제자가 되고 말았다. 지금 돌이켜보면 다른 제자들처럼 교수님께 기쁜 소식을 전해주기보다는 나는 늘 교수님께 걱정을 끼치는 소식만 들고 찾아갔었다. 자식들이 장성하여 다 성공해도 못나고 부족한 자식이 한 명 있으면, 그 쪽에 마음이 가는 것이 부모의 심정이라고 한다. 교수님에게 있어서는 나는 그렇게 늘 염려되고 신경이 쓰이는 그런 자식이었다.

군사부일체(君師父一體). 이 말은 사람이 세상에 태어나서 인간된 도리를 다하는 성인(成人)이 되기까지는 임금과 스승과 부모의 은혜를 똑같이 받게 된다는 것이다. 교수님은 낳으시고 길러주신 부모님처럼 나의 건강, 학업, 생활을 늘 걱정하시며 변함없이 넘치는 사랑을 주셨다. 제자가 올바른 길로 걸어갈 수 있도록 한결같은 가르침을 주셨다. 부모와 자식 간의 인연은 하늘이 내는 것처럼 훌륭한 스승을 만나는 것 역시 하늘의 축복이다. 바다보다 더 깊은 선생님의 은혜를 갚는 길은 그 가르침을 따라 참되고 바르게 살아가는 것이라 생각하며 오늘 하루도 열심히 살리라 다짐한다.

'한국어학의 이해' 과목

박 선 우
(한신대학교 교수)

혜당 선생님과 나의 인연은 내가 고려대학교 국어교육과에 입학한 1992년 3월부터 시작되었다. 혜당 선생님은 우리 학번의 지도교수님이시었기 때문에 입학식이 끝난 후 신입생들은 강의실에서 혜당 선생님의 소개로 학과의 교수님들과 학과의 제반 사항에 소개를 받을 수 있었다. 사실 당시에는 선생님이 우리 학번의 지도교수님인지도 잘 모르고 그저 우리 학과의 유일한 홍일점 여교수님이셨기 때문에 대표로 말씀을 해 주시는구나 정도로 알고 있었다. 설레는 캠퍼스의 첫 학기를 마친 이후 1학년 2학기 '한국어학의 이해'라는 과목을 통하여 처음으로 혜당 선생님의 강의를 듣게 되었다. 사실 이 수업은 통상 성광수 선생님께서 맡아 오셨지만 92년에는 성광수 선생님께서 연구년을 맞아 런던대학에 가 계셨으므로 혜당 선생님께서 신입생의 수업을 대신 맡으신 것으로 알고 있다.

혜당 선생님의 수업은 이후의 나의 학업에 큰 영향을 미쳤다. 선생님께서는 학기가 시작된 지 얼마 되지 않아 일찌감치 진도를 끝내시고

국어학개론이 아닌 언어학개론 원서로 두 번째 진도를 시작하셨다. 요즘이야 대부분의 대학에서 인터넷 강의게시판을 통하여 강의에 관련된 사항을 미리 안내하는 것이 일반화되었지만 선생님의 원대하신 강의계획을 알 수 없었던 당시에 막 신입생 딱지를 뗀 우리 학번 동기들은 매 시간마다 선생님께서 어떠한 카드를 들고 나오실지 몰라 불안에 떨었다. 자세한 사항까지 기억은 나지 않지만 거의 격주로 시험을 보았는데 시험 내용도 간단한 퀴즈 수준이 아니라 5~6가지 주관식 서술형 문제를 푸는 것이었다. 시험을 본 다음 시간에는 선생님께서 채점된 시험지를 나누어 주셨고 동기들의 한숨도 날로 깊어갔다.

하지만 선생님의 강의 덕분에 주로 국문학과 관련된 분야로 언급되는 '국어학'이라는 분야가 일반언어학과도 깊이 연관되었다는 사실을 깨닫게 되었다. 나에게는 한국어를 공부하기 위해서는 국어학과 일반언어학을 함께 탐구해야 한다는 '두 마리 토끼몰이'의 출발점이 된 수업이었다. 이러한 영향 때문인지 나는 대학원에 진학한 이후 줄곧 '최적성 이론'과 같은 일반언어학 이론에 많은 관심을 갖게 되었고 학위를 마친 이후에도 이러한 관심을 놓지 않게 되었다.

선생님의 첫 강의를 들은 지 12년 지난 후 나도 2004년부터 대학에서 시간강사 생활을 시작하였고 작년에 박사학위를 마친 후에는 운이 좋게도 모교에서도 학과에 후배들과 함께 이번 학기까지 4학기째 수업을 하고 있다. 최근 대학과 교수에 대한 평가가 엄격해지면서 교수가 담당하는 강의와 교육보다는 연구의 능력이 강조되고 있지만 사실 나와 같은 초보 강사들은 멋지고 재미있는 수업으로 수강생들의 지지를 받고 싶은 마음이 없지 않을 것이다. 게다가 내가 학부를 다니던 시절에는 존재하지도 않았던 수강생들의 강의평가 제도가 일반화되어 수업에 대한 평가가 계량화된 점수로 드러나기 때문에 솔직히 학생들이 선호하는 강의를 하고 싶은 욕심은 점점 늘어가고 있다.

이렇게 강의에 대한 욕심이 늘다 보니 학생들의 흥미를 조금이라도 더 끌어내기 위하여 기발하고 재미있는 자료를 접할 때마다 나도 모르게 잘 포장하여 강의에 써 먹어야 한다는 강박관념에 시달리게 되었다. TV의 토론 프로그램, 다큐멘터리나 신문·잡지의 기획기사와 같이 교육적 가치가 높은 자료는 물론 영화, 소설, 만화 심지어는 코미디 프로그램을 보면서도 내 머릿속에서는 강의에 활용할 수 있는 가능성을 검토하는 검열이 끊임없이 일어나고 있는 것이다. 예를 들면 매년 한글날마다 한국어사나 음운론의 강의에 유용한 다큐멘터리를 하지는 않는지, 흑인들의 사회를 배경으로 하는 헐리우드의 영화를 보면서 사회언어학적 분석의 사례로 삼을 수 없는지 내 나름대로의 기준을 들이댄다. 언어의 율격을 설명하기 위하여 이백과 두보의 漢詩보다는 힙합 가수들의 노래 가운데 적당한 가사가 없는지 찾아본다. 물리학자들은 롤러코스터를 타면서 뉴턴의 운동방정식을 떠올리듯이 나는 나의 눈과 귀를 운행하는 수많은 자료들에 파묻혀 나의 전공 분야인 한국어와 언어의 원리에 관련된 흥미로운 강의 자료가 없는지 헤아리는 것이다.

노이로제에 가까운 이러한 강박관념이 현재까지는 대체로 강의준비에 긍정적인 영향을 미치고 있다. 내가 주로 담당하는 국어학 전공 수업은 아무래도 문학 수업과 비교하여 보다 딱딱한 분야라고 할 수밖에 없으므로 흥미로운 자료를 제시하면 학생들의 이목을 끌기 마련이다. 하지만 예상했던 호의적 반응이 나오지 않아 속상한 경우도 많다. 강의를 준비하는 입장에서는 너무나 재미있다고 생각되는 자료를 보여주었는데도 시큰둥한 표정을 짓는 학생들이나 구석에서 꾸벅꾸벅 졸고 있는 학생들도 있다. 딱딱하고 지루한 강의에 지친 학생들의 눈이 번쩍 뜨이고 귀가 쫑긋 서는 반응을 기대했던 나로서는 이러한 분위기가 파악되면 자료를 구하기 위하여 종일 인터넷에서 웹서핑을 하거나 도서관의 영상자료실에서 헤매며 보낸 시간이 후회스럽게만 느껴진다. 때로는 '쓸데없는 짓은 그만 두고 강의의 바탕이 되는 전공서나 논문을 한 편이라도 더 읽어야 했다'는 죄책감마저 엄습해 온다.

학기가 마무리되고 나서 확인하게 되는 강의평가 결과에 이제는 다소 무디어졌지만 자신에 관련된 기사에 달린 악플에 시달리는 연예인들처럼 익명성이 보장된 학생들의 적나라한 평가를 확인해 보면 마음이 편치만은 않다. 수업내용이 너무 어렵다거나 과제나 보고서에 대한 피드백이 부족하다거나 심지어는 선생님이 우리에게 관심이 없다는 학생들의 지적에 나와 같이 경력이 일천한 강사들은 고민할 수밖에 없을 것이다. 게다가 현재는 대체로 강사 본인과 일부에만 공개되는 강의평가 자료가 학생들과 교강사들 모두에게 공개되는 추세이므로 나 스스로 애써 무시하지 않는 한 강의평가에 대한 부담은 앞으로도 더욱 늘어날 수밖에 없을 것이다.

대학에서 강의를 한 지 4년이 지났고 강의에 대한 평가가 조금씩 나아지고 있지만 대학에서 강의를 담당하는 교육자의 역할이 무엇인지 수업이라는 무형의 재화를 통하여 학생들에게 어떠한 도움을 줄 수 있는지 이제야 조금씩 고민하고 깨닫게 되는 것 같다. 그리고 이러한 고민과 깨달음 속에서 요즘은 국어학에 입문하게 되었던 계기가 되었던 해당 선생님의 수업을 자꾸 되새기게 된다. 국어학의 입문과목이면서도 원서를 끼고 다녀야 했던 수업, 교재의 매 장이 마무리될 때마다 시험을 걱정해야 했던 수업, 학생들의 인기에 연연하지 않고 꿋꿋하게 진도를 나가셨던 수업, 나의 강의를 듣는 요즘 학생들은 그리 좋아하지 않을 것 같은 수업이었다. 하지만 돌이켜보면 나의 공부에 가장 큰 영향력을 미쳤던 수업이었으며 이제는 강의실에서 학생들의 눈치는 그만 살피고 소신껏 최선을 다하라는 용기를 주는 수업이었다.

코드(code)와 소통

박 연 호
(충북대학교 교수)

1985년도에 고려대학교 국어교육과에 입학해서 박선생님을 지도교수로 모시고 지내던 때가 어제 같은데, 벌써 선생님의 퇴임기념문집에 글을 쓰게 되어 새삼 격세지감을 느낀다. 부족한 제자의 글이 선생님의 문집에 흠이나 되지 않을까 걱정이다. 어떤 글을 쓸까 고민하다가 본래 글재주도 없거니와 아무래도 최근에 관심을 갖고 있는 학문적 관심에 대해 써야 그나마 글이 될 것 같고, 평생 쉼 없이 학문에 전념하신 선생님의 문집에도 어울릴 것 같아 최근에 가장 많은 관심을 기울이고 있는 코드(code)로 주제를 잡았다.

십여 년 전 모교의 민족문화연구소에 재직 할 때 있었던 일이다. 연구소에서는 외국인들에게 한국어를 가르치고 한국어 교재를 편찬하여 세계 각국에 보급하는 일도 하고 있었다. 당시에도 세계 여러 나라에서 한국어에 대한 관심이 높았기 때문에 많은 대학에서 한국어 교재를 만들어내고 있었다. 그런데 우리 연구소의 교재는 내용 면에서 좋은 평가를 받고 있었지만, 표지 도안이 너무 단순하고 촌스럽기 때문에 학생들이 잘 선택하지 않는다고 했다. 때문에 외국에서 한국어를 가르치는 선생님들로부터 한국어 교재의 표지 도안을 좀 세련되게 바꾸어 달라는 요청이 여러 번 들어왔다.

연구소에서는 몇 차례의 회의 거친 후 국내 유명 도안 업체에 표지 도안을 의뢰하였다. 도안의 핵심은 구름을 휘감고 승천하는 용이었다. 연구소에서는 모두들 새로 나온 표지 도안을 보며 그 아름다움과 성스러움에 감탄했고, 더 볼 것도 없이 그 도안을 표지로 하여 수천 부의 책을 찍어 해외로 발송했다.

그런데 황당한 일이 벌어졌다. 외국인들이 그처럼 아름답고 성스러운 우리의 교재를 전혀 거들떠보지도 않을 뿐만 아니라, 교재로 채택한 경우에는 나누어준 책의 표지를 찢어낸 경우도 있다는 것이었다. 우리로서는 너무도 당황스러운 일이 아닐 수 없었다.

그러나 얼마 가지 않아 그 이유가 밝혀졌다. 동아시아에서 용은 비를 내려 시들어가는 만물을 소생시키는 물의 신이며, 이 때문에 황제나 왕의 상징으로 사용되어 왔다. 하지만 외국인들 특히 서구인들에게 용은 재앙의 동물이다. 서구인들에게 용은 조그마한 머리에 몸은 뚱뚱하고 꼬리가 길며 타조의 다리를 붙이고 날아다닌다. 즉 공룡 몸에 시답지 않은 날개-박쥐의 날개 모양-를 붙이고 날아다니며 불을 뿜어 마을을 불태우거나 사람을 해치는 재앙의 동물이다. 때문에 용을 죽이는 사람은 영웅이 된다. 우리나라에서 누가 어학교재에 뱀이나 귀신처럼 사람들이 싫어하거나 금기시하는 형상을 도안해서 팔고 있다면 어떻게 될까?

이런 실수는 상대국의 코드(code)를 이해하지 못했기 때문에 초래된 것이다. 코드란 특정한 집단에서 어떤 대상을 동일한 의미로 인식하게 하는 관습의 체계이다. 즉 송신자와 수신자가 특정한 기호를 동일한 의미로 인식하는 것은 코드를 공유하고 있기 때문이다. 암호와 같은 것은 약속에 의해 이루어지지만, 대부분의 문화코드들은 동일한 사회·문화적 배경을 공유함으로써 형성된다. 이 점에서 코드는 문화와 매우 밀접한 관련이 있다.

code와 symbol은 기호라는 면에서 같지만 의미의 자장이 다르다. 'symbol(象徵)'은 원형적이며 시공간적으로 영속적인 이미지와 의미를 갖는다. 반면에 'code'는 특정한 시기에 특정한 집단에 의해 특별한 의미로 사용된다는 점에서 시·공간적으로 제한된 이미지와 의미로 통용된다. 예를 들어 '지팡이'는 '지도자', '권력'을 의미하는 symbol이지만, '된장녀'는 21세기 한국이라는 특정한 시·공간에서 특정한 의미로 통용되는 code라고 할 수 있다. 이 점에서 symbol은 원형적 이미지를 표상하지만, code는 특정한 시·공간에서 통용되는 의사소통의 도구라고 할 수 있다. 때문에 특정한 집단의 code를 이해한다는 것은 그 집단의 언어(의미)를 이해한다는 것을 의미한다.

얼마 전 정치인들에 의해 '코드인사'나 '코드교육'이라는 말이 사용되면서 코드라는 용어가 매우 부정적인 의미로 인식되었다. 그러나 코드라는 말은 가치중립적인 개념이며, 시·공간적으로 이질적인 집단이나 문화 간의 소통과 대화의 전제조건이 된다는 점에서 서로를 이해하고 포용하며 더불어 사는 사회를 위해서도 매우 중요한 개념이다. 젊은 세대와 기성세대 간에 소통과 대화가 원활하지 못한 것은 서로의 코드를 공유하지 못하기 때문이다. 눈높이에 맞추라거나 역지사지(易地思之)하라는 말은 상대방의 코드를 이해하고 공유하기 위해 노력하라는 말이다. 전통문화나 다른 나라의 문화를 이해한다는 것도 결국은 그들과 코드를 공유하거나 적어도 그들의 코드를 이해한다는 것을 뜻한다.

전통문화의 일부인 고전을 공부하면서 코드에 관심을 갖게 된 것은 이 때문이다. 코드를 모르는 상태에서 작품을 이해하거나 감상한다는 것은 알파벳을 모르는 상태에서 영문(英文)을 해독하는 것과 같다. 고전문학, 특히 시가(詩歌)는 대부분 코드의 조합으로 이루어져 있다. 고전시가의 전통성과 관습성은 여기에서 기인하는 것이다. 16세기 호남사림이 사용했던 코드를 이해하지 못하고서는 <면앙정가>나 <성산별곡>을 올바르게 이해할 수 없으며, 1920년대 사람들이 공유했던 코드를 모르고서는 김동인의 <감자>를 제대로 이해할 수 없는 것이다. 문학을 올바르게 이해하려면 당대인들이 사용했던 코드들이 어떤 문화적 배경 속에서 생성된 것인지 알아야 한다.

이런 점에서 현행의 중등교육과정에서 훈고와 주석, 나아가 배경지식에 대한 교수-학습을 지양하는 태도는 심각한 문제가 아닐 수 없다. 훈고와 주석은 코드를 이해하는 데 필요한 배경지식이자 기초지식이기 때문이다. 당대인들의 코드를 공유할 때 수백 년의 시간적 거리를 뛰어넘어 당대인들과 진정한 대화를 할 수 있는 것이다.

혜당 선생님은 나의 학부 시절 나에게 특별한 관심을 보여주셨고, 많은 은혜를 베풀어 주셨던 은사님이시다. 혜당 선생님이 연구하신 '은유'도 결국 화-청자나 필-독자간의 정확한 코드를 이해하기 위하여 필히 알아야 할 언어 표현이고, 혜당선생님이 선구적으로 연구하신 '이중언어'도 결국 두 개의 언어환경에 놓인 화자는 두 개의 코드를 이해해야만 원만한 사회생활을 할 수 있다는 것을 이론과 교육으로 실현한 것이라 할 수 있을 것 같다.

도라지에 대하여

박 영 회
(동국대 한의대 교수)

나의 사랑하는 고모 박영순 교수님이 몇 년째 기관지로 고생을 하시는 걸 보며, 기관지에 좋은 도라지에 대한 나의 관심이 각별하다. 최근에는 도라지로 효과를 보고 계신다고 해서 다행이다. 부디 도라지 많이 드시고 건강을 회복하셔서 저희들에게 언제나 환한 웃음을 선사해 주시고, 지금까지처럼 저희 조카들을 응원하고 격려해 주시길 기원하는 마음으로 도라지에 대해 살펴보기로 한다.

도라지는 쌍떡잎식물 초롱꽃목 초롱꽃과의 여러해살이풀의 뿌리를 씻어 말린 것이다. 우리나라 각지에 분포하고 봉화, 단양 등에서 많이 재배되고 있다. 이름으로는 도라지 외에 도랏, 길경채, 백약, 질경, 산도라지라고도 한다. 뿌리는 굵고 줄기는 곧게 자라며 자르면 흰색 즙액이 나온다. 높이는 40~100cm정도 이를 정도로 자란다. 잎은 어긋나고 긴 달걀 모양 또는 넓은 바소 꼴로 가장자리에 톱니가 있으며, 잎자루는 없다. 잎의 끝은 날카롭고 밑부분이 넓다. 잎 앞면은 녹색이고 뒷면은 회색빛을 띤 파란색이며 털이 없고 길이 4~7cm, 너비 1.5~4cm이다.

학명은 platycodon grandiflorum 이며 천연약재로 이용되는 빈도가 늘면서 연구도 증가하고 있는 추세이다. 주로 폐와 기관지 등 한의학에서 말하는 肺에 관계된 부위에 작용하는 약물로 쓰인다.

도라지는 맛이 쓰고, 약간 매우며, 차갑지도 뜨겁지도 않은 평탄한 성질을 가지고 있다. 가래를 제거하고 기침을 멈추게 하고, 폐 기운을 잘 순환되게 하고, 膿을 배출하고, 인후 부위를 부드럽게 하는 데 효능이 있다. 古典인 本草經에서 도라지에 관한 설명을 보면 '桔梗味苦療咽腫載藥上昇開胸壅' 라고 하였다. 이것은 도라지가 다른 약의 효능을 인체의 상부에 나타나게 기운을 상부로 이끌어주는 기능을 한다는 것을 설명한 것이다. 그리고 '龍膽草 白芨을 畏하고 豬肉을 忌한다.'고 하였다.

한약 처방은 주로 君, 臣, 佐, 使 로 구분되어진다. 처방 안에서 주로 역할을 하는 것을 君藥이라고 하고, 이후의 약들은 역할의 輕重에 따라 역할을 달리 한다. 이러한 처방 중 도라지는 君藥으로 쓰이기보다는 보좌하는 역할을 하는 약제로 쓰이는 것이 보통이고, 약성 자체도 강하지 않아 주로 引氣하는 역할을 많이 한다.

도라지의 성분은 사포닌, 베를린, 쿠마린, 섬유질, 칼슘, 철분, 단백질, 당질, 지질, 무기질, 비타민, 수지, 알칼로이드, 이눌린 등등으로 이루어져 있다. 도라지의 주된 역할을 하는 성분은 사포닌이고, 사포닌을 많이 함유하고 있는 것을 우수한 것으로 판정한다. 사포닌 함량은 재배한 것보다 야생종이 많고, 오래 묵은 것보다 2년생이 가장 높다. 도라지는 뿌리뿐만 아니라, 꽃필 때엔 잎과 줄기에도 사포닌 성분이 많아 개화기에는 全草를 쓴다. 최근의 연구 중 눈에 띄는 것으로, 2년생이 3년생에 비해 사포닌 함량이 높으면서 정유함량은 2년생과 3년생 간에 큰 차이를 보이지 않았다. 사포닌 함량은 2년생, 3년생 모두에서 5월에 채취한 것이 가장 높았고 9월에 채취한 것이 가장 낮았다. 정유함량은 8월에 채취한 것이 가장 높은 함량을 보였고 4월에 채취한 것이 가장 낮았다.

도라지에는 독성은 전혀 없고 성질이 차갑지도 뜨겁지 않아 체질적으로 모든 사람에 쓸 수 있는 장점도 있다. 가공해서 먹어도 되고, 생으로 먹어도 되며, 볶아서 꿀에 절여서 복용해도 좋다. 도라지는 十二經 중에 肺와 胃에 작용하는 성질을 가지고 있다. 주된 작용은 거담 작용, 진해 작용, 위장의 궤양 억제 작용, 항염 작용, 혈당의 저하기능, 용혈 작용 등이 있다.

한의학에서 폐와 대장은 서로 表裏가 되어 서로의 기운을 나누어 가지고 직접적인 영향을 미친다고 설명한다. 이것은 폐에 작용하는 약초는 대장에 작용하고, 반대로 대장에 작용하는 약은 폐에 많은 영향을 미친다는 것이다. 이와 같이 도라지는 직접적으로는 폐에 영향을 미치고 간접적으로 대장에 작용을 한다고 설명한다.

도라지는 桑葉, 菊花, 杏仁, 黃連, 梔子, 半夏, 前胡, 蘇葉, 牛蒡子, 魚腥草 등과 배합하여 많이 쓰인다. 최근에는 도라지와 배합하여 쓰이는 약초 중에 魚腥草와 섞어 쓰는 처방이 각광을 받고 있는데, 이것은 폐암 등에 효과가 있는 것이 증명되었기 때문이다. 魚腥草는 도라지와는 달리 차가운 성질을 가지고 있어서 열을 포함하고 있는 질환에 많이 사용되나, 폐암이나 급성 폐렴 같은 경우에는 처방될 수 있으나 長服하기는 어렵다는 문제점이 있다. 그런데 폐질환은 대부분 난치성 질환이기 때문에 약을 長服해야 하는데 현재 밝혀진 바로는 魚腥草을 장복할 수는 없다. 왜냐하면 차가운 성질을 가진 약을 장기간 복용할 경우 다른 합병증이 생길 수 있기 때문이다. 그러므로 한의학에서는 도라지와 함께 魚腥草도 많이 연구되고 있다.

양문회를 위하여

박 우 현
(원화여고 교사 · 시인)

우리는 양평에서 7차교육과정 작문 검정위원으로 처음 만났다
출입이 통제된 콘도에서
우리도 처음엔 옛날 사진 속의 헤어스타일처럼 어색했지만
우리는 같이 책을 읽고 토론하면서 조금씩 정이 들었다
일을 마친 마지막날엔 돌아가며 얘기하고 노래하고 웃고
술을 마시곤 했다

약속된 1년의 시간이 흘러갔다
이별이 아쉬워 우리는 양수리물처럼 다시 만나기로 했다
양평과 작문을 합하여 양문회라 이름지었다

양문회 회원은 모두 10인
지리산같이 마음 깊고 넓으신 회장 박영순 교수님
타고난 예인이신 멋쟁이 김정자 교수님

요조숙녀 원진숙 교수님
송곳처럼 예리한 최용기 박사님
영국신사 임지룡 교수님
그가 없으면 양문회가 없을 영원한 총무인 박형우 교수님
일개미보다 더 부지런한 김민정 선생님
제주도 참돔같이 힘찬 안상근 선생님
이봉주처럼 잘 달리는 이훈 선생님
마지막으로 손이 유난히 까만 한 사람이 더 있었다

1년에 한번씩 겨울이 끝날 무렵 우리는 다시 만나기로 했다
통영에서 우리는 처음 다시 만났다
달아공원에서 석양으로 사라지는 섬들을 바라보았다
한산도 따뜻한 겨울바람 속에서 남해는 얕게 잠들어 있었다
박경리 생가를 찾아보고, <김약국의 딸들>에 대해 얘기하고
유치환 기념관을 둘러 보았다
서울에서 우리는 다시 만났다
<예술의전당> 맨 앞자리 특석에서
뮤지컬 <맘마미아>를 우리는 즐겁게 관람했다
경복궁과 인사동과 평창동 북한산 언저리에서
우리는 풍경과 그림이 되고 싶었다

대구에서 우리는 다시 만났다
철 늦은 눈 속에서
팔공산 갓바위는 끝내 오르지 못하고

눈 덮인 동화사로 발길을 돌렸다
하회마을과 병산서원에서 우리는 함께 흐르는 강물이 되어 있었다

제주도에서 우리는 2박 3일로 다시 만났다
보말국을 처음으로 먹어 보았다
펜션 발코니에 서서 늦잠 깬 형제섬을
그리움처럼 오래 바라보았다
송악산과 용머리해변에서 바람과 분화구와 기암괴석을 보았다
차귀도의 짧은 불멸의 일몰을 마지막으로 바라보았다

청주에서 우리는 다시 만났다
밤에 함께 나누어 마신 카나다산 아이스와인
새콤하고 달콤했다
속리산 법주사에서
김동리의 <등신불>같은 희견보살을 그냥 지나칠 수 없었다

이런 인연이란
얼마나 어렵고
또 얼마나 아름다운 것인지

다음에 또, 우리
'어디서 무엇이 되어 다시 만나랴'

표절에 대하여

박 인 회
(명지대학교 교수)

글을 자주 써야 하는 직업을 가진 작가나 학자에게 있어서, 표절은 항상 두려워하며 경계해야 하는 금기사항이다. 표절은 흔히 원래 글을 쓴 사람의 저작권을 침해하는 것으로 생각되지만, 정작 우리나라의 저작권법에는 표절이라는 단어가 단 한 번도 나타나지 않는다. 즉, 이 용어는 법률적인 의미로 많이 사용되지만, 오히려 이보다 사회적인 의미가 더 강하다고 할 것이다.

다른 사람의 작품을 허락 없이 사용하면 반드시 표절이라고 할 수 있는지, 또 다른 사람의 저작권을 침해하는 것만을 표절인지에 대하여 간단히 살펴보자.

먼저 다른 사람의 작품을 이용하는 것은, 음악에 있어서 다른 사람의 작품을 사용하는 것으로 샘플링(sampling)이 있고, 영화에 있어서는 오마주(hommage)가 있으며, 예술 영역 전반에 해당할 수 있는 것으로 패러디(parody) 등을 들 수 있다.

단순하게 정의하자면, 음악에 있어서 샘플링은 다른 사람의 작품을 하나의 음원으로 사용하여 다른 음원들과 함께 자신의 작품에 사용하는 것을 말하고, '오마주'란 어원 자체가 프랑스어로 '존경' 등을 의미하는 것으로 영화 제작에 있어서 거장의 영화에서 유명한 장면을 차용하여 그 거장에 대한 존경심을 나타내는 것을 의미한다. 그리고 패러디란 특정 작품을 이용하여 이를 비틀거나 혹은 변형하여 희화화하는 것을 의미한다.

이들 모두 기존에 창작된 작품을 이용한다는 점에서 공통점을 갖는다. 그리고 원래 작품의 저작권자에게 이용허락(저작권법 제46조)을 받는다면, 이러한 방식의 사용들이 원 저작자의 저작권을 침해하지 않는다는 것은 말할 필요도 없을 것이다.

어떤 작가가 자신의 작품을 패러디하는 것을 허락하는지 여부에 따라서 패러디가 가능하거나 불가능하다고 판단하는 것이 과연 옳은지, 또 원 저작자에게 허락을 받고 난 후의 패러디가 패러디로서의 날카로움을 그대로 유지할 수 있을지 등의 문제 등은 쉽지 않아 보인다.

법적으로는 저작권자는 자신의 작품에 대하여 자신만이 자신의 작품을 복제할 수 있는 권리를 가지며(저작권법 제16조), 자신만이 자신의 작품을 원 저작물로 이를 이용하여 다른 작품, 즉 2차적 저작물을 만들 수 있는 권리를 가진다(저작권법 제20조). 그리고 이러한 배타적인 권리는 예외적으로 저작권법 제26조에서 제36조까지 규정하는 상황에서만 원 저작권자의 허락 없이 이를 이용할 수 있다. 따라서 이러한 예외에 해당하지 않는 한, 샘플링, 오마주, 패러디는 원 저작물의 일부나 전부를 복제하였거나 원 저작물을 이용하여 2차적 저작물을 만들었다면, 모두 저작권자의 저작권을 침해하는 것으로 판단하는 것이 법적으로는 당연해 보인다.

오마주는 존경의 표시로 이해되어 이에 대한 저작권적 분쟁은 찾기 힘들다. 그러나 샘플링과 패러디의 경우 법적으로 많은 분쟁이 이루어지고 있으며 이에 대하여 법관이 판단하는 것이 쉽지 않다.

샘플링까지 가지 않더라도 원곡의 일부를 무단으로 차용하여 자신의 곡에 이용하는, 즉 원곡의 음정과 박자를 그대로 자신의 곡 안에 포함시키는 경우에도 중요 부분의 4음절이 동일하여야 저작권을 침해하는지, 8음절이 동일하여야 저작권을 침해하는지에 대해서 저작권법은 침묵하고 있으며, 이를 저작권법에 요구하는 것 자체가 무리일 것이다.

무책임한 결론일 수 있지만, 결국 어느 정도의 차용이 합법적인지, 그리고 어떠한 방식의 사용이 합법적인지는 일반적인 관행에 미루어 판단할 수밖에 없다. 그리고 이러한 관행이 대다수의 사람들에게 합리적이라고 받아들여질 경우 이 관행이 저작권 침해의 판단기준으로서 저작권법 안으로 수용될 수 있을 것이다.

다음으로 다른 사람의 작품을 이용하는 것만이 표절인지에 대해서 살펴보자.

요즘 대학사회에서 교수의 능력을, 외국의 저명 학술지나 학술진흥재단에 등재된, 혹은 등재예정인 학술지에 몇 편의 논문을 게재하였는지를 양적으로 평가하는 것이 객관적인 평가로 받아들여지고 있다.

여기서 내가 이야기하고 싶은 것은 이러한 평가방식의 정당성 여부가 아니라, 이러한 평가방식 하에서 교수들은 자신의 논문수를 늘리고 싶은 유혹을 받게 된다는 것이다.

즉, 자신이 직접 참여하지 않은 제자의 논문에 자신의 이름을 공저자로 포함하게 하거나(기여없는 저자 표시), 자신의 동일한 논문을 제목만 바꾸어 여러 학술지에 싣거나, 기존에 유명하지 않은 학술지에 기고한 논문을 전국 규모의 학술지에 다시 싣거나, 한글로 작성하여 기고한 논문을 내용의 변경 없이 번역하여 외국의 학술지에 싣는 행위(자기표절) 등도 모두 연구윤리로서의 표절에 해당한다.

물론 학내에 발표한 논문을 전국 규모의 학술지에 싣거나, 자신의 논문을 번역하여 외국의 학술지에 싣는 행위 모두가 비윤리적이라고 비난할 수는 없다. 다만, 이러한 행위에 대하여 그 정도와 방법에 대하여 윤리성 여부를 판단할 기준이 존재해야 하며, 이 기준은 다시 학자 사회 내부의 판단에 맡길 수밖에 없다.

표절이라고 하는 것이 아직 법적인 개념이 아니므로, 그 판단에 있어서 관행이나 내부적인 기준에 의할 수밖에 없다는 것을 지금까지 이야기한 것이다. 그러나 이것 외에도 중요한 기준이 남아 있다. 그것은 자신의 '양심'이다.

자신의 글에 "하늘을 우러러 한 점 부끄럼 없어야", 나의 고모인 박영순 교수님이 그러셨던 것처럼, 자신의 글이나 책을 가족이나 가까운 친척에게 기쁜 마음으로 건넬 수 있을 것이고, 그래야 시간이 되어 학교를 떠나야 할 때, 많은 사람들의 축하를 기쁜 마음으로 받고 자신의 삶을 뿌듯하게 돌이켜볼 수 있을 것이다.

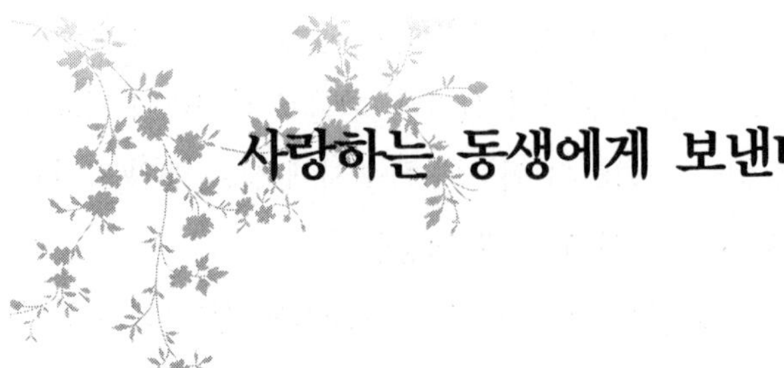

사랑하는 동생에게 보낸다.

박 희 순
(成均館儒道會 安東支會 사회교육원)

그대 이름을 불러보면 눈물이 자꾸 고이는 이유가 뭘까?
마음껏 못해 줘 본 회한 때문인지… 아니면 너의 몸이 자주 아픈 안타까움인지… 어릴 적부터 동생들 생각하면 눈물이 돌곤 했단다.
어릴 때 철몰랐을 때도 너는 나의 자랑이었어.
난 너 영순이보다 더 예쁘고 똑똑한 사람은 없다고 믿었으므로
공부를 잘해서 주위에서 네가 받들려도 시기하는 마음은 없었고
그저 좋기만 했었으며 부모님께서 편애하는 것 같은 표현들도
너라도 사랑해 주시는 것이 감사했었단다.
너는 살아가면서 부모님께 효도도 많이 바치고 조카들한테도
도움도 많이 주고 이끌어주지 않았니
영직이 촌놈이 서울 처음 가서 이모덕에 서울 지리 익혀서
공부를 마칠 수가 있었어…
과거를 회상해 보면 6.25 사변 때 쫓겨다니던 일, 공습 피해서 답사리 속에 숨어서 한곳에서 죽어야 아버지께서 찾기 쉽게… 하면서 우리 둘이 껴안고 있었지…

그러다 내가 시집오고 동생 생각이 나서 밤나무 밑에서 숨어 울기도 많이 했단다.
내가 없어서 몸이 약한 너를 일 많이 시킬 것 같아서……
네 오빠는 야단 많이 당할 것 같아서……
지금도 그때 버릇인지 너를 생각나면 눈물이 난다.
지금 나이가 이만큼인데도 잊어지지 않는구나
제주도 여행 갔을 때 영회 아빠가 잘 이끌어 준다고 네가 '지도자 동지'라 한 것 생각나니? 그 지도자 하고 한자리에 모이면 할 말 없어도 그저 즐겁고 좋아. 영회 사남매 하나같이 장하고 예쁘구나
영철이 삼남매도 그렇고… 마음은 항상 그립고 애틋하고 그렇구나
형이라고 형 구실 한 번도 변변히 못했다는 회한이 마음속에 가득한데 감사할 게 뭐 있을랴고 말끝마다 고맙다는 말이냐? 그런 말 받을 조건 없어
어린 시절은 격동기에 사느라, 젊은 시절 어려운 시절 힘들게 사느라 어느 때가 봄인지 어느 때가 가을인지 정신없이 살다 이제 계절을 느낄만하니 이렇게 황혼을 바라보는 늙은 몸이 되어있구나!
너는 살아가면서 배필 잘 만나서 보기 좋았고 자식들 잘 키웠고 부부 함께 사회적으로도 학문으로나 지위로나 성취하여 많은 존경을 받았잖니?
빛난 일생이구나. 참 잘 살았다. 장하고 장하다
아버지께서 아직까지 살아 계신다면 친, 외손 11명 모두 제 앞가림은 한다고 얼마나 대견해 하실텐데… 하늘나라에서도 굽어보시고 빙그레 웃으시겠지!
세월이 빨라 어느새 정년퇴임이라니

아깝고 섭섭해.
학문으로는 제자들에게 더 많이 지도할 수 있을텐데……
퇴임 후에도 박교수 존경하는 제자들이 많이들 찾아와서
위로가 될 거야. 그 대단한 학문도 神이 좀 쉬엄쉬엄 하라고 하나 봐,
그 많은 경력과 업적을 이루느라 얼마나 노고가 많았을까
건강하지 못한 몸으로 말이지, 수고 많이 했다.
수많은 제자들이 얼마나 아쉬워할까…?
영철이 영준이 멀리 있어서
많이 그립고 허전했으리라 짐작되지만
반듯한 인품과 효성스러운 아이들이니 옆에 있는 거와 마찬가지잖아
그만큼 잘 키워놓으니 제 몫 하느라 그런거니 생각해라
남들이 많이 부러워한다고 생각하고
옆에 있는 것처럼 든든해 해라.
최서방 하나만 쳐다봐도 어떤 시름도 다 덮을 수 있지 않겠니?
봄 되면 꽃을 보며 감상하고 여름 되면 신록을 즐기며
가을엔 단풍과 황금물결의 들판을 보며 겨울에는 흰눈을 감상하며
우리 그렇게 여유롭게 사세나.
십년 약속 알지… 우리 단단히 했잖아!
지금부터는 건강 챙기는 기간으로 하자.
퇴임했다고 느슨해 지지말고 재미있는 일로 살자
몸에 좋다는 것 마음껏 하고 건강하게 !
각자 건강지켜서 한 번이라도 더 보자
이 하늘 아래 함께 살아있다는 것만으로도 감사하며 행복하자.

정해년 시월에 언니가

박영순 교수, 소련에서 한국어 교육학의 장을 열다

백 봉 자
(경희대학교 교수)

내가 박영순 교수를 처음 만난 것은 1985년 국제한국어교육학회가 창립되던 자리에서였다. 그 때 박 교수는 이미 이중언어학회를 설립하여 성공적으로 이끌고 있던 시기였으므로 경험자적인 입장에서 학회 창립에 대한 조언과 함께 관심을 보이던 생각이 난다. 그때 박 교수는 나에게 그저 평범한 여자 교수로 보였기 때문에 솔직히 말해서 나는 별로 주목하지 않았다. 그 후 내가 학회 월례회에서 발표를 하였는데 그는 한국어 교육에 대해서 이중언어학의 입장에서 학문적 관심을 보였고, 그 바탕에는 애정이 담겨 있었다. 나는 그것이 감사해서 그때부터 그를 친구로, 동지로, 아니, 그 이상으로 생각하게 되었다.

1990년대 초 이중언어학회는 회원 수도 꽤 되었을 뿐 아니라 외국에서 학술대회를 하는 바람에 인기가 있었다. 더구나 88올림픽 개최 이후 학생들의 급격한 증가와 함께 한국어 교육에 대한 학계의 인식이 달라지고 한국어의 세계화라는 시대적 흐름과 맞물린 점도 학회가 주목을 받는 이유였다. 그 즈음 박 교수는 소련언어학회 회장에게 '소련에서의 한국어교육'이란 주제의 국제 학술대회 공동 개최가능성을 타진했는데, 긍정적인 답변을 받았다면서 회원들의 의견을 물었다. 대부분이 남자 교수인 회원들은 소련에 가 보는 것이 좋긴 하겠지만 그게 감히 성사될 수 있는 일이냐는 눈치였다. 1990년도에 "중국에서의 한국어 교육"이라고 하는 주제로 대회를 마친 터라 할 수 있을 것 같다는 생각을 하면서도 또 한편으로는 모두가 반신반의했다. 과연 그 암흑 같은 공포의 소련 모스크바를 방문해도 될 것인가? 물론 과거 스탈린이나 흐루쇼프 시대와는 달리 소련에도 개방의 물결이 일어나 많이 달라졌다고는 하지만 철의 장막의 이미지가 가시지 않은 소련이었기 때문이다. 그러나 박영순 교수는 한번 시도해 보겠다는 말을 했다.

그리고 얼마 후, 그는 단신으로 소련에 갔다 왔다는 말로 회원들을 놀라게 했다. 그는 여자의 몸으로 혼자서 겁도 없이 소련 땅을 밟았고, 거기서 소련 언어교육학회 회장 알렉세이 레온체프와 학술대회 일정을 정하고 온 것이다. 1991년 7월 22일부터 24일까지 모스크바 국립사범대학에서 "소련에서의 한국어 교육학 학술대회"를 열기로 했고, 대회 후에는 카자크스탄, 우즈베키스탄 등 중앙아시아 지역의 고려인들까지도 만날 수 있도록 여행 일정을 빽빽하게 정해 놓고 왔다고 했다. 나는 박 교수가 아무의 도움도 없이 칠흑 속의 살얼음판과 같은 소련 땅을 밟고 다니는 상상을 하면서 몸이 오싹함을 느꼈다.

우리는 대회를 위해 여러 가지를 준비를 했는데 지금도 잊히지 않는 것은 플래카드다. 소련에서는 아무 것도 준비할 수 없는 형편이라면서, 박 교수는 "제3차 이중언어학회 국제대회, 소련에서의 한국어학과 한국어 교육"이라고 쓴 플래카드를 준비했다. 긴 막대에 둘둘 말은 플래

카드는 이미 각자의 여행 가방을 든 우리에게 상당한 짐이 되었다. 비행기에서나 어디서나 그것을 간수하느라고 박 교수가 애를 먹었다. 저런 것까지 준비해야 하나 했지만 나중에 보니, 현지 사정은 말할 수 없이 열악해서 칠판 지우개도 가져올 걸 할 정도였다. 하여튼 한국에서 출발한 교수는 서른 여섯 명이었는데 국내 참가자는 김민수 교수님과 고인이 되신 박병채 교수님, 이응백 교수님을 비롯해서 박갑수, 문효근, 성광수, 김진영 교수님 등 국어학과 국어 교육학의 원로 대가들이 참석하셨다. 여자 교수는 박영순 회장과 박순함 교수, 일본에서 온 이연숙 교수, 그리고 나 네 사람뿐이었다.

비행기는 대한항공이었기 때문에 비행기 안에서는 아무런 부담이 없었다. 여러 원로 교수님들과의 담소와 우리 여 교수 네 사람의 정담은 새로운 세계, 미지의 세계로 가는 우리를 더욱 신선하게 하였다. 그러나 모스크바 공항에 딱 도착하고 비행기 문이 열리면서부터 전개된 광경은 그게 아니었다. 공항은 거대하지만 텅 빈 창고 같았고 감시원 모습을 한 군인들은 마치 무기 창고를 지키는 듯 살벌했다. 장총을 멘 군인들은 우리가 혼자서는 도저히 화장실을 갈 수 없을 정도로 노려보는 것 같았다. 그것은 손님을 맞는 따뜻함은 커녕 적국의 스파이를 골라내려는 날카로운 눈초리 그것이었다. 나는 그때 내 자신이 놀랐다기보다 박 교수가 혼자 왔을 때 겪었을 어려움을 생각했다. "아니, 여길 어떻게 혼자 오셨지? 그때 혼자 와서 어떻게 하셨어요? 어려웠죠?" 그러나 박 교수는 일행이 타야 할 버스를 기다리느라 내 질문은 별로 중요하지 않은 모양이었다. 그 이후에도 나는 여러 번, "그때 어떻게 하셨어요? 혼자 와서."라고 했지만 그에 대한 대답은 그 다음 일정에 부딪혀 길게 얘기할 겨를이 없는 것처럼 보였다. 무엇이 박 교수를 저렇게 열정적으로 만드나? 나는 생각했다.

대회는 한국에서 간 교수 외에 소련, 미국, 영국, 프랑스, 일본, 호주에서 100여명의 학자가 모여, 언어학, 언어 교육학, 한국어학, 한국어 교육학, 대조언어학 등 각 분야의 발표와 토론으로 성황을 이루었으며 앞으로 소련에서의 한국어 교육의 가능성을 볼 수 있는, 소련에서의 한국어 교육의 장을 연 의미 있는 대회였다. 기간은 짧았지만 소련 학자들의 참여 열기는 대단했다. 소련의 소장 학자들은 한국어를 전공하였어도 마땅히 논문을 발표할 자리가 없었던 터라 마치 마른 땅이 비를 기다리는 것 같이 그런 기회를 갈망한 모양이었다.

모스크바 국립사범대학에서 학술대회를 마치고는 몇 번의 좌담회를 가졌다. 북한 학자가 한 명도 참가하지 않아 아쉬웠지만 "한국어 통일 방안"이라는 주제를 가지고 깊이 있는 의견을 나누었다. 또 레닌그라드에서는 "한국어의 국제화 방안"을 주제로 세계 각국에서 모인 학자들의 좌담회도 있었다. 참석자들은 각국의 현황과 문제들을 내놓고 열띤 토론을 벌였다. 그리고는 중앙아시아 타시겐트, 알마아타를 방문해서 고려인들을 만나고 한국어 교육의 실태, 한국 문화의 보전 문제 등에 대해서 얘기를 들었다. 고국을 떠나 고생하는 그들을 보고, 고국을 떠난 슬픔과 외로움, 안타까운 사정들을 들으며, 어떻게 하면 이들을 도울 수 있을까, 한국어 교육을 활성화시킬 수 있는 방안은 없을까, 현지를 떠나면서 무거웠던 발걸음의 무게가 지금도 기억에 생생하다. 14일간의 여행이었는데 얼마나 많은 것을 보고 경험했는지 굉장히 긴 여행이었던 것 같은 생각이 든다. 이중언어학회 소련 학술대회를 생각하면 가슴이 아리기도 하고 한편으로는 가슴이 뿌듯하기도 하다.

박 교수는 학회 기간 내내 얼마나 학술 대회의 효과를 극대화하기 위해 노력하는지 그 열정이야말로 대단하였다. 새벽부터 움직여서 피곤할 텐데도 저녁이면 으레 사람을 모아 좌담회를 열었고 잠시도 빈틈을 만들지 않았다. 쉽사리 갈 수 없는 먼 땅, 동토의 땅 소련에 각국에서 한국 관련 석학들이 모였는데 그들의 귀한 의견을 모아야겠다는 박 교수의 집념을 볼 수 있었다. 그렇게 하고도 그 다음 날 아침에는 일찍 식당에 자리하고 회원들을 맞았다. 의지가 건강을 뒷받침하는 듯 했다.

그 학술대회로 소련에서의 한국어 교육 뿐 아니라 중앙아시아의 고려인들의 실태와 그들이 한국어와 한국 문화를 후손들에게 가르치고 또 보전하고 싶어 하는 열망을 알게 한 것, 그리고 한국 교수들이 힘을 모아 한국어 교육의 활성화를 위해서 길을 열어야 한다고 다짐하게 한 것에 대회의 의미를 둘 수 있을 것이다. 그 때로부터 햇수로 이십 년을 바라보는 오늘 소련은 물론 중앙아시아 지역에 한국어 교육 열풍이 일고 있는 것을 보면서 결국 박 교수가 나서서 한 일들 하나하나가 한국어 교육을 위하고 이중언어학회를 위한 초석이 되었다는 생각을 하게 한다. 소련에서의 한국어 교육은 박 교수가 담대하게 길을 터놓음으로써 모든 것이 해결되고 풀리게 되었다고 할 수 있다.

박영순 교수는 적극적이고 체계적인 추진력과 열정을 가진 분이다. 이중언어학을 전공한 분으로서 한국어 교육학의 기반 구축에 공헌이 큰 분이다. 박 교수는 무슨 일이나 열심을 가지고 자신을 돌보지 않고 봉사하는 분이지만, 특히 한국어 교육에 대해서는 더욱 헌신적이셨다. 한국어세계화재단 이사장을 하면서는 한국어 교육이 학문으로 정착할 수 있도록 여러 가지 역경에도 굴복하지 않고 꿋꿋하게 맡은 바 소임을 다했음을 우리는 알고 있다. 한국어 교육을 하는 사람으로서의 사명감이 무엇인지 알고 선두에서 진두지휘한 것을 생각하면 고개가 숙여진다.

여자들은 곧잘 사소한 것에 집착한다. 그러나 박영순 교수는 선이 굵은 남자 같은 데가 있는 분이다. 그는 누구에게나 애정을 가지고 사심 없이 대한다. 따뜻한 가슴으로 사랑해 주고, 이끌어 주고 어디든지 남을 앞장 세워주는 분이다. 편 가르지 않는 대범한 성격을 가지고 있어서 그를 상대로 하는 사람들은 편하지만 막상 본인은 많은 힘든 경우가 많지 않았을까 하는 생각이 든다.

박영순 교수님, 이제부터 시작입니다. 새로운 틀에서 이전보다 더 재미있고 더 활기찬 인생을 계획하고 추진해 나가시기를 기원합니다.

홍시

서 정 자
(초당대 부총장)

내 친구 혜당 박영순교수의 정년을 기념하여 제자들이 『꿈과 사랑이 있는 풍경-101인의 학자들이 엮어 낸 진솔한 이야기』라는 문집을 내면서 내게 글을 부탁하였다. 우리는 자주 만나지도 못했고, 자주 소식을 전하고 살지도 못했는데, 이렇게 원고청탁을 해주니 반가웠다. 마침 최근 박영순교수와 최근 여러 번 만나는 일이 생겼다. 이제 보니 우리는 만난 지 무려 50여 년만에야 가깝게 지낸 것이다. 가깝게 되고 보니 나는 박교수의 좋은 점을 발견하게 됐고, 박교수도 이미 나를 그린대로 보아주게 된 게 아닌가 싶다.

벌써 한 3년 전인가 보다. 박영순교수가 이미 정년퇴임을 앞두고 있었는데, 나는 어느 날 전화를 해서 고대 도서관에서 찾아 볼 책이 있는데 좀 도와주겠느냐고 했다. 박교수는 마침 대학원 수업이 있다고 하면서 흔쾌히 고대 캠퍼스에서 만날 약속을 해주었다. 나중 들으니 그러느라고 오후의 어느 약속을 취소했다고 한다. 고마운 일이 아닐 수 없었다.

이렇게 자료 찾으려고 도움을 받는 것이 이번이 처음이 아니다. 고려대학교 '교수'를 옛날 희귀본잡지 빌릴 때나 찾아와서 만나고는 또 가뭇없이 소식도 주지 않고 지내오는 '시간강사' 나였다. 박영순교수가 보기에 내가 얼마나 한심할까, 하면서도 염치없이 부탁을 하고 박교수는 귀찮을 텐데도 꼭 도서관까지 같이 와서 자료를 찾아 복사하게 도와주었다. 나로서는 솔직히 좀 부끄러웠다. 대학 졸업과 함께 석사과정에 입학하여 석사학위를 따고, 곧 미국유학을 떠나 박사학위를 척 받아와서 제때에 일류대학 교수가 된 친구와, 기자인지 언론인지 그런 분야에서 좀 얼쩡대다가 시집을 가더니 느지막이 공부를 한다고 설쳐대며 오락가락 하는 시간 강사가 어찌 감히 그 앞에 당당하겠는가. 그럭저럭 하다가 지방대학에 취직이 되어서 전임교수 맛은 보았지만 박영순교수와 나는 잽도 안 되는 사이인 것이다.

대학시절의 박영순교수는 희고 맑은 얼굴, 진중한 태도, 그리고 늘 조용해서 1학년 입학하자 대학신문사기자로 활동한 나의 약간은 건방진 스타일과는 대조적이었다고 기억한다. 아마도 박교수가 나의 늦은 반성에서 노트정리를 좀 열심히 했다가 덜컥 좀 괜찮은 성적이 나왔는데 그 사실을 확대해석하여 실력이 있는 친구라고 오해를 했던 것 같다. (박교수는 대학시절의 나를 터무니없이 높이 평가해 준다)나는 책을 읽어야 할 그 시간에 신문쟁이 노릇하느라고 귀한 시간 다 보냈고, 졸업 후에도 모교에 전임기자로 취직하여 거드럭거리면서(?) 귀중한 시간을 허송하고 있었는데, 어느 날 보니 그는 석사학위 논문을 쓰고 있었다. 내가 그때 박교수에게 감동한 것은 석사학위를 했다는 것이 아니라 학과목 중에 제일 재미없었던 이을환선생님 전공의 국어학을 선택하여 석사학위까지 한 사실이었다. 나는 그의 끈기에 진정으로 감동을 하였다. 그리고는 또 미국유학까지 떠나질 않는가.

그날 나는 박교수와 책을 찾아 복사를 마치고 점심을 나눴는데 수필집 나온 것이 있다하여 좀 보내달라고 했었다. 착실한 박교수는 곧 내게 책을 보내주었지만 그걸 곧장 읽지도 않고 두었다가 손에 잡은 것은 얼떨결에 모교 문인회 회장을 맡게 되면서였다. 수필집을 냈으니 수필가다, 회원으로 가입하라고 종용할 참으로 전에 받아두었던 수필집을 읽기 시작했던 것이다. 그런데 글이 너무나 재미있어서 나는 날을 꼬박 새고 말았다. 아니 그 재미없는 어학 전공의 박교수가 이렇게 글을 잘 쓰다니 이건 진정 놀라운 일이었다. 순풍에 돛단 듯 쉽게 걸어 온 줄 알았던 그의 삶과 학문이 이렇듯 고난과 불굴의 노력으로 이루어진 것이었단 말인가. 박영순교수를 전혀 새로 발견한 것이다. 그때부터였던 것 같다. 일만 있으면 박영순교수를 찾았다. 수필을 쓰시오, 학회에 기조강연을 해주시오, 아니 소설을 써보시오…거기에 동기인 한상윤작가가 부추겨서 작가 박영순은 그렇게 태어났다. 그가 이미 소녀시절부터 작가를 꿈꾼 문학소녀였다는 사실, 그때 이미 그의 독서 실력이 대단했다는 사실은 전공 서적을 수십 권 썼다는 사실과 함께 그의 남은 생애의 문필생활에 큰 기대를 걸지 않을 수 없게 한다. 나는 박영순교수의 팬이 되었다.

홍시의 계절이다. 홍시를 보면 나는 늘 부끄럽다. 홍시와 관련한 추억 때문이다. 박사학위논문을 심사할 때 나는 심사위원 선생님이 모여 심사하는 테이블 위에 홍시를 준비해서 냈었다. 남들 하는 대로 할 걸, 촌스럽게 왜 홍시를 냈던고, 그런 생각을 홍시를 볼 때마다 한다. 홍시는 박사논문 심사할 때 쫄던 나, 나의 부족한 학문을 생각하게 한다. 촌스러운 '나'라고 생각하는 것은 그 홍시를 드신 정한모선생님과 관련이 있다. 대학 다닐 땐 꽤 아끼던 제자가 다 늦어 공부하겠다고 나타나니, 안 되었던지 나를 데리고 서울대 교수식당에 데리고 가 점심을 사주셨다(그 추억은 언제나 나를 눈물겹게 한다). 그날 안쓰럽게 나를 바라보시던 선생님의 눈길…그 선생님이 실은 이가 좋지 않으시다는 것을 나중에야 알았다. 그래 그날 내가 낸 홍시를 선생님은 잘 드셨으리라는 생각을 하면서도 나는 홍시를 보면 나를 안쓰럽게 보시던 정한모 선생님이 생각난다. 이제 시작해 무엇이 되려느냐 근심하듯이… 영순이도 나를 볼 땐 그런 생각이 들지 않았을까?

어쨌든 나는 박영순교수를 보면 그의 끈기가 생각난다. 요즘 학회 운영이 너무 힘들어 '포기할까 봐!'라고 하자 "그래선 안 되지"라고 말한 사람은 박영순교수 한 사람이었다. 마침 박태준포철명예회장이 별세하여 그의 위대한 정신이 언론에 크게 보도되고 있다. 나는 박영순교수의 '포기는 안 되지'하는 말과 박태준명예회장의 불굴의 정신을 겹쳐 보고 있다.

눈이 하는 말

성 낙 희
(숙명여대 교수 · 시인)

차라리 눈으로 말하리
말이 하는 말은 정직하지 않다
입은 달고 부드러우나
눈빛은 전혀 꾸밀 수 없다
궁극 깊은 연못에서 솟아올라
근원에 닿아 있는 맑은 무지개
눈빛은 거짓을 모른다
마음과 말, 마음과 목소리의
그 섬세하고 오묘한 관계
말과 음성은 바로 사람이지만
마음은 시시로 분칠하고
말로는 다 말 못하는 마음
진실은 언제나 눈에 있어서
차라리 눈으로 말하리

박영순 교수님은 평생 말과 함께 살았다. 그러나 그는 결코 유창한 달변가가 아니다. 그의 말은 화려하거나 감미롭지 않다. 투박하다고 할지, 그의 말과 음성은 질박하고 진지하다. 그리고 그의 눈빛은 깊고 따스하다.

박선생님 하면, 그가 태릉 육사 사택에 살던 어느 시절이었나, 병환 중의 시모님을 모시고 있다 했고, 그 때 그 시모님을 그리 안쓰러워하던 모습이, 말로써 보다도 진심을 가득 담았던 그 간절하던 눈빛이 떠오른다. 그것은 그냥 단순히 며느리의 눈빛이 아니었었다. 가슴 속에서부터 우러나오는 사람에 대한 사람으로서의 사랑과 연민이었다.

나는 박선생님과는 모교의 일로 아주 가끔 잠깐씩 만났을 뿐, 별달리 이런저런 사적인 무슨 여러 말씀을 길게 나누는 기회는 가지지 못했지만, 오랜 세월 무언 중 서로 깊은 신뢰를 간직하고 선연을 이어가고 있는 것은 아마도 선생님의 바로 그 눈빛의 힘이 아닌가 싶다. 매번 그 진심의 눈빛을 확인하곤 했기 때문일 것이다.

부디 건강을 늘여 가시기를 빌며, 그 눈빛 오래 진실할 것이라 믿는다.

도시락에 담긴 사랑

시 정 곤
(KAIST 인문사회과학부 교수)

"정곤아, 진숙아!" 강의실 밖에서 들리는 낯익은 목소리. 문밖으로 시선을 돌려보니 거기에는 박영순 선생님이 서 계셨다. 석사과정 종합시험 보느라 정신이 없던 우리(원진숙 학형과 나)는 뜻밖이라 어안이 벙벙하던 참이었다. 그때는 평일에 강의실을 구하기 어려웠는지 대학원 종합시험을 일요일에 봤었다. 시험 시간도 무제한. 정말 일요일 하루 종일 강의실에 갇혀 시험 답안을 써야 했었다.(지금도 그렇게 시험을 보는지는 모르겠다.) 일요일 한낮에 너무나 뜻밖에 선생님이 나타나셔서 우리는 웬일이시냐고 물었더니, 선생님은 한 손에 든 보자기를 들어 보이시면서, "점심 아직 안 먹었지? 점심 먹으러 가자!"고 말씀하셨다. 우리를 위해 일요일에 일부러 도시락을 직접 싸가지고 학교에 나오셨던 것이다.

시험 장소였던 문과대 건물에서 나와 우리는 선생님 연구실이 있던 중앙도서관 4층으로 자리를 옮겼다. 보자기 속에는 여러 겹 찬합에 김밥이랑 반찬이랑 가득 들었던 기억이 난다. 도시락을 먹으면서 어찌나 죄송하고 감사하던지 그 때를 생각하면 아직도 감동이 몰려온다. 지금 생각해 보면 나에게 선생님은 늘 그런 분이셨다.

1983년에 대학에 입학하면서 선생님과 인연을 맺었으니 벌써 25년이란 시간이 흘렀다. 학부 4년, 대학원 석사, 박사과정을 거치면서, 그리고 외국에 나가고, 결혼하고 자리를 잡기까지 나는 25년 동안 늘 선생님의 따뜻하고 사랑이 듬뿍 담긴 도시락을 먹었던 것이 아닌가 생각한다. 그 도시락의 사랑으로 보잘 것 없는 학생이 제 앞가름을 할 정도로 이만큼 성장하지 않았나 싶다. 그래서 난 선생님을 생각하면 늘 감사하고 가슴이 찡할 뿐이다.

"정곤아, 오늘은 질문 하지마." 학부 때 의미론 수업 시간에 강의실에 들어오자마자 선생님께서 하신 말이다. 나는 통사론과 의미론 등을 선생님께 들었는데, 선생님은 학생들이 호기심이 생기도록 강의 시간에 질문을 자주 유도하셨다. 난 그런 수업방식이 재미있어 늘 궁금한 점을 묻곤 했는데, 그게 너무 지나쳤는지 언젠가는 수업 진도 때문에 질문을 좀 하지 말라고 미리 말씀하신 거였다. 선생님께 어학 수업을 들으면서 국어학에 대한 관심이 하나씩 영글어 갔던 것 같다.

지금은 선생님 연구실이 다른 곳으로 옮겼지만, 오랫동안 중앙도서관 4층 406호가 선생님 연구실이었던 것으로 기억한다. 바로 옆방이던 407호가 성광수 선생님방이었으니, 나에게 407호는 아버지 방 같았고, 406호는 어머니 방과 같은 존재였다. 학문적으로 인간적으로 두 분은 내게 부모와 같은 분들이기 때문이다.

박 선생님은 언제나 제자들에게 격려와 사랑을 아끼지 않으셨다. 그 가운데서도 항상 쉼 없이 학문에 정진하는 모습을 손수 보여주신 선생님이셨다. 방대한 저서와 학문적 열정은 젊은 제자들도 쉽게 좇아갈 수 없는 일이었다. 아마도 그것은 선생님이 평소 보여주시던 추진력에 기인하는 것이 아닌가 생각한다.

이와 관련하여 잊지 못할 추억은 선생님과 함께 했던 한라산 등반이다. 내가 학과 조교를 맡고 있을 때니 1987년 봄이 아닌가 싶다. 나는 조교로, 선생님은 지도교수 자격으로 85학번의 제주도 수학여행에 동참했다. 사정상 선생님이 원진숙 선생과 뒤늦게 합류하시면서, 이미 학생들이 하산한 한라산을 우리 셋이서 뒤늦게 등반하게 되었다. 늦은 오후여서 정상까지 갔다 오기에는 시간이 빠듯하다는 관리인의 말을 뒤로 하고, 우리는 한발 한발 걸음을 재촉했다. 한라산을 오르면서도 나는 설마 백록담 정상까지는 가시지 않겠지, 중턱에서 대충 돌아오시겠지 하는 마음으로 길을 따라 나섰는데, 선생님은 좀처럼 내려가자는 말씀이 없으셨다. 마침내 한라산 백록담 정상을 눈앞에 두고 수없이 많은 계단과 부딪혔을 때, 날은 이미 어두워졌고 원 선생은 계단에 주저앉고 말았다. 나도 숨이 턱까지 가득 차 더 이상 걸음을 옮길 힘이 없었다. "그만 내려가시죠, 선생님!" 힘들게 꺼낸 말 뒤에 곧바로 선생님은 "고지가 바로 저긴데, 무슨 말이야, 조금만 힘을 내자, 백록담을 보고 가야지!"

어둠이 서서히 내린 계단은 잘 보이지 않을 정도였지만, 결국 나와 선생님은 원 선생을 뒤로 하고 다시 백록담으로 향했다. 한걸음 한걸음 내딛으며 "공부도 이렇게 힘든 거야, 그렇지만 끊임없이 계단을 오르다 보면 정상에 오를 수 있지." 하고 말씀해 주셨다. 우리는 정상에 올라 백록담을 굽어보면서 "야호~" 하고 힘차게 외쳤다. 그 메아리 소리가 지금도 귓가에 선하다. 어두컴컴한 계단을 겨우 내려오자 중턱의 관리사무소에서 원 선생이 한껏 걱정을 하며 기다리고 있었다. 막 조난 신고를 하려던 참이라는 관리인의 말을 들으며 호탕하게 웃으시며 흐뭇해 하시던 선생님의 모습이 눈에 선하기만 한데, 어느새 선생님께서 정년을 맞이하셨다니 세월이 참 빠르긴 빠르다는 걸 느낀다.

그러한 추진력은 내가 학문 생활을 하는 데 늘 보이지 않는 힘이 되었다. 힘든 순간에 조금만 더 가면 정상이 보인다는 선생님의 말씀이 늘 귓전을 맴돌았기 때문이다. 선생님은 그러한 열정과 추진력으로 수많은 저서를 지으셨고, 또 여러 학회 회장을 맡아보셨다. 그 가운데서도 한국어의 국제적 역량을 키우는 데 힘을 아끼지 않으셨다. 한국어학회 회장으로 초대형 국제학술대회를 개최하시던 모습, 이중언어학회 회장으로 세계 곳곳을 누비셨으며, 한국어세계화재단 이사장으로 한국어의 세계화 사업에 심혈을 기울이시던 모습, 그리고 세계언어학자 대회 유치를 위해 애쓰시던 모습 등이 주마등처럼 지나간다.

학창시절부터 지금까지 늘 선생님은 곁에서 힘을 북돋워주셨다. 공부하러 가는 자식에게 따뜻한 도시락을 싸주며 사랑스런 눈길로 격려해 주시던 그 모습, 그게 바로 선생님의 모습이다. 83년 선생님을 처음 뵈었을 때부터 지금까지 세상은 참 많이 변했지만, 선생님의 제자에 대한 사랑만큼은 변함이 없는 것 같다.

선생님은 이제 정년을 맞이하시어 정든 교정을 떠나시겠지만, 변함없는 선생님의 사랑, 그 도시락에 담긴 선생님의 마음만은 결코 잊을 수가 없다. 부끄럽지 않은 제자가 되는 것만이 그 은혜에 조금이나마 보답을 하는 길이라 믿으며, 늘 건강하신 모습으로 우리 곁에 오래토록 남아 계시길 간절히 기도해 본다.

누가 시간의 바퀴를 굴리는가

신 달 자
(시인 · 명지전문대 교수)

졸업반 학생들에게 한해를 보내는 마음을 물었더니 거의 모두가 불안이라고 대답했다. 불투명한 미래가 겁난다는 이야기도 될 것이다.

당연하다. 이제 스물 두세 살, 그들이 한 해를 보내는 심정이 설레임이나 만족으로 이야기된다는 것은 그들을 의심할 수밖에 없는 일일 것이다. 어른들은 흔히 말한다. 스물 둘 혹은 셋.

참 좋은 나이라고 말한다. 빳빳한 풋기가 느껴지는 그 나이를 왜 좋다고 하는 것일까 사실 나는 어른들이 그 풋풋한 나이를 좋다고 말하는 것은 바로 그 나이가 겪는 불안을 모르기 때문은 아니었을까. 그래. 그렇게 말할 수도 있겠지. 그 불안한 그 시절이 좋은 것이라고.

내가 대학조교를 하던 시절에는 교수 다섯 명이 한 방에 모여 계셨다. 가난한 대학 시절의 이야기다. 조교는 문 옆에 작은 책상을 놓고 앉아 있었고 전화가 오면 받아 교수님들에게 전화를 받게 하는 일이 중요한 일이었다. 전화도 하나였으니까.

특히 남자교수님들이 강의를 끝내고 돌아오시면 잠시 심심하셨는지 자주 내게 물으셨다.

"신조교 몇 살인가?"
"스물다섯입니다."
"아 그래 참 좋은 나이로군."

이 질문은 다시 묻고 다시 묻고 교수님들이 심심하면 묻는 말이었고 나는 늘 스물다섯을 조용히 말하곤 했었다. 그때마다 선생님들은 마치 처음 듣는 것 같은 감격으로 '아 좋은 나이다'라고 감탄까지 섞어 말씀하셨다.

기막혔다. 나는 그때 불행했다. 주머니는 늘 비어있고 애인도 없고 연애는 될 희망도 보이지 않고 미래는 캄캄하게 불투명했고 불안했고 슬펐다. 그런데 선생님들은 참 좋은 나이라고 감탄하는 것이었다. 나는 '그래 좋으면 너 가져 가!'라고 외치고 싶었다. 나는 그때 그 나이가 거추장스럽기만 했었다. 그 나이가 아무런 의미도 가치도 없어 보였다.

그 나이는 그렇게 불안하고 미래는 보이지 않고 슬픈 것이라고 나는 생각하지 않았다. 나만 불행해 보였고 가망이 없었다. 파랗게 젊은 아이가 하얗게 나는 겉늙어 있었던 것일까 그 나이엔 빈 주머니가 전부이며 그래서 도서관에 가서 책이나 공짜로 실컷 읽고 공부하고 글쓰고 정신적 투자를 해야 하는 나이였다는 것을 나는 모르고 있었다. 외국어를 하고 불같이 정신을 태워야 한다는 걸 나는 모르고 있었다. 그냥 슬프다고 말하고 그 슬픔 사이로 시간은 매정하게 흘러갔다. 아니 무정하게……

학생들이 한해를 보내는 마음은 곧 불안이라고 말하는 아이들에게 그 불안을 잊는 일은 피를 철철 흘리는 밤샘공부를 하라고 말해 주고 싶다. 외로움을 잊기 위해 아니 미래의 고독을 싹쓸이 하기위해 지금 내면을 가득 채워 이 세상이 필요한 인물로 스스로를 만들어야한다고 말하지만 학생들은 잘 알아 듣지 못한다 내가 못 알아 들은 것처럼……

아직 시간이 너무 많아 학생들은 그 시간의 중요성을 모르나 보다. 그 시간을 잘만 이용하면 자신을 명품인간으로 만들 수 있을 텐데 말이지.

그러나 정작 내가 어른이 되어도 시간은 그렇게 무심하게 흘러간다. 그리고 다시 한 해는 가고 새해가 온다. 난 체질적으로 11월 12월이 되면 불면증에 시달리고 불안하고 슬프고 굶거나 거식증에 걸리는 질병을 앓는다. 시간에 대한 강박증이 가장 강하게 드러나는 계절이다.

젊은 시절에는 그 병으로 괴로웠다. 가슴에 찬바람을 가득 담고 끙끙 앓았던 것이다. 그런 심각한 병이 새해가 되면 물러가고 자신을 낮추고 겸손하게 새 시간과 사는 것을 시작하게 되는 것이다. 어른이 되고도 나는 한 해가 막 꼬리를 감추려는 이 시간을 잘 견디지 못한다. 나무들은 줄 것을 다 주었다는 듯 나무에게로부터 사정없이 떨어지고 이젠 더 사랑할 것이 없다는 식으로 그들은 가볍게 떨어져 내리는 것이다.

나무를 보면 언제나 숙연해진다. 저 나뭇잎은 처음에 나무에 없었던 것이다. 3월이 오면서 가지에 싹이 돋고 그 싹이 조금씩 자라서 신록이 되고 그 신록이 더 진해지면서 녹음이 되고 그 녹음이 천둥 번개 뙤약볕을 다 받아 내어 견디다가 자신의 양분을 나무에게 깡그리 부어 주고 그리고 더 줄 것이 없다고 생각되는 가을에 잎은 떨어져 내리는 것이다 낙엽이 되는 것이다.

그리고도 그 잎의 사랑은 끝나지 않았다. 나무의 뿌리를 덮어 겨울을 나게 하는 것이다. 이불이 되어 주는 것이다. 그리고 자기 몸을 완전히 썩혀 거름이 되어주고 사라지는 것이다. 곧 나무는 그 나뭇잎의 완전한 헌납으로 봄이 오면 새싹이 돋을 것이다.

이 생각을 하면 늘 눈물난다. 이런 완전한 사랑이 어디에 있겠는가. 성직자도 그렇게는 할 수 없을 것이다.

사랑타령을 참 많이도 하고 살아왔다. 그게 사랑인가. 상대보다 늘 나를 채우지 못해 상대를 괴롭힌 것이 그게 어디 사랑인가. 나무보다 한층 높은 사랑을 할 수 있는 것이 인간이어야 하지 않을까. 사람들은 사실 나무보다 훨씬 낮은 사랑을 하는 것이다. 자기가 채워지지 않으면 에라 모르겠다 때려치우자! 하고 던져버리는 사랑. 박살내는 사랑. 그게 인간의 사랑이라면 곤란하지 않겠는가.

나뭇잎이 여름의 폭우와 천둥과 뙤약볕을 견디는 것처럼 인간도 사랑이 치루어 내어야 할 고통을 끌어안아야 한다. 견뎌 내어야 한다. 견디는 것이 바로 사랑이다. 여름을 견디지 않고 어떻게 가을의 열매를 기대할 수 있겠는가. 우리가 견디지 않으면 사랑은 오지 않는다. 사랑은 익지 않는 것이다. 단맛이 베이지 않는 것이다

새해가 오고 연말은 간다. 일 년에 한 번 반드시 치루는 작별과 만남인데 늘 서툴다. 어떻게 보냈는지 어떻게 만났는지 그래서 뭐라고 수첩에 기록했는지 늘상 마치 처음해 보는 일인 것만 같다. 사는 것은 늘 이렇다. 서툴다. 매끈하게 세련되어지지가 않는다. 그렇다. 이런 것을 고민할 필요는 없다. 우리가 괴로워 해야 할 것은 보낸 해보다 새해를 더 보람있게 맞아야 하는 자기와의 약속을 뜨겁게 맺는 일이다.

노력한다는 것, 더 진지할 것, 더 시간을 쪼개 쓴다는 것, 책을 더 많이 읽어야 할 것, 주변 사람들에게 내가 먼저 인사를 챙기는 것, 손해 볼 때도 행복할 수 있는 여유를 가질 것, 일의 결과보다 과정을 더 소중

히 생각할 것, 사소한 것의 가치를 충분히 알고 살아갈 것 등등의 자기와의 약속을 실천하기 위한 몸부림이 필요한 것이다. 그것이 삶이며 사랑이며 내가 살아있는 존재증명인 것이다. 책과 자연과 인간을 사랑하면 그 안에 내가 커 가는 것이 보인다. 그것이 희망이다.

박영순 교수는 바로 대학시절을 나와 함께 보낸 친구다. 아무런 희망도 보이지 않던 시절 박교수는 별 불평없이 수수하게 자리를 지켰다. 젊음이 앓는 병이 그에게 없을 리 없었겠지만 겉으로 나타나진 않았다. 그런 어른스러움이 오늘의 그의 영광을 가져왔으리라.

惠堂 朴榮順, 그는 학교를 떠나지만 그의 족적은 학교에 그대로 있을 것이며 또한 그를 받아들이는 오늘의 시대는 그의 자리를 비워 놓고 맞이할 것이다.

자신을 다스리는 사람은 어디서나 자리가 있다. 그것이 이 세상이 만들어 가는 기본적 순리라고 나는 생각한다. 박영순 그대는 잘 살고 있다. 그대의 후광이 오늘 나를 행복하게 한다.

나일강물을 마신 자는 반드시 나일강으로 돌아온다

신 미 경
(고려대 박사과정 수료)

"엄마, 라마단 끝났나? 사마르 언니 배고프겠다."

작은 아이가 한국에 유학 온 이집트 언니 사마르의 안부를 걱정스런 얼굴로 내게 물어 본다. 라마단은 우리말 '9월'에 해당하는 아랍어로 이슬람력 9월 한 달 동안 해가 떠 있는 시간에는 일체의 음식을 삼가는 이슬람교 신자들의 다섯 가지 의무 중 하나이다.

아이는 또 묻는다. 오늘 'EBS 다큐 10'에서 '투탕카멘의 저주'를 하는데 같이 볼 거냐고. 이렇게 요즘 우리 가족들이 가장 즐겨하는 대화는 이집트와 아랍, 더 넓게는 이슬람에 대한 것들이다. 18세 소년 왕 투탕카멘의 미라가 일반인에게 공개되었다는 외신은 주꾸미가 고려청자를 안고 나왔다는 소식만큼이나 반갑고, 독일이 이집트에 반환하지 않고 있는 이집트 고대 3대 미녀 중 한 사람인 이크나톤 왕의 왕비 네페르티티의 흉상은 파리 국립 도서관에 있는 직지심체요절처럼 안쓰럽고, 팔레스타인에서 이라크에서 또 아프가니스탄에서 일어나는 일들이 그저 남의 나라 일로만 여겨지지 않는 것은 사랑이라고 하기에는 너무 거창하고 관심이라고 하기에는 조금 모자라다. 방송은 말할 것도 없고 신문에서도 제일 먼저 이 지역의 소식이 눈에 들어오는 것은 2006년 이후 삶의 변화이다.

나 역시 이집트에 가기 전 이집트에 대해 알고 있는 것이라고는 피라미드와 스핑크스, 고대 문명의 발상지 그리고 세계사 시간에 배운 것들을 억지로 떠올린다 하더라도 절대 군주 파라오와 미라, 클레오파트라와 안토니우스의 사랑, 파피루스와 나일강 정도가 다였다. 2006년 1월, 이집트 수도 카이로에 한국어를 가르치러 가게 되었다는 말에 지인들은 '그 뜨거운 사막에서 어찌 살려고, 이슬람 국가인데 여자 혼자 가서 살 수 있나, 가서 테러 나면 어쩌려고, 거기도 우리가 먹는 쌀 있나' 등 축하와 격려의 말보다는 한 끼 식사 해결에서부터 신변 안전에까지 하나 같이 걱정된다는 표정으로 꼭 가야만 하는 이유를 묻곤 했다. 이유는 간단했다. 마흔이 되기 전 외국에서 그것도 한국어와 가장 거리가 먼 언어를 쓰는 지역에 가서 한국어를 가르치고 현지어를 배워 보겠다는 30대 초반의 소망이 실현될 기회가 왔으니 당연히 잡아야 하지 않겠냐고.

이집트!! 정말 덥기는 했다. 수단 국경 근처 아부심벨에 가면 40도의 날씨가 어떤 것인지 체험할 수 있고 수도 카이로에서도 40도가 넘었다는 말을 심심찮게 듣게 된다. 그러나 도시와 마을을 이루고 사람들이 모여 사는 대부분 지역은 반사막·반건조 기후라 아무리 기온이 올라

가도 그늘에만 들어가면 시원하다. 알렉산드리아를 포함한 지중해 연안 도시들은 전형적인 지중해성 기후를 띠며 특히 홍해 연안의 작은 도시들은 다이버들의 천국이라 할 만큼 일 년 내내 다이버들로 북적거린다. 재미있는 것은 우리가 한국의 계절을 소개할 때 사계절이 뚜렷하다고 상투적인 표현을 쓰는 것처럼 이집트 사람들도 자기네 계절이 사계절로 뚜렷이 구분된다고 말하는 것이다. 멋쟁이 아가씨들은 머리에 쓰는 히잡의 색상이나 소재에도 계절에 따라 변화를 주는데 이것을 보면 확실히 한국 사람이 이집트에 살면서 느끼는 계절의 변화는 무신경에 가깝다고 할 수 있다.

이집트에서 여자 혼자 살거나 돌아다니는 것은 위험한가? 이집트로 유학을 가거나 여행을 가는 사람들이 가끔 내게 묻는다. 하루에 다섯 번, 기도 시간을 알리는 아잔 소리가 들려오고 모스크로 기도하러 가는 사람들을 볼 수 있는 이슬람 수니파 국가이지만 이슬람 국가이기 때문에 여자들의 생활에나 행동에 제약이 있다고 하기에 이집트는 수십 년 전부터 세속화된 국가이다.

쿠푸, 카프라, 멘카우라 왕의 피라미드가 있는 기자에 갔을 때 일이다. 택시비 몇 푼 아끼려고 지하철 타고 우리 돈 50원하는 미니 승합버스를 타고 물어물어 피라미드 입구에 도착했다. 이집트 관광지라면 어디서든 볼 수 있는 '말 타라', '낙타 타라' 하며 달려드는 호객꾼들 중 가장 순진해 보이는 청년에게 말을 빌리고 말 가격과 피라미드 입장료 그리고 하루 반나절 걸린다는 청년의 가이드 비용을 협상하고 말에 올랐다. 그러나 피라미드는 서쪽으로 몇 백 미터만 가면 되는데 청년은 계속 동쪽으로 동쪽으로 작은 마을을 지나 말을 몰고 갔다. 왜 이 방향으로 가냐고 따졌지만 청년은 환상적인 경험을 해 보지 않겠냐며 조금만 기다리라는 말만 되풀이했다. 마을을 지나 개미 새끼 한 마리 지나가지 않을 것 같은 사막 한 가운데로 들어가며 혼자 온 것을 후회했지만 이미 때는 늦었다. 순진해 보이던 청년이 짧은 영어로 수작을 걸어온다. 너 결혼은 했니? 물론 했지. 남편은 뭐 하는데? 우리 남편? 한국 대사관에 다니지. 이집트에 있는 성인 한국 여자들은 모두 결혼을 했고 남편은 모두 대사관 직원이다. 이어지는 청년의 수상한 질문에 얼굴은 태연한 척 대답하고 있었지만 머릿속은 '이제 난 이집트에서 귀신이 되는구나, 그럼 저 사막 아무데나 버려지겠지, 그럼 얼마 안 있어 실종 처리될 테고 아이들은 엄마를 다시는 볼 수 없게 되겠지.' 이런 생각들로 몹시 복잡했다.

벌써 세 시간째 피라미드 주변만 맴돌고 있었지만 말을 버리고 뛰어갈 수도 없었다. 그런데 반가운 사람! 저 멀리 낙타 탄 관광 경찰이 보였다. '아이고, 하느님, 부처님, 예수님!! 뭔가 이상하다고 판단한 경찰이 날 살려주려고 따라 와 주었구나!' 평생 경찰을 보고 그렇게 반가워한 적이 없었던 것 같다. 그런데 이건 또 뭔 일인가? 청년이랑 경찰이 서로 아는 사이처럼 보인다. 둘이서 아랍어로 뭐라 뭐라 낄낄 거리며 얘기를 나누더니 청년이 경찰에게 5파운드짜리 지폐를 한 장 집어 준다. 경찰은 나에게 누런 이빨을 내보이며 'Welcome to Egypt' 단 한 마디를 남기고 가 버린다.

그제야 난 알았다. 청년은 애초부터 입장료를 내고 피라미드와 스핑크스에 들어갈 생각이 없었고 자기가 아는 개구멍을 통해 피라미드 근처만 갔다가 행여 그 동안 거래하던 경찰을 만나면 뇌물을 줄 생각이었던 것이다. 이집트에서 여자 혼자 다니는 것은 위험한가? 여자 혼자서는 세계 어디에서나 위험하다.

이집트와 테러는 얼마나 가까울까? 내가 있는 동안 이집트에서 테러가 발생하기는 했다. '샴엘 나심' 즉 봄의 시작을 알리는 이집트 명절 연휴 동안 홍해 근처 다합에서 20여명이 사망하고 200여명이 다치는 폭탄 테러가 발생했다. 다행히 한국인은 사망자 없이 가벼운 부상자만 세 명. 그러나 그들은 내가 이집트에서 알고 지내던 몇 안 되는 사람들 중 세 명이었고 처음에 함께 여행을 계획했다 내가 룩소로 행선지를 바꿨다는 점에서 테러는 그리 멀지 않은 곳에 있다고 하는 것이 정확하겠다.

남편의 사랑과 딸들의 그리움과 지인들의 염려 덕분에 난 뜨거운 사막에서도 살아남았고 테러도 당하지 않았다. 또 한국 쌀보다 훨씬 질 좋은 쌀을 한국 쌀 5분의 1 가격으로 배불리 먹고 체중까지 불려서 왔다. 내 나이 마흔. 물리적 기준으로도 인생의 전반부와 후반부를 가르는 터닝 포인트에 서 있지만 내 삶은 이집트에 다녀오기 전과 다녀 온 이후로 삶이 구분되는 것 같다. 요즘 내가 사들이는 책은 전공인 국어학과 한국어 교육보다 이집트와 아랍어, 이슬람과 세계사에 관련된 것들이 더 많다. 이런 책을 읽느라 가끔 밤을 새우기도 하는데, 박사 논문이라는 인생 최대 과제를 해결하지 못하고 사는 박사 과정 수료생이 누리기에는 지나치게 사치스런 일이다. 이집트를 떠나 온 시간이 이집트에서 보냈던 꼭 그 만큼의 시간이 되어 가는 지금, 화장품 샘플만 봐도 언제 짐을 꾸릴까 마음이 설레는 건 확실히 나일강이 부르는 소리 때문이다.

이 글을 쓰는 지금 지도 교수님이신 혜당 선생님의 '아이고, 아이고, 얘가 얘가, 지금 네 나이가 몇인데, 도대체 논문은 언제 쓰려고 그러니? 정신 바짝 차리고 논문만 써도 모자란데….' 걱정과 염려의 목소리가 들려온다. 그러나 어쩌랴 요즘 나는 진정 행복하다.

어머니의 마음

심 지 연
(문학박사 · 고려대 강사)

벌써 내가 이곳 고려대학교 대학원에 입학한지 7년이라는 시간이 흘렀다. 7년이라는 시간 동안 학문적으로 나는 석사 학위를 받고 박사 학위 논문을 준비하고 있으며, 개인적으로는 결혼을 하고 출산을 하여 한 아이의 엄마가 되었다.

박사 과정 수료를 할 무렵 결혼을 하여 약 1년 후에 임신을 하였다. 사실 출산을 하기 전에 박사 논문을 완료하여 아기와 박사 논문을 동시에 생산(?)하기로 했지만, 현실은 호락호락하지 않았다. 임신 6개월과 7개월 때 조산의 기미가 있어 두 번이나 입원을 한 뒤, 이후 약 백일 동안 집에서 전혀 움직이지 못하고 누워만 있게 되어 강의도 공부도 전혀 할 수 없게 되었다.

조금만 서 있거나 앉아있으면 진통이 와서 집에서조차 침대나 바닥에 누워만 있어야 했던 그 백일 동안, 나는 논문을 쓸 시간을 버린다는 생각보다는 뱃속의 아기가 무사히 달을 채우고 태어나기만을 소망했었다.

그렇게 백일을 넘기고 아기는 달을 다 채워서 무사히 태어났다. 그런데 아기가 태어나니 백일 동안 누워있을 때보다 신경 쓰고 챙겨줘야 할 일들이 더 많았다. 아기를 먹이고, 닦이고, 돌봐주고……. 아기는 아무것도 할 수 있는 것이 없으니 모든 것을 엄마가 챙겨줘야 하는 것은 너무나 당연한 일인데, 실제로 그 상황이 닥치기 전에는 그것을 전혀 실감할 수 없었다. 그나마 움직이지 못하는 신생아 때가 신경 쓸 일이 제일 덜하고 아기가 움직이기 시작하면 엄마가 신경 쓸 것들은 점점 늘어난다. 혹시 아기가 기어 다니다가 가구 모서리에 부딪치지는 않을까, 잡고 일어서다가 뒤로 넘어지거나 미끄러지지는 않을까, 화분의 흙이나 바닥에 떨어진 더러운 것들을 주워 먹지는 않을까……. 아기가 커 갈수록 엄마의 걱정은 늘어나기만 하는 것이다.

아기가 백일이 좀 지나자 나는 아기를 낮에는 다른 사람에게 맡기고 박사 논문을 준비하기 위해서 다시 학교에 나왔다. 아무래도 논문 준비와 관련해서 지도교수님인 박영순 선생님을 자주 찾아뵙게 되었는데, 이상하게도 아기를 낳기 전에는 느낄 수 없었던 것이 선생님으로부터 느껴지는 것을 알 수 있었다.

원래 다른 교수님들과는 달리 박 선생님께서는 당신의 지도학생들에 대한 애정이 각별하신 편이었다. 박 선생님께서는 당신께서 강의하시는 수업에 당신의 지도학생이 있으면 다른 교수님의 지도학생들이 질시를 할 정도로 그 지도학생에게 더 신경을 써주셨고, 지도학생들이 다른 일에 신경 쓰지 않고 공부에 전념할 수 있도록 최대한 배려해 주셨으며, 개인적인 문제로 힘들어할 때에도 인생의 선배로서 조언을 해 주시고 걱정해 주셨다. 그리고 그 지도학생들이 학위를 받고 졸업을 한 뒤 교수 임용이나 박사 후 연구과정을 준비할 때에도 당신이 하실 수 있는 한, 그 지도학생에게 최대한 도움을 주시려고 하셨다.

이런 박 선생님의 모습을 보고 다들 '엄마 같다'라고 말했고 나도 그렇게 생각하고 있었던 터였다. 선생님의 성격에서 비롯한 '엄마 같은' 모습이라고 생각했었기 때문이다. 그런데 내가 아기를 낳고 기르게 되니 선생님의 그러한 모습이 다르게 느껴지는 것이었다. 선생님의 지도학생에 대한 그러한 애정은 '엄마 같은' 친절한 마음이 아니라 아기를 키워본 '어머니의 마음'에서 자연스럽게 우러나오는 것을 느낄 수 있었다. 즉, 어머니가 아기를 생각하는 마음에서 나오는 걱정, 애정인 것이다.

솔직히 나는 아기 한 명을 키우는데도 신경 써야 할 것이 너무 많아져서 출산 전에는 무척 꼼꼼한 편이었는데, 지금은 메모를 하지 않으면 쉽게 약속이나 할 일을 잊어버리기도 한다. 그런데도 박 선생님께서는 어떻게 당신의 자제분 세 분뿐만 아니라 30여명이나 되는 많은 지도학생들을 신경 써 주시고 챙기시는지 나는 놀랍기만 하다. 이러한 선생님의 지도학생에 대한 마음에 항상 감사드리고 더불어 선생님의 기대에 항상 부족한 제자라서 나는 늘 죄송스러울 뿐이다. 만약 내가 지금 박 선생님과 같이 몇 십 명의 지도학생들을 두고 있다면, 과연 나의 지도학생들에게 당신과 같이 어머니의 마음에서 우러나오는 애정을 쏟을 수 있을까? 확실하게 '그렇다'라고 대답은 못할 것 같다. 다만 선생님의 모습을 반이라도 닮아가려고 노력은 할 수 있을 것 같다고 말할 수 있을 듯하다.

인연

안 상 근
(제주대부고 교감 · 시인)

당신은 영원한 우리의 회장님입니다. 인연의 둘레에 서서 그 깊이를 만드시는 우리 양문회의 회장님이 맞습니다.

당신은 또한 후덕한 우리들의 어머니였습니다. 넉넉한 마음으로 늘 걱정해 주시고 칭찬과 용기를 주며 무언가를 베풀고 싶어 하는 영락없는 우리들의 어머니였습니다.

2002년 1월 경기도 양평의 어느 콘도에서 교육인적자원부장관의 위촉으로 박영순 교수님과의 인연을 시작하여 2년여 동안 7차 교육과정 고등학교 2종 도서 검정을 위한 검정 위원으로 활동하게 되어 한솥밥(?)의 식구가 되었습니다. 그 후 우리들의 인연은 "양문회(양평에서 작문과목 검정위원 모임이라는 의미)"로 발전하였고, 만사를 제쳐 놓고 1년마다 통영(부산대 김정자 교수님)을 시작으로 서울(박영순 교수님, 서울교대 원진숙 교수님, 최용기 박사님, 김민정 선생님), 대구(경북대 임지룡 교수님, 박우현 선생님) 그리고 제주(본인), 청주(교원대 박형우 교수님)로 이어지며 일 년을 마무리하는 여행 일기를 쓰고 있습니다.

이제 惠堂 朴榮順 교수님 정년기념사업회에서 보내 온 메일을 받고, 너나없이 빠름으로 해서 생각의 여유가 없었던 아둔한 나에게 교직 인생의 마무리에 들어선 당신을 잠시나마 떠올리게 됩니다.

평범한 이야기일 것 같지만 제 고향에는 한라산과 수많은 오름(기생화산)들이 있어 산을 오를 기회가 많습니다. 등산을 좋아하는 분들은 다 아시리라 생각합니다. 등산은 하산에서 완성된다는 것을. 정상을 오르기 위해 등산하는 게 아니라 내려가기 위해 산을 오른다는 것을. 집에 도착해 등산화 끈을 풀어야 등산은 끝이 납니다. 산꼭대기에 올랐다가 내려오지 못하면, 그것은 등산이 아닙니다. 사고입니다. 조난입니다. 우리 사회의 가장 큰 문제가 바로 이 평범한 진실을 모르고 오르막길만 있다고 믿는 사실에 동감합니다. 어린이와 젊은이만 있고 올라야 할 정상만 있다는 사실에 동감합니다. 내리막길에는 안내판도 적다는 사실에 동감합니다. 윌리엄 새들러는 <The Third Age(마흔 이후 30년)>란 책에서 40대에서 70대 중후반에 이르는 기간을 제3의 연령기(The Third Age)라고 주장합니다. 태어나서 학교에 다니고 직업을 갖고 결혼을 해 아들 딸을 키우는 제1, 제2 연령기를 지나 제3의 연령기에 전성기를 맞은 뒤 80대부터 본격적인 노화 단계로 들어간다는 것으로 제3의 연령기 30여 년은 인생의 축복이자 새로운 도전의 시기라는 것이지요. 나이를 너무 부정해서도 곤란하지만 지나치게 나이 역할 놀이에 빠져서도 안 되리라 생각합니다. 우리 삶이란 것이 세월 그 자체가 아니라 그 세월을 살아가는 삶의 방식이기 때문입니다. 너무 다른 길로 가는 것 같습니다. 이러다가 조난을 당할 것 같아 다시 산 이야기로 돌아가겠습니다.

산을 오를 때는 꽃이 보이지 않습니다. 정상이 꽃이라 생각하기 때문입니다. 정상에 오르려는 내 의지, 내 체력이 꽃이기 때문입니다. 그래서 정상에 도달하는 순간, 그 꽃은 져 버리고 맙니다. 그러나 그 꽃은 져 버린 게 아니라 다시 눈을 뜬 게 아닐까요? 제가 좋아하는 시 한 편이 있습니다.

내려갈 때
보았네
올라갈 때
보지 못한
그 꽃

고은 시인의 '그 꽃'이라는 5행 17자밖에 안되는 짧은 글에서 1,700자 아니 17,000자의 무게를 느끼게 됩니다. 오르막보다 내리막을 잘 내려오는 연습, 펼치는 것보다 잘 접을 줄 아는 마음을 회장님 당신에게서 배우려 합니다. 진짜 꽃은 홀로 내려오는 길에 피어 있기에 내리막길에서 발견한 이 꽃, 바로 이 꽃을 이제부터 당신 자신과, 당신의 사랑하는 가족과, 소중한 만남의 인연들과, 당신의 평생 몸담은 학교와 국어학계에 바치리라 믿습니다. 그리고 가을이 깊어감과 땀 흘린 만큼 거둔다는 정직한 자연과의 대화도 잊지 마십시오.

惠堂 朴榮順 우리 회장님,

2004년 교수님의 초대로 난생 처음 예술의 전당이라는 곳에서 '맘마미아'라는 뮤지컬을 보았던 제주 촌놈의 감흥으로 교수님 아니 우리 회장님과의 인연의 소중함을 대신하고자 합니다.

좋은 사람들과 좋은 만남으로 보낸 요 몇 년이 가슴 뿌듯합니다.

뮤지컬을 보다

-04년 양문회 모임을 갖고-

안상근

1

2004년 2월 20일 19:30
예술의 전당
S석 1층 1열 5번에 앉아
아홉 분의 소중한 만남과
뮤지컬을 보다

2

스웨덴의 혼성 4인조 그룹
아바의 노래를
우리말로 바꾼
뮤지컬 '맘마미아!'
무대는 그리스 지중해의 외딴 섬
도나와 스무 살 난 딸 소피의
결혼식에 나타난 세 남자,
'어쩜 좋아!'
진짜 아버지는 누구일까

3

수천 명의 시선이 무대로 향했고
주위는 긴장되며 호흡까지도 멈춘 듯했지만
찬 서리 속에 봄을 머금은
매화처럼
여기저기서 박수를 치기 시작하더니
급기야
'인생은 멋진 거야,
신나게 즐겁게 춤을 춰봐요,
댄싱 퀸'
노래 말과 함께
작열하는 태양이
객석을 데웠다

4

무대 앞에서는
반주를 담당한 키보드 원
공연 내내
미친 듯, 몰입해
악단을 지휘하는 모습
혼자서 하나가 되고
모두를 하나로 만드는
정열의 화신이 가까이에
몰래 있었다

5

뮤지컬이 다 끝나고
뒤풀이의 시작은
출연진 모두의 무대와
4층까지의 모든 객석은
누가 먼저랄 것도 없이
하나 둘
자리에서 일어서더니
셋 넷
손뼉을 치며
다섯 여섯 ……
춤을 췄다
짓누르고 있었던 삶의 무게들에
지친
영혼들의 흔들림이었다

6

울림과 외침
잿빛 콘크리트 속
태양이 흘리는 눈물이 있었다

5월의 인연

양 영 희
(전남대 교수)

연둣빛 신록이 진초록으로 영글고, 넝쿨 장미가 화사한 자태로 함박웃음 터트리던 오월 중순의 어느 날, 선생님과의 아름다운 인연도 시작되었다. 박사 후 과정에 들어가기 위해 몇 차례 메일을 주고받은 후, 서류를 준비하여 처음 고려대 연구실을 찾았던 그 날을 필자는 지금도 잊지 못한다. 점심 때가 한참 지난 시간임에도 필자를 위해 기꺼이 기다려 주셨던 따뜻한 마음과, 오자가 하나라도 있을까 걱정하시며 세심하게 연구계획서를 들여다보시던 선생님의 그 모습은 앞으로도 오랫동안 필자의 마음에 자리할 것이다. 필자의 지도 교수님께서 선생님을 '양반 집 규수'로 소개하셨던 이유를 절로 깨달을 수 있었다.

그렇게 시작된 인연이 올해로 7년째이다. 생활의 터전이 녹녹치 않은 거리에 있어 가까이서 뵐 수 없는 아쉬움을 간혹 학회에서 뵙는 정도로 만족하곤 했는데, 이리 정년을 맞이하신다니 그저 허전하고 섭섭할 따름이다. 가는 세월 앞에 물처럼 흘러가야 하는 것이 우리 인간의 당연한 숙명이겠지만 그럼에도 학계의 어르신들이 하나 둘 정년을 할 때면 그렇게 세월과 함께 보낼 수밖에 없는 인연이, 그분들이 남기고 간 빈 자리의 허전함이 하 야속하기만 했다. 그래도 선생님은 진정 더 오래 머무르실 줄 알았다. 언제나 곱고 단정한 자태이셔서 그동안 선생님의 연세를 제대로 가늠하지 못했던 것이다. 그래서 오늘의 아쉬움이 더욱 크고, 새삼스러운 서운함 또한 가일층 깊은 듯하다.

살기가 참 고단하다 싶어 누군가의 위안이 필요할 때면 언제나 선생님을 떠올렸다. 주위에 가족이 있고, 선・후배가 있음에도 그렇게 선생님을 찾게 된 것은 공부하는 여성 선배로서 믿고 의지했기 때문일 터이다. 그렇다고 구구절절 표현할 수도 없어 메일로 안부를 묻는 정도로 만족했건만 세심한 선생님은 필자의 절박한 심정을 놓치지 않으신 듯했다. '어려울 때일수록 공부하라', '양 선생을 위해 기도하겠다', '가까이에 있지 못해서 아쉽다'라는 살갑고 다정한 위로의 말씀이 얼마나 필자에게 큰 힘이 되었는지 모른다. 이제야 고백하지만 그런 답장을 받은 후, 속 깊은 눈물을 삼킨 적도 한두 번이 아니었다. 어쩌면 따뜻한 성품을 천성으로 가지신 선생님께서는 누구에게나 그리 말씀해 주셨을 수도 있지만, 그렇더라도 당시 필자에게는 그러한 위로가 절실했었기에 다독다독 용기를 주고, 힘을 북돋아주시는 그 말씀에 깊은 감사의 염을 품을 수밖에 없었다.

그리 많은 생을 살아온 것은 아니지만 그렇다고 적게 살았다고 할 수도 없는 어설픈 현 시점에서 돌이켜 보면, 인연이 그리 공평하지는 않은 듯하다. 까닭 없이 베풀어야만 하는 인연도 있고, 송구할 정도로 받기만 해야 하는 인연도 있음을 체험한 바로는 그러하다. 선생님과의 인연은 당연히 후자에 속한다. 그래서 항상 감사하고 죄스러울 따름이다. 필자가 역량이 뛰어나서 학문으로써 선생님께 보답하는 것도 아니고 가까이서 모실 수 있는 처지도 아니어서 이 같은 마음은 세월과 함께 쌓여만 가고 있다.

그러나 선생님의 평소 말씀처럼 열심히 그리고 성실하게 살다보면, 언젠가 선생님과 한나절을 따뜻하게 보낼 시절이 오리라 생각한다. 선생님께서 가장 좋아하신다는 5월에 한적한 들길에서 함께 도란도란 이야기를 나누며 맑은 햇살을 온 가슴으로 받아들일 그런 날이 꼭 오리라 꿈꾸고 있다. 그러한 꿈이 이제 현실로 다가올 날도 멀지 않았다는 서글픈 기대가 일기도 한다. 물론 선생님께서 살아오신 행보로 보아서는 학교를 떠나신다고 하여 연구를 결코 게을리 하지 않으실 듯하지만 그래도 이전보다는 더 여유가 있지 않겠는가라는 순전히 필자의 욕심에서 비롯된 바람이 슬금슬금 마음에 자리 잡는 까닭이다.

그렇다. 필자는 앞으로도 선생님의 존함을 학회지에서도 여전히 보고 싶고, 저자명에서도 확인하고 싶다. 그러기 위해서는 먼저 선생님의 건강이 무엇보다 중요할 터이다. 자기 관리에 철저하신 분이어서 이에 대해서는 별다른 우려가 없지만, 그래도 이제는 무엇보다 건강을 챙기셨으면 한다. 그래서 앞으로도 지금처럼 늘 고운 모습으로 많은 여성 후학들에게 어머니로서의 역할을 해주셨으면 한다.

그동안 다 하지 못했던 감사의 마음은 평생 동안 되새기며 보답하고자 한다. 인생의 소중한 시간들을 돌이켜 보는 시점에서, 필자에게 이렇게 귀한 지면을 할애해 주신 선생님의 따뜻한 배려에 다시 한 번 감사드리며 필력의 부족으로 필자의 마음을 다 담을 수 없음을 못내 탄식하면서 글을 마친다.

언제나 내내 평안하시길 가슴 깊이 소망하고 기원하면서….

지난 3년에 대한 단상

오 광 근
(문학박사 · 성균관대 강사)

2004년 8월에 나는 큰 사고를 냈다. 당시 나는 몇 년 만에 한국에 초청되어 연수를 받기로 한 카자흐스탄 한국어 교사 몇 분을 마중하러 인천 공항으로 나갔다. 반가운 마음으로 그들을 맞이하고 국립국어원으로 오는 길에 그만 교통사고를 낸 것이다. 그때 나는 박사과정에 입학한 지 12년째였고 학위 논문 제출 기한을 한 학기를 남겨 둔 상태였다. 또한 그 해 여름에는 지도교수의 정년퇴임이 예정되어 있었다. 나는 지도교수의 정년퇴임 기념 논문집에 한 편의 논문을 실어야 했다. 여러 가지 일로 쫓기던 나는 대학 선배인 국립국어원 담당자의 부탁을 거절하지 못하고 초청 인사들을 마중하는 일을 도와주려다 조급한 마음에 그만 사고를 냈던 것이다. 우리 차가 5톤 트럭과 충돌하는 순간 여러 가지 복잡한 심정이 한꺼번에 복받쳐 그냥 엉엉 울고만 싶었다.

초청되었던 카자흐스탄 선생님 세 분이 나란히 병원에 입원을 했다. 이들을 초청한 국립국어원의 윗분들이 차례로 병문안을 다녀갔다. 사고의 정도를 보면 나 역시도 다른 선생님들과 함께 누워 있어야 했건만

도저히 같이 누워 있을 수 없었다. 사고를 낸 사실이 스스로 너무나 창피했고, 당장 해야 할 일들이 많았기 때문이었다. 나는 일단 그 학기에 학위논문 제출을 포기하기로 했다. 그리고 내 주업무였던 '제4회 한국어교육능력인증시험'의 준비에 매달리기로 했다. 학위논문 대신에 지도교수 정년퇴임 논문집에는 논문을 싣기로 하였다. 다만 그동안 학위 논문과 관련지어 준비하던 내용을 바꿔 과거에 고민하던 문제를 논문으로 꾸미기로 했다.

학위논문 제출이 지도교수 정년퇴임 기념 논문 제출보다 더 중요할 수도 있었으나 학위논문은 아직도 한 학기가 더 남아 있어 다음 학기에 제출할 수도 있지만, 지도교수 정년퇴임 논문은 지금 제출하지 않으면 평생 후회할 수도 있다고 판단했다. 그런데 이러한 판단은 뜻밖에도 가정불화의 큰 원인이 되었다. 집안의 가장으로서는 학위논문 제출이 정년퇴임논문 제출보다 더 중요한 것이 아니었느냐 하는 것이었다.

2004년은 한국어세계화재단의 제2기 이사진이 구성된 해이기도 하다. 새로운 이사진이 구성되고 새 이사장과 운영이사가 재단에 들어오면서 일이 많아졌다. 재단 전체가 눈코 뜰 새가 없었다. 박영순 신임 이사장께서는 몸소 과거 지지부진했던 일들을 챙기셨고 재단의 정체성 확립 및 외연 확대를 위해 동분서주하셨다. 그 결과 2005년에는 외국인 근로자 한국어 교육, 이주민 대상 한국어 교육, 한국어 교재 전람회, 한국어 국외 보급 대토론회, 국내 이주민 대상 정책 수립 심포지엄 등 다양한 교육 사업과 토론회를 시행하고 고용허가제 한국어 능력 시험, 학문 목적 한국어 능력 시험 등 한국어 관련 시험을 5개국에서 시행하게 되었다. 고용허가제 한국어 능력 시험은 재단의 외연을 확대하는

데 특히 많은 힘이 된 사업이었다. 덕분에 우리는 국제한국어교육학회 학술대회 지원, 이중언어학회 학술대회 지원, 중국한국(조선)어교육연구학회 지원은 물론 인도네시아 국립대학 한국어문화과 교수 파견 및 장학금 지원 등 국고보조금으로 할 수 없는 다양한 사업들을 진행할 수 있었다.

2005년의 이런 성과 뒤에는 또 다른 막대한 대가(對價)가 있었다. 이사장께서는 임기 중 여러 고초가 있었는데, 그 중 하나가 과로로 인한 건강의 악화였다. 2005년 여름 당시 박영순 선생님의 가족들은 건강 악화를 염려하여 이사장 자리에서 물러나기를 희망하였다. 그러나 재단에 오랫동안 몸을 담았던 나로서는 재단의 발전을 위해서 이사장의 중도 퇴임을 막고 싶었다. 2005년 여름 계명대에서 미국 내 한국어 교사 초청 연수 사업 만찬을 마치고 서울로 상경하는 길에 나는 어렵사리 정리하시던 이사장님의 마음을 건방지게도(?) 대의명분을 앞세워 흔들어야만 했다.

재단에 일이 많아진 그 이상으로, 재단의 외연이 넓혀진 그 이상으로 재단 소속원의 경제적 형편도 조금 나아졌다. 그동안 재단에는 매년 넘기 버거운 보릿고개가 있었다. 매년 5월 하순이 되어서야 그 해 첫 월급을 받았기 때문이다. 월급 없이 구정을 쇠야 했고, 5월 5일 어린이날을 자식들과 우울하게 보내야 했으며 5월 8일 어버이날, 어머니께는 물론이고 처가에 변변한 선물 하나 준비하지도 못했다. 그리고 5월 15일 스승의 날이 되면 은사를 뵈러 가야 할지 말아야 할지 고민하다가 삶에 회의(?)까지 생기곤 했다. 지금 돌이켜 봐도 가장으로서 참으로 견디기 힘든 고통스러운 일들의 연속이었다.

그런 일들은 2005년부터 이제 기억하고 싶지 않은 여러 과거의 하나로 남게 되었다.

2006년 겨울에는 재단에 다른 시련이 다가오고 있었다. 나는 남모를 고민에 매일 힘들어했다. 내가 결정한 대로 일이 진행되는 것은 분명 아닌데도 나는 마치 세상의 일을 다 껴안은 사람 모양 혼자 끙끙 앓아야만 했다. 2005년에도 그렇게 생각했듯이, 재단을 위해 그리고 재단의 연구원들을 위해서 어느 무엇보다도 박 이사장님의 존재가 절실했다. 그래서 연임해 달라고 부탁이나 사정을 해야 마땅한 것이 아닌가 생각했다. 그렇지만 당신의 건강과 당신의 가족을 위한다면 연임보다는 그냥 퇴임하시는 것이 좋지 않은가 생각했다. 당시 어떤 것이 옳은 것인지 또는 바람직한 것인지 판단하기 어려웠다. 나를 위해야 하는 것인지, 재단을 위해야 하는 것인지, 아니면 가족을 위해야 하는 것인지, 그리고 이사장 당신을 위해서라면 어떤 조언을 드려야 하는 것인지, 지금 당장을 생각해야 하는 것인지, 아니면 몇 년 후를 고려해야 하는 것인지 혼란스러웠다.

지난 3년간 '다사다난'이라는 한 마디로 모두 표현하기 어려울 만큼 많은 일들이 있었다. 그 가운데서도 박영순 이사장님은 재단 연구원을 자식처럼 잘 챙겨주셨다. 어떤 때, 이사장님은 천생 어머니같이, 사전적 의미로 이미 중년인 연구원들을 잘 안아 주셨다. 기뻐할 때에나, 즐거울 때에나, 그리고 위로가 필요할 때에는 늘 위로와 격려를 아끼지 않으셨다. 그러나 일의 처리가 미진하거나, 일을 잘못 처리하면 언제든 어디서든 호되게 야단을 치곤 하셨다. 우리는 이사장님의 이러한 모습에 부모님과 같은 애정을 느끼기도 하였다.

공과 사를 구별하는 것은 매우 중요하다. 그런데 일을 하다 보면 공과 사가 많이 섞이게 된다. 때로는 공적인 일들을 사적인 것으로 풀어

가는 것이 더 나을 때도 있다. 어쩌면 당시 나에게는 이사장이 필요한 것이 아니라 부모님 같은 분이 더 필요하다고 생각했었는지도 모르겠다. 아무튼 우리 연구원들은 박영순 이사장님이 재직하시던 3년 동안 모든 면에서 한 단계 발전하였고, 자신감이 생겼으며, 리더십이 어떠해야 하는가를 배운 것 같다.

혜당 선생님의 30년 전 신문 기사를 스크랩하며

오 새 내
(문학박사 · 고려대 강사)

언론 보도는 시대의 창(窓)이자 거울이다. 언론 기자들은 현대의 사관(史官)이다. 22세기가 되면 역사를 쓰는 사람들과 언어를 연구하는 사람들은 20세기와 21세기의 언론 보도와 인터넷을 통한 의사소통의 흔적들을 사료(史料)로 삼을 것이다. 한국어사와 한국어학사도 역사이다. 역사를 알려면 자료가 있어야 한다. 한국어의 역사적 변화에는 언어적 요인도 있겠지만 사회적 요인, 심리적 요인 등 다양한 요인이 작용한다. 이러한 요인들은 인간의 행동에 영향을 미치는 것으로 인간의 언어 행동에도 영향을 미친다. 이런 맥락에서 언어의 변화는 언어 행동의 변화, 언어 사용의 변화, 언어 태도의 변화를 모두 아우른다.

20세기 한국어 사회언어학 연구사를 쓰기 위해서는 혜당 박영순 선생님의 업적을 빼놓을 수 없다. 혜당 선생님은 20세기 중반 한국 사회의 사회언어학 연구에 언어 실태 조사 연구, 이중언어 연구, 재외동포의 한국어 사용과 한국어 교육 연구, 사회언어학적 연구조사를 바탕으로 한 국어교육 등 새로운 길과 방향을 제시하셨다. 당시 한국 사회는 혜당 선생님의 연구에 대해서 주목하고 있었고, 언론 보도에서도 그 기록을 찾을 수 있다. 필자는 이 글을 쓰는 시점에서 30년 전인 1970년대와 1980년대 언론 보도에 비친 혜당 선생님의 모습을 여기 옮기고 사료로 남기고자 한다.

첫 번째로 살펴볼 기사는 경향신문 1976년 6월 17일자 <再整理 시급한 우리말 경어법>이다. 당시 미국에서 돌아오신 혜당 선생님이 제19회 국어국문학연구발표대회에서 "국어 경어법의 사회언어학적 연구"를 발표하셨다. 서울의 14개 가구 8세에서 60세 이상의 남녀 65명을 대상으로 경어법의 사용 실태를 조사한 이 연구를 통해 혜당 선생님은 '우리말의 실상을 밝히는 현대한국어에 대한 사회언어학적 연구가 시급하다'는 의견을 제시하였다.

再整理 시급한 우리말 敬語法

淑大 朴英順교수 연구발표

초·중·고생 姻戚호칭 잘몰라

現實무시한 文法책 개편돼야

<사진 1> 경향신문 1976년 6월 17일자 기사

언어 실태 조사를 통해 한국 사회의 언어 문제를 지적하고 국어 교육의 방향성을 제시한다는 측면에서 혜당 선생님의 연구는 그 이후에도 계속 지속되었다. 동아일보 1980년 6월 10일자 기사 <漢字에 약한 大

學生>은 혜당 선생님이 <국어국문학> 83호에 발표한 논문 <韓國 大學生들의 國語實力에 대한 연구조사>를 다루었다. 동아일보는 혜당 선생님이 1979년 9월부터 1980년 1월까지 전국 10개 대학 2,3학년 학생 5백여 명을 대상으로 말하기, 듣기, 한자 해득 능력을 측정한 결과를 통해 "우리나라 국어교육전반에 걸친 반성과 근본적인 개선책이 시급히 요청되고 있다."고 보도하였다.

漢字에 약한 大學生

朴榮順교수 10個大 5백명조사

발음과 해석문제 모두 50점이하로 저조

新聞제대로 못읽고 大學공부에도 지장

<사진 2> 동아일보 1980년 6월 10일자

두 달 후에 다시 혜당 선생님의 사회언어학적 연구가 동아일보 1980년 8월 5일자에 소개되었다. 한국어와 영어의 언어 예절 차이를 상세하게 소개하는 이 기사는 1980년 8월 1일 강릉대에서 열린 한국비교문학회 하계연구발표대회에서 혜당 선생님의 발표한 내용을 바탕으로 작성되었다. 기자는 한국어와 영어의 언어 예절과 호칭 사용의 시대적 변화를 설명한 혜당 선생님의 발표에 주목하고 한국어와 영어의 호칭 차이가 "개인주의적인 미국인과 가족중심적인 한국인의 문화적 전통과 의식구조의 차이에서 기인한다."는 혜당 선생님의 의견도 함께 보도하였다.

呼稱사용에 큰差異

國語와 英語의 言語禮節 (慶熙大學校 朴英順교수發表)

朴英順교수

美國人들은 尊敬·거리감 同格

韓國은 존경의 정도따라 多樣

<사진 3> 동아일보 1980년 8월 5일자

1980년대 혜당 선생님이 학계에 이룬 큰 업적 중 하나는 이중언어학회를 통해 이중언어 연구에 대한 학계의 바탕을 마련하셨다는 점이다. 필자는 2011년 현재 한국이 다문화 사회가 되고 이민자들의 증가로 인한 이중언어가 사회적 이슈라는 점을 생각해보면 1980년대에 이미 이중언어학회의 성립과 활성화의 뜻을 품으셨던 혜당 선생님의 모습에 다시 한 번 놀라게 된다.

이중언어학회 성립 시기의 신문 기사를 살펴보도록 한다. 경향신문 1981년 9월 29일자 기사이다. 기사 내용을 인용하면 다음과 같다. "해외에 거주하는 한국인 2, 3세에 대한 체계적이고 지속적인 국어교육 연구를 위한 이중언어학회가 26일 하오 2시 덕성여대에서 발족됐다."

기사에서도 나오지만 이중언어학회 창립을 앞장서 주장한 분은 혜당 선생님이었다. 혜당 선생님은 기사에서 "해외교포에 대한 이중언어교육이 민족문화의 전통을 유지하고 현지적응을 돕고 모국에 대한 연대감을 강화하는 데 크게 기여하게 될 것"이라고 하셨다. 미래를 내다보는 기운이 느껴지는 문장이다.

가을맞이 學術發表會 잇달아

二重言語學會 발족

考古學업적 刮目하나 理論的연구 未洽

朴齊家는 開化期의 思想家보다 앞선 先覺者

<사진 4> 1981년 9월 29일 경향신문

이중언어학회 발족 이후 재중동포들의 이중언어에 대한 혜당 선생님의 연구는 지속되었다. 언론에서도 혜당 선생님의 연구를 보도하였다. 동아일보 1981년 12월 24일에는 중국작가협회 연변분회를 중심으로 한 한국어 문예지 <아리랑>을 소개하는 혜당 선생님 기사가 실려 있다. 기사 내용에서 혜당 선생님은 문예지 <아리랑>을 통해 이중언어교육의 중요성을 강조한다. <아리랑>의 작가들은 중국에서 태어난 교포 2, 3세들이지만 이중언어교육을 통해 한국어를 지켰고 문학작품을 창작할 수 있을 만큼 한국어를 구사한다는 것이다.

혜당 선생님의 재외동포들의 이중 언어 문제와 한국어 교육에 대한 지속적인 연구는 동아일보 1985년 8월 9일자에 다시 보도되었다. 기사 제목은 <中共 韓人 교포 '우리말 지키기' 활발>이다. 필자는 이 제목을 보며 1980년대 당시에 일반인들이 쉽게 접근하기 어려웠던 공산주의

中共교포들「아리랑」創刊

高大 朴英順교수「海外동포」誌서 밝혀

428페이지 순한글 文藝誌

한국인의 맥박·情緒가 물씬

<사진 5> 동아일보 1981년 12월 24일자

국가인 중국과 소련에 사는 동포들을 대상으로 한 한국어 실태 연구가 지닌 보도 가치에 대해 생각한다.

기사 내용을 살펴보면 다음과 같다. 1985년 8월 12일~14일 한양대학교에서 열린 국제어문학술대회에서 혜당 선생님은 <中共과 蘇聯에 있어서의 한국어교육>이라는 논문에서 재중동포는 한국어를 지키기 위해 활발한 활동을 벌이고 있지만, 당시 소비에트 연방에 거주하는 동포들은 한국어를 잃고 있다는 내용을 다루었다. 이 연구는 사회적 환경과 교육, 언어 정책에 따라 언어 사용자의 이중언어가 활성화되기도 하고 그렇지 않기도 하다는 점을 실증적인 자료로 보여준다는 점에서 언어 정책론의 사례연구로도 주목할 만하다.

1990년 이중언어학회 회장인 혜당 선생님의 지속적인 연구 활동의 결과 1990년 7월 12일부터 15일까지 중국에서 최초로 한국어 국제 학술대회를 개최하게 된다. 중국에서 열리는 첫 번째 한국어학 학술대회 기사는 조선일보 1면 톱기사를 비롯해 동아일보, 경향신문, 한겨레신문 등 1990년 7월 당시 일간지에 크게 보도되었다. 동아일보 1990년 7월 9일자에서는 학회의 주제, 규모, 참석 인원 등을 상세히 다루었고 경향신문 1990년 7월 10일자 기사에는 혜당 선생님의 인터뷰 기사가 실렸다.

中共 韓人교포「우리말 지키기」활발

高大 朴英順교수 국제語文학술대회 論文

延邊조선학교선 大學까지 公用語로

한글로된 新聞·문학出版物도 數十種

蘇聯서 사는 僑胞들은 母國語사용 해마다 줄어 대조적 현상

<사진 6> 동아일보 1985년 8월 9일자

中國서 첫 韓國語 국제학술회의

12~15일 延邊대학서

6개國학자 論文 60여편 발표

南北韓망라「표준어제정」모색

北韓학자들 초청안돼 아쉬움도

<사진 7> 동아일보 1990년 7월 9일자

초대석

延邊「二重언어학회」 국제심포지엄참가 朴榮順교수

"二重言語교육 해외동포의 필수과제"

韓國語의 국제화 촉진…南北언어統一도 연구

◇1942년 서울생
◇숙명여대·대학원 국문과졸
◇美일리노이大 언어학박사
◇고려대 국어교육과교수(現)

<사진 8> 경향신문 1990년 7월 10일자

필자는 이제까지 스크랩한 기사 내용을 통해 혜당 선생님은 언어에 대해 알고 싶은 언어 연구자가 있다면 언어 사용자를 찾아가 물어봐야 한다는 실태 조사의 중요성, 현장의 언어 실태 파악을 바탕으로 한 언어 교육과 언어 정책 수립의 중요성, 이중언어 사용자들에 대한 사회적 관심과 학문적 접근의 중요성, 언어 문제와 사회 문제를 동시에 아우르는 거시적인 시각의 중요성이 기사의 면면에서 나타난다. 그리고 이 메시지는 다문화 사회, 개방화 사회, 최첨단 산업을 기반으로 끊임없이 사람과 문화의 접촉과 이동이 일어나는 초고속의 21세기 한국 사회의 언어 문제를 파악하고 접근하는 데에도 반드시 고려해야 한다는 점에서 여전히 중요하다고 하겠다.

최선을 다 하는 삶이란

오 정 란
(광운대학교 교수)

항상 단아하고 고운 모습으로 제 마음에 앉아 계시는 박영순 선생님. 선생님께서 정년하신다는 소식을 듣고 깜짝 놀라 돌아보니 어느새 제 나이도 오십 고개를 훌쩍 넘어서 있습니다. 시간은 흐르는 물과 같고 시위를 떠난 화살과 같다더니, 사회언어학과 하이만의 음운론 등 가슴 설레며 선생님을 따라 새로운 학문세계에 들어간 아름답던 그 시절은 이제 아련한 추억 저쪽으로 밀려나 있습니다. 항상 최선을 다하시는 선생님의 그 모습이 너무 아름다워 "나도 선생님처럼 나이 들 수 있었으면……." 소원하였던 기억이 아직도 생생한데, 지금의 저는 당시 이미 예측하였던 그대로 부끄러운 제자가 되어 있습니다.

선생님께서는 제자들에겐 항상 따뜻하고 편안하게 대해 주시면서도 학문의 세계에서는 엄정하고 열정적이셨습니다. 의미론과 통사론 그리고 사회언어학과 한국어교육 분야에서 귀감이 되는 수많은 연구업적들을 이루셨습니다. 다시 말해 선생님께서는 최선을 다 하는 삶의 모습을 우리들에게 몸소 실천으로 보여 주셨던 것입니다. 선생님과의 많은 추억 중 한 가지만 들어 보겠습니다.

결혼하고 두 아이의 엄마가 된 후 늦깎이 대학원생으로서 선생님의 사회언어학 강의를 들을 때였습니다. 매 시간 선생님은 열정적으로 강의하셨고 중간고사와 기말시험까지 꼬박꼬박 치렀던 기억이 납니다. 모든 학사 일정은 아무런 장애 없이 물 흐르듯 흘러갔습니다. 그런데 우리에게 열강을 하셨던 그 어느 날 그 시간, 선생님의 아드님은 맹장 수술 중이셨다는 것을 뒤늦게 알았습니다. 당시 어렸던 아드님을 입원시킨 후 학교로 오셔서 평상시와 다름없이 아무런 내색도 않으신 채 끝까지 열강하신 걸 알고, 어린 두 아이의 엄마였던 전 큰 충격을 받았습니다. 진정한 프로 의식이란 어떤 것인가에 대해, 선생님은 아드님을 대상으로 한 모범답안을 우리에게 제시하셨던 것입니다. 어머니로서의 사적 의무와 교수로서의 공적 임무 사이에서 교직자가 취할 바람직한 태도에 대한 이 교훈은, 이후 저의 교직생활에서 굳건한 방향타 역할을 했다고 감히 말씀드릴 수 있습니다.

이제 정년을 앞두신 아름다운 우리 선생님, 선생님을 은사로 모시게 되어 참으로 감사하고 행복했습니다. 다만 한 가지 걱정은, 그 어느 땐가 안암동 교정을 함께 걸어가면서, 선생님 당신은 심폐기능이 약하고 숨이 너무 차서 장수하지 못할 것 같다고 하시던 말씀이 아프게 생각납니다. 이제부터는 선생님의 건강관리에 최선을 다 하시고 부디 자중자애 하시어 그때의 그 말씀이 완전 기우가 되기를 건강하게 백수 누리시길 간절히 기도합니다.

선생님, 사랑합니다.

언해(諺解)

오 태 환
(문학박사 · 시인)

하늘기슭에다 글씨들을 쓰고 있었습니다 너도밤나무 은행(銀杏)나무 물푸레나무 떡갈나무서껀 심까지 맑게 갈아 글씨들을 쓰고 있었습니다 닢, 닢일란 죄다 환하게 발등 밝히며 조난당하며 더 환하게 길을 내준 하늘기슭 쐐기글씨 같고 매듭글씨 같은 것들을 마구잡이로 쓰고 있었습니다 하늬하늬 하늬바람을 따라 해찰하는 나뭇가지들의 그 청명하고 눈부신 비유(譬喩)들을 내가 눈치채건 말건, 쌀쌀한 하늘빛도 덩달아 반짝반짝 가을 개울물처럼 속을 다, 비치며 해찰하며 일렁거렸는데요.

어떤 글씨는 삐끗 갈빗대를 접질리고 어떤 글씨는 아예 운(韻)도 안 비치고 어떤 글씨는 밝게 이마께부터 오리고 다른 글씨는 순 햅쌀빛깔로 서두르고 또 다른 글씨는 투명하게 개털이나 날리고 있었는데요 수선이나 피우고들 있었는데요

어느덧 산구름 언저리부터 금니(金泥)를 두르더니 왼 하늘이 지초당초무늬로 사르고 있습디다 아무래도 감지(紺紙)빛 산그늘 너머 무슨

병란이 일어났는가 싶었는데, 그런데, 그, 숱한 글씨들도 느닷없이 되게, 저리 화려한 화재(火災)를 겪다니요 정강이뼈며 울대뼈며 빗장뼈며 할 것 없이 푸슥! 푸슥! 푸슥! 푸슥! 잉걸불 긁히며 으리으리 물수제비 뜨며 허천나게 그 화재(火災)를 모조리, 당해내는 글씨들의 기쁜 다비(茶毘)라니요

* 혜당 박영순 선생님의 정년퇴임을 진심으로 축하드립니다. 선생님께서는 오로지 모국어를 향한 순일한 사랑으로 모국어 연구의 제단에 신과 명을 바치셨습니다. 선생님의 학문적 성취는 삼엄하면서 아름다운 귀감으로 남아 청정한 석탑의 하늘과 수많은 후학, 제자들의 가슴속에 한결같이 뜨겁게 돋을새김될 것입니다. 학교를 떠나신 뒤에도 선생님의 모국어와 학문에 대한 올곧은 신념과 예지는 그 빛과 향기를 잃지 않으리라 믿습니다. 아무쪼록 건강 챙기시기 바랍니다. 휘황한 퇴임을 다시 한 번 기리면서 혜당 선생님께 졸시를 헌정합니다.

우리 선생님은 늘 연구실에…

오 현 진
(문학박사 · 고려대 강사)

고려대 중앙도서관 406호. 지금은 서가로 바뀌었지만, 2002년 봄 내가 처음 박영순 선생님을 뵌 곳이다. 무식하면 용감하다 했던가. 아무 연고도 없이 무작정 고대 대학원에 진학했던 내가 사전에 전화 한 통 없이 막무가내로 선생님을 찾아뵈었다. 그때 선생님께서 따뜻한 차를 주시며 이런저런 이야기를 해 주셨는데, 그제서야 내가 그 흔한 음료수조차 사오지 않았다는 걸 깨달았다. 죄송하다는 말씀을 드렸더니, 선생님께서는 "네가 빈 손으로 와서 오히려 더 좋다. 뭔가 들고 왔으면 널 제자로 받지 않았을 거야."라고 하셨다. 이게 우리 선생님과의 첫 만남이었다.

그 해 여름, 나는 선생님의 최측근(이 단어에 서운하실 선생님들이 많으실텐데….)이 되었다. 정확히 말하자면, 그 때부터 선생님께서는 나를 옆에 두시고 정신적으로 물질적으로 많은 것을 도와주셨다. 사실 연구조교를 하기 전까지 우리 선생님께서 연구실에서 어떻게 생활하시는지 전혀 알 수 없었다.

선생님께선 아침 일찍부터 밤늦게까지, 주중이든 주말이든 상관없이 항상 연구실에 계신다. 이건 조교 입장에선 여간 불편한 게 아니다. 선생님 책상 정리도 좀 해 드려야 하고(울 선생님 책상은 항상 지저분(?)하다. 보시던 문서나 책들을 치워드리지 않으면 나중엔 책상이 이것들로 뒤덮혀 버릴지도 모른다.), 냉장고에 음료는 충분한지도 살펴보아야 하고, 티포트에 물도 채워놓아야 하고, 손님들과 드셨던 컵도 설거지해야 한다.

하지만 간혹 청소라도 하려 들면 "네 공부나 해라." 하시며 극구 말리셨다. 조교의 임무를 다하기 위해, 하는 수 없이 선생님께서 안 계시는 시간을 택해야 했다. 그래서 하루는 밤 9시쯤 연구실에 올라갔다. 어라~ 아직도 선생님께서 퇴근을 안 하셨다. 다음날은 9시 30분. 10시. 10시 30분…. 결국 선생님께서 들어가신 후 청소하는 것은 실패했다. 별 수 없이 아침에 일찍 나오기로 마음먹었다. '8시면 되겠지.' 하지만 여전히 연구실에 계신다. 결국 아침 청소마저 포기하고 말았다.

연구실에 있으면, 전화도 참 많이 오고 많은 사람들이 오고간다. 귀찮으실 법도 한데, 우리 선생님은 늘 한결같이 정말 반갑게 맞아주시고 진심으로 함께 이야기 나누는 것을 좋아하신다. 돌아갈 무렵엔 꼬옥 안아주시기도 하고, 등도 토닥여 주신다. 그리고 선생님 당신의 저서 중 이것저것을 챙겨 한아름 안겨주시곤 한다. 상대에게 무슨 책이 없는지까지 확인하셔서, 정말 아낌없이 챙겨주신다. 나 역시 선생님의 모든 저서를 그렇게 받았기 때문에, 선생님께 책을 받아갈 때의 뿌듯함과 기쁨이 얼마나 큰지 200% 공감한다. 하지만 그 덕분에 연구실엔 항상 선생님께서 쓰신 책들은 거의 찾아볼 수 없다. 간혹 선생님께서 보시려 해도 당신의 책이 없어 못 보시는 그런 황당한 경우도 생기곤 한다.

우리 선생님은 뭔가를 받는 것보다 주는 것에 익숙하시다. 특히 '밥상'을 참 잘 주신다. 잘했다고, 건강하라고, 힘내라고 등 여러 가지 이유에서이지만, 아주 간혹 야단을 치시고 앞으로 더 잘하라고 밥상을 주시며 위로해 주신다. 특히 다래성의 '특밥'은 밥상의 단골 메뉴 중 하나이다. (워낙 단골인지라 이곳에 전화를 하면, 주인이 금세 알아듣고는 먼저 반가움을 표시한다. 그리고 새로 담은 김치며, 서비스 메뉴 등도 종종 갖다 준다.) 특밥은 그 이름처럼 야채랑 버섯, 해산물 등이 듬뿍 담겨 특별하기도 하거니와 그 양도 많아서 웬만한 성인 남자가 먹기에도 아주 많다. 하지만 우리 선생님은 한 그릇을 맛있게 다 먹어야 좋아하시고, 남학생에게는 당신의 밥까지 덜어주시기 때문에 '특밥'은 국어교육과 신입생 O.T의 '사발식', 이창희 선생님 방의 '차발식'과 맞먹는다고 할 수 있다. 그러면 이걸 우리방의 '특밥식'이라고 해야 하나?

밥 이야기가 나왔으니, 우리 선생님의 식사 메뉴를 좀 이야기해 볼까? 우리 선생님은 도시락을 싸오시기로 유명하다. 요즘 어머니들은 도시락 싸는 것을 매우 귀찮아해서, 자녀가 급식을 하지 않는 1년에 1~2번의 소풍날마저도 김밥을 사다 준다고 하는데, 우리 선생님은 그 귀찮은 도시락 싸기를 거의 매일 하신다.

선생님께선 음식하는 것도 좋아하시고, 특히 다른 사람에게 당신이 한 음식을 먹이시는 것도 참 좋아하신다. 연구실에 있으면서 선생님께서 직접 담그신 김치며, 콩자반이며, 멸치볶음이며, 떡볶이 등 갖가지 요리들을 먹어 보았다. 전라도 출신인 나지만, 양념이 강하지 않고 시원한 울 선생님표 김치는 정말 맛있다.

우리 선생님은 60대라는 나이가 무색하게 젊은이의 식성이시다. 맵거나 자극적이지 않고 담백한 한국식 음식을 참 좋아하시지만, 피자나 스파게티, 소보루빵, 라면, 우동, 김밥 등도 잘 드신다. 특히 바쁘실 때는 식사 시간마저 아끼시기 위해 피자를 종종 드시곤 한다. 처음 피자를 먹자고 하셨을 때 얼마나 놀랐던지…. 종종 대학원 수업이 늦게 끝나는 날은 선생님께서 '피자 파티'를 제안하기도 하셨다. 올해 여름 종강 무렵, 강의실에서 다함께 피자를 먹으며 밤늦게까지 수업했던 그날이 지금도 생생하다.

우리 선생님은 연구실에 한 번 나오시면 좀처럼 움직이질 않으신다. 요즘이야 간혹 경영대 신관 옆 식당에 가셔서 점심을 드시기도 하지만, 그 전까진 항상 연구실에서 식사하시고 식사가 끝나시자마자 바로 또 컴퓨터 앞에 앉으셨다. 하루 종일 선생님과 같이 있다 보면 때론 한참 젊은 내가 집중력이 더 떨어지고, 산만하다는 걸 느끼게 된다. 집중해서 원고를 쓰실 때는 하루 종일 화장실도 거의 가지 않으시고, 그나마도 막 뛰어갔다고 돌아오시곤 하시니까….

그런 선생님께서 유일하게 움직이시는 시간이 물이나 '차'를 드시기 위해서이다. 차를 좋아하셔서인지 연구실엔 국화차, 녹차, 홍차, 보이차, 둥굴레차 등 다양한 종류의 차가 있다. 하지만 보통 사람들이 즐겨 마시는 커피는 이곳에서 찾아볼 수 없다. 선생님께서 커피를 좋아하지 않으시니 나 역시 연구실에서 커피를 마실 수가 없었다. 커피의 진한 향이 퍼져 나갈 생각을 하니 왠지 연구실에서 마실 용기가 나지 않았던 것이다. 어느 날 연구실에서 커피를 마실 수 없었던 고충(?)을 말씀드렸더니, 선생님께서는 "난 커피를 마시지는 않지만, 향은 좋아해."라고 하신다. 하지만 난 아직도 연구실에서 커피 마시는 건 잘 못하겠다.

우리 선생님은 연분홍색이나 보라색의 치마 정장을 즐겨 입으신다. 아직까지 선생님께서 바지를 입으시거나 화장기 없는 맨얼굴을 뵌 적이 단 한 번도 없다. 일전에 누군가에게 우리 선생님께서 스카프를 두르신 모습이 참 예쁘시고 멋져 보이신다면서 '우리 선생님 = 멋쟁이'라고 표현한 것을 들은 적이 있다.

하지만 내가 뵌 선생님은 그다지 멋쟁이는 아니시다 (아, 선생님~ 죄송해요!). 오히려 멋내는 것과는 거리가 먼 분이라고 해야 하나? 당신 자신을 위해 쇼핑을 하시거나 값비싼 물건을 사들이시는 것을 단 한 번도 뵌 적이 없다. 심지어 요즘 젊은 대학생들마저 흔히 갖고 다니는 그 흔한 명품백마저 하나 없으시다. 외국에 자주 오고 가시면서도 내게 주실 선물들은 꼬박꼬박 잊지 않고 챙기시는 분이, 당신을 위해서는 철저히 아끼신다. 백화점 명품관에서 사신 옷들만 입으실 것 같은 외모와 달리, 반값 이상 세일하는 옷들을 사입으시고 지금도 남대문 시장을 즐겨 애용하신단다. 심지어 화장품마저 샘플로 받으신 것들을 애용하시면서도 고운 피부를 유지하시는 걸 보면, 비싼 화장품이 피부에 좋은 것만은 아닌 듯 싶다.

간혹 혜당회(우리 선생님 지도 학생 모임) 식구들이 선생님께서 절대 사시지 않으실 옷이나 장신구 등을 선물해 드리면, 거의 불벼락이 떨어진다. "왜 이런데 힘들 게 번 돈을 쓰니?" 하시는 것이다. 그럴 때마다, 뭔가 좋은 것을 해드리고 싶은 혜당회 식구들의 마음을 몰라주시는 것 같아 약간은 서운하기도 하지만 선생님의 소박한 성품을 잘 알기에 선물을 드리고도 오히려 늘 죄스러워진다.

2002년 여름부터 2008년 2월까지 내가 휴학을 했던 1년 반을 제외하고 약 5년여의 시간을 선생님과 함께 했다. 그간 나는 석사 과정을 무사히 마쳤고, 박사 학위도 받았다. 낯선 이곳에 하루하루 적응하는 동안 우리 선생님은 조그만 일에도 잘 지치고, 나약해지는 나에게 손수 편지도 써주시고 용돈도 주시면서, 항상 따뜻하게 감싸 주셨고 잘 할 수 있다고 잘 될 거라고 믿고 또 믿어주셨다. 그리고 나에게 생긴 좋은 일에 그 어느 누구보다 기뻐해 주시고 자랑스러워 해주셨고, 내가 아플 때 더 힘든 당신보다 내 건강을 먼저 신경 써주셨다. 어느 순간, 나 역시 우리방 여느 선배 선생님들이 그러하듯이 우리 선생님은 부모님과 같은 존재이시며, 내 삶에서 본받고 따라야 할 역할 모델이 되셨다.

요즘 걸리신 감기가 낫지 않으시고, 기침이 부쩍 심해지셔서 말씀하시기조차 힘드신 선생님을 뵈면 마음이 참 아프다. 그런 와중에도 휴강 한 번 하지 않고, 강의 시간을 넘겨가며 매시간 열성으로 강의하시는 모습과 제자들의 졸업 논문이며 장래 문제를 마치 당신의 일인 양 고심하시는 선생님을 뵈면서, 진정으로 강한 분은 우리 선생님이시지 않을까라는 생각을 다시 한 번 해 본다.

잊지 못할 박영순 이사장님

우 창 현
(대구대학 교수)

내가 박영순 이사장님을 처음 뵌 것은 2004년 2월에 있었던 정기이사회에서였다. 이 정기이사회에서 박영순 이사장님은 재단 2대 이사장으로 추대되셨다.

이사장님께서는 재단 이사장으로 취임하시자마자 재단에 있으시기보다는 문화부, 외교부, 노동부 등 정부 부처와 국제교류재단, 재외동포재단 등의 단체를 다니시면서 그야말로 재단을 위해 적극적으로 세일즈를 하셨던 기억이 있다. 그 때 재단 연구원으로서 한편으로는 마음이 많이 아팠던 기억이 있다. 재단이 다른 기관이나 단체처럼 상황이 열악하지 않았다면 이사장님께서 그렇게 다니시지 않아도 될 텐데 하는 마음 때문이었다.

이사장님께서는 그렇게 외부로 다니시면서는 재단에서 할 수 있는 사업들을 설명하시고 내부에서는 자체적으로 예산 없이도 할 수 있는 사업들을 기획하시느라 취임 초기부터 바쁜 시간을 보내셨다. 이처럼 이사장님께서 재단을 위해 헌신하시는 모습을 뵈면서 언젠가 하루는 이사장님께 "이사장님, 어떤 일이든 이사장님께서 말씀하시는 일이라면 최선을 다해 열심히 하겠습니다. 그러니 우리가 새롭게 할 수 있는 일이 있다면 언제라도 말씀을 주십시오."라고 말씀드린 적이 있다. 재단을 위해 열심히 애써 주시는 이사장님께 우리가 할 수 있는 일이라곤 이사장님께서 기획하시는 일에 대해 최선을 다해 열심히 하는 것뿐이라고 생각했기 때문이다.

그렇게 바쁜 시간을 보내던 중 하루는 이사장님께서 우리를 불러 이주노동자에 대한 한국어 교육을 재단에서 우선 실시할 필요가 있다고 말씀하셨다. 처음에 우리는 교재도 없고 수강할 인원도 확보하지 못했기 때문에 시간을 가지고 준비할 필요가 있다고 말씀드렸다. 그러나 이사장님의 생각은 단호하셨다. 교재를 준비하고 모든 것을 갖추려면 시간이 필요한데 그렇게 하다보면 일이 계속 늦어져서 언제 시작하게 될지 모른다고 말씀하시면서 바로 김명광 연구원에게 한 달 동안 이주노동자를 위한 한국어 교재를 만들어내라고 지시하셨다. 사업의 필요성을 모르지 않았기에 우리는 비록 시간 여유는 없었지만 사업을 준비하지 않을 수 없었다.

김명광 연구원은 다른 모든 일을 차치하고 바로 교재 제작에 들어갔다. 동시에 안산, 시화공단에 이주노동자가 많이 거주한다는 이야기를 듣고 이쪽 아는 사람 등을 통해 수강생 확보에 들어갔다. 그러나 교육 장소가 문제였다. 그래서 안산에 있는 학교와 정부 관련 기관, 단체 등을 다니면서 협조 요청을 하였으나 반응은 냉담하기만 하였다. 그러다가 마지막으로 접촉했던 경기공업대학에서 협조할 의사가 있음을 보이어 겨우 교육 장소를 확보할 수 있었다. 그러나 계속해서 수강생 확보가 문제였다. 그래서 안산시청 등을 다니면서 수강생 확보에 대한 요청을 하였더니 이주노동자들이 주말에 출입국 관리 업무를 위해 출입국 관리 업무를 담당하는 출장소로 온다는 이야기를 듣고 주말에 출장소로 찾아가 현장에서 안내 전단을 나누어 주는 등의 노력을 통해 수강생을 확보할 수 있었다.

지금은 외부에서 한국어세계화재단하면 이주노동자, 이주여성에 대한 한국어 교육을 실시하는 곳으로 많이 알려져 있다. 이처럼 한국어세계화재단을 외부에 적극적으로 홍보할 수 있었던 이주노동자에 대한 한국어 교육 사업은 이처럼 이사장님의 적극적인 의지가 있었기에 비로소 시작될 수 있었다. 지금 생각하면 교재를 개발하던 김명광 연구원이 중이염에 걸려 고생하면서도 이사장님께서 기획하신 일이니 반드시 기간 내에 끝내겠다고 며칠 동안 밤 12시까지 야근하면서 교재를 만들어 냈던 일과 확보한 수강생들의 교통편이 없어 토요일 오후에 재단 연구원들이 차를 가지고 수강생들을 강의 장소까지 데리고 왔던 일 등이 추억으로 남지만 그 당시에는 정말 우리가 이 일을 시작할 수 있을까 하는 생각에 참으로 애를 태웠던 기억이 있다. 그러나 이사장님의 적극적인 의지와 이사장님에 대한 연구원들의 절대적인 신뢰를 통해 문제를 극복할 수 있었다.

이사장님과 관련한 일화 하나를 더 소개하면, 한 번은 이사장님께서 노동부를 다녀오셨다면서 기분 좋으신 표정으로 재단에 출근하신 일이 있다. 이사장님께서는 이제 재단이 안정적인 재원을 마련할 수 있는 길이 보인다고 기뻐하셨다. 말씀인즉 고용허가제에 따라 한국 노동부와 양해각서를 체결하는 국가들에서 한국으로 들어오려는 외국인 근로자의 경우 현지에서 한국어 능력 시험을 치루어야 하는데 이 시험 주관기관을 공모를 통해서 선정하기로 하였으니 우리가 부지런히 준비해서

따올 수 있도록 하자는 말씀이셨다. 그때만 해도 이미 양해각서를 체결한 국가가 여섯 개 국가이어서 이 여섯 개 국가에서 시험을 치르게 되면 국가별로 할당 인원은 조금 다르지만 대략 한 국가 당 만 명 정도만 응시한다 해도 재단으로서는 적지 않은 응시료 수입을 예상할 수 있는 일이었다.

그때 이사장님께서 하신 말씀은 지금도 잊혀지지 않는다. "우리가 시험 주관기관으로 선정되지 못하면 다들 사표 쓸 각오로 준비해야 한다." 이사장님의 이러한 절박한 말씀이 없으셨어도 당시 재단의 상황을 잘 알고 있는 우리로서는 준비에 만전을 기할 수밖에 없었다. 하지만 이러한 이사장님의 분명한 의지는 우리들에게 반드시 해내야 한다는 마음을 갖게 하였다. 이사장님 말씀이 있으셨던 다음 날부터 우리는 하나하나 준비에 들어갔다. 먼저 김명광 연구원, 이혁화 연구원이 중심이 되어 제안서 작업에 들어갔다. 시간이 많지 않아 며칠 동안 거의 밤을 새다시피 준비하고 마감 당일 아침에 출력을 맡겨서 오후에 노동부로 제출하러 들어갔다. 들어가는 중에 다시 한 번 제안서 내용을 검토하다가 일부 내용이 잘못되었다는 것을 발견하였다. 우리가 인쇄소로 보낸 파일이 인쇄소 컴퓨터 프로그램과 맞지 않아 일부 내용이 잘못되었던 것이었다. 당시에는 너무 놀라서 당황스럽기만 했다. 그러나 그날이 제안서 제출 마감날이어서 어쩔 수 없이 노동부에 제출하면서 다음 날 일부 수정해서 제출하겠다고 솔직하게 이야기하고 양해를 구했다. 그렇게 우선 제출하고 다음 날 수정해서 다시 제출했던 기억이 있다.

제안서를 제출하고 또 바로 김명광, 이혁화 연구원과 함께 프리젠테이션 준비에 들어갔다. 실전처럼 준비하느라고 이사장실에서 빔프로젝터를 이용해서 발표 연습을 했다. 긴장한 가운데 프리젠테이션을 마치고 발표를 초조하게 기다렸다. 마침내 재단이 6개 국가 중 3개 국가 시험 출제 기관으로 선정되었다는 연락을 노동부로부터 받았다. 이날 제안서와 프리젠테이션을 준비했던 우리 연구원들은 물론이고 이사장님께서도 참으로 기뻐하셨던 모습이 생생하다. 지금 재단이 재정적으로 어느 정도 안정되어서 재단의 연구원과 직원들이 안정적으로 급여를 받을 수 있는 체계를 마련한 것도 바로 이러한 이사장님의 의지 덕분이었다고 할 수 있다. 나뿐만 아니라 재단에서 이사장님을 모셨던 모든 재단 연구원들은 이사장님께서 재단에 재직하시면서 이루신 이러한 업적을 잊지 못할 것이다.

이사장님께서는 이처럼 재단을 위해 무척이나 애를 쓰셨다. 그리고 재단이 나아가야 할 방향이 무엇인지도 분명하게 짚고 계셨다. 이사장님께서는 내가 재단에 있을 때 늘 우리 재단에서는 한국어 교육과 평가를 중심으로 한 사업들을 계획하고 수행해야 한다고 몇 번이나 말씀하셨다. 그리고 어떻게 한국어 교육을 하고 또 한국어 평가를 해야 할지에 대해서도 구체적으로 생각하고 계셨다. 내가 재단에 계속해서 근무하고 있었더라면 이사장님께서 생각하셨던 한국어 말하기 평가라든가 한국으로 유학하려는 유학생들을 위한 한국어 능력 평가 제도 등을 개발하는 일 등을 열심히 하지 않았을까 생각한다. 그러나 불행히도(?) 이때쯤 내가 재단에서 학교로 자리를 옮기게 되었다. 그래서 이후에 있을 평가제도 개발 등의 일에는 관여할 수 없었다.

지난번에 이사장님께 이메일로 안부를 여쭌 적이 있다. 그때 이사장님께서는 내게 이제는 호칭을 선생님으로 바꾸라고 말씀하셨다. 이제는 같은 국어학의 길을 걷는 선생님으로 대해달라는 말씀이셨다. 그러나 내게 이사장님은 재단이 어려울 때 모셨던 분이면서 조직의 리더가 어떠해야 하는지를 몸소 보여주셨던 '이사장님'으로 언제까지나 기억될 것 같다. 이사장님을 모시면서 사업을 기획하는 일, 아랫사람을 통솔하는 일, 조직을 관리하는 일 등 참으로 많은 것들을 배웠다. 이러한 이사장님의 가르침은 앞으로 내가 살아가는데 큰 도움이 되리라 생각한다.

이사장님의 건강이 좋지 않아 걱정이다. 이제는 다른 모든 일보다 이사장님의 건강을 돌보시며 지내셨으면 하는 바람이다.

한 줄기 빛으로 내게로 온 당신

원 자 경
(문학박사 · 말글삶 학원 원장)

30여 년 전 이맘쯤에도 평창동 댁 뜰엔 겨울 햇살이 가득했습니다. 창유리의 요술이 겨울의 추위는 어데 감추고 봄날의 따스함만 내미는 나른한 오후였지요. 그 나른함은 엄마 품처럼, 지친 몸을 잠시만 기대도 단박에 긴 단잠에 빠질 것 같은 포근함이었습니다. 스무 살 갓 넘은 인생이 왜 그리 시고 떫었던지 걷고 있는 두 발은 늘 깊은 모래밭을 터벅거렸습니다. 그러다 평창동 선생님 댁의 그 길고 긴 골목길, 제자리 걸음 걷는 것처럼 돌고 돌아 산꼭대기 집에 이르면, 그곳은 바람조차 비껴가는 안온한 둥지 같았습니다. 한줄기 빛과 같은 당신이 거기에 계셨기 때문이지요.

30여 년 전 그날도, 선생님은 졸업 논문에 지친 제자에게 무엇인가를 먹이고 다독이고 싶어 부엌에서 미역국을 끓이고 계셨습니다. 오늘도, 점심이 훨씬 지난 시간인데도 오십도 한참 넘은 나이에 박사논문 쓴다고 애태우다 밥 때나 놓쳤을까, 미리 끓여두신 미역국 냄새가 2층 서재로 가는 계단을 따라 올라옵니다. 아마도 놓친 밥 때보다 공부할 때를 놓친 늦깍이 제자가 안타까워 그러셨겠지요. 오늘 박사 논문에 마지막 인증 도장을 찍으시면서 당신이 박사학위를 받는 것 같다며 그 넉넉한 품으로 기뻐 안으실 때, 전 선생님의 눈동자가 촉촉해지시는 것을 보았습니다. 공부할 때를 놓치고 돌고 돌다 지쳐 돌아온 탕아처럼 이제야 선생님의 품에 안긴 제 설움을 아시기에 미리 그리 하신 게지요. 그렇게 당신에겐 언제나 제자의 일이 당신의 일보다 먼저이셨습니다.

제가 선생님을 처음 만난 건 1979년 봄, 곁의 친구들은 시대적 대의를 위해 단식투쟁으로 밤을 지새우는데 전 단식은 커녕, 아무리 먹어도 가시지 않는 허기와 구멍 난 갈증으로 허덕거리고 있을 때입니다. 남들은 대의를 외치는데 전 제 자신 하나도 일으켜 세우지 못하고 바람처럼 떠돌고 있었지요. 당시 대학 캠퍼스에서는 자의든 타의든 낭만이니 학문의 열정이니 미래라는 건 생각조차 하기 어려운 시절이었습니다. 80년 해빙의 봄에는 개강하자마자 휴교령이 내려 한 학기를 그냥 반납하고 말았지요. 저에게 기억되는 스무 살 시절 주변은 온통 불투명한 색감들이 뒤섞이고 뭉개져 형체를 알아볼 수 없는 참담한 풍경뿐이었습니다.

그 시절 어느 봄날 경희대 인문 강의동 201호에 불쑥 들어선 선생님은 그야말로 신비로움이었습니다. 당시 여교수라는 직분은 개화기의 신여성만큼이나 낯설고 품격이 다른 세상의 삶이라 생각했습니다. 거기다 Saussure, Noam Chomsky, Generative Phonology 등의 생소한 이름이나 용어는 봄날 나른함이나 느슨한 정신을 바짝 잡아당기고 단숨에 팽팽한 신경전을 벌이기에 충분했습니다. 대학에 들어와 처음 접하는 영어 원서 수업은 여기저기를 훑고 다녀도 가시지 않던 허기를 단박에 치우고 제 젊음을 송두리째 빼앗아, 전 그때부터 열병 같은 사랑에 빠져버렸습니다. 당시 문예창작과 같던 수업 분위기에서 선생님의 강의는 한 마디로 충격 그 자체였습니다. 선생님께서는 잔바람에도 마구 흔들리던 나무 뿌리에 흙을 돋우고 살을 찌우고 튼실한 미래를 가꾸라고, 단 한순간에 죽비로 내리치신거지요.

지금은 문학 전공자인 저에겐 너무나 까마득한 옛일이어서 정확한 이론인지 모르겠지만, 학부 때 쓴 첫 논문이 음소에 의존하던 전통적인 음소 표기법을 반박하고 음성자질을 중시하는 생성음운론의 입장에서 허웅 선생님의 귀착현상을 내파음화 현상이라고 야심차게 비판한 것이었습니다. 그 당시 아주 빈약한 영상기술로 동일한 자음의 초성과 종성의 음성자질을 비교하면서 얼마나 들떠있었는지 모릅니다. 그때 선생님께서 제게 알려주신 학문적 자세의 첫 지침은, 기존의 이론에 대한 도전, 열정, 끈기였습니다. 늦게 배운 도둑 날 새는 줄 모른다고 비로소 졸업을 앞두고 공부의 즐거움에 빠져 학교도서관, 남산 도서관, 평창동 선생님 댁을 수시로 오르내리면서 학문에 인생을 걸겠다고 생각했습니다. 결혼도 하지 않고 언어학, 철학, 미학 등등, 하고 싶은 공부만 실컷 하다 죽을 거라고 당찬 미래를 꿈꾸기도 했지요. 그대로 무탈하게 제 삶이 진전되었다면 아마도 저는 선생님의 맏딸, 첫 제자가 되었을 것입니다.

그러나 그 당시 선생님과의 인연은 거기까지였습니다. 선생님은 그렇게 제 마음을 송두리째 흔들어놓고 막 걸음마를 떼려는 제 손을 그만 놓고 떠나셨습니다. 선생님의 고려대학으로의 영전은 참으로 기쁜 일이지만, 저에겐 대학원 진학과 학문의 포기였습니다. 저에게 선생님이 안 계시는 학교는 아무런 의미가 없었고, 다음해 고려대 진학을 위해 잠시만 머물자던 교편생활이 생각지 않은 결혼, 출산, 육아, 시어른의 병환으로 이어지면서 20여 년 이상의 세월이 순식간에 흘러버렸습니다. 학생들을 가르치고 자녀를 양육하고 행복한 가정을 일구는 일에 최선을 다했어도, 마음 한 구석은 늘 헛헛했습니다. 무언가를 해야 하는데 놓치고 있는 불안감, 중심을 잃은 것 같은 근원적 상실감으로 결코 행복하지 않았습니다.

이후 국어교사보다 독서교육에 더 소중한 의미를 두고 20여 년을 올곧게 청소년들에게 독서지도를 하면서 그들에게 참교육을 실천하고 있다는 자부심도 있고, 그 분야에서 나름대로 인정도 받았습니다. 그러나 처음 안 사랑, 학문을 향한 첫사랑의 열정은 잊혀지지 않고 살면서 때때로 저를 흔들었습니다. 결국 30여 년이 지나서 선생님께서 그때 놓아버린 손을 다시 잡아 이끌어 주신 덕분에, 오늘 드디어 박사 논문 통과를 인증하는 도장을 받았습니다. 이제 늘 가슴에 얹혀있던 무거운 짐을 내려놓고 스무 살 시절 이후 오랜 지병처럼 시달려온 허기에 마침표를 찍을 수 있겠습니다.

선생님 등 뒤 유리창 너머로 베란다에 한 장 한 장 꽃잎처럼 펼쳐놓은 누렇게 시든 배춧잎이 설핏 보입니다. 30여 년 전 선생님 댁에 처음 오던 날도 뜨락 한 쪽에 겨울 김장을 위해 소금에 절여진 배추가 수북했지요. 그땐 그 풍경이 강의실이나 연구실에서 한 치의 나태함도 허용치 않던 선생님의 날카로운 지성과 어울리지 않는 낯선 풍경이라고 생각했습니다. 그러나 이제, 앞치마를 두르고 당신 제자들 자녀 대학 입학 시험까지 걱정하며 깻잎 한 장 한 장을 정성으로 재여 보내주시고, 지방에서 올라와 혼자 자취하는 어린 제자를 위해 김치통을 들고 교정을 걸어가시는 모습, 배추나 무말랭이를 채반에 널어 겨울을 말리시는 선생님의 모습이 전혀 낯설지가 않습니다. 이런 가족의 식사를 챙기는 엄마의 마음으로 학문과 제자를 사랑하셨기에, 저도 그런 사랑으로 키워졌기에, 오십이 넘은 나이에도 공부하는 삶을 최고의 사랑이라 알고 살고 싶나 봅니다. 처음 선생님과의 만남이 예사롭지 않았던 것만큼이나 선생님과 학문에 대한 저의 사랑은, 30여 년 가슴에 품은 몰래한 사랑이고, 제 삶이 다할 때까지 끝나지 않을 최고의 사랑입니다.

어제 저도 대국어사전을 주문했습니다. 선생님께서 퇴직하신 후 평생을 국어학자로 살아왔는데도 모르는 순 우리말이 있으시다며 대백과 국어사전을 매일 십여 장씩을 읽고 정리하시는 모습을 보고, 저도 논문만 끝나면 제일 먼저 우리말 사전을 읽을 거라고 샘을 냈습니다. 저도 제가 가르치는 아이들에게 선생님 말씀을 함께 전하며, 매주 한 장 씩 어원도 모르고 쓰는 우리말 사전을 만들어 나누어 줄려고 합니다. 그러면 언젠가 그 아이들 중의 또 어떤 아이들이 그리고 또 그 다음 아이들이, 그렇게 우리말을 사랑하게 될 것이고 선생님을 닮은 우리말을 사랑하는 손자 손녀들이 이 땅에 가득하겠지요. 사랑이 사랑으로 이어져 띠를 이루는 미래의 모습이 보입니다.

이제, 선생님께 드리는 단 하나의 소망은, 뒤늦게 다시 잡은 손 절대 놓지 않으며 선생님 곁에 오래오래 머물고 싶다는 것입니다. 제발 건강하십시오.

피그말리온 효과

원 진 숙
(서울교대 교수)

내 삶을 돌이켜 보면 혜당 선생님과의 인연은 하나님께서 내 인생에 허락하신 가장 큰 축복이었다. 혜당 선생님께선 지난 24년간 한결같은 사랑과 믿음으로 날 지켜봐 주셨고, 내 삶의 중요한 선택의 기로에서 SOS를 칠 때마다 지혜를 나눠 주셨고, 이 쉽지 않은 세상을 살아가는 데 필요한 모든 것을 몸소 행함으로 가르쳐주신 내 삶의 완벽한 교과서였기 때문이다.

치기와 미숙함으로 위태로웠던 내 젊은 날, 그 혼돈과 어두움의 긴 터널 속에서 혜당 선생님께선 늘 한 줄기 빛으로 날 이끌어 주셨다. 선생님께선 내 인생의 굽이굽이에서 때론 호되고 엄격한 모습으로, 때론 한없이 따뜻하고 자애로운 어머니의 모습으로 가르침을 베풀어 주셨다.

그 시퍼렇던 젊음을 보내고 어느새 불혹(不惑)을 넘긴 중년이 된 지금에서야 난 혜당 선생님이 내게 하나님 대신이었던 수호천사이셨음을 깨닫게 되었다. 좋으신 우리 하나님께서 매사에 부족하고 어설프기 이를 데 없는 내가 못 미더우셔서 너무도 바쁘신 당신 대신에 혜당 선생님을 보내주셨음을 말이다.

난 지금도 24년 전 혜당 선생님을 처음 뵈었던 그 때를 너무도 선연한 기억으로 떠올릴 수 있다.

때는 바야흐로 서슬도 퍼렇던 제5공화국 시절, 독재 정권 타도를 외치는 젊은이들의 함성과 질식할 것 같은 최루탄 가스의 암운이 온 세상에 가득했던 1983년 봄이었다. 나는 그때 교사가 되겠다는 뚜렷한 목적의식도 없이 그저 대입 학력고사 점수에 맞춰 원서 내고, 엉겁결에 안암동 고려대 캠퍼스에 발을 내디딘 83학번 새내기 여대생이었다. 암울했던 시대적 상황의 영향도 있었겠지만 당시 고려대학교는 자유, 정의, 진리라는 깃발 아래 피가 뜨겁고 혈기 왕성한 학생들의 아고라였다. 선배들이 온몸으로 시대의 아픔과 민주화를 외치다 전투경찰에게 끌려가는 모습이 일상화되어 있던 그 시절 난 모든 것들이 혼란스러워 강의실과 도서관 주변만 서성거리며 겉돌아야 했다.

내가 선생님을 처음 뵌 것은 그 즈음 대성리라는 곳으로 신입생 환영식을 겸한 학과 연합 MT를 가서였다. 당시 학과 교수님들께선 다들 바쁘셨는지 참석을 못 하셨고 혜당 선생님만 저녁 늦게서야 도착하셨다. 지금과 다르게 여교수님이 몹시도 드물던 그 시절, 우리와 함께 하시려고 먼길을 마다않고 와 주신 혜당 선생님이 어린 마음에도 고마워 한달음에 선생님께 달려가 반갑게 인사를 드렸다. 선생님께서는 환한 미소로 내 이름을 물으시고는 "참 예쁘구나." 하시면서 머리를 쓰다듬어 주셨다. 그것이 혜당 선생님과 나의 운명적인 첫 만남의 순간이었다.

지금 생각해 보면 혜당 선생님께서 "참 예쁘구나."라고 칭찬해 주신 것은 액면 그대로 내가 예뻐서라기 그저 인사를 잘하고 살갑게 굴어서 그리 말씀하셨을 것이나 내겐 이 한 마디 말이 마치 미운 오리 새끼를 눈부시게 아름다운 한 마리 백조로 변신시킨 마법의 주문 같았다. 그도 그럴 것이 난 스무 살이 되도록 성격좋게 생겼다거나 늘씬해서 시원해 보인다는 말 말고는 예쁘다는 말은 단 한 번도 못 들어봤기 때문이다. 게다가 유난히 칭찬에 인색하고 엄격하셨던 엄마로부터 늘 여자답지 못하다는 꾸지람만 귀가 따갑도록 듣고 자란 나는 남모르게 외모에 대한 콤플렉스까지 가지고 있던 터였다. 오죽하면 일찌감치 여학교 시절부터 난 이렇게 못생기고 뚱뚱하니까 천상 공부밖엔 달리 길이 없다고 스스로를 도닥여 왔을까?

어쨌든 난 혜당 선생님의 예쁘다는 그 한 마디 말씀 때문에 정말 예쁜 학생이 되어야만 할 것 같았다. 선생님께 인정받고 싶었다. 목표없이 방황하던 스무살 그 나이에 갑자기 목표가 생긴 것이다. 내 생활이 달라지기 시작했다. 그 시절 생각이 있는 친구들이라면 누구나 그러하듯 시대의 아픔에 절망하면서도 내 발걸음은 민중과 함께 하는 공장이나 거리 투쟁이 아닌 도서관으로 옮겨졌고 수업에 열중하기 시작했다. 혜당 선생님이 공부하신다는 언어학이 무조건 좋아 보여서 이해도 못하는 영문판 Chomsky의 변형생성 문법책도 들고 다니고, 국어교육과에 다녀도 영어를 잘 하는 것이 중요하다는 말씀에 뉴스위크지를 탐독하기도 하고, 영문과에 가서 언어학 개론, 심리언어학 등의 강의를 듣기도 했다. 내겐 사범대학을 나왔다고 다 교사만 해야 하는 것이 아니라 실력만 있으면 얼마든지 대학원에 진학해서 교수도 될 수 있다는 선생님 말씀이 마치 신천지를 열어주는 복음(福音) 같았다.

아무도 학점에 신경쓰지 않던 그 암울했던 시절에 공부와 학점에 신경을 쓰다 보니 조금만 공부해도 금방 두각을 나타낼 수 있었고 덕분에 난 혜당 선생님께 인정받는 '정말 예쁜 학생'이 될 수 있었다. 무작정 날 예뻐해 주시는 선생님이 좋아서 시작한 공부는 어느새 습관처럼 굳어져 대학을 졸업할 무렵쯤에는 공부 말고는 달리 내겐 다른 길이 없어 보였다. 막연히 선생님 곁에 있고 싶어서 시작한 공부는 자연스럽게 대학원 진학으로 이어졌고, 덕분에 난 혜당 선생님 문하에서 김무림·이관규 선배와 정주리, 시정곤, 박건식 선생과 같은 당대의 쟁쟁한 동기들과 함께 공부하는 행운을 누릴 수 있었다. 가난했지만 몰두할 학문이 있어 참 행복했던 젊은 날이었다.

석사 과정을 마치고 나도 남들처럼 결혼이란 것을 했다. 사랑 하나만 달랑 믿고서 시작한 결혼 생활과 박사 과정 공부는 출산과 육아 문제 등으로 참 쉽지 않았다. 전업 대학원생으로 온전히 공부만 할 수 있었던 석사 과정과 달리 한 남자의 아내로, 한 집안의 맏며느리로, 아이를 낳아 키우는 엄마로, 직장 생활을 병행해야 하는 직장인으로서의 역할을 함께 감당하면서 병행해야 했던 박사 과정 공부는 그야말로 내겐 가시밭길이고 가도가도 끝이 없는 어둠의 터널 그 자체였다. 아침부터 마땅히 아들 아이를 맡길 데가 없어 이리저리 놀이방을 전전하면서도 난 직장과 공부를 놓을 수가 없었다. 당시 이화여대 언어교육원이라는 곳에서 외국인에게 한국어를 가르치는 부서의 코디네이터로 일하던 내겐 일이 절실했다. 경제적으로 넉넉지 않았던 살림을 꾸려 나가기 위해선 어떻게든 돈이 필요했기 때문이다. 공부에 대한 열망은 누구 못지않게 강렬했지만 현실은 언제나 직장에서의 일과 아들 아이 키우는 일이 먼저일 수밖에 없었다. 겨우겨우 과정을 마치고 박사 논문을 써야 할 때가 되었지만 논문을 쓰는 일은 내겐 난공불락의 성이었다. 학문의 높은 이상보다는 당장 일용할 양식인 빵이 급했고 절실했기 때문이었다.

그러다 혜당 선생님의 강권에 못 이겨 겨우 박사 논문 쓰는 일을 시작할 때쯤 설상가상으로 난 둘째 아이까지 임신하게 되었다. 아직 어린 큰 아이를 키우랴 직장 생활 병행하랴 눈코뜰 새 없이 바쁜 상태에서 모처럼 용기를 내어 시작한 논문이었는데 임신까지 하고 보니 이만저만 낭패가 아니었다. 유난스럽던 입덧과 빈혈에 그 어느 날인가는 출근길에 쓰러져 병원까지 실려가는 최악의 경험까지 하고 나서는 더더욱 논문 쓰는 일은 내게 불가능한 일이 되어 버리고 말았다. 결국 난 혜당 선생님께 가서 이러다가는 논문은 커녕 나도 아이도 죽겠다고…. 이제 그만 포기하겠다고…. 용서해 달라고 말씀드릴 수밖에 없었다.

혜당 선생님은 이런 내게 너무도 단호한 표정으로 "공부하는 여자치고 길에서 쓰러져 보지 않은 사람 있으면 나와 보라고 해라. 그래도 아이가 뱃속에 있을 때가 훨씬 쉬우니 지금 무조건 쓰는 거야. 원 선생은 잘 해낼 수 있어. 원 선생은 왜 그렇게 자신을 못 믿지? 난 이렇게 원 선생을 믿는데 말이야." 그리 말씀하시고는 내게 각종 비타민과 철분제가 잔뜩 든 보따리를 건네시는 것이었다. 그 약 먹으면서 논문을 쓰면 산모도 아이도 건강할 수 있을 거라고….

그때 혜당 선생님이 어찌나 단호하게 말씀하셨던지 난 차마 선생님의 뜻을 거역할 수가 없었다. 그리고 논문을 쓰다 죽어도 좋다는 절대절명의 각오가 생겼다. 선생님께서 날 믿는다는 그 한 마디 말씀의 위력은 실로 대단했다. 결국 난 그 더운 여름 내내 만삭의 몸으로 논문과 씨름하면서도 포기하지 않았고, 그해 겨울 박사가 되고 둘째 아이를 낳았다. 선생님의 믿음 덕분에 박사 학위와 예쁜 딸 아이를 함께 얻을 수 있었던 것이다. 그리고 난 그 이듬해 교수가 되었다.

피그말리온 효과(Pygmalion effect)라는 말이 있다. 누군가에 대한 긍정적인 믿음이나 기대치를 가지면, 상대방은 그 기대에 부응하는 행동을 하면서 기대에 충족되는 결과를 낳게 되는 경향이 있음을 이르는 말이다. 이제 와 생각해 보면 지금의 내가 나일 수 있었던 것은 오직 혜당 선생님의 기대와 믿음에 부응하고자 하는 피그말리온 효과 덕분이 아니었나 싶다. "참 예쁘다."는 혜당 선생님 말씀 한 마디에 미운 오리새끼였던 내가 눈을 번쩍 뜨게 되었고, "왜 원 선생은 그렇게 자신을 못 믿지? 난 이렇게 원 선생을 믿는데…." 이 말씀 한 마디에 난 만삭의 몸으로 논문을 쓰고 어엿한 대학 교수가 되었으니 말이다.

세월은 흘러흘러 내가 어느새 처음 혜당 선생님을 뵈었을 당시 선생님의 나이가 되었다. 그리고 우리 선생님께서 그리 하셨던 것처럼 나 역시 인사 잘 하는 아이들을 보고 "참 예쁘구나."라는 감탄사를 연발하고, 현실에 좌절하여 주저앉으려는 제자들에게 "왜 자신을 그렇게 못 믿지? 난 이렇게 자네를 믿는데…." 이리 말해 주곤 한다. 그러면 이내 내 제자 아이들의 눈빛이 반짝이고, 난 그 반짝이는 젊은 영혼의 눈빛을 통해서 그 옛날 치열했던 내 젊은 시절과 혜당 선생님의 격려를 떠올리곤 한다. 우리 선생님께서 젊은 영혼들을 사랑과 정성으로 보듬으시면서 날마다 피그말리온 효과를 경험하셨던 것처럼 나도 날마다 내 제자 아이들을 통해서 기적같은 피그말리온 효과를 경험하곤 한다. 그리고 언젠가는 내 제자 아이들도 교단에 서서 내가 배웠던 것처럼, 내게 배웠던 것처럼 또 그 제자 아이들에게 혜당 선생님처럼 "참 예쁘구나.", "난 널 믿는다." 이리 할 것을 믿는다.

스승, 그 아름답고 빛나는 이름

윤 경 애

(중국대련민족대학교 한국어학과 교수)

스승은 '자기를 가르쳐서 인도하는 사람'이라고 했다. 말 그대로 '스승'이란 이름은 경건하며 아름답고 빛난다. 나는 항상 그 아름답고 빛나는 이름에 감동 받고 목이 멘다.

나에게는 내 평생동안 두고두고 고마워해야 할 '스승'이 계신다. 2000년 가을, 불쑥 찾아간 나를 벌써 알고 지냈던 사람처럼, 기다리고 계셨던 사람처럼, 따뜻하게 맞아주셨던 나의 '스승' 혜당 박영순 선생님과의 소중한 인연은 그렇게 시작되었다.

내가 석사 과정을 시작하여 박사 과정을 마치기까지 그간 수년의 세월이 흘렀고 많은 에피소드들이 있었지만 이렇게 정작 나의 '스승'에 대해 쓰자니 무엇부터 써야 할지 두서가 안 잡힌다. 이렇게 '스승'이란 존재는 내 마음 속에 우뚝 서 있음에도 불구하고 이미 본질적으로는 절절한 정으로 승화되어 보다 추상적인 느낌으로 다가오나 보다. 그러면서 나는 언어의 한계와 무력함을 느낀다.

나의 '스승'은 어머니처럼 자식의 부족함을 감싸주고 어루만져주신다. 그래서 항상 마음이 훈훈했다. 또한 나의 '스승'은 항상 격려의 말씀을 잊지 않는다. "그럼, 잘 할 수 있구말구.", "지금도 충분히 잘 하고 있어.", "나는 윤 선생의 실력을 믿어." 스승의 이런 말씀이 항상 나에게 커다란 힘이 되어 주었고 내가 분발하는 계기가 되었다.

나는 내 자신을 잘 안다. 한국어는 그런대로 구사하여 의사소통에는 문제가 없으나 자라온 환경이 다르고 교육 받은 배경이 달라 한국에서 한국어를 연구하기에는 너무너무 부족하다는 것을…. 하지만 '스승'의 이런 말씀에서 나는 항상 힘을 얻었다. 왜 '고래도 칭찬하면 춤을 춘다.'고 하지 않았던가! 그래서 없는 실력도 발휘하고자 노력했다. 그리고 충분히 외로워질 수 있는 유학생활을 혼자서 씩씩하게 마칠 수 있었다.

누군가 나는 '인복(人福)'이 많은 사람이라 했다. 나는 그 말을 믿는다. 내 '스승'과의 만남, 어떻게 나에게 이런 만남이 차려질 수 있었는지, 지금 생각해도 마냥 신기하고 그냥 눈물겨울 따름이다.

나도 지금은 누군가의 '선생님'이다. 아직 '스승'이라고까지는 할 수 없을 것 같다. 하지만 나는 내 '스승'의 모습에서 일개 교사가 갖추어야 할 덕목을 생각하며 항상 마음을 다스린다.

나는 내 '스승'처럼 인격적으로 봄날 같은 선생님이고 싶다. 따뜻하게 제자들을 포용하고 질책보다는 칭찬과 격려를 아끼지 않는 그런 선생님이고 싶다. 그리하여 이해인의 시에서처럼 내 제자들을 늘 희망하는 사람, 기뻐하는 사람, 따뜻한 사람, 친절한 사람, 명랑한 사람, 온유한 사람, 고마워할 줄 아는 사람, 생명을 소중히 여기는 사람, 창조적이고 긍정적인 사람으로 키우고 싶다.

그리고 내 '스승'처럼 해박한 선생님이고 싶다. 내 '스승'의 새로운 것에 과감히 도전하며, 일편단심 학문에 정진하는 모습을 닮아, 제자들이 나에게서 모르던 것을 배워 학문의 즐거움을 느끼는 그런 선생님이고 싶다.

아무튼 나는 내 '스승'처럼 제자들에게 쉽게 잊혀지지 않고 항상 마음 속에 살아 숨쉬는 그런 선생님이 되고 싶다. 나는 분명 그렇게 되리라 믿는다. 나에게는 나를 인도하는 거룩한 '스승'이 계시니까.

영어 원서 수업

이 관 규
(고려대 국어교육과 교수)

'한국어학의 이해' 과목 수업이었던 같다. 1981년 1학기 국어교육과 2학년 학생들이었던 우리들은, 국어과 수업에 웬 영어? 하면서 의구심을 갖고 자리에 앉아 있었다. 박 선생님께서는 수업 교재 자체를 영어 원서로 정하셨다. 프롬킨의 Introduction to Language! 우리들은 당시 복사 해적판으로 2000원 하는 영어 원서를 구입해야만 했다. 강의 매개체는 분명 한국어였는데, 칠판에 쓰이는 것은 영어 문장들이었다. 거의 모든 예를 영어로 드신 걸로 기억한다.

그러다가 한 사건이 터졌다. 38번 학생이 손을 번쩍 들고 이의를 제기했다. 선생님, 저희들은 국어교육과 학생입니다. 이 수업도 국어교육과 수업입니다. 그런데 왜 영어책을 갖고 해야 하고, 또 선생님께서는 왜 영어 예만 드십니까? 사실 이런 생각은 그 학생뿐만이 아니라 우리 모두가 느끼는 것이었다. 한순간 긴장감이 돌았다. 잠깐 당황한 빛을 보이시던 선생님은 곧바로 말씀을 하셨다. 한국어를 제대로 이해하기 위해서는 영어를 이해해서 한국어와 비교할 수 있어야 해요 더 나아가 언어 자체의 특성을 이해해야 해요. 언어는 보편성과 개별성이 있는데,

한국어는 한국어이기 이전에 하나의 언어지요. 한국어와 영어는 전혀 다른 언어 같지만 언어보편성이 있어서 공통점이 많아요. 또한 여러분들은 앞으로 우리나라의 국어교육을 이끌어가야 하기 때문에 국제어인 영어를 자유자재로 이해하고 사용할 줄 알아야 해요. 이런 수업이 아니면 여러분들은 영어 원서를 접할 기회가 많지 않아요.

단호한 선생님의 말씀 때문에 우리는 아무도 찍소리 하지 못하고 영어 원서를 한 학기 직독직해식으로 독파해야만 했다. 그렇게 보기 싫고 힘들었던 영어 원서는 필자가 지금 문법 연구를 하는 데 기초를 받쳐 주고 있다. 영어책 한 권을 다 보고 나니 최소한 뿌듯한 자부심 내지 자신감 같은 것이 생겼던 것 같다. 영어 원서에 대한 막연한 공포심도 어느 정도 사라졌던 것도 같다. 나중에 대학원에 진학해 보니까 전공 수업의 반 정도는 영어 원서가 교재로 사용되고 있었다. 30년이 더 지난 지금 필자가 대학원 수업 때에 사용하는 교재도 거의 영어 원서이다.

"Colorless green ideas sleep furiously."

국어교육과 2학년생들인 우리들은 왜 선생님께서 이 말도 안 되는 영어 문장을 예로 드실까 의아해했었다. 나중에 직접 확인했지만 당대 세계 언어학계를 주름잡고 있던 촘스키의 책에 나온 것이었다. 그렇다. 선생님께서는 최신의 언어이론을 우리에게 보여 주시고자 했던 것 같다. 문법적으로는 맞지만 의미적으로 틀린 문장. 그 예를 세계적 학자의 표현을 이용하여 보여 주고자 한 것이었다.

대학원 수업 때도 선생님께서는 최신의 언어이론을 학생들에게 소개하시곤 했다. 변형생성문법 이론은 물론이고, 사회언어학 이론, 의미 이론, 이중언어학 이론, 은유 이론에 이르기까지 실로 다양한 최신 이론을 수업 시간에 다루시곤 하셨다. 물론 전제가 꼭 있었다. 이 이론은 최근 세계적으로 유행하는 것인데, 우리 함께 이 수업을 통해서 공부해 보자. 그래서 대학원 수업은 거대한 스터디장으로 변해서 새로운 탐구의 열기를 펄펄 내품곤 했다.

'어떻게'(How)보다는 '왜'(Why)에 더 관심을 갖고 국어 연구를 해야 한다고 하신 선생님, 현재보다는 미래의 가치에 대해서 더 중요하게 생각하시던 선생님, 누구나 아는 사실이지만 제자 사랑을 부모님처럼 몸소 베풀어 오신 선생님이시다. 탐구, 새로움, 연구. 이런 단어들이 혜당 선생님을 생각하는 지금 마구마구 떠오른다.

옥(玉)에도 티

이 광 정
(경원대 교수)

내가 혜당(惠堂) 박영순(朴榮順) 선생을 안 지도 벌써 25년이 지났다. 작년에 뵈었을 때도 여일하셨지만, 우리가 처음 만났던 40대에 혜당 선생은 참 곱고, 참 아름다우셨다. '우리가 만났다.'란 말을 쓰면, 혹자는 적절치 않은 표현이라고 이의를 제기할 수도 있으리라.

아름다운 외모와 밝은 미소. 그리고 따듯한 마음씨를 가지신 선생은 처음 만나는 사람들까지도 마음을 편안하고 즐겁게 해주셨다. 그러나 그리 심한 편은 아니지만, 투박한 경상도 사투리에 약간은 탁한 목소리, 당시는 매력적이라고도 하는 허스키한 목소리의 소유자였다. 나는 이 허스키한 목소리를 옥에 티라고 생각한 적이 있었다. 한편 이 완벽함이 아닌 옥에 티가 학자로서의 선생을 일구어낸 동력은 아니었을까 하고 허황된 생각도 해 보았다.

미인의 아름다운 말소리는 금상첨화가 되어 뭇 사람의 마음을 사로잡는 어부의 투망이 될 수 있으리라. 그러나 심오한 진리를 캐어내어 이를 후학들에게 가르치고 참된 학문의 길로 인도하는 지팡이가 되어야 하는 말소리는 구태여 아름다울 필요는 없으리라.

일찍이 교언영색(巧言令色)은 선의인(鮮矣仁)이란 공자님의 말씀도 있지 않았던가.

탁한 음성이 오히려 더 많은 설득과 진실을 담아 수많은 인재를 양성하고, 선생이 맡았던 <한국어의 세계화>라는 중대한 민족적, 사회적 직분을 성공적으로 수행하게 한 원동력은 아니었을까하고 생각하게 된다. 선생의 실제 음성은 실은 "청아한 아이다"의 청아한 목소리인지도 모른다. 아마도 오래 전에 받은 나의 편견의 잔재이리라.

나와 동갑내기인 선생은 학문적으로나 인간적으로 내가 미치지 못할 경지와 내가 가지지 못한 많은 것들을 가지셨다. 일찍이 미국의 명문, 일리노이대학에서 석사, 박사 학위를 받아 가지고 돌아오신 선생은 고려대학교의 학위과정에서 강의를 담당하셨다. 그때 나는 선생에게서 <사회언어학> 강좌를 아주 재미있게 들었다. 그때 어설프게나마 배운 지식들을 시시종종 우리 학생들에게 들려주며 선생을 생각하기를 여러 번 했다. 선생은 내 학문의 스승이다.

선생의 고향은 경상도 예천(醴泉)으로 기억된다.

예천하면 활 잘 쏘던 여류궁사 김진호의 고향이어서 잘 알려진 고장이다.

선생의 처음 저서인지는 잘 모르겠으나, 「한국어 통사론」이란 책자의 표지 제자(題字)를 아버님께서 써 주셨다고 하셨다.

韓國語 統辭論　　朴榮順 著　　集文堂

단아한 필치의 아름다운 글씨다. 선생께서 주신 이 책자는 아직도 내 서가의 앞면에 자라잡고 있다. 부친께서 생존해 계신지, 타계하셨는지의 문안조차 드리지 못했다.

선생은 지난 해 5월, 동서울대학교의 또 다른 아름다운 재원인 정주리 교수와 같이, 내가 집사람을 저 세상으로 보내는 가슴 아픈 자리에 조문을 와주셨다. 송구스러운 일이고, 지금도 그 고마움은 말로 다하기 어렵다. 비단 선생께만 아닌 여러분들께 형언하기 어려운 고마움을 간직한 채 살아가고 있다.

1983년인가 여름, 지금은 거목으로 자란 <한국어학회>의 초창기 회원들이 <지리산 백무동>에서 우운(于雲) 박병채(朴炳采) 선생을 뫼시고 여름 수련회를 가진 적이 있었다. 그때 선생도 참석하시어 좋은 말씀을 해주시고, 다음 날에는 부군께서 근무하시는 대전의 대덕단지에 있던 카이스트를 방문하는 기회도 만들어 주셨다.

지리산에서도 심심산골인 백무동의 밤은 깊어, 모인 우리 일행은 이야기의 꽃을 피우느라 밤이 깊는 줄도 몰랐다. 당시는 홍안의 청년이던 고려대학교의 이기동 선생이 어떻게 마련해 오신 것인지, 무려 대두(大斗) 한 말짜리 프라스틱 통에 법성포 소주를 가득 채워 가지고 오셨다. 하여 모두들 취흥이 도도하게 되었다. 두주불사(斗酒不辭)의 우운 박병채 선생님은 말할 것도 없거니와 혜당 선생도 안색 하나, 언변 하나 흐트러짐 없이 태연자약한 모습으로 어느 정도의 주력(酒力)과 주도(酒道)를 과시하신 적이 있다. 아쉽지만 그 뒤 그런 기회가 없었으니 지금의 혜당 선생의 술에 대한 현주소는 알기 어렵다. 다행히 지금도 선음(仙飮)을 즐기신다면 대접을 해드리고, 한 수를 배우고 싶지만.

법성포 소주란 감자를 원료로 하여 전라남도 영광군 법성포읍에서 내린 소주다. 여기에 불을 붙이면 파아란 불꽃이 타오른다. 당시에는 법성포 포구 안에서만 마실 수 있고 반출이 금지된 이 고장 특유의 소주였다.

이때의 받은 깊은 인상으로 하여 나는 친구들과 남도여행의 여정을 잡으며, 법성포를 경유지로 정한 적이 있다. 이곳에서 우리는 취흥과 더불어, 넘치는 낭만으로 하룻밤을 보냈다. 그리고 <영광굴비>의 진면목에 대한 이야기도 들었다. <영광굴비>가 아닌 <법성포 굴비>가 되어야 한다는 이야기도 들었다. 실은 <영광>에서는 조기가 잡히지도 않았거니와 굴비를 만들지도 않는 내륙의 한적한 고장이다. 여기서 조금 떨어진 <영광군 법성포> 포구마을이 <영광굴비>의 산지다. 이곳과 인접한 칠산 앞바다에서 잡은 조기를 바닷바람에 말리어 만든 것이 이른바 <영광굴비>다. 이들은 굴비 중에 으뜸으로 친다. 그 이유는 연평도에서 잡은 것은 너무 익은 알배기여서 맛의 도가 넘치고, 제주도 인근 추자도 등에서 잡힌 것은 아직 미숙한 것이기 때문에 모자란다. 이른바 7부쯤의 중용이 법성포 굴비라고나 할까.

지금 세대들은 <연평도>하면 NLL과 연관하여 조금은 알겠지만, 우리 세대는 <연평도>하면 <조기>다. 조기는 연어와 같이 회귀하는 어종이다. 조기들이 연평도에서 알을 낳아 부화시키면, 그 새끼가 먼 남쪽 바다로 내려가 일생을 살고 다시 회유하여 고향인 연평도로 돌아오는 것이 조기의 오랜 역사였다. 오늘날 강원도 양양의 남대천에서 방류한 연어가 수만리 바다를 유영하다 다시 고향으로 회유하듯이.

그러나 지금은 칠산 앞바다에서도 연평도에서도 조기가 잡히지 않는다고 한다. 연평도는 이미 조기의 고향이 아니다. 안타까운 일이다.

백무동에서 수련회를 가진 날, 자정이 가까운 시각에 한 잔을 기울인 객기도 있어, 건전지 하나와 식빵 몇 조각만 들고, 한반도 내륙의 최고의 정점인 천왕봉을 오르는 만용을 부린 적이 있었다. 다행히 그제나 이제나 늘 건강하시고 진취적이신 김영만 선생께서 동행해주시어 별탈 없이 야간산행이 가능했다. 우리는 밤새 산행을 강행하여 장터목 산장을 거쳐 정상인 1915m의 천왕봉(天王峯)을 무사히 딛고 올라설 수 있었다. 비록 우리는 황진이의 무덤가를 찾아가 "잔 잡아 권할 이 없을새 그를 설워하노라." 라고 한 풍류남아 임백호의 지리산 등정과는 다른 것이었지만 우리대로 나름의 호연지기(浩然之氣)를 생각하며 떠오르는 햇살과 고운 구름을 보았다. 그리고 하산을 서둘러야했다. 약속된 출발시각인 오후 1시까지 대어오려고 무거운 발걸음을 멈출 수 없었다.

이튿날 12시가 한참 넘어서 우리는 시간에 늦지 않게 도착할 수 있었다.

그 때 누구보다도 우리의 야간 산행을 염려하고, 애타게 기다려 주신 분이 혜당 선생이다. 행여 다치지는 않았나, 약속시간까지 대어올 수는 있는가 염려하시며, 산 어귀에서 우리를 기다리고 계셨던 모습이 눈에 선하다. 20여년이 훌쩍 지난 지금에도 고마운 인정에 새삼 가슴이 따듯해진다.

남아 있는 우리들의 여생에서, 내가 선생을 몇 번을 더 뵈올지는 의문이다.

올해는 유난히 단풍이 아름답다. 시인이라면 서럽도록 아름답다고 할지도 모른다. 세월이 많이 흘러 선생도 그토록 사랑하던 강단을 떠난다. 아무쪼록 오래오래 더욱 건강하시고 오래오래 어여쁘시길 기원한다.

인간의 능력과 제로섬 게임

이 남 호
(고려대 국어교육과 교수)

<천재와 자폐증>이란 TV 프로그램을 본 적이 있다. 여러 유형의 천재들이 등장해서 놀라운 능력을 보여주었다. 어떤 청년은 로마시의 모습을 전부 기억해서 자세히 재현할 수 있었고, 어떤 소년은 믿기 어려운 계산력을 보여 주었고, 또 어떤 남자는 자신이 들은 모든 음악을 자세히 기억하고 있었다.

그런데 더욱 흥미로운 것은 그런 천재들이 자폐증의 기미가 있다거나 아니면 현실 생활에서 미숙아와 같은 모습을 보이기도 한다는 점이다. 천재 현상을 연구하는 과학자들은, 천재인 사람들은 보통 사람보다 그 무엇을 많이 가진 것이 아니라 반대로 적게 가진 사람일 확률이 높다고 말했다. 다시 말해 어떤 부분의 결핍이 다른 부분의 천재성의 원인일 가능성이 높다는 것이다. 실제로 천재적인 능력을 지닌 사람들 가운데는 큰 사고로 뇌의 특정 부위가 훼손된 사람들이 적지 않다. 그런가 하면 과학자들은 모차르트나 아인슈타인이나 프로이드 등과 같은 천재들이 모두 자폐증의 징후를 보여준다고 했다. 그들은 실제로 사람

의 뇌기능의 특정 부위를 기능하지 못하게 해놓은 상태에서 다른 뇌기능이 어떤 향상을 보이는지 실험을 하기도 했다.

옷의 단추도 채우지 못하는 바보가 어떤 특정한 면에서 천재적인 모습을 보이는 예는 드물지 않다. 이를 뒤집어 생각하면, 단추를 채울 줄 아는 능력이 다른 곳으로 옮겨가서 천재가 된 것이라 할 수 있다. 그렇다면, 아주 단순하게 추론해서, 신이 한 사람의 인간에게 준 능력의 총합은 거의 비슷한데 그 능력이 어디에 어떻게 분포되어 있는가에 따라서 그 사람의 능력적 특성이 달라진다고 가정할 수 있다. 즉 인간의 능력도 제로섬 게임의 원리에 따르는 것이라 할 수 있다. 이렇게 본다면, 천재란 능력이 고르게 분포되어 있는 사람이 아니라 특정 면에 집중되어 있는 사람이라고 말할 수 있다. 정신이나 두뇌의 차원이 아니라 육체의 차원에서도 이런 생각은 가능하다. 눈이 멀면 청력이 놀라울 정도로 발달한다. 또 소아마비로 다리가 불편한 사람들은 대체로 상체가 발달하고 특히 팔심이 세다. 특정 기관의 우수성은 다른 기관의 허약성을 담보로 하고 있는 경우가 많다.

팔방미인이란 말이 있다. 못하는 것 없이 두루 잘하는 능력과 좋은 외모를 지닌 사람을 일컫는다. 그러나 이런 사람은 어떤 특정 분야에서 탁월한 능력을 보여주지 못한다. 왜냐하면 두루 잘 하는 대신, 특히 잘 하는 것은 없기 때문이다. 사회생활에서도 이런 제로섬의 원리는 통한다. 사교성이 뛰어나서 많은 사람들과 친하게 지내는 사람은 대개 아주 친한 벗을 갖지 못하는 경우가 많다. 그 사람의 친교 역량은 많은 사람들에게 나누어 작용하기 때문에 어느 특정인에게 특히 많이 투여할 수 없을 것이다. 이런 식으로, 가정에 충실한 사람은 사회 생활에서 약한 모습을 보이는 것이 당연하고, 많은 사람에게 호의를 잘 베푸는 호인이 되려면 가까운 친지에게 다소 서운한 면을 보여줄 수밖에 없다. 내 선배의 아버님은 호인으로 소문난 분이어서 그 분의 장례식 때는 초청을 따로 하지 않았어도 조문객이 수백명이 되었다고 한다. 그런데 내 선배 말에 의하면, 그 분 때문에 가족들은 고생을 많이 했다고 한다.

좋은 일, 가치 있는 일, 보람찬 일을 하는 것도 모두에게 좋은 것만은 아니다. 조국과 국민들을 위해 몸을 바친 순국선열들은 어쨌거나 친지들에게 좋은 일을 못한 것은 물론이고 오히려 고통을 준 셈이다. 그런가 하면 민주화 투쟁을 하느라 가족들에게 숱한 고통을 준 친구들을 나는 여럿 알고 있다. 요즘은 보기가 쉽지 않긴 하지만, 학문 연구를 위해서 자식교육과 가정에 등한시하는 선배 학자들도 계셨다. 한편 그 반대도 있다. 애인이나 아내 때문에 오랜 친구들을 섭섭하게 만든 사람도 주변에 많다. 또는 아내와 자식 문제로 직장과 사회생활에서 많은 지장을 받는 사람들도 자주 본다. 최근 남자들은 가정 때문에 사회 생활이 줄어드는 추세고, 여자들은 가정에서 벗어나 사회 생활이 늘어나는 추세이다. 어쨌거나 등산에 빠지면 낚시를 잘 가지 않게 되고, 낚시에 빠지면 등산을 잘 가지 않게 된다. 하나를 열심히 잘 하려면 다른 것을 줄이거나 약화시켜야 한다.

사회가 복잡해짐에 따라 각 분야에서 전문적 지식과 능력이 요구된다. 어느 분야든지 소위 전문가라는 사람이 필요해진다. 의사나 법률가뿐만 아니라 인생 컨설턴트와 행복 컨설턴트 같은 전문가까지 활동하고 있다. '한 가지만 잘 하면 된다' '한 우물을 파라'라는 말은 예전부터 있어왔지만, 요즘처럼 거의 모든 분야에서 전문가가 우대받은 적은 없다. 그런데 제로섬의 원리에서 보자면, 전문가란 특정 분야에 지식과 능력이 집중된 사람이다. 뒤집어서 생각하자면 다른 면에서는 보통 사람보다 부족한 사람이다. 지식과 능력을 고르게 갖춘 균형 잡힌 전인적 인간이 아니라는 말이다.

전문가를 과일나무에 비유해 볼 수 있다. 가령 가을날, 수확기에 사과과수원에 가보면, 키 작은 사과나무에 둥근 사과가 얼마나 많이 달려 있는지 놀라게 된다. 사과과수원의 사과나무는 야생 상태의 사과나무와는 많이 다르다. 야생의 사과나무는 모습은 자연스럽고 키도 크지만, 사실 사과는 많이 열지 못한다. 나무의 모습이 정상인 대신, 열매는 많이 맺지 못하는 것이다. 그와 달리 과수원의 사과나무는 기형적 모습이지만 열매는 많이 맺는, 열매 전문 나무인 셈이다. 사과나무가 열매를 많이 맺기 때문에 사람들의 애정과 보호를 받긴 하지만, 온전하고 행복한 나무인가에 대해서는 의문의 여지가 있다. 소위 전문가라는 사람들도 비슷하지 않을까 한다.

그럼에도 불구하고 농부가 경제성을 위해 과수원 사과나무를 원하듯이, 우리 사회는 효율성을 위해서 전문가를 원한다. 사회가 그것을 원하므로, 우리 교육도 다방면에 고른 지식과 능력을 갖춘 전인적 인간을 키우기보다는 한 방면에 집중된 지식과 능력을 지닌 전문적 인간을 키우는데 주력하고 있다. 사회 전체적으로 본다면, 마치 분업이 생산성을 높여주듯이, 각 개인이 특정 분야의 전문가가 되어 조화와 균형을 이루면서 효율성도 높일 수 있을 것이다. 그러나 개인의 차원에서 본다면, 그것은 개인의 사회적 역량을 강화하는 것이기도 하지만 달리 생각하면 온전한 인간으로서의 균형과 조화를 상실하는 일일 수도 있다.

흔히 인간의 능력은 무한하다고 한다. 인간은 일생동안 뇌세포의 극히 일부 밖에 사용하지 못한다고 하기도 한다. 그래서 천재나 탁월한 전문가는 인간의 가능성을 잘 살려낸 경우로 여긴다. 그러나 제로섬의 원리로 보자면, 천재나 전문가는 한쪽의 가능성을 극대화한 대신 다른 쪽의 가능성들은 무시했거나 훼손한 경우로 생각해 볼 수도 있다.

만약 인간의 지식이나 능력이 제로섬의 원리 안에 있는 것이라면, 우리는 새로운 관점에서 교육을 생각해볼 수 있으며, 능력이 탁월하거나 아니면 부족한 한 사람의 인생에 대해서도 달리 생각해볼 수 있다. 하나의 선택이 다른 것의 포기를 뜻하는 것이라면 어떤 탁월한 능력의 계발이 무조건 좋을 수는 없다. 아울러 어떤 면에서 평균 이하의 능력을 지닌 사람이 다른 면에서는 평균 이상의 능력을 보여줄 가능성이 높다. 이러한 관점은 남달리 뛰어난 능력에 대한 무조건적인 존중을 반성하게 하는 동시에, 남달리 부족한 능력에 대한 무조건적인 멸시를 반성케 하는 토대가 된다.

오늘날의 세상은 두루 잘하는 사람보다 한 가지를 잘하는 사람을 선호한다. 그래서 한 가지 일에 탁월한 능력을 보여주는 사람들이 출세도 하고 돈도 잘 번다. 그래서 교육도 한 가지 능력을 잘 키워주는 데 초점을 맞춘다. 즉 특별한 재능을 지닌 인간을 길러내고자 한다. 그러다보니 특별히 잘하는 것도 없고 못하는 것도 없는 평범한 인간을 길러내는 교육의 중요성은 외면당하고 있는 것 같다. 그러나 제로섬의 원리는 평범한 인간을 길러내는 교육의 중요성을 다시 한 번 생각하게 해준다. 천재보다, 어떤 면에서 탁월한 재능을 지닌 전문가보다 평범한 사람의 삶이 더 행복하고 온전한 삶일 수 있다. 그런데 혜당 박영순 선생님은 한 사람의 교수로서도, 평범한 주부로서도 모두 성공한 특별한 분이라 할 수 있다. 선생님의 만수무강을 빈다.

20세기 마지막 겨울— 카투만두에서

이 문 직
(하나로텔레콤 미디어 팀장)

저녁 타멜 거리는 아직도 혼잡하다. 매연과 향냄새로 항상 매캐한 냄새가 나는 타멜 거리…. 성냥 곽처럼 들어선 벽돌 건물들 사이로 낡은 택시와 릭샤, 그리고 사람들이 빽빽이 움직이며…. 항상 시끄럽다. 하지만 이곳 숙소는 가끔씩 들리는 차량의 엔진소리를 제외하면 대체로 조용한 편이다. 아마 내일 이맘때면 방콕에 있겠지, 그리고 자정 넘어서 서울행 비행기에 오르면 나의 보름간의 여정도 끝날 것이다.

회사에서 받는 보름간의 휴가, 평소 꿈에만 그리던 히말라야에 가보고 싶다는 소망 하나로 무작정 네팔행 비행기에 몸을 실은 지가 보름 전이다. 혼자 여행하는 것은 결코 외로운 일이 아니다. 여행지마다, 여정마다 매번 새로운 사람들과의 만남이 있기에 항상 새롭고, 늘 긴장을 유지하게 된다. 그래서 혼자 하는 여행은 즐겁다. 카투만두에서 두 분 스님과의 만남, 구암, 선운 스님과 즉석에서 목적지를 설정하고 같이 여행한 경험은 나에게는 일종의 혼자하는 여행이 주는 특권인 셈이다. 즉석에서 설정한 이번 여행의 목적지는 묵티나트.

묵티나트, 하늘과 인간과 신이 만난다는 곳. 해발 4000미터의 황량하고도 메마른 고지 위에 108개의 물줄기가 흘러나오는 곳. 거대한 히말라야산맥으로 담을 쳐버린 이곳에서는 모든 것이 정지되어 있다. 우리를 바쁘게 하는, 스트레스 받게 하는 그 무엇도 들어올 틈이 없다. 시간마저 정지되어 버린 세계, 이곳이 바로 인간과 신과 하늘이 만나는 지점이었다.

여행 칠 일째 아침.

가벼운 고산병 증세로 머리는 멍하고 속은 불편했다. 조금만 걸음을 옮겨도 금방 숨이 찬다. 보이는 것이라고는 황량한 안나푸르나의 산군과 설봉, 그리고 그 설봉에서 피어나는 하얀색 눈의 버섯구름과 푸르디푸른 하늘. 한 걸음 한 걸음 옮길 때마다 메마른 땅에서는 먼지가 뽀얗게 일어난다. 오직 이 땅을 적시는 것은 나 같은 여행자가 흘리는 땀방울일 것 같다. 나보다 더 힘들어하시는 두 분 스님들과 같이 가쁜 숨을 몰아쉬며 도착했다.

“바로 이곳이구나. 여기가 바로 묵티나트야!”

누가 먼저랄 것도 없이 우리 세 명은 일제히 소리를 질렀다.

태양은 이제 사원의 탑의 꼭대기에 걸려 여러 줄기로 빛을 쏟아낸다. 오는 내내 나를 괴롭혔던 고산병 증세도 이 순간만큼은 아무 위력을 발휘하지 못한다. 며칠동안 계속 걸어서 힘들게, 힘들게 걸어 올라온 댓가일까? 너무나 황홀한 풍경에 나는 아무 말도 못한다. 그저 이 순간의 느낌들을 최대한 갈무리하려고 노력할 뿐이다.

그로부터 거의 일주일이 지난 밤이건만, 그때의 감정은 아직도 생생하게 뇌리를 스친다. 그 감정에 북받쳐 다음 여행을 조심스럽게 생각해본다. 태어나서 아직 한 번도 진지하게 여행해보지 못한 곳, 너무나 익숙하고, 너무나 편안해서 생을 마치는 순간까지도 여행할 생각을 전혀 못 해본 곳. 바로 나 자신이다. 태어나서 처음으로 나 자신에 대해서 여행하고 싶다는 생각을 했다.

방법은 아직 모른다. 아니 영원히 모를지도 모른다. 하지만…. 하지만 말이다. 내가 한평생 살아가면서 정작 내 자신을 그저 시간이 흘러가는 대로 맡겨 두기에는 너무나 뭔가가 아쉽다는 생각이 이번 여행을 하면서 처음으로 들었다.

이제 주위는 완전히 어둡고 공기는 차갑다. 좁디좁은 방 한 쪽에 놓인 탁자 위에 버너에 불을 붙여 커피를 한 잔 타서 밖으로 나온다. 밤하늘에 별이 몹시 반짝인다. 혼잡하던 거리도 이젠 조용하다. 가끔씩 들리던 자동차 소리도 들리지 않는다. 조용한 도시를 나는 말없이 바라본다.

12월 29일. 서울은 연말로 매우 북적이겠지. 송년회를 하고, 연말까지 마감으로 바쁘고, 프로젝트 날짜를 준수하느라 모두들 바쁘게 움직이고 있을 거야. 그래, 그러겠지….

한 해를 마무리하는 시점에서 문명에서 한 발짝 떨어진 히말라야는 나에게 많은 것을 가르쳐줬다. 진정한 문명과 문화는 물질이 아니라 정신이었다. 남과의 끊임없는 경쟁의 문화가 아니라 남과 삶을 공유하는 문화가 진정한 문명이 아닐까? 핸드폰이 없어도, 컴퓨터가 없어도 이들의 얼굴에서는 우리가 가지지 못한 여유가 묻어난다. 이들에게는 항상 뭔가에 쫓겨 바쁘게 움직여야만 하는 우리가 이상하게 보일지도 모르겠다. 우리가 안락한 생활을 위해 그 대가로 잃어버린 것들이 무엇인지를 다시 생각해 본다.

나는 다시 방으로 돌아와 눕는다. 불을 끄니 창문 틈으로 들어오는 별빛과 도시의 불빛들이 은은한 조명을 만들어낸다. 살아있는 사람보다 신의 숫자가 많은 나라, 천혜의 자연을 가진 나라, 그러면서 가난한 나라, 수많은 고산 부족들이 가난하지만 여유롭게 살아가는 나라, 이곳이 네팔이다. 나는 시간이 나면 반드시 다시 한번 방문하리라 다짐하면서 네팔에서의 마지막 밤에 조용히 잠이 든다.

문득, 구암 스님의 말씀이 생각난다.

"내가 보니, 이 군은 이렇게 살면 될 것 같네. 하늘을 이불 삼고, 땅을 침대 삼고, 산을 베개 삼고, 바다를 한 잔 술로 삼아 살면 되겠네. 이건 어떤 스님이 하신 유명한 말인데, 자네한테 딱 맞는 말인 것 같네."

언제나 우리에게 다정하고 모범이 되어 오신 나의 이모 박영순 교수님이 '학문'이라는 큰 산을 오르신 모습도 나의 히말라야 등반 같은 것이 아니었을까 짐작해 본다. 이제 정년 후에는 구암 스님의 말씀처럼 하늘을 이불 삼고, 땅을 침대 삼고, 산을 베개 삼고, 바다를 한 잔 술로 사셔도 좋을 것 같다.

영웅들과 행복한 사람

이 승 직
(대원과학대학 교수)

"제천에는 100년 이상 된 건물이 없다.", "왜 없어?", "없는 이유가 무엇이란 말인가?"

이 호기심이 나의 발길을 제천 곳곳으로 안내하는 계기가 된다. 휴일이나, 공휴일에 제천 곳곳을 누비며 역사 및 전설들을 조사하고, 정리한 지가 벌써 2년이 지났다. 결과적으로 말하면, 먼저 제천에 100년 이상 된 건물이 없다. 100여 년 전 일본에 나라를 빼앗기고 전국각지에서 의병활동이 일어나기 시작한다. 그 중 전국 최초로 제천에서 의병이 일어나게 된다. 제천에서는 의병장 유인석이 이 지방의 학자들을 중심으로, 구국의 신념으로 봉양, 지금의 자양영당 자리에서 의병의 씨앗을 뿌리게 된다. 이러한 의병활동을 시작으로 전국적으로 의병활동이 벌떼처럼 일어난다. 제천에서의 의병활동은 일본군에게 큰 상처를 주게 된다. 의병활동 중 제천에서 대패한 일본군이 그에 대한 보복으로 지구상에서 제천을 완전히 없애기 위해 제천을 완전히 초토화 시키게 된다. 더 이상 제천이 없어지는 순간이다. 그러나 이러한 사실을 사진으로 남기고 이를 신문에 알린 자가 있었으니, 그는 영국의 메킨지 기자이다.

초토화된 제천 시가지의 사진을 그대로 신문에 싣고, 기사화 한 것이다. 이렇게 해서 제천의 초토화된 사실이 세상에 알려지게 된다. 제천의 건물들은 그 이후 지어졌기 때문에, 제천의 건물은 모두 100년이 안 된다. 이 사실을 접한 후, 나는 하필이면 이런 사실을 외국인에 의해 알려졌다는 것이 나의 자존심을 매우 상하게 한다.

그럼 "내가 지금의 제천의 모습을 정리하여 50년 아니 100년 후의 제천사람들이 본다면 나처럼 자존심이 상하지 않으리라." 생각하며 오늘도 시간 나는 대로 제천 탐방을 한다.

나는 제천에 산지 벌써 17년이 된다. 제천지역의 발전을 위하여, 여러 가지 봉사도 하고, 후배들을 양성하면서 서서히 제천사람이 되었다. 이제 제천이 제2의 고향이 되었다. 나의 아이들이 모두 이곳에서 학교를 마치고 도시로 나갔으니, 제천가족이라고 해도 과언이 아니다. 그러한 의미에서, 나는 제천에 대해서 무엇인가 더 열심히 알아야하고, 제천의 역사에 뭔가 남겨야한다. 내가 제천을 사랑하는, 사랑해야 하는 이유이다.

돌이켜 보면, 이런 활동을 할 수 있는 능력을 가질 수 있도록 해준 부모님을 비롯한 내주위의 많은 영웅들에게 무한한 감사를 느낀다. 오늘 내가 건강한 몸으로 후배 양성, 외국인을 위한 한글봉사 그리고 제천탐방 등 많은 일을 하면서도 항상 나의 마음에는 영웅들의 관심을 한 번도 잊어본 적이 없다.

나는 행복한 사람이다. 나의 주위에는 매우 많은 영웅들이 있다. 이들 영웅들 사이에서 그들의 관심 속에서 살아가고 있는 것이 나의 행복한 이유이다. 그분들에게 "영웅"이란 단어를 사용하는 이유는 그들의 영향 속에서 오늘의 내가 있기 때문이다. 물론 그 영웅들도 자신들의 영역을 구축하고 세상을 살아가고, 많은 사람들에게 영향을 주며 살아가고 계시지만, 그 영웅들은 나의 인생에 절대적인 영향을 끼쳤다. 학업, 취업 등 평범한 사람들이 누리는 같은 생활 속에서도 나만의 길, 구축하고 그 길을 꾸준히 갈 수 있게 해주신 분들이다.

첫 번째 영웅은 단연 부모님이다. 부모님들의 사랑은 조건이 없다. 나도 자녀를 키우고 있지만, 아직도 부모님의 희생을 이해하기에는 많이 부족하다. 아들의 대학 학비를 마련하시기 위해 어머니는 돼지, 소를 기르셨다. 그 영웅이 기른 돼지, 소 덕분에 우린 대학을 무사히 마쳤다. "우골탑", "돈골탑"이 되는 셈이다. 그러나 지금도 자녀들에게 "너희들 학교 다닐 때, 잘 못해 줘서 미안하다고 하신다." 이런 눈물 나는 사연, 이루 말로 다할 수 없다.

오히려 제가 어떻게 보답해야 할지 모르겠는데…… 어찌 나한테 영웅이 아닐 수 있으랴. 오늘의 아버지는 지금도 안동향교에서 논어 맹자를 탐하시고 강의하시는 한학자 할아버지로, 어머니는 아버지와는 반대로 스스로 사진 찍어 자신의 홈페이지를 만들어 스스로를 홍보하시는 신식 할머니가 되셨다. 지금도 두 영웅 매일 너무 바쁘시다. 이런 일들이 건강을 유지하시는 비결이다. 지금까지도 아들에게 너무 많은 희생을 해주셨음에도 불구하고, 오늘도 뭘 주시고 싶으시다. 영원히 아들편이시다. 부모님 두 분 모두 건강하시고, 내가 언제든 뵙고 싶을 때, 찾아가서 뵐 수 있어서 너무 행복하다. 아버지는 일본에서, 어머니는 중국에서 어렸을 때의 생활 모습이 지금도 남아있다. 그 영웅들의 사랑 속에 우리 4남매는 외국이라는 것을 막연히 느끼면서 잘 성장했고, 또 다른 부모가 되어 있다. 성장하면서 외국과의 교류를 직, 간접적으로 할 수 있는 것도 그 덕분이리라. 나는 이러한 영웅의 사랑을 받으며 오늘도 살고 있는 것이 너무 행복하다. 그 영웅들이 영원히 사셨으면 좋겠다. 나도 이들 영웅처럼 살고 싶다.

또 다른 영웅은 혜당 선생님인 이모님이다. 나에게는 공부에 대한 열정을 일깨워 주신 분이다. 그 영웅이 없었더라면, 내가 젊은 날에 공부에 매진할 수 있었을까? 심지어는 내 꿈에 나타나셔서 공부를 얘기하시는 분이다. 그 조카가 지금 그 영웅을 생각하며 글을 쓰고 있다. 그 영웅의 조카들, 8명이 모두 한국에서 자기의 영역을 지키고, 당당한 사회인으로 살아갈 수 있도록 해주신 정신적 지주이다. 내가 철이 들기 전에는 우리 모두들에게 두려운 존재이기도 했지만, 그 영웅의 조카들에 대한 영향력은 대단하다. 해외유학이 매우 어려웠던 시절, 직접 "해외유학이란 이런 거란다." 실천으로 보여주신 영웅. 나에게 무언으로 큰 세계를 알려주신 분이다. 필자가 대학 졸업 후 당시 국가연구소에 합격 통지를 받은 직후 우연히 종로서점에서 이모님을 만났는데, 나의 합격을 가만히 알렸더니 많은 사람들 앞에서 날 포옹해 주셨다. 나보다도 더 기뻐하시면서…… 이모님의 그 포옹이 당시에는 민망했지만 두고두고 나에게는 큰 힘이 되었다. 20년 전 내가 일본 유학 떠날 때도, 이모님께서 격려금을 주신 것도 잊을 수가 없다. 나는 일본 정부에서 장학금 받는다고 말씀드렸는데도 말이다. 격려금이 문제가 아니라, 사랑을 듬뿍 받은 것이었다.

이모님이 주신 은혜 나열하면 책한 권은 될 것 같다. 그러니 나에게는 영웅일 수 밖에 없다. 오늘의 나를 만든… 나는 이런 이모 영웅이 너무 좋다. 너무 감사한다. 지금 고려대학교에서 정년퇴직하셨지만 조카들에 대한 무한한 애정은 한결같다. 부디 건강 잘 유지하셔서 조카들이 성장해 가는 모습을 지켜봐 주시고 응원해 주시면 좋겠다.

나에게는 숙제가 하나 있다. 이들 영웅들에게 어떻게 만분의 일이라도 보답할 수 있을까?

다시한번 존경을 듬뿍 담아 불러보고 싶다.

"나의 가장 소중한 영웅들… 부모님, 이모님 내외분, 외삼촌 내외분, 삼촌내외분, 고모내외분……"

"나는 행복합니다." 노래가 생각난다.

학덕은 영원하리

이 주 행
(중앙대 교수)

오늘날 일반인들은 우리나라에서 스승다운 스승, 학자다운 학자를 찾아보기 어렵다고 한다. 이런 말은 황당하거나 과장된 말은 아니다. 그만큼 우리나라의 교육계와 학계는 문제를 많이 지니고 있다. 하지만 惠堂 朴榮順 교수님은 예외이시다. 박 교수님은 매우 훌륭한 교육자이시고 덕망이 드높은 학자이시기 때문이다.

나는 20여 년 전 어느 학술대회에서 朴榮順 교수님을 처음으로 뵈었다. 박 교수님의 첫인상은 당신의 아호인 혜당(惠堂)과 같이 밝고 맑으며 인자한 학자로 기억된다. 그 후 나는 박 교수님의 요청으로 고려대학교 학부생과 대학원생에게 강의를 하고, 교수님께서 한국사회언어학회 회장으로 활동하실 적에 편집이사로 학회 일을 도와 드린 적이 있으며, 고려대학교 박사학위 논문을 심사한 적도 있다. 박 교수님과 나는 학연 · 혈연 · 지연 등과 거리가 멀다. 그러함에도 불구하고 교수님께서는 한없이 부족한 나를 변함없이 아껴 주시고 이끌어 주시었다. 그러기에 나는 교수님께 형언하기 어려운 고마움을 안고 살면서 단 한 번도 감사의 마음을 표현한 적이 없어 한없이 죄송하다.

대학교 교수는 연구하면서 교육하는 사람이므로 고매한 학덕(學德)을 지닌 사람이어야 한다. 안타깝게도 우리나라에는 예나 지금이나 고매한 학식과 덕(德)을 고루 갖춘 교수가 매우 적다. 그런데 박영순 교수님께서는 높고 뛰어난 학식과 덕을 갖추신 분이시다. 박 교수님께서는 우리나라에서 매우 우수한 대학교의 저명한 교수가 되시어 우수한 제자를 양성하시고, 학덕을 쌓으시어 교육계와 학계에서 존경을 대단히 많이 받고 있으시다.

박 교수님께서는 문법론, 의미론, 사회언어학, 텍스트언어학, 외국어로서의 한국어 교육학 등 여러 분야에 걸쳐 박학다식하시며, 탁월한 연구 업적을 쌓아 오고 있으시다. 박 교수님께서는 전혀 나태하지 않으시고 용광로처럼 부단히 학문을 뜨겁게 연구하는 분이시다. 박 교수님께서 그동안 맺어 놓으신 학문의 열매와 앞으로 맺으실 학문의 열매는 한국어학의 발전에 기여하는 바가 지대할 것이라고 확신한다. 박 교수님과 같은 교수가 우리나라의 모든 대학에서 재직하게 되면 우리나라의 대학도 세계의 명문 대학으로 발돋움할 것이다.

박 교수님께서는 여러 한국어학 관련 학회 회장으로 학회 발전에도 열과 성을 다하셨다. 우리나라의 학회 중에는 동문회처럼 동일한 대학 출신자들만으로 회원을 구성하고 있거나 동일한 이익을 추구하는 사람끼리 모여 만든 것도 있다. 이러한 학회는 학회라기보다는 친목회라고 칭하는 것이 타당할 것이다. 박 교수님께서는 학연과 지연을 배제하고 동일한 학문 분야에 관심을 가지고 연구 활동을 활발히 하는 학자들을 학회의 회원으로 가입시켜 학회에서 중시하는 연구 과제를 함께 해결하도록 이끌어 획기적인 연구 성과를 거두도록 하시었다. 우리나라의 한국어학 관련 학회가 발전하려면 한국의 모든 학회 회원이 박영순 교수님과 같이 지연과 학연에 얽매이지 않고 트인 마음으로 학회 활동을 하여야 한다.

교수들 중에는 정치인과 같이 학연과 지연을 활용하여 일정한 그룹을 만들어 허망하기 짝이 없는 권력(?)을 행사하는 것을 즐기는 이가 적지 않다. 부단히 연구에 힘쓰지 않으면서 동료 교수를 모함하고 폄훼하는 데 세월을 보내는 이도 있다. 그런데 나는 박 교수님께서 남을 비방하거나 폄훼하는 말씀을 하시는 것을 들어 본 적이 없다. 교수님께서 잘난 척하시거나 오만한 언행을 하시는 것을 나는 한 번도 뵌 적이 없다. 박 교수님께서는 늘 겸손하고 인자하며 친절하게 남을 접대하신다.

언어학자는 비전공자들에 비해 우수한 의사소통 능력을 지니고 바른 말과 고운 말을 더욱 잘 구사할 줄 알아야 하는데 그렇지 못한 이가 우리나라에는 꽤 많다. 그런데 박 교수님께서는 매우 뛰어난 의사소통 능력을 지니고 있으시며 바른 말과 고운 말을 자유자재로 구사하신다. 경상도 예천 출신이시면서도 공식석상에서는 반드시 표준어를 구사하신다. 교수님의 말씀에는 언제나 따뜻한 정이 담겨 있다.

박 교수님은 지행일치(知行一致)를 하시는 훌륭한 학자이시다. 교수님께서 정년제(停年制)로 인하여 머지않아 교육 현장을 떠나시게 된다니 안타깝기 그지없다. 우리나라에도 하루빨리 종신제가 마련되어 박 교수님과 같이 훌륭한 교수는 기력이 다할 때까지 대학 현장에서 교육하고 연구할 수 있는 날이 빨리 오길 기대한다.

그동안 박 교수님께서는 '대학'이라는 직장 생활로 말미암아 본의 아니게 연구를 하시는 데 제약을 많이 받으셨을 것이라고 생각한다. 정년퇴직(停年退職)을 하신 뒤에는 그러한 제약에서 벗어나시어 새장을 벗어난 새처럼 학문의 바다를 마음껏 항해하실 수 있으실 것이다.

교수님께서 더욱 건강하시고 학덕이 더욱 빛나시길 간절히 기원한다.

제게 한국어교육의 길을 열어 주신 선생님

이 준 기
(고려대 박사과정)

박영순 선생님 안녕하세요. 중국에서 한국어를 알리고 있는 막내 제자 이준기입니다. 날씨가 점점 추워지고 있는데 건강은 괜찮으신지요. 선생님 목 안 좋으신데 쌀쌀한 날씨에 더 나빠지시는 건 아닌지 걱정이 되네요. 제가 있는 곳 역시 날씨가 점점 쌀쌀해지는 게 겨울이 오고 있는 것 같지만, 제주도보다도 훨씬 남쪽 지방이라서 추위 걱정은 한시름 놓아도 될 것 같습니다.

좋은 선생님이 되겠다는 희망을 품고 국어교육과에 입학하여 선생님을 처음 뵈었던 게 벌써 7년 전이네요. 고등학교를 졸업하고 마냥 즐거웠던 대학 생활을 시작했던 2000년이 얼마 지난 것 같지 않은데 벌써 2007년입니다. 그리고 안 올 것 같던 선생님의 정년도 코앞에 다가왔네요. 선생님께 배워야 할 게 아직도 많은데, 군대다, 코이카 해외봉사단이다 학교는 뒤로 하고 도망만 다니느라 공부를 많이 하지 못한 게 이제 와서 좀 후회가 됩니다.

이렇게 선생님의 정년을 앞두고 있으니 지금의 저를 있게 한 선생님과의 소중한 추억들이 몇 가지 떠오릅니다. 주로 문학 쪽에 관심을 갖고 학교 선생님을 목표로 재미있게 대학생활을 하고 있던 제가 한국어교육 쪽으로 생각을 바꾸게 된 계기는 바로 선생님의 '문법교육론' 수업이었습니다. 2002년 3학년 1학기 때 '문법교육론' 수업을 들으면서 한국어 문법이 정말 체계적이고 재미있다는 생각을 하게 되었고 한국어를 어렵게 생각하는 외국인들에게 이렇게 체계적으로 쉽게 문법을 가르칠 수 있으면 참 좋을 것 같다는 생각을 하게 되어 그때부터 한국어교육 분야에 관심을 갖게 되었지요.

3, 4학년 때 국어학 전공 공부를 하다가 진로를 대학원 진학으로 정하고 선생님께 면담하러 갔던 것도 기억이 납니다. 그때는 연구실이 도서관 4층에 있었지요. 지위 고하를 막론하고 찾아오는 사람들은 누구든지 사 주신다던 '특밥'을 맛있게 먹으면서 한국어교육 분야의 장래와 비전에 대한 좋은 이야기를 많이 들었었지요. 그때는 주변에 한국어교육에 대해 말해줄 수 있는 사람이 없었기에, 선생님의 말씀 한마디 한마디가 미래를 준비하는 저에게 정말 큰 도움과 힘이 되었답니다.

아직 한 학기밖에 다니진 않았지만, 2004년 2학기 대학원에서 선생님의 화용론 수업을 들으면서 처음으로 영어로 된 책을 한 권 처음부터 끝까지 독파한 경험도 빼 놓을 수 없는 소중한 기억입니다. 선생님께선 원서 공부하는 방법을 가르쳐주셨지요. 막막하기만 하던 원서 읽기도 그 수업 덕분에 어느 정도 감을 잡을 수 있었습니다.

저의 첫 한국어교육 현장 실습도 역시 선생님 덕분에 시작할 수 있었습니다. 기억하시죠? 2004년 여름, 한국어세계화재단에서 했던 이주노동자를 위한 한국어교육 프로그램. 인터넷을 보고 지원하여 면접을 보러 재단에 찾아갔는데 선생님께서 면접관으로 계셨었죠. 그때 재단 이사장으로 계신 선생님을 뵈어서 정말 반가웠고, 한편으로는 선생님께서 이사장으로 계신데 이거 슬렁슬렁 해서는 큰일 나겠구나 하는 긴장감도 들었었지요. 한국어교육 학도로서 시작부터 저와 함께 계셨던 선생님, 돌이켜보면 오늘날 이곳 중국 땅에서 한국어 교사로 첫 발을 내딛은 것도 선생님께서 계시지 않았더라면 가능하지 않았을 것입니다.

저는 지금 중국 남부에 위치한 강서성(江西省) 남창(南昌)이라는 곳에 있습니다. 우리나라로 치면 도청소재지 정도 되는 큰 도시라 살기에는 편하지요. 처음에 중국에 가기로 마음먹었을 때는 한국어교육이 활발하게 이루어지고 있는 청도나 연변 쪽으로 가기를 내심 바라고 있었는데, 봉사단원은 코이카 측에서 파견하는 곳으로 군말 없이 가야하는 거라 이곳 남창까지 내려오게 되었답니다. 이곳은 한국어교육에 있어서 불모지나 다름없습니다. 한반도만한 지역을 총괄하는 중심 도시 남창에 한국어과가 있는 대학은 제가 있는 곳까지 두 곳 밖에 안 된답니다. 해안가 지역이나 연변 지역같이 한국어교육이 활발하게 이루어지는 지역이 아니다보니, 제가 바로 한국을 대표하는 거라 생각이 들어 책임감은 더욱 커집니다.

제가 있는 학교는 강서여유상무직업학원(江西旅遊商貿職業學院)입니다. 중국에서 학원은 3년제 전문대학을 가리키는데, 이 학교는 한국으로 치면 관광전문대학 정도 된다고 할 수 있습니다. 하지만 강서성을 대표하는 관광대학이라 규모가 큰 편이지요. 학생 수가 이만 명이 넘는다고 하네요. 한국어과는 관광 가이드 학부에 있는데 작년에 처음 개설되었고 이번에 신입생을 받아 2학년 두 반, 1학년 두 반 이렇게 있습니다. 관광 가이드 학부에 그 전까지는 일본어과만 있었는데, 앞으로 한국과 더 많은 교류를 할 거라 내다보고 작년부터 한국어과를 만들어 한국어가 가능한 가이드 양성을 시작한 것 같습니다. 역사가 오래된 일본어과와 비교할 수는 없지만, 한국어과는 이제 막 시작되어 아직 커리큘럼도 체계적이지 못하고 현지 선생님들의 교육 방법도 미숙한 부분이 많아 앞으로 제가 할 일이 많아 보입니다. 공부를 시작만 해 놓고 쌓아둔 것 없이 의욕만 앞세운 저인지라 부족한 부분이 많이 있지만, 새로 시작하는 과에서 이리 저리 부딪치며 한국어 가르치는 방법을 많이 배우고 연습할 수 있을 것 같아 남은 2년의 이곳 생활이 기대가 많이 됩니다.

비록 제가 있는 이곳이 한국 사람도 적고 한국어교육도 전무한 곳이지만, 중국 전역을 강타하고 있는 한류 열풍은 여기서도 어김없이 느낄 수 있습니다. 거리를 돌아다니다보면 한국 노래도 심심찮게 들을 수 있고, 한국 연예인들의 사진도 곳곳에서 발견할 수 있습니다. 또 한글로 된 간판이 걸려 있는 화장품 가게와 옷 가게도 볼 수 있는데 한국을 동경하는 사람들로 언제나 붐비고 있지요. 그런데 가만 보면 한글 간판이 대부분 틀린 것들이라 고쳐주고 싶은 마음이 드는 게 한두 번이 아닙니다. 열심히 한국어를 가르쳐서 한국어가 더 대중화된다면 그런 잘못된 간판들은 자연히 사라지겠지요. 앞으로 한국어교육 학도로서 해야 할 일들이 참 많습니다. 열심히 공부하고 한국어를 가르치는 방법을 연구해서 세계에 한국어를 널리 퍼뜨려야지요. 선생님, 많이 지도해주시고 지켜봐 주세요.

연구실에 불쑥 찾아가도 항상 인자하게 웃으시며 따뜻하게 맞아 주시던 선생님이 보고 싶습니다. 다시 그 인자한 미소를 뵈려면 2년이라는 시간을 보내야 하는군요. 그 시간 헛되이 보내지 않고 열심히 해서 부끄럽지 않은 모습으로 2년 후에 찾아뵙겠습니다. 많이 걱정되지는 않습니다. 몸은 비록 이곳에 멀리 떨어져 있으나 선생님께서 제자를 염려하고 용기를 북돋워주시는 마음이 여기서도 느껴져 힘이 마구 솟아납니다. 선생님, 다시 찾아 뵐 때까지 건강하세요.

2007년 11월 11일, 중국 남창에서
제자 이준기 올림

방화동과 선생님

이 혁 화
(영남대 교수)

나에게 서울의 방화동이라 하면 맨 먼저 떠올리게 되는 곳이 한국어 세계화재단이다. 그곳은 여러 선생님들 아래에서 배우고 공부하던 학교를 떠나 한국어와 관련된 사업을 처음 해 보게 된 곳이며, 여러 사람들과 함께 부대끼며 살아가는 법을 깨우치게 된 곳이다. 그곳에서는 참으로 무수한 일들이 벌어졌다. 때로는 치열하게 머리를 맞대고 논쟁을 벌이기도 했으며, 따뜻한 가슴으로 서로를 품어 주며 한 조직의 구성원으로서 동질감을 확인하기도 하였다. 이러한 기억의 중심에는 언제나 박영순 선생님이 자리를 잡고 있다. 선생님은 그 당시 재단의 이사장으로 재단을 이끌고 계셨는데 선생님 특유의 강인한 추진력과 열정은 아직까지도 나의 머릿속에 선명하게 남아 있다.

나는 선생님을 생각하면 이상하게도 다소 상반된 두 장면을 떠올리게 된다. 하나는 자애롭고 온화한 모습이요, 또 다른 하나는 열정적이고 적극적인 모습이다. 선생님은 여성스러운 면이 많으신 분이다. 내 머릿속에 정지된 장면으로 남아있는 선생님의 옷차림은, 화사한 색깔의 정장에 스카프로 멋을 낸 모습이다. 언젠가 사석에서 "여자는 치마를 입을 수 있어서 얼마나 좋은지 몰라요."라고 치마 예찬론을 펼치시기도 하였다. 여성 연구원들의 머리핀을 예쁘다고 칭찬하시고 어깨를 두드려 격려하시는 모습에, 나도 여자라면 좀 더 선생님과 감성적으로 가까워질 수 있을 텐데 하는 왠지 모를 부러움까지 들기도 하였다.

그러나 일단 재단이 추진하고 있는 사업과 관련되는 부분에 있어서는 선생님께 대충대충이 통하지 않았다. 학교의 교수직과 함께 이사장직을 수행하셨기 때문에, 항상 재단에 출근을 하신 것은 아니었다. 사업 추진에 대한 세세한 사정은 매일 출근하는 연구원들에 비해 어두우실 것이 분명하였다. 그런데 선생님께서는 비상근이라는 약점에도 불구하고 관심과 열정이라는 강력한 무기를 갖고 계셨다. 재단의 이사장직은 사실 희생과 봉사의 정신이 없이는 수행하기 힘든 자리이다. 물질적인 보상이 전무한 상태에서 재단을 이끌어 갈 수 있는 원동력은 바로 관심과 열정이 아닌가 한다. 선생님께서는 재단 이사장으로서 재단이 추진하는 모든 사업과 사람에 대해 관심을 가지고 주시하셨으며, 또한 열정적으로 진두지휘를 하셨다.

한번은 선생님께서 지시하신 일에 대해 반대 방향의 의견을 말씀드린 적이 있었다. 그때 나의 생각으로는 그렇게 처리하는 것이 온당하다고 믿었었다. 당돌한 연구원의 태도에 적잖이 당황하셨을 것인데도 선생님께서는 일방적인 지시를 내리지 않으셨다. 얼마간 시간이 흐른 후에 그 일로 죄송하다는 말씀을 드렸을 때, 그때 나는 선생님의 손을 처음 잡아 보았다. 선생님께서는 그 일로 마음고생을 하였을 것이라는 위로와 격려의 말씀을 하시고서는, 두 손으로 내 손을 잡아 주신 것이다. 아! 조직의 리더는 정말 아무나 되는 것이 아니로구나. 선생님은 진정 마음으로 일을 추진하시는구나.

어느 겨울날, 무슨 보고를 드리기 위해 이사장실로 선생님을 찾아뵈었을 때의 일이다. 서류철을 들고 이사장실로 들어가 선생님께 보고를 드렸는데, 선생님께서는 심하게 감기에 걸려서 말씀을 거의 못할 정도였다. 쉿소리가 섞인 무거운 음성에 나는 깜짝 놀랐다. 이렇게 상태가 안 좋으시면 병원에 빨리 가실 것이지……. 그러나 선생님께서는 큰일이 아니라는 듯이, "나는 원래 목이 안 좋아서 겨울이면 고생을 많이 해요."라고 하시면서 보고 내용에 정신을 집중하셨다. 재단 사업, 특히 한국어교육에 대한 열정이 대단하시다는 것을 또 한 번 목격하게 된 것이다.

작년에 국어원 관련 사업 평가회 일로 방화동에 들른 적이 있었다. 건물도 그대로고 재단 사무실도 그대로였다. 평가회가 끝난 뒤 점심식사를 위해 이동하던 중에, 예전에 자주 선생님과 함께 점심식사를 하던 음식점 근처를 지나게 되었다. 하지만 그 음식점은 이미 다른 간판을 달고 다른 음식을 팔고 있었다. 선생님과 함께 오리고기를 먹던 그 추억의 장소가 사라져 버린 것이다. 이제는 하나씩 예전의 기억이 희미해져 간다고 생각하니 쓸쓸하고 허전한 마음을 금할 길이 없었다.

선생님! 언제 한번 재단의 예전 식구들끼리 모여서 이야기꽃을 피울 수 있는 자리를 만들어 볼게요. 선생님께서 뿌리신 씨앗들이 어떻게 자라고 있는지 선생님께서도 궁금하시겠지요? 선생님의 열정과 관심을 다시 한번 느껴 보고 싶습니다. 아마도 재단의 다른 식구들도 모두 저와 같은 생각일 겁니다. 조만간 곧 뵙게 될 겁니다.

모든 문제의 정답, 혜당 선생님

이 현 희
(문학박사 · 고려대 연구교수)

언젠가부터 나는 해결하지 못하는 많은 일들을 모두 혜당 선생님께 여쭙는 버릇이 생겼다. 새 학기가 되어 이번 학기에는 무슨 일을 해야 할까, 수업은 얼마나 하고 논문은 몇 편이나 써야 할까 하는 소소한 문제까지 다 여쭙는다. 그리고 지금까지 선생님께서 주신 정답에 따라 생활하고 있다.

혜당 선생님을 따르기 시작한 것은 학부 시절부터이다. 의미론 수업 중에 힘든 유학 생활을 얘기하시면서 미국 밀가루로 수제비를 끓이면 수제비가 빵처럼 크게 부푼다고 여담처럼 말씀하셨다. 그때는 막연히 선생님을 따라 멋진 교수가 되고 싶다고 생각했다. 외국에서 학위를 받고 돌아와 대학에서 아이들을 가르치시는 모습은 아마 당시에는 그저 막연한 동경이었던 것 같다. 그러나 지난 한 해를 버클리에서 혼자 지내고 난 지금에서야 그 과정이 멋지기보다는 오히려 전쟁을 치르는 병사처럼 치열했으리라는 것을 알게 되었다.

날씨도 마음만큼 추웠고 한참 갈 길을 몰라 헤매던 때에 혜당 선생님을 찾아갔었다. 중앙도서관 4층 연구실에서 선생님께 공부를 계속 하면 어떨지 처음으로 여쭤 보았다. 그리고 그 다음 봄 학기에 난 석사과정에 입학했고, 10년이 넘는 시간을 앞만 보고 달려왔다. 매 학기가 시작될 때 이번 학기에는 무엇을 할 것인지를 물으셨고 학기가 끝나면 얼마큼 이루었는지 점검하셨다. 그때마다 엄마에게 칭찬받기 위해 착한 일을 하는 어린아이처럼 노력하고 노력했다.

간혹 슬럼프가 찾아오기도 했다. 박사과정을 마치고 학위논문을 쓰기 전까지 2년쯤 되는 시간을 그냥 어영부영 보내고 있었다. 밤 10시가 넘었는데 선생님께 전화가 왔다. 아마 그때까지 연구실에서 바삐 일을 하시다가 퇴근하시면서 전화를 하셨던 것 같다. 박사논문을 써야겠으니 연구실로 오라고 하셨다. 그 다음날 연구실에서 논문 주제와 목차를 만들기 시작했고 정확히 1년 뒤 학위를 받았다. 그 1년의 시간동안 선생님은 내 꿈에도 자주 나타나셨다. '지금 잠이 오니?'라고 야단도 치셨고(여전히 선생님은 내 꿈에 종종 출연하신다.), 논문을 많이 써서 연구실로 들고 가면 애썼다고 칭찬도 해 주셨다. 논문을 시작하면서 내가 학위를 받을 수 있을까 의심하고 걱정했었지만 선생님의 추진력은 내게도 예외 없이 적용되어 처음 계획대로 무사히 학위를 받게 되었다.

박사후연수를 하게 된 것도 혜당 선생님의 결정대로였다. 박사학위를 받고 정신없이 강의며 연구소 일에 매달려 있을 때였다. 그때 또 선생님께 전화가 왔다. 만나자고 하셨다. 그때는 이미 정년을 하신 후였는데, 일부러 제자들을 관리(?) 하시느라 학교에 나오신 것이었다. 학교 안에 있는 카페에서 학진에 포닥을 신청하라고 하셨다. 그때부터 부랴부랴 연구계획서를 썼고 그 후로 2년간 서울대에서 포닥을 하였다. 또 작년에 버클리에 방문연구원으로 간 것도 마찬가지다. 포닥을 하는 중이었고 민연 사전실에서 한참 사전이 막바지 작업 중일 때였다. 저녁

식사를 같이 해야겠으니 내려오라고 하셨는데, 그 자리에서 미국에 가야하니 준비하라고 하셨다. 미국 대학들의 이름을 쭉 적어주시며 이 중 한 곳을 가야하니 이메일을 써서 보내라 하셨다. 그 다음날 대학들에 보낼 편지까지 손수 써서 보내주시며 얼른 담당자를 찾아 이메일을 보내라고 하셨다. 몇 군데서 연락이 왔고 그 중 버클리는 선생님께서 다녀오신 곳이기도 하여 작년 1년을 거기서 공부를 할 수 있었다. 미국에 가기 전에는 짐을 어떻게 싸야 하는지, 타고 갈 비행기며 도착해서 머물 숙소, 밥 먹는 것, 잠자는 것, 아무튼 모든 것을 다 알려 주셨다.

또 있다. 아마 선생님께서는 기억도 못 하실 일이지만, 석사 2학기 때 나는 논문을 어떻게 써야 하는지 선생님께 1:1 맞춤 지도를 받았다. 다른 과목의 보고서를 내는 것이었는데, 선생님께서 제목이며 논문의 구성, 논지의 전개, 심지어 문장이 어색한 것까지 10여 쪽의 논문을 같이 읽으면서 고쳐주셨다. 돌이켜 생각해 보면 아무리 지도교수라고 해도 석사과정생이 수업에 낼 기말보고서 한 편을 그리 꼼꼼히 고쳐주는 것이 누구나 할 수 있는 일은 아니라는 생각이 든다. 제자에 대한 애정이 보통 크지 않고서야 그렇게 하기 쉽지 않을 것 같다. 그 후로 나는 논문을 쓰는 것에 대한 두려움을 많이 덜어낼 수 있었고 지금까지도 그때 배운 그대로 논문을 쓰고 있다.

사람들은 혜당 선생님의 탁월한 업적을 보고 대단한 분이시다 한다. 물론 맞는 말이다. 그러나 제자 된 입장에서 나는 제자의 하나부터 열까지 모든 것을 챙겨주시는 그 세심함과 열정, 그리고 무한한 사랑이 더 큰 분이라 생각한다. 가끔 지도교수님이 누구냐는 질문을 받을 때가 있다. '박영순 선생님께 지도받고 있습니다.'라고 하면 상대방이 부러워하는 모습을 종종 보게 되는데, 그때마다 우쭐하고 뿌듯한 마음이

드는 것은 비단 나뿐만이 아닐 것이다.

어려서 문제집을 풀면서 막히는 문제를 만날 때마다 문제집의 제일 뒤에 있는 정답을 보고 싶어 안달을 했던 기억이 있다. 혜당 선생님은 내게 어려운 문제를 만날 때마다 찾게 되는 정답이다. 나는 욕심이 많아 머뭇거리기도 하면서 중요한 결정이나 선택의 순간에 흔들릴 때가 많다. 그때마다 선생님께 여쭙는다. "지금 중요한 게 뭐야? 다른 건 다 치우고 이것부터 해."하시면 그것부터 하면 되고 "방법이 없어." 하시면 그만두면 된다. 이제는 무조건 따르기만 하면 되리라는 것은 머리가 아니라 몸으로 마음으로 알고 있다. 내 인생의 정답인 선생님께서 늘 건강하시고 또 건강하시기만을 언제나 기도한다.

박영순 선생님과의 만남

이 형 순
(문학박사 · 경안중학교 교사)

"미국에는 super man이 있지만 한국에는 super woman이 있다"라는 말은 우리 박영순 선생님께 딱 들어맞는 말이다.

2003년 10월 선생님 생신 때 저녁 식사를 하고 댁에 처음 방문했을 때의 인상은 '정말 선생님께서는 super woman이시구나!'였다. 그렇게 바쁘신 와중에도 언제 장만하셨는지 음식이 예사롭지 않았고 간식으로 내 놓으시는 호두를 박은 곶감조차도 작품이었다. 시중에서 흔히 만들어 파는 곶감이 아니라 모양새도 맛도 어느 것 하나 흠잡을 데 없는 선생님의 솜씨로 만들어진 것임을 확인했을 때의 놀라움이란 말로 표현할 수 없는 것이었다.

방문한 시간이 저녁인지라 세밀하게 볼 수는 없었지만 산이 병풍처럼 둘러 쳐있고, 통유리로 꾸며져 북악스카이웨이를 한 눈에 바라볼 수 있는 선생님 댁은 유해준 선생 말대로 산동네라도 전혀 차원이 다른 산동네 집의 표본이었다. 산 속에 포근히 안긴 그 집이 어찌나 정리가 잘 되어 있던지 눈이 휘둥그래질 뿐이었다.

선생님께서 박사과정을 밟는 동안 지도해 주신 덕에 '혜당회'라는 모임에 동참할 수 있었는데 그 모임에서 느껴지는 것은 '포근함'과 '따뜻함' 그리고 '겸손'이었다. 선생님을 뵐 때마다 강하게 느끼는 것이지만 "벼는 익을수록 고개를 숙인다."라는 명언이 떠오르는 것이다. 선생님께서는 그 동안의 경력과 학문적 업적이 더할 수 없이 빛나는 것들임에도 늘 겸손하시고 친절하시다.(논문지도 받을 때는 많이 무서우셨지만…)

그 영향 때문인지 '혜당회' 사람들의 분위기에는 다 '겸손'과 '배려'라는 공통분모가 있다. 그래서 해마다 모임에 참석할 때면 '이런 모임에 참여할 수 있는 나는 얼마나 행복한 사람인가?!'라는 생각에 마음이 흐뭇해지곤 했다.

선생님의 강의를 들으면서 가장 인상 깊었던 점은 그 특유의 '명쾌함'이다. '한국어 담화 · 텍스트론'이라는 선생님의 저서로 강의를 들었을 때를 한 예로 들면 '담화'와 '텍스트'라는 용어 자체가 책마다 다르게 정의되어 있고 기준도 모호하여 읽을수록 머리만 어지러웠는데, 선생님의 책 속에서는 명쾌하게 정리가 되어 있어 신기하게 머리 속에 쏙쏙 들어오는 것이다. 거기에 선생님의 강의까지 들으니 신기할 정도로 더욱더 명확해지는 것이었다. 그래서 강의를 들을 때마다 '어쩌면 저렇게도 명쾌한 강의를 하실 수 있는 것일까?'하며 수 없이 감탄하곤 하였다. 그것은 아마도 강의 하시는 내용을 철두철미하게 꿰뚫고 계시기 때문에 가능하셨으리라 짐작할 뿐이다.

그런 선생님의 명쾌한 강의가 있었기에 경기도에 소재한 중학교에 근무하면서 대학원에 다니는 일이 결코 쉽지는 않았지만 즐거운 마음으로 신나게 학기를 보낼 수 있었다. 대학원으로 갈 때면 기대감 때문에 집으로 돌아갈 때에는 깨달음의 즐거움 때문에 몸은 참 피곤했지만 발걸음은 가벼웠었다.

그렇게 학기를 보내고 어느덧 논문을 써야 할 시기가 되었고, 앞에 매우 큰 산이 놓인 듯한 막막함에 두려워하고 있을 때 선생님은 나에게 서슴없이 도움의 손길을 보내주셨고, 그 덕분에 많이 부족한 가운데에서도 논문 집필에 들어갈 수 있었다.

논문을 쓰는 동안 내가 얼마나 부족한지 절실하게 느껴져 한숨도 나오고, 눈물도 나고, 포기하고 싶은 마음이 굴뚝 같았기에, 그때마다 내밀어 주신 선생님의 손길이 아니었으면 어떻게 계속 포기하지 않고 쓸 수 있었을까 싶다.

내 나이 마흔 두 살! 중년의 나이임에도 나는 선생님께서 안아 주실 때마다 얼마나 기분이 좋은지 모른다. 그 포근하고 따스한 선생님의 포옹이 내게 얼마나 큰 힘을 솟아나게 하는지 선생님께서는 알고 계실까? 그래서 선생님께 안길 때마다 속으로 속삭이곤 한다. '선생님! 사랑해요!'

우리 박영순 선생님의 모습을 떠올릴 때면 '백합'꽃이 떠오른다. 짙은 향기로 방안을 가득 채우고, 정갈하면서도 화려한 자태를 지닌 백합꽃 말이다. 그러나 선생님의 별명은 '불도저'라고 한다. 겉으로 보아서는 전혀 연상되지 않지만, 다시 생각해 보면 고개가 끄덕여진다. 거침없는 추진력을 지니고 있다는 면에서….

박사논문을 쓰면서 그 기간 동안 집 안의 모든 일은 거의 팽개치다시피하고 몰두했었는데도 논문 한 편 써 내기가 매우 어려웠다. 그런데 선생님께서는 정년퇴임을 앞두고 계신 이 즈음에도 여전히 저술활동은 기본이고 특강까지 하고 계시다. 이런 면에서 '불도저'라는 별명은 선생님의 능력에 딱 어울리는 또 다른 면의 표현인 것이다.

그런데 요즈음 선생님께서 건강이 많이 안 좋으셔서 기침을 심하게 하신다. 그런 선생님의 모습을 뵐 때면 걱정이 이만저만이 아니다. 그렇지만 '병'이란 정신력보다 훨씬 약하기 때문에 선생님의 그 강한 정신력은 꼭 그 '병'이란 나쁜 놈을 멀리 물리치실 수 있을 것이라 굳게 믿는다.

이 글을 써 내려가는 동안에도 계속해서 여기에 미처 적지 못한 수 없이 많은 선생님의 은혜가 떠오른다. 지금 여기까지 내가 올 수 있게 해 주신 선생님의 도우심에 그지없는 감사의 마음을 전한다. 그리고 지금까지 마음속으로만 뇌었던 말들을 해보련다.

"선생님! 그 동안 베풀어 주신 은혜에 깊이 감사드려요! 존경해요! 그리고, 하늘만큼 땅만큼 사랑해요!!"

시와 상상력 훈련

이 혜 원

(고려대 미디어문예창작학과 교수)

학생들을 가르쳐보면 해가 갈수록 시를 읽거나 짓는 것을 어려워하는 것을 알 수 있다. 그다지 어렵지 않은 시도 스스로 해석해보는 것을 겁내고 자신 없어 한다. 자작시의 경우는 너무 산문처럼 쓰거나 해독하기 어려울 정도로 자기 생각에 빠져있는 경우가 많다. 소설이나 평론처럼 긴 글을 비교적 수월하게 쓰는 것과는 대조적인 현상이다. 컴퓨터로 글을 쓰는 세대여서 그런지 길게 이어서 쓰는 것은 그리 힘들어하지 않는데 시처럼 압축이나 비약이 이루어지는 글은 어려워한다. 시가 문학의 기본 장르로서 갖는 중요성이나 상상력을 개발시킬 수 있는 방법으로서 갖는 기능을 생각해볼 때 여간 안타까운 일이 아니다.

문학에 별로 관심이 없는 사람이라도 시가 상상력을 개발하는 데 도움이 된다고 한다면 무심하지 못할 것이다. 상상력은 어느 분야에서도 새로운 것을 만들어내는 데 필수적인 창조력의 원천이기 때문이다. 최근에 루트번스타인 부부가 쓴 『생각의 탄생』이라는 책을 읽고 상상력의 중요성을 다시 한 번 확인할 수 있었다. 이 책에서는 미술, 음악,

문학, 과학, 수학 등 다양한 분야에서 걸출한 업적을 남긴 천재들의 창조적 사고의 근원을 추적한다. 그들의 공통점은 통합적이고 직관적이며 창조의 과정에 놀라운 열정을 바쳤다는 것이다. 코울리지는 상상력이 직관과 이성적 사고를 통합시키는 능력이라고 하였다. 영감처럼 떠오른 새로운 생각을 창조적인 사유로 발전시키기 위해서는 종합적 이해와 끈질긴 인내가 수반되어야 한다.

상상력을 배제한 지식 위주의 교육이 얼마나 박제화된 삶을 초래하는 지는 버지니아 울프의 아버지인 레슬리 스티븐이 입증한다. 케임브리지 대학의 교수로서 당대 최고의 교양인이라고 할 수 있었던 레슬리 스티븐은 주입된 지식과 차가운 분석의 귀재로서 감정과 예술에 휘말리는 것을 극도로 경계하다가 말년에는 철저히 고립된 채 분별력마저 급격히 잃어버리게 되었다 한다. 반면에 정규 교육 대신 자율적이고 종합적인 학습을 경험했던 그의 딸 버지니아 울프는 문학의 역사를 바꾸는 독창성을 발휘할 수 있었다.

『생각의 탄생』에서는 창조성이 뛰어난 사람들이 활용하는 '생각의 도구들'로 관찰, 형상화, 추상화, 패턴인식, 패턴형성, 유추, 몸으로 생각하기, 감정이입, 차원적 사고, 모형 만들기, 놀이, 변형, 통합의 능력을 든다. 놀랍게도 시는 그 중 대부분의 항목과 아주 깊숙이 관련되어 있다. 시는 사물과 삶에 대한 섬세한 관찰의 산물이며 대상에 대한 감정이입이 자연스럽게 이루어지는 영역이다. 언어 기능이 다면적으로 활용되는 시는 형상화와 추상화, 유추, 통합 등의 사고 작용과 긴밀히 관련되어 있으며, 고도의 언어예술로서 놀이, 변형, 몸으로 생각하기 등의 과정을 내포하기도 한다. 뛰어난 시인들의 넘치는 상상력과 탁월한 통찰력은 그들이 여러 가지 생각의 도구들을 능란하게 다룰 수 있음을 보여준다.

새로운 시대를 이끌 수 있는 대안으로 '통섭'이니 '연계'니 하며 통합적 학문의 중요성을 강조하고 있는 상황이지만, 아직은 갈피를 못 잡고 헤매는 형국인 것 같다. 상상력이나 통합적 능력의 필요성은 절감하면서도 구체적인 교육 방법에 대해서는 설왕설래할 뿐이다. 나는 좋은 시 교육이 상상력 훈련의 지름길이라고 확신한다. 좋은 시를 선별하여 많이 읽고 교감을 나누며 스스로 써보게 하는 교육을 통해 창조적이고 전인적인 미래의 인재를 길러낼 수 있다고 본다. "언어미술이 존속하는 이상 그 민족은 열렬하리라."고 했던 정지용의 말은 창조력의 근간으로서의 시의 힘을 새롭게 돌아보게 한다.

국어학자이면서도 일찍이 상상력이나 창의력, 그리고 통합적 능력의 중요성을 주장하고, 『한국어의 은유』와 같은 책을 펴내신 혜당 박영순 선생님은 학문적 선각자라 할 수 있을 것 같다. 필자가 학부 때 은사님이셨던 박선생님은 학부생들에게도 논문을 쓰게 하셨는데, 나의 논문을 보고 칭찬하시더니 당시 우리학과에서 창간한 『한국어문교육』에 학부생 논문으로는 나의 논문이 유일하게 실려서 기뻤던 기억이 난다. 어쩌면 이때의 경험이 내가 대학원을 가고, 공부를 계속하는 데 하나의 계기가 되었는지도 모른다. 일찌감치 나를 알아봐 주신 박선생님께 존경과 감사를 드리며, 만수무강하심을 기원하다.

'선생님', 그 따뜻한 이름

임마누엘
(오사카문화원 강사)

이 세상엔 많은 단어들이 있고, 각 단어들은 저마다 나름의 의미를 지니고 있다. 언어는 곧바로 인간의 생각이나 감정과 연결되어 있기 때문에 어떤 단어를 떠올리면 자연스럽게 떠오르는 머릿속 이미지가 있고, 가슴 속 깊은 곳에서 느껴지는 '무언가'가 있게 마련이다.

세상에 존재하는 수많은 단어 가운데 가장 따뜻한 느낌을 주는 것들을 고르라고 한다면 무엇이 있을까.

가족, 사랑, 친구, 엄마, 아빠, 집… 아마 셀 수 없는 단어들을 예로 들 수 있을 것이다. 그 중에서도 '선생님'이라는 단어는 특별한 것 같다.

'선생님'이라는 단어를 떠올리면, 뭐라고 딱 표현할 수 없는 여러 가지 복합적인 감정들이 떠오른다. 그런데 아이러니하게도 그런 복합적이면서도 미묘하고 섬세한 느낌들을 언어로 표현하자니 쉽지 않다. 그만큼 '선생님'이란 존재는 제자에게 있어 너무도 크고 대단해서 존경의 대상이면서도 또 한편으로는 어렵고 조금은 두려운 것이 사실이다.

내게도 그런 선생님들이 몇 분 계신다. 초등학교 때부터 대학원을 다닌 지금까지 여러 선생님들을 만났고, 몇몇 선생님들은 어릴 적 아련한 기억 속에서, 또 몇몇 분들은 실제의 내 삶 속에서 여전히 나를 이끌고 계신다. 그 중에서도 지금의 나에게 가장 큰 선생님은 바로 혜당 선생님이시다. 혜당 선생님을 실제로 처음 뵌 건, 한국어교육을 공부하겠다고 결심하고 나서 대학원에 입학한 뒤였다.

나는 대학교 때 교환학생으로 미국에 갔다가 한국어교육에 대한 매력과 필요성을 느꼈다. 그래서 임용고사 대신 한국어교육 전공으로 대학원에 진학하기로 결심하고, 대학원 입시 준비를 했다. 대학원 입학시험을 위해 공부하고, 학업계획서를 쓰면서 혜당 선생님을 저서와 논문을 통해 처음 알게 되었다.

당시만 해도 한국어교육에 관한 저서나 논문이 지금처럼 풍부하지는 않았다. 그 시절, 혜당 선생님께서 쓰신 책은 한국어교육 전공으로 입시 준비를 하는 나에게 가장 중요한 길잡이였다. 그렇게 혜당 선생님을 저서와 논문을 통해 처음 '알게' 되었는데, 그때만 해도 그분께 직접 수업을 듣거나 그분의 지도 학생이 된다는 건 생각해 보지 못했다. 그만큼 햇병아리 대학원 입시 준비생인 나에게 혜당 선생님은 너무도 큰 존재였기 때문이다.

그런데 고려대 대학원에 진학을 하면서 꿈만 같았던 일이 실제로 일어났다. 책으로만 뵙던 대단한 분과 한 공간에 머물면서 강의도 듣게 되고, 그분의 지도 학생이 되는 일이 생긴 것이다. 내가 한국어교육과 관련하여 사회언어학에 흥미가 생긴 것도 선생님의 영향 때문이었다. 그래서 석사 논문도 한국어교육을 사회언어학과 관련하여 쓰게 됐다.

혜당 선생님께 석사 논문 지도를 받으면서 나는 선생님을 개인적으로 뵐 기회를 종종 얻을 수 있게 되었다. 연구실에서 처음으로 선생님과 단둘이 있었을 때가 생각난다.

눈부신 햇살이 가득 비치는 연구실에서 선생님을 뵈었을 때 선생님은 단아한 투피스 정장 차림이셨다. 지금도 그러시지만 선생님은 곱고 단아한 치마 정장을 즐겨 입으셨다. 늘 화장도 단정하게 하시고 머리도 항상 깔끔하게 손질하셨다. 그야말로 빈틈이 없어 보이셨다. 그리고 늘 연구실에 가면 녹차나 국화차 같은 향기가 좋은 따끈한 차를 따라 주셨던 것이 기억에 남는다.

그때만 해도 나는 선생님 앞에 서면 나도 모르게 주눅이 드는 마음 약한 학생이었다. 지금도 소심한 편이지만 그때는 정말 많이 긴장했던 것 같다. 제대로 공부하지 않는 학생에게는 선생님께서 엄하게 대하신다는 소문을 들었던 터라 더 그랬던 것 같다. 나름 성실하게 공부한다고 했는데도 선생님 앞에서는 한없이 부족하게만 느껴졌다. 게다가 나처럼 좀 진취적이지 못하고 답답한 구석이 있는 학생은 왠지 좋게 보지 않으실 것 같았다.

그런데 이런저런 온갖 불안한 예상과는 달리 선생님은 참으로 친절하고 따뜻하게 날 대해 주셨다. 부족한 부분이 있으면 알기 쉽게 지적해 주시고, 내가 너무 많은 생각과 고민과 욕심으로 논문 진척이 잘 안 될 때는 '지나친 완벽주의를 버리라'는 조언으로 내 마음을 편하게 풀어 주시곤 했다. 신기하게도 선생님의 그 말씀은 나의 문제점을 정확히 짚어낸 것이어서 실제로 선생님 말씀을 듣고 어느 정도 내 욕심과 걱정을 내려놓으면 손도 댈 수 없을 것 같은 부분을 시작할 수 있었다. 어쩌면 내 성격을 그렇게 정확하게 간파하셨는지 지금도 놀라울 따름이다. 선생님은 사람을 꿰뚫어보는 통찰력을 지니신 분이라고 밖에 결론을 내릴 수 없다. 내 성격의 장점과 단점을 잘 아시고, 나에게 맞는 조언과 지도를 아끼지 않으셨다.

선생님의 지위나 외모에서 느껴지는 걸 보면 고급스러운 취향을 즐기실 것 같은데 의외로 소탈하시고, 마냥 여성적이시고 조용하실 것만 같은데 알고 보면 남자 못지않은 추진력과 적극성을 가지고 계시고, 또 한편으로는 강하시면서도 여리시고, 엄하실 것만 같은데 제자들에게는 한없이 따뜻하신 분… 혜당 선생님은 그런 분이시다.

한국어교육과 국어학계에서 큰 족적을 남기시고 은퇴를 하신 후에도 선생님은 쉴 줄을 모르신다. 여전히 열정을 불태우시며 저술 활동도 하시고 제자들 일에는 더욱 많은 관심을 가져 주신다.

메일을 통해 꾸준히 제자들에 관한 여러 좋은 소식들을 알려 주시며 선생님 당신의 일처럼, 아니 그 이상으로 기뻐해주시는 혜당 선생님. 그런 선생님이 계시기에 제자들의 앞길이 더욱 밝게 되고, 제자들에게 좋은 일들도 많이 생기는 것 같다.

나는 비록 선생님께 큰 기쁨이 되는 제자는 아니지만, 감히 선생님의 사랑을 받았다고 자랑하고 싶고 그래서 감사하고 싶다. 그것을 알기 때문에 선생님께 작으나마 기쁨이 되는 제자가 되기 위해 앞으로도 노력할 것이다. 아무쪼록 선생님께서 오래 오래 건강하게 장수하셔서 항상 지금처럼 큰 우산과 같이 넉넉한 지붕과 같이 제자들의 곁에 계셨으면 하는 바람이 간절하다.

'선생님', 그 중에서도 우리 혜당 선생님을 떠올릴 때마다 마음속에 따뜻한 물이 가득해지는 느낌이다. 굳이 표현하자면 가슴속 구석구석에 따끈따끈한 온도를 지닌 바닷물이 파도를 일으키며 가득 차오르는 느낌이랄까. 그런 선생님이 계시기에 나는 행복한 사람이다.

내 인생의 사표(師表), 혜당 선생님

장 향 실
(상지대 교수)

'사표(師表)!' 이 말은 내가 항상 마음속에 간직하고 되새기는 단어다. 내가 이 단어에 유달리 애착을 가지는 것은 선생이라는 직업 때문인지도 모르겠다. 남 앞에서 뭔가를 가르치고 이끌어야 한다는, 모범을 보여야 한다는 강박증 같은 것……. 그런데 혜당 선생님을 뵐 때마다 이 단어가 가슴 따뜻한 울림으로 자연스럽게 떠오른다. 그리고 내 마음 깊이 곳에 아로새겨진다. 아마 선생님만큼 이 말에 잘 어울리는 분도 없을 것이다.

어떤 이는 '사표(師表)'란 말이 너무 구시대적인 느낌을 준다고 한다. 그래서 멋스럽게 '멘토'니 '멘토링'이니 하는 말을 사용한다. 사표란 말이 구시대적이고 적절하지 못한 말이 된 것은 무엇 때문일까? 혹시 사표로 삼을 만한 스승다운 스승이 없거나 경제적 효용성이 인간적 가치를 압도해 버리는 시대가 됐기 때문은 아닐까?

'멘토'라는 말은 '사표(師表)'라는 말이 가지는 무게와 깊이, 엄숙한 경외심을 이끌어내지 못한다. '멘토'라는 말의 기원은 그리스 신화에서 비롯되었다. 오디세우스가 트로이로 전쟁을 하러 가며, '멘토'라는 친구에게 자신의 아들인 텔레마코스를 보살펴 달라고 한다. 그는 오디세우스가 전쟁에서 돌아오기까지 텔레마코스의 친구, 선생님, 상담자, 때로는 아버지가 되어 돌보아준다. 그 후로 '멘토'라는 이름은 한 사람의 인생을 이끌어 주는 사람이라는 의미로 사용되었고, 현재 '멘토'는 인생의 안내자, 조언자, 후원자 등의 다양한 의미로 사용되고 있다.

하지만 나는 사표란 말의 무게와 엄숙함을 더 사랑한다. 그것은 '군사부일체'와 같은 엄격한 상하 질서를 사랑해서가 아니다. 또 내가 스승으로서 학생들 앞에 위엄을 갖는 존재가 되길 바라서도 아니다. 오히려 그 반대다. 스승으로서 누릴 수 있는 존경에 어울릴만한 존재가 되기 위해서다. 나 자신을 쉼 없이 채찍질하기 위해서다. 스승으로서의 책임감이나 의무감에 겁내거나 짜증스러워 하지 않기 위해서다.

모든 것이 편하고 쉬운 세상이다. 남들의 시선을 아랑곳하지 않고 자신의 즐거움과 행복을 추구하는 것이 인생의 목표가 되어 버린 세상이다. 그래서 그런지 엄숙함은 여름날의 솜옷처럼 불필요하고 거추장스러운 것이 되어 버렸다. 이것은 소위 '남을 가르치는 직업'에 종사하는 사람들도 마찬가지다. 그들은 더 이상 스승이고자 하지 않는다. 오히려 스승이란 말이 가진 무게를 벗어던지고 자유롭게 행동하려고 한다. 그래서 그런지 사표가 될 만한 스승을 만나기란 참 어려운 일이 되었다.

이런 시대, 이런 세상에 혜당 선생님을 만난 것은 큰 복이다. 비단 스승으로서만이 아니라, 학자로서, 일하는 여성으로서 선생님은 나에게 오롯한 사표이다. 한 점 티가 없는 옥과 같이 완벽한 존재가 혜당 선생님이다. 한 사람이 모든 면에서 완전하기란 애초부터 불가능하다.

그런데 선생님은 그 한 점 티가 보이지 않는다. 제자를 사랑하고 가르치는 것 모두에서 한 점 티가 없다.

혜당 선생님과 관련된 일화가 있다. 선생님의 제자 분 연구실에 선생님의 사진이 있었다고 한다. 그래서 그 연구실을 찾는 사람들은 당연히 제자분의 어머니라고 생각했다고 한다. 그런데 그 사진이 어머니가 아닌 지도교수라는 말을 듣고 다들 깜짝 놀랐다는 것이다. 누가 지도교수의 사진을 연구실에 두겠는가. 그렇지만 난 뭐 그리 놀랍지 않다. 혜당 선생님의 따뜻한 인품과 제자 사랑하는 마음을 조금이라도 느끼고 경험한 사람이라면 연구실에 걸어두는 것이 조금도 이상하지 않을 것이다. 오히려 항상 가슴에 품고 다니지 않는 것이 이상하다. 아니다. 혜당 선생님을 알고 그 가르침을 받은 사람들이라면 분명, 선생님을 가슴에 품고 다닐 것이다.

학자라면 으레 혜당 선생님의 학문을 먼저 말했어야 했다. 하지만 난 혜당 선생님의 학문에 대해서 한마디 말도 할 수 없다. 선생님의 학문 세계를 어림잡아 말할 만한 능력이 없기 때문이다. 그것은 내 학문적 역량이 부족한 탓이기도 하지만, 선생님의 학문적 성취가 깊고 넓어 가늠할 수 없기 때문이다.

내 자신의 무엇 하나도 선생님의 발꿈치에도 못 미친다. 그러면서 선생님의 사랑이 어떻고 제자 사랑이 어떻다고 말했다. 선생님께 누가 될지도 모르겠다. 그러나 한 가지만은 분명하다. 나는 언제나 전전긍긍(戰戰兢兢)하며 선생님의 자취를 따르고 싶다는 사실이다.

빨간 펜 선생님과 밥상

전 은 주
(부산대 국어교육과 교수)

"저걸 언제 다 읽는담!"

두툼한 논문 네 뭉치가 나를 기다리고 있었다. 숨을 크게 들이쉬어 본다. 학기 중에는 언제나 바쁘게 살지만 특히 대학원 논문 심사철이 되면 거의 정신이 없다. 우리 학과는 일반대학원과 교육대학원을 함께 운영하기 때문에 심사해야 할 논문도 다른 대학이나 학과에 비하여 많은 편이다.

전공이 국어교육이고 대부분의 대학원생들이 현직 국어 교사라도, 학위 논문이라는 글쓰기 작업은 처음해 보는 터라 내용부터 형식, 문체 등 손댈 부분이 많다. 저녁 시간 내내 논문 세 뭉치와 씨름을 하고나니 골치가 지끈지끈 하다. '내가 문젠가, 아니면 대학원생들이 문젠가? 아예 다음 학기에 논문 내라고 할까? 아니야 내일 불러다가 어떻게든 남은 기간 잘 수정하게 해서 논문이 통과될 수 있도록 해야 하는데……. 어떻게 해야 하지?' 능력 없는 선생이 고민만 많다.

개구리 올챙이 적 생각 못한다고 했던가? 문제투성이의 논문더미를 보다가 문득 그 말이 떠올랐다. 맞다, 그 말이 꼭 맞다!

꼭 십사 년 전의 일이다. 대학원 석사 과정을 수료하고도 공부란 어떻게 해야 하는 것인지 또 논문은 어떻게 써야 하는 것인지 전혀 감을 못 잡고 있는데 지도 교수님이신 혜당 선생님께서 논문을 써 오라고 하셨다. 몇 번 선생님을 뵙고 논문 주제에 대해서 상의를 드린 다음, 여러 선배님들의 석사 학위 논문을 펼쳐 놓고 열심히 글쓰기 방식을 모방했다. 한 달을 꼬박 매달려서 80페이지 정도 써놓고 보니 그렇게 뿌듯할 수가 없었다. 혜당 선생님과 약속한 날에 맞추어 완성된 논문 초고를 보여드릴 수 있다는 것이 나 스스로 참 대견했다. 뭘 몰라도 한참 몰랐던 나는 석사 학위 논문 쓰기가 다 끝났다고 생각하고 있었다. 영화도 보고, 에버랜드 가서 바이킹도 타고, 친구들과 몰려다니면서 재미있게 놀았다.

그날도 친구들이랑 재미있게 놀다가 집으로 돌아왔다. 전화가 와서 받아보니 뜻밖에 혜당 선생님이셨다.

"은주 씨, 나 지금 집인데, 집으로 좀 올 수 있겠어?"

선생님께서 나를 '은주 씨'하고 부르면 일단 긴장이 된다. 그냥 이름을 부르실 때는 괜찮지만 '은주 씨'하고 부르실 때는 뭔가 분위기가 심상치 않을 때가 많다.

"선생님, 왜 무슨 일 있으세요?"

"논문 때문이야, 문제가 아주 많아! 지금 올 수 있겠어?"

머릿속이 하얘졌다. 그때 혜당선생님께서는 반포에 있는 아파트에 사셨는데 안암동에서 반포까지 어떻게 갔는지 기억도 안 난다. 선생님 댁에서 다시 돌려받은 논문 뭉치. 펼쳐 보니 벌겋게 도배가 되어 있었다. 가끔 가다가 한두 페이지 아무 표시도 되어 있지 않은 곳이 있을까, 그리고 어떤 페이지는 흰 여백이 안 보일 정도로 수정 지시 사항이 빨갛게 빼곡히 적혀 있었다.

"으~~ 음~~~."

'음' 소리에 맞추어 길게 숨을 내쉬시면서 뭔가 마음에 들지 않을 때 보이시는 특유의 표정을 지으시며 잠시 아무 말씀도 하시지 않았다. 정말 지옥이 따로 없었다. 머릿속이 멍한 것이 어찌해야 할지 아무 생각도 나지 않았다.

"다시 고쳐봐."

혜당 선생님께서는 워낙 학생들에게 칭찬을 잘 해주시는 분이시기도 하고 내 나름대로 기분좋게 탈고하고 칭찬받을 것이라 생각하고 있다가 날벼락도 그런 날벼락이 따로 없었다. 집에 돌아와서 그 논문을 다시 펼쳐볼 엄두가 나지 않았다. 벌겋게 표시된 것들을 마주할 자신이 없었다. 내가 대학원엘 왜 왔던고? 이게 무슨 망신인가! 나는 공부에는 소질이 없구나. 그냥 임용고사 봐서 학교 선생님이 되었으면 지금 이런 일도 없었을텐데…… 저걸 어떻게 고쳐야 하지? 내가 왜 사서 고생이지 등등. 그 일은 지금도 내 인생에 몇 안 되는 충격적인 사건 중 하나다. 그 이후 몇 주를 꼬박 논문에만 매달렸다. 다시 또 벌겋게 수정된 논문을 돌려받을까 노심초사하며 선생님께 수정본을 드렸다.

"공부해도 될 만하다 싶은 생각이 이제 좀 든다."

수정본을 읽어 보신 뒤 이렇게 말씀하시고는 밥상을 주셨다. 여기서 말하는 밥상이란 뭔가 잘 했을 때 맛있는 밥을 사주시는 혜당 선생님표 상을 말한다. 그 상을 받고서야 공부와 논문쓰기와 관련된 부정적인 자아개념이 조금씩 긍정적으로 바뀌었다. 공부에 별 재주도 없고 학위논문이라는 글쓰기가 도대체 뭔지도 모르는 철없는 대학원생에게 칭찬해 줄 게 무엇이 있겠는가? 지금 생각해 보면 주제 파악을 못해도 한참 못하고 있었던 내가 정말 우습다. 한참 모자란 논문을 보시고 차마 다시 야단치실 수 없으셔서 격려 삼아 한마디 하시고 다시 잘 해보라는 말씀 대신 밥상을 내리셨으리라.

그 이후 박사 과정을 다니면서도 선생님께서 내리시는 밥상을 자주 받았고 나는 내가 꽤나 사랑받는 제자이며 공부를 할 만하다고 선생님께서 인정해주시는 제자인 줄 착각하면서 살았다. 진실은 혜당선생님께서만 아실테지만 진실이 뭐가 되었든 별로 달라질 것은 없다. 한참 뒤에야 내가 받았던 그 밥상이 나에게만 특별히 내리시는 것이 아니라는 것을 알았다. 아마 혜당 선생님의 특기가 제자에게 밥상 내리기라고 한다고 해도 이의를 제기할 사람은 없을 것이다.

"으~~ 음~~~."

예전 혜당선생님께서 그리 하셨던 것처럼 숨을 크게 내쉬어본다. 한 뭉치 남은 마지막 논문을 펴든다. 온통 벌겋게 수정되어 있던 내 논문을 보면서 놀랐던 그 충격 이후 나는 웬만하면 빨간 펜을 쓰지 않는다. 검은 펜으로 도대체 이해할 수 없는 부분에 밑줄 쫙 긋고 간단히 물음표를 하나만 던져둔다. 내일 제자와 마주한 밥상 머리에서 나는 또 이렇게 이야기하리라. 예전에 내가 석사 학위 청구 논문 초고 써갔더니 우리 지도 교수님께서 내 논문 읽어 보시고 "으~~ 음~~~."하고 길게 한 숨을 내쉬셨다고. 그래도 그때 나보다는 나은 것 같다고. 잘 할 수 있다고.

인간의 삶은 이미 하늘에 계신 그 분께서 밑그림을 그려 놓으신 도화지에 단지 채색을 해나가는 과정이라는 생각이 든다. 밑그림 자체가 달라지지는 않지만 어떻게 하는가에 따라 아름답고 멋지게도, 평면적이고 특징이 없는 그림이 될 수도 있다. 대학교 3학년 때 처음 혜당선생님을 만났고, 대학원에 진학을 하고, 또 혜당선생님을 지도교수님으로 모시고 학문이라는 길을 걸어가고 있다. 모자람 투성이인 내가 그래도 지금 이 정도의 그림을 그리고 있는 것도 다 혜당선생님의 격려와 밥상 덕분이다.

봄날의 햇살 같은 선생님

전 혜 영
(이화여대 국문과 교수)

박영순 선생님과 나는 참 '각별한 사이'이다. 왜냐하면 나는 선생님으로부터 "선생님을 생각하면 기분이 좋아요."라는 애정 표현은 물론 심지어 "선생님과 저의 사이에 무슨 문제가 있겠어요? 제가 할 수 있는 일은 무엇이든지 할 테니 걱정마셔요."와 같은 다정한 메일을 주고받은 사이이기 때문이다. 그런 점에서 우리는 서로 좋아하고 있는 사이임에 틀림없다. 그런데 이 같은 말을 듣고서 아마도 기분이 언짢을 사람이 많지 않을까 염려되기도 한다. "아니, 자기가 뭔데 주제넘게 선생님의 사랑을 운운하다니, 선생님의 사랑이라면 단연 내가 아닌가?"하고 말이다. 그러나 혹 그런 분이 계시다면 다음 얘기를 들으시고 마음을 놓으시기 바란다.

나에게는 대학 1학년 때부터 시작하여 공부하는 과정은 물론 결혼하고 아이엄마가 되는 삶의 길목마다 사랑으로 지켜주신 은사님이 계신다. 그분이 아니었다면 나는 아마 국어학자의 길로 들어서지도 않았을 것이다. 몇 년 전 그 선생님께서 세상을 떠나셨을 때, 한자리에 모인 제자들은 각자가 선생님께서 자신을 극진히 사랑하셨음을 고백하며 애통해 하였다. 선생님에 대한 추억담을 풀어놓으면서 모두가 다 자기는 선생님의 각별한 사랑을 받았다고 하였다. 알고 보니 선생님은 모두에게 각별하게 느끼도록 사랑하는 특별한 방식이 있으셨던 것이었다. 이 사실을 알게 된 우리들은 우리를 깜빡 속게 한 그 사랑으로 인하여 실망하거나 분한 생각을 한 것이 아니라 오히려 그 대단한 사랑 방식에 감탄하였고 그것이 계기가 되어 지금도 서로 자매애를 나누며 지내고 있다. 이와 같은 일은 보통 사람에게 일어날 수 없는 일이기에 그분의 사랑이 얼마나 크신지 짐작할 수 있으리라. 큰 사랑을 베푸는 사람 곁에 있는 모든 사람들은 행복해진다. 그런 면에서 나뿐만 아니라 박영순 선생님 주변의 제자들이나 후배들 역시 너도나도 자기가 선생님의 살뜰한 사랑을 받았노라고 앞 다투어 얘기하리라 짐작된다.

박영순 선생님을 처음 만난 것은 학회 장소였고 이후로 학회 때마다 자주 뵙기는 하였으나 선생님은 늘 좌우에 후배 교수와 제자들을 대동하고 계셨기에 나는 멀찍이서 선망의 눈빛만 보내는 처지였다. 그러던 중 선생님과 가까이 지내게 된 계기가 찾아왔다. 2000년 여름 프라하에서 ICKL 학회를 마치고 함께 동유럽 여행을 하게 된 것이었다. 여행하는 기간 동안 나는 선생님과 한 호텔방을 쓰는 '룸메이트'로서 속옷 바람으로도 편할 만큼 친한 관계로 발전하게 되었다. 그러나 단순히 한 방을 썼다는 사실만으로 친해졌다기보다 더 중요한 계기는 여행 버스 안에서 이루어졌다고 볼 수 있다. 버스 안에서 자기소개를 하는 시간이 있었는데 내 기억으로 선생님께서는 도종환 시인의 '흔들리며 피는 꽃'을 암송하셨다.

흔들리지 않고 피는 꽃이 어디 있으랴.
이 세상 그 어떤 아름다운 꽃들도
다 흔들리면서 피었나니
흔들리면서 줄기를 곧게 세웠나니
흔들리지 않고 가는 사랑이 어디 있으랴……

이 얼마나 멋진가? 나는 국어학 전공하는 선생님 중에 이런 분이 계시다는 사실이 너무도 반가웠다. 시를 사랑하는 분이라는 점에서 가까이 지내고 싶어졌다. 이 후로 선생님의 마음과는 상관없이 나는 내심 가까운 분으로 생각하게 되었다. 나 역시 시를 좋아해서 서점에 들러 시집을 한 권 사는 것만으로 마음 뿌듯해 하고, 가끔 습작시를 쓰는 것을 혼자 즐기기도 하기 때문이다. 언젠가 내 이름으로 한 권의 시집을 내려고 하는 야무진 꿈을 가지고 있는데, 그때에는 선생님께도 반드시 한 권 드려야 하리라.

학문에 대한 열정 면에서 선생님은 또 대단한 열정과 추진력을 가지고 계셔서 해를 넘길 때마다 열매 맺듯 지시를 내셨다. 그것도 한국이 여러 분야에서 꼭 필요한 저서들이다. <의미론>, <사회언어학>, <문법교육>, <문화교육>, <화용론>, <은유>에 이르기까지 왕성한 연구 활동을 하시며 역작을 내시고는 내게도 우송해 주셨는데 그럴 때마다 나는 후학으로서 부끄러운 마음과 아울러 분발해야겠다는 다짐을 하게 된다. 언젠가 만나 뵈었을 때 요즘 몸이 안 좋다고 하시길래 이제 좀 쉬실 때도 되셨지 하는 생각을 하고 있었는데, 그리고 얼마 안 되어 또 두툼한 책이 우송되어 오지 않는가? 그런 거 보면 선생님께서도 은근히 내

숭(?)인 면이 있다고 해야 하나, 정말 사람을 놀라게 하는 능력을 가지고 계신다.

그것뿐인가? 한국어 의미학회며 사회언어학회며, 한국어세계화재단 등을 만들고 키워내는 억척스런 힘은 어디서 나오는 것인지 궁금할 정도이다. 그런데 이런 놀라운 능력의 소유자답지 않게 선생님을 생각할 때 떠오르는 것은 고운 자태와 환한 웃음, 그리고 다정한 포옹이다. 고운 자태라 늘 화사한 색깔 옷이 참 잘 어울리신다. 그리고 늘 환한 웃음으로 사람을 편하게 해 주신다. 또한 다정한 포옹으로 큰언니 같은 푸근한 정을 느끼게 하신다. 한마디로 봄날의 햇살 같이 겨우내 움츠렸던 몸을 펴게 하고 따뜻한 온기로 편안하게 하고 새로운 기운을 내게 하는 분이라고 할 수 있다.

선생님께서 정년을 맞아 남들처럼 논문집을 내는 것이 아니라 문집을 내신다고 하는데 이와 같은 남다른 생각은 바로 시를 좋아하는 마음과 상통하는 것이 아닌가 한다. 이 기회에 선생님하고 약속해 놓고서 실행하지 못한 것을 공개적으로 말씀드려야겠다. 나는 선생님과 그리 멀지 않은 동네에 살고 있는데 맛있는 칼국수 한 번 대접하겠노라고 말만 하고 아직 실행에 옮기지 못하고 있다. 한 동네 사는 사람끼리 요즘말로 '번개팅' 한 번 하시지요. 연락드리겠습니다. 선생님!

규장전운과 브랜드네임

정 경 일
(건양대학교 문학영상학과 교수)

며칠 전 출판사로부터 작은 우편물 하나를 받았다. 한국어세계화재단이 의욕적으로 추진하고 있는 100대 한글문헌역주사업의 하나로 필자가 역주한 『규장전운/전운옥편』의 교정지였다. 교정지를 받고 나니 저간의 과정이 주마등처럼 스쳐가면서 실로 여러 느낌이 교차되었다. 한국어세계화재단의 100대 한글문헌역주사업에 『규장전운』과 『전운옥편』이 역주 대상 문헌으로 선정된 것은 이들 문헌의 역사적 가치로 보아 당연한 일이었다. 그러나 이 문헌을 역주할 만한 식견과 능력을 가지신 분이 여러분 계심에도 불구하고 문헌의 역주자로 필자가 선정된 것은 전적으로 박영순 선생님의 판단에 의한 것이었던 것으로 생각된다.

필자가 교환교수로 미국에 머물던 2005년 초에 박영순 선생님으로부터 규장전운의 역주를 맡아 달라는 말씀을 들었고 당시 두어 차례의 통화를 통하여 필자는 귀국한 이후 이 일을 맡아서 진행하기로 약속을 하여, 2006년에 규장전운과 전운옥편의 역주를 진행하였다.

선생님께서 필자에게 『규장전운』의 역주를 맡기신 것은 필자와 박영순 선생님을 이어준 인연이 바로 『규장전운』으로부터 시작되었기 때문이다. 필자의 석사학위 청구논문이 『규장전운』을 다룬 것이었고 이 논문의 심사위원 가운데 한 분이 바로 선생님이시었다.

논문의 심사위원으로 박영순 선생님을 모실 예정이라는 말씀을 지도교수로부터 듣는 순간 필자는 의아한 마음을 버릴 수 없었다. 당시 선생님께서는 고려대학교에 부임하신지 얼마 안 되셨고 필자는 그분의 수업을 들어본 일이 없어 겨우 얼굴만 익히고 있던 정도였었다. 더욱이 다들 아는 일이지만 박영순 선생님은 성운학 또는 한자음에 대해 깊은 공부를 하신 분은 아니었기 때문이다. 그러나 논문 심사가 진행되면서 필자의 걱정은 한낱 기우에 지나지 않았다. 논문 심사를 진행하는 과정에서 선생님께서는 논문의 내용에 대해서도 나름대로 의미있는 지적과 보완을 해 주셨음은 물론, 그보다 더 중요한 학문하는 사람으로서의 자세나 당시 고등학교 교사로 근무하던 필자가 논문을 쓰면서 겪었을 어려움에 대한 걱정을 더 많이 하여 주셨던 기억이 새롭다. 논문 심사가 진행되던 10여일 동안 선생님께서는 따로이 필자를 만나 늘 새로운 것에 대한 호기심을 가지고 학문에 임하라는 충고와 격려의 말씀을 해 주셨던 일이 아직도 잊혀지지 않는다.

석사논문을 제출할 당시 필자의 지도교수이셨던 우운 박병채 선생님께서 박영순 선생님을 심사위원으로 모신 이유도 아마 무뚝뚝하시고 잔정이 없으셨던 당신께서는 전혀 하시지 못할, 살갑고 푸근한 삶의 얘기들을 대신 해 주십사하는 마음이 있으셨는지도 모르겠다.

이렇게 맺어진 『규장전운』의 인연이 20여년이 지나 한국어세계화재단의 이사장으로 수고하시면서 다시 한 번 선생님과 필자를 이어주는 끈이 되었으나, 이 일은 그리 쉽게 진척이 되지 않았다. 선생님의 말씀에 따라 필자 나름대로는 꽤 의욕적으로 일을 진행했으나 세계화재단의 이런 저런 사정으로 한글문헌 역주사업은 원활하게 진행되지 않았고 이 일뿐 아니라 여러 일들이 선생님의 마음을 상하게 하였음을 볼 때『규장전운』은 귀한 인연이면서 또 아쉬움이기도 하다. 이제 늦게라도 이 일이 마무리 단계에 들어섰음은 그나마 다행한 일이 아닐 수 없다.

박영순 선생님은 다양한 학문의 영역을 섭렵하시면서 뛰어난 업적을 남기셨다. 통사론에서 의미론으로, 한국어교육으로 이제는 다문화시대를 맞이하는 우리의 자세를 가다듬는 분야까지 관심의 폭을 넓히시고 계시는 모습을 보며 늘 부럽고 존경해 마지 않는다.

필자도 그동안 꾸준히 관심을 가지고 살펴 온 한국 한자음과 한국 운서와 관련한 일들을 잠시 내려놓고 최근 뜬금없이 브랜드네임에 관심을 가지기 시작했다. 요즘 지방대학의 국어국문학과가 학생 수의 감소로 인해 어려움을 겪으면서 필자가 근무하는 학교도 학과의 특성을 바꾸어가면서 변신의 노력을 기울이고 있다. 그 과정에서 자연스레 광고언어에 관심을 가지게 되었고 그 가운데에서도 특수한 분야인 브랜드네임을 흥미있게 살펴보고 있다.

광고언어분야는 우리 동문 몇몇 분이 이미 상당한 업적을 쌓아가고 있고 필자로서도 흥미를 가지게 된 분야라 그분들과 함께 무언가를 이루고 싶은 일이기도 해서 브랜드네임과 관련해서 두어 편의 글을 써보기도 하였다. 브랜드네임은 상품의 이름이면서 동시에 그 자체가 가장 작은 광고단위라고 생각한다. 이름을 통하여 전달되는 이미지는 따로 설명이 필요없는 가장 완벽한 상징조작이 가능한 부분이다. 광고언어의 일차적이고 기본적인 기능이 '소비자 설득'이라는 점은 굳이 재론의 필요가 없는 일이다. 아니 '설득'이라기보다 '충동'이라는 표현이 더 적절할지 모른다.

아이가 태어나면 모든 부모들이 아이에게 거는 간절한 소망을 담아 좋은 이름을 짓고자 노력한다. 그런데 인명의 경우 과연 그 이름이 그의 삶에 얼마나 많은 영향을 끼쳤는지를 가늠하기란 쉽지 않다. 그러나 브랜드네임의 경우 이름의 좋고 나쁨에 따른 영향이나 결과는 거의 즉시 판별이 된다. 좋은 이름은 상품의 판매에 직접적인 영향을 끼치고 이는 우리의 삶을 윤택하게 하는 요소가 된다. 유명한 과자 이름 인 "**깡"은 그 회사 경영자의 어린 딸이 "깡, 깡"거리고 다니는 것에서 힌트를 얻어 지었다고 한다. 바보 온달과 평강 공주 같은 이런 이야기들이 아직도 광고업계에 남아 있는 것이 사실이기는 하지만 그러나 앞으로의 광고 또는 마케팅 환경은 이런 식의 즉흥적이고 우연한 네이밍을 더 이상 허용하지 않는다.

치열하게 전개되는 마케팅 전략 가운데 네이밍도 치밀한 논리를 바탕으로 하는 전략적 결과물로 생성되어야만 시장을 지배할 만한 브랜드파워를 가질 수 있게 된다. 최근 유제품이나 음료제품을 중심으로 점차 제품의 이름이 길어지고 있는 것도 얼마나 더 효과적으로 소비자를 충동질하여 상품을 팔도록 유도할 것인가에 대한 고민이 묻어나고 있음을 발견하게 된다. 또 전혀 의미없는 이름을 만들면서도 그 이름이 가져올 여파를 상정하고 의미와 발음, 기억성, 국제적인 이미지, 심지어 스펠링의 디자인까지를 고려하는 차원에서 언어학적인 분석이 필요한 시점이 되었다고 필자는 판단하고 있다.

국어학계의 관심의 대상에서 벗어나 있던 지명이 20여년 전부터 연구의 대상으로 자리 잡아 있음을 볼 때 이름의 한 종류이면서 지명이나 인명보다 훨씬 더 다양하고 역동적이며 우리 삶의 현장에서 공존하고 있는 브랜드네임도 앞으로 중요한 학문적 대상이 되어야 할 것으로 판단하고 있다.

필자가 오랫동안 가져왔던 관심사를 벗어나 새로운 분야에 관심을 가지게 된 이면에는 아마 그 옛날 석사논문 심사 때 박영순 선생님께서 해 주셨던 충고가 가슴 한 켠에 남아 있었기 때문인지도 모른다. 아니 그 때의 말씀들이 여전히 필자를 이끌고 있는 커다란 힘임을 부인할 수 없다. 물론 선생님에 비해 아둔하고 재주가 모자란 필자로서는 새로이 관심을 가지게 된 분야뿐만 아니라 오랫동안 관심을 가져온 분야에서조차 제대로 된 자리를 잡지 못할 터이지만 그래도 선생님의 격려를 잊지 않고 꾸준히 나아가 볼 생각을 가지고 있다. 그래야 20여년 동안 지켜봐 주신 선생님께 대한 보답이라 생각한다.

새옹지마(塞翁之馬)

정 다 운
(한국학중앙연구원 선임연구원)

1999년 7월 어느 날 밤 나는 사촌언니와 함께 프랑스에서 스페인으로 향하는 야간 기차에 올라탔다. '헉, 헉, 우리 정말 대단하다' 둘 다 기차에 올라타자마자 땀으로 범벅된 서로의 얼굴을 보며 한 말이다. 역을 잘 못 찾아가서 기차가 떠나기 직전에야 간신히 기차를 잡을 수 있었기 때문이다. 우리 키 보다 큰 배낭을 메고 거의 100미터를 뛰었던 것 같다. 자리를 찾고 짐을 내려놓고서야 나는 드디어 내가 스페인으로 간다는 사실을 실감할 수 있었다. 그리고 누워서 기차가 움직이는 소리를 들으며 여러 생각을 했다. '아, 이번 여행은 정말 맘대로 되는 일이 하나도 없구나!' 이번 여행은 시작부터 모든 게 제대로 진행되지 않았다. 여행을 가기 위해 알아 본 한 업체에 사기를 당할 뻔 했고 비행기가 고장 나서 제 시간에 공항에 도착을 못 해 집에서는 한바탕 난리도 났었다. 그런데 이제 기차까지 놓칠 뻔 하다니. 그런데 이러한 모든 일들이 앞으로 일어날 일에 비하면 아무 것도 아님을 그때는 몰랐다.

다음날 새벽 우리는 그렇게 고대하던 스페인에 도착했다. 먼저 예약

했던 유스호스텔에 가서 짐을 풀고 가벼운 옷차림으로 첫 관광을 나섰다. 스페인은 모든 게 이국적이었다. 거리, 날씨, 그리고 사람들……. 낯설지만 너무나 활기찬 거리를 보면서 나 또한 그 곳에 같이 섞여 새로운 누군가가 된 듯 했다. 우리의 첫 번째 목적지는 왕궁이었는데 너무 아침 일찍 간 탓인지 의외로 관광객이 많지 않았다. 구경을 다 하고 나니 벌써 2시쯤이었다. 언니와 나는 다음의 목적지로 가기 위해 지하철을 찾았는데, 지도를 보니 우리가 온 곳보다 더 가까운 역이 걸어서 한 10분 정도 거리에 있는 것을 알게 되었다. 그래서 시내 구경도 할 겸 그 지하철역을 향해 걸어가기 시작했다.

날씨도 너무 좋고 여행을 왔다는 기분에 취해 우리는 작은 일에도 까르르대며 너무 즐겁게 역을 찾아갔다. 그런데 거의 역에 다 다다를 쯤 뭔가 거리가 이상하다는 것을 느꼈다. 너무 사람도 없었고, 거리 모양도 지금까지 우리가 왔던 거리와는 좀 다른 분위기를 풍겼기 때문이다. 그런데 그 순간 저 앞에 지하철 역 표시가 있는 게 아닌가. 다행이라고 생각하며 그곳을 향해 발걸음을 서둘렀다. 거의 역 앞에 다 왔을 때쯤 뭔가 뒤에서 '다다다다' 하며 달려오는 소리가 들렸다. 불안한 느낌에 '뭐지?' 하며 돌아선 순간 내 앞에 키가 큰 남자가 한명 서서 내 가방을 잡아당기고 있음을 알았다. 내 몸과 목소리가 얼어붙은 것 같았다. 어떻게 할 수가 없었다. 단지 내 머릿속에서는 '아, 이미 가방은 뺏긴 것 같다. 내가 더 버텨 봤자 할 수 있는 일은 없어.'라는 생각만 맴돌고 있었다. 그리고 그 순간 나는 바닥에 내팽겨 쳐졌고 누군가 내 가방을 가지고 달아나고 있었다. 그리고 내 옆에는 언니도 나와 같은 모습으로 넘어져 있었다. 그런데 나는 도와달라는 말조차 나오지가 않았다. 그리고 온 몸에 힘이 쫙 빠져서 어떻게 할 수가 없었다.

그 때 어떤 한 사람이 우리 옆을 지나갔고, 우리를 보고 무슨 일이냐고 물었다. 그때서야 좀 도와 달라고 경찰에 연락을 좀 해달라고 이야기할 수 있었다. 그리고 잠시 후 경찰차 한 대가 와서 우리를 태우고 어딘가로 가기 시작했다. '우리 이제 어떡하지?' 차에 타서야 눈앞에 닥친 일이 무슨 일인지 깨닫게 되었는데, 그것은 둘 다 여권을 잃어버려서 우리가 아무 데도 갈 수 없다는 사실이었다. '어떻게 이럴 수가 있어? 여행 온 첫날인데.' 머리가 너무 너무 복잡해졌다. 그리고 아무 생각도 하고 싶지 않았다. 그리고 잠시 후 우리가 멈춘 곳은 경찰서가 아니라 한 병원이었다. 그리고 그때서야 나랑 언니랑 손이랑 무릎에 피가 나고 있고 몸이 여기 저기 아프다는 것을 깨달았다. 일단 언니 먼저 치료를 받고 있었는데, 경찰은 나에게 그 범인의 인상착의에 대해 이것저것을 묻기 시작했다. 나는 내가 기억할 수 있는 한 설명했지만 얼굴은 아무리 생각해도 기억이 나지 않았다. 그냥 흰 티셔츠를 입었고 키가 아주 컸다는 것만 기억이 날뿐이었다.

잠시 후 경찰은 다시 어딘가로 갔고, 나는 내 차례를 기다리고 있었는데 갑자기 어디서 시끄러운 소리가 들렸다. 그리고 어떤 한 남자가 잡혀 왔는데, 머리에서는 피가 흐르고 있었다. 그 사람은 본인이 그러지 않았다고 말하는 것 같았는데, 그런 말을 할 때마다 경찰은 들고 있는 방망이로 위협을 가했다. 그런데 잠시 후 그 사람의 몸에서 내 여권이 나오는 게 아닌가? 그러자 경찰들은 그 사람을 때리려고 하는 것 같았고 나는 차마 볼 수 없어서 다른 곳으로 나와 버렸다. 그만 하라고 소리라도 지르고 싶었는데, 이 모든 게 정말 실제로 일어나고 있는 일인지 믿을 수 없었다.

나도 치료를 받은 후 우리는 경찰서에 가서 진술서를 썼는데, 경찰

아저씨들은 우리가 나중에 법정에 와서 다시 한 번 진술을 해야 한다고 했다. '아. 정말 이게 무슨 일이야.' 한숨이 절로 나왔다. 나중에 안 사실이지만 우리가 걸어갔던 거리는 우범지대라서 경찰이 항상 순찰을 하는 거리라고 한다. 그곳을 동양인 여학생 2명이 걸어갔으니……. 그 후 우리는 숙소로 돌아왔는데 이 여행을 정말 계속 해야 하는지 집에 가야 하는지 알 수가 없었다. 지나가는 모든 사람들이 너무 무섭게만 보여서 어디를 나간다는 것 자체가 너무 너무 두려웠기 때문이다. 그러나 일단 우리는 하루 자고 생각해 보기로 했다. 어차피 언니 여권을 못 찾았기 때문에 이곳을 당장 떠날 수도 없었기 때문이다.

결국 4일 동안 마드리드에 머무르면서 언니 여권도 만들고 앞으로 우리가 어떻게 해야 할지 의논을 했다. 마지막 날 법정에서 진술까지 마치고 나서 우리는 이 지긋지긋한 마드리드를 떠나 어쨌든 새로운 도시에 한 번 더 가보기로 했다. 그리고 여행용 책에 나온 백설공주 성이 있는 도시가 있다는 것을 보고 무조건 그 곳을 가보기로 했다. 그리고 저녁 6시 그 곳에 도착했는데 세상에 호텔에 방이 하나도 없다는 것이다. 2시간 내내 호텔 방을 찾았는데도 관광시즌이라 정말 방이 하나도 없었다. '우리는 정말 왜 이렇게 안 풀리니? 이제 어떡해야 하니?' 둘 다 한숨을 내쉬며 중앙 광장에 앉아 가방을 뒤졌는데 가방 속에 있던 종이를 편 순간 우리에게 길이 보였다. 여권을 만든 대사관에서 그냥 가져온 종이 한 장 뒤에 스페인에 거주하는 한인 연락처가 있었기 때문이다. 그걸 보자마자 우리는 한 가족에게 무조건 전화를 했고, 그 분들은 흔쾌히 집에 머무는 것을 허락하셨다.

일단 숙소가 정해지기는 했지만 그때부터 또 온갖 불안감이 머리에 가득 찼다. 어떤 사람들일까? 왜 우리가 가는 것을 허락했을까? 그러면서 그 분들을 기다리고 있을 때 커다란 강아지 한 마리와 스페인 남자 한 명 그리고 고등학생 정도 되는 남학생이 한 명 우리를 향해 걸어왔다. 그리고 우리를 안내해서 집에 데려 갔는데, 그 곳에서는 너무 좋은 분들이 우리를 맞이해 주시고 식사를 대접해 주셨다. 우리가 지금까지 겪은 이야기를 들은 그 분들은 무조건 그 집에 있으면서 여행을 다니라고 하셨고, 당장 내일 스페인의 유명한 관광지를 같이 가자고 하셨다. 그 후 우리는 정말 뻔뻔했지만 그 집에서 보름이나 머무르면서 스페인을 구석구석 여행했다. 특히 그 분들 덕분에 톰크루즈를 닮은 멋진 남자가 모는 오픈카도 타 보고 파티에도 초대돼서 가보고, 스페인어를 하는 분이 여행도 같이 가 주셔서 아주 편하게 다른 도시를 구경할 수 있었다.

그래서 지금 생각해 보면 스페인 여행은 지금까지 가 본 어떤 여행보다도 기억에 남고 행복한 추억을 많이 남겼던 여행이다. 보통 사람들이 경험하지 못 하는 다양한 경험을 할 수 있었고, 너무나 편하게 지내다 왔기 때문이다. 그러고보면 좋은 일이 나쁜 일이 될 수도 있고, 나쁜 일이 좋은 일이 될 수 있다는 '새옹지마'라는 사자성어가 정말 의미가 있는 말인 것 같다. 세상에 살면서 좋다고 생각한 일이 그렇지 않은 경우도 얼마나 많으며, 나쁘다고 생각한 일이 오히려 좋은 일로 바뀐 경우도 얼마나 많은가. 나 또한 그렇게 되고 싶었던 아나운서 시험에 번번이 낙방하면서 너무도 괴로웠는데, 어쩌면 그것은 내가 공부의 길로 들어서게 된 좋은 계기가 된 것은 아닐까 한다. 그리고 그로 인해 너무나 사랑하고 존경하는 혜당선생님과도 인연이 닿게 된 것이 아닐까?

'선생님의 프로젝트'

정 주 리
(동서울대학 교수)

어느 날 연구실로 한 학생이 찾아왔다. 교양 선택으로 내 과목을 수강하고 있는 전산과 학생이었다. 나는 학생들에게 교양과목을 가르치는 덕에 여러 학과의 학생들을 만날 기회가 있지만 한 학기 수업하는 것으로 수강 학생들의 이름을 일일이 기억하기는 어려웠다. 그런데 이 학생은 단번에 이름과 학과를 떠올릴 수가 있었다. 강의 때마다 늘 앞자리에 앉아서 열심히 듣고 곧잘 질문도 했던 학생이라서 이름을 잘 기억하고 있던 터였다.

그 학생이 조심스럽게 말문을 열었다.

"교수님, 말씀드릴 게 있는데 시간 괜찮으세요?"

하던 일을 접고, 내가 흔쾌히 요청을 수락하자 그 학생은 밝은 표정이 되더니 상기된 목소리로 이야기를 시작하였다.

"저도 교수님처럼 되고 싶어요."

밑도 끝도 없이 나처럼 되고 싶다는 말에 놀라 내가 되물었다.

"나처럼 되고 싶다니…… 나의 뭘……?"

"교수님처럼 전문직 여성이 되고 싶어요."
한다. 나를 닮고 싶다는 처음의 말보다는 질문이 좀 구체적인 것이 되긴 했지만 여전히 분명치 않은 구석이 있어서 내가 다시 물었다.

"나와 같은 분야를?"

학생에게 묻고 나니 내 질문이 좀 우습다는 생각이 들었다. 전산학을 전공하는 학생이 갑자기 국문학에 관심을 가질 리는 없는데 그걸 왜 물었을까. 그런데 학생은 뜻밖에도 국문학을 전공하여 국문학 교수가 되는 게 꿈이라고 하였다. 비록 자신이 전산과를 다니지만 전산학은 자신의 적성에 전혀 맞지 않을 뿐만 아니라, 주변의 과 친구들을 봐도 너무 시시하다고 했다. 자기는 친구들과는 달리 뭔가 좀 더 특별한 공부를 하고 싶은데, 국문학이 마음에 들어왔다고 했다. 이야기를 나누는 동안 학생의 들뜬 포부 안에 구체적인 계획은 전혀 들어있지 않다는 것을 알게 되었다. 전산학에서 국문학으로 바꾸고 그 길로 학위까지 받으려면 과정이 만만찮은데, 대학원은 고사하고 우선은 학부 과정부터 입학을 다시 해야 하는데 학생은 그 과정에 대해서는 별로 아는 게 없었다. 그 학생은 이것저것 설명하는 내 말을 듣더니 낙담한 표정으로 "좀 더 생각해볼게요." 하며 말을 맺었다.

그 후로 그 학생이 다시 찾아오질 않아서 어떤 결정을 내렸는지 알 수가 없었다. 그 학기를 마치고 졸업 시즌이 다가올 무렵, 길에서 다시 그 학생을 만났는데 컴퓨터 회사에 취직이 되었다고 했다. 내가 잘 됐다고 했더니 몇 달간만 다닐 생각이라고 하였다. 6월에 호주로 어학연수를 갈 예정이라고 했다. 요즘은 영어 실력이 필수니까 현지에 가서 영어연수를 받아야 할 것 같다며. 나는 그 학생의 어깨를 두드리며 말을 했다.

"생각이 너무 많은 사람은 하나도 이루기 어렵지. 결정이 되면 이제는 밀고 나가거라. 그게 무엇이든지."

그 말을 하고나니 불현듯 20년 전 대학 졸업을 앞둔 내 모습이 떠올랐다. 어느 날인가 박 선생님을 찾아가서 진로를 어떻게 하면 좋을지를 상담한 적이 있다. 그때 나는 내가 국문학보다는 다른 분야가 더 적성에 맞는 것 같다고 하면서 하고 싶은 일을 이것저것 말씀 드렸다. 내 기억에 소위 사회적으로 번번하다고 할 만한 일들은 한 번씩 다 포부 안에 넣었던 것 같다. 구체적인 계획도 없이 허황된 이상만 늘어놓는 나를 물끄러미 바라보시더니, 선생님이 말씀하셨다.

"생각이 너무 많은 사람은 하나도 이루기가 어렵지."

그 말씀을 하실 때 나를 바라보시는 눈빛을 지금까지 잊지 않고 살았다. 뭐랄까. '이런 한심한 아이가 있나, 이 아이는 허황된 꿈만 많아서 정작 자기가 할 수 있는 일을 하나도 찾지 못하는구나.' 한마디 나무람도 없으셨는데도 가슴을 서늘하게 하는 선생님의 눈빛을 보았다.

나는 뒤에 그때의 내 모습이 러셀의 책에 나오는 소시지 기계 같다는 것을 알았다. 돼지고기를 넣어서 소시지를 만드는 정교한 기계가 있었다. 그 중 한 대는 돼지고기를 열심히 연구하여 아주 훌륭한 소시지를 생산하는데 한 기계는 자신처럼 훌륭한 기계가 한낱 돼지나 상대한다는 게 말이 안 된다며 뭔가 자기에게 맞는 더 훌륭한 일이 있을 거라고 생각을 한다. 그때부터 그 기계는 자신에게서 멋진 구석을 찾기 위해 열심히 내면을 탐구하기 시작한다. 그러는 동안 바깥에서 들어오던 돼지고기 공급은 중단이 되고 소시지를 생산하던 기계의 정교한 장치는 모두 정지해버린다. 정작 자신의 내면을 오래도록 들여다 본 기계는 아무 것도 찾지 못하고 허무에 빠진다. 선생님은 그때 내게서 그 모습을 보았던 것 같다.

그런데도 자신만 들여다보는 마음을 버리지 못하고 졸업 후에도 반 년 동안 다른 곳으로 떠돌았다. 떠돌면서 생각하니 공부를 더 하고 싶다는 생각이 많이 들었다. 여러 번 망설이다가 선생님을 다시 찾아갔다. 이번에는 "선생님, 대학원에 진학해서 공부하고 싶어요."라고 했다. 선생님은 즉시 내게 필요한 과정을 안내하셨고 딱히 도서관을 이용할 신분증이 없는 나를 위해 대학원 도서관을 이용할 수 있도록 선처해 주셨다.

내가 다른 곳을 기웃거리는 동안 선생님께서 나를 기다리셨는지는 알지 못한다. 그러나 내가 마음에 결정을 내리고 다시 선생님을 찾아갔을 때 선생님은 진학에 필요한 모든 과정을 일사천리로 진행하시며 나를 이끄셨다. 다행히 그해 겨울 나는 대학원 석사과정에 입학하였다. 그때까지만 해도 내가 앞으로 선생님의 프로젝트 안에서 얼마나 박진감 있게 움직여야 하는지를 잘 알지 못한 채 그 길로 들어섰다.

결혼하고 나니 공부하는 일이 맘처럼 진행되지 않았다. 누구는 세계는 넓고 할 일은 많다던데 나는 할 일은 많고 시간은 없는 듯 했다. 꾀가 나고 타성도 생기니 학위 논문 쓰는 일은 엄두도 내지 못했다. 그러던 어느 날 선생님이 부르셨다. 연구실에 들어 선 나에게 구체적인 날짜와 일일 분량까지 짜 놓으신 계획표를 하나 내미셨다. 일종의 학위 논문 프로젝트였다.

"이 정도 시간이면, 충분해."

제자들 사이에 선생님이 호랑이 같다는 이야기들을 더러 하지만 그 눈빛을 직접 맞아보지 않은 사람은 그 단호함을 결코 잘 알지 못한다. 구구한 여러 가지 변명이 선생님께 통할 리 없다는 것을 몸소 익힌 터였기에 말없이 계획표를 받아들고 나와, 그날부터 수험생 생활을 시작하였다. 논문을 내기 전 마지막 육 개월 동안 논문과 나는 꿈에서도 한 몸이 되어 지냈다. 잇몸이 다 들뜨고 어깨 진통이 고통스럽게 찾아왔다. 할머니 집에 맡겨진 딸 아이는 혼자 크기 시작했다. 일주일에 한 번씩 만나는 걸로 그리움을 참아야 했다.

"이 정도 시간이면 충분해." 라는 말씀처럼 결국 그 시간은 흐르고 나는 학위를 받았다. 아프던 어깨도 말끔해지고 들뜬 잇몸도 가라앉았다. 논문도 아이 낳는 것과 마찬가지라는 생각을 하였다. 세상에 나오기까지 담고 다녀야 하고 나오는 순간은 무척 고통스럽다는 것, 그러나 그 순간이 지나가면 고통은 잊혀지고 모든 것은 그리움이 된다는 것. 그리움을 갖기 위해서는 절절한 체험이 있어야 한다는 것도 그때 배웠다. 피하려고 했다면 오늘 쓸 수 있는 이런 그리움은 없었을 것이다.

그 후에도 선생님은 일상에서 타성이 붙어가는 나를 용케도 알아내셨다. 1989년 선생님께서 미국 버클리대학교에 객원교수로 가시게 되었다. 1년 동안 미국 생활을 하시고 돌아오시면서 골드버그(Adele. E. Goldberg)의 'Construction Grammar' 책을 구입하셔서 내게 건네주셨다. 내가 공부하는 분야에 도움이 될 것 같아 샀다고 하시면서. 나는 그 책에 푹 빠졌었다. 그게 인연이 되어 2001년에 미국 버클리대학교 언어학과 방문학자로 가게 되었다. 버클리대학교는 구문문법이 탄생하게 된 이론적 배경이 된 곳이고 책에 직접적으로 영향을 준, 레이코프교수(George Lakoff) 교수와 케이(Paul Kay)교수가 있는 대학이었다.

며칠 전 Goldberg의 새 책을 구입하였다. 2004년 구문문법 번역서를 낸 뒤 오랜만에 원서를 읽는다. 어느덧 마흔 중반이 되고, 큰 아이가 고3이 되고, 학교 일을 이것 저것 하는 동안 공부하는 내 모습을 찾아보기 힘들어졌다. 어느 날 퇴근하다가 불탄다고 밖에 할 말이 없는 붉은 석양 때문에 눈물이 날 뻔 했다. 무얼 잃어버렸는지 생각도 나지 않는데 가슴이 서럽고 또 벅찼다.

"이 정도 시간이면 충분해."

선생님의 말씀이 들리는 듯 했다. 공부하려고 들어선 길을 다른 것들로만 채워놓고 정작 공부할 시간은 없다고 하는 나를 다시 꾸짖는 선생님 음성이다. 이제는 내게 계획표를 짜주시거나 일일 과제를 주시는 일은 없으실 것이다. 이제는 내가 스스로 짜야 한다.

"이 정도 시간이면 충분해."

엄마 선생님

조 경 임
(고려대 박사과정 수료)

박 선생님은 '엄마 선생님'이시다. 그 의미는 중의적인 것으로, 그 하나의 의미는 나의 아이들에 대해 '엄마의 선생님'이라는 뜻에서이고, 다른 하나의 의미는 나에게 '엄마 역할을 해 오신 선생님'이라는 뜻에서이다. 선생님을 처음 만난 나의 대학 시절부터 지금까지 내가 살아온 시간들을 짧게 돌아보면서, '엄마 선생님'으로 내 곁에 가까이 계셨던 박 선생님에 대한 기억을 떠올려 보고자 한다.

내가 박 선생님을 가까이 뵙게 된 것은 대학교 2학년 때 '한국어 통사론' 강의를 듣게 되면서였다. 선생님께서 열정적이면서도 알기 쉽게 촘스키 이론을 설명해 주셔서 언어학과 국어학에 대해 관심과 흥미가 생겨나기 시작했다. 사실 내가 국어교육을 전공하게 된 것은 고등학교 때 고전문학 과목을 아주 좋아했기 때문이었다. 고등학교 시절 나의 장래 희망은 교사, 좋아하는 과목은 고전문학이었으므로 대학에서의 전공을 자연스레 국어교육으로 정하게 된 것이다. 그런데 대학에 들어와서 박 선생님을 통해 언어학, 국어학을 접하게 되면서 이에 매력을 느끼게 되자, 국어학 공부 모임에도 참여하게 되고 그러다 보니 더욱더 국어학 분야에 관심을 갖게 되어, 결국 대학원에 진학하여 국어학을 전공 분야로 삼게 되었다.

그렇게 나의 관심 분야가 바뀌는 과정에서 선생님은 내게 큰 영향을 주셨고, 또 그 후로도 언제나 나를 가까이에서 지켜봐 주셨다. 개인적으로 선생님 연구실에 찾아가면 늘 따뜻하게 맞아주셨고, 어렵게 아르바이트하면서 공부한다고 격려해주시고 안아주시면서 책값으로 쓰라고 손에 쥐어주신 적도 허다하다. 그 시절 선생님은 내게 그렇게 멋있고 따뜻한 여교수님이셨다.

국어학은 꼼꼼한 나의 성격에 어느 정도 맞는 분야였다. 그러나 학비를 벌기 위해 아르바이트하면서 힘든 대학원 공부를 하다 보니 체력도 바닥이 나고 공부 자체에 대해서도 회의가 생기기 시작했다. 촘스키에 매료되어 국어학을 시작한 나였으나, 그 이론이 어렵기도 하였지만 공부하면 할수록 오히려 이론이 실제 언어생활과는 유리된 채 너무 학문을 위한 학문을 하는 것이 아닌가 하는 회의가 들기 시작한 것이다. 그리하여 결국 석사 논문을 마치고는 일단 학문의 길을 접기로 하였다. 우선은 예전부터의 희망이었던 교사의 길을 가보고 나중에 생각이 바뀌면 좀 더 성숙한 나이에 공부를 다시 해도 괜찮겠다는 생각에서였다.

석사 과정 동안 공부 문제로 연애 문제로 마구 헤매던 나를 속상해하며 곁에서 지켜보시던 선생님께서는 때에 따라 적절하게 해결 방향을 제시해 주시면서 나를 이끌어 주시고 격려해 주셨다. 이렇게 친절하고 지혜로운 상담자의 역할을 선생님께서는 지금까지도 계속 해오고 계신다. 인생살이 전반에 걸쳐 무슨 문제라도 기꺼이 친절하게 들어주시고 인생살이의 선배로서 지혜롭게 때론 냉철하게 그때그때 문제를 짚어주시는 것이다.

석사를 마치고나서 교사를 하려던 나는 연애를 너무 심하게(?) 하는 바람에 교원임용고시를 거의 준비도 하지 못한 채 치르게 되어 그 길은 그렇게 가보지도 못하고 접게 되었고, 곧바로 결혼을 한 후에는 어쩌다 보니 아르바이트만 하다가 첫아이를 낳게 되었다. 아이 양육에서 3년이 중요하다고 하여 첫아이를 3년 키우고 나서 다시 교사될 준비를 해야지 했는데, 첫아이 28개월 무렵에 선생님께서 전화를 주셨다. 교육부에서 주는 BK장학금으로 공부할 수 있으니 박사 과정에 지원했으면 좋겠다는 말씀이셨다. 사흘 동안 고민하고 그리하기로 결정했다. 내게 주어진 기회인 것 같았기 때문이다. 꽤 오랜만에 다시 시작한 공부라 처음엔 걱정이 많이 되었으나, 머리도 점차 돌아가기 시작하고 공부하는 것에도 점차 적응이 되어갔다. 그러나 마지막 학기에 뜻하지 않게 둘째 아이를 갖게 되어(여기에서 '뜻하지 않게'의 의미는 시기적으로 그렇다는 것이다.) 입덧이 심한 가운데 어렵게 학기를 마치게 되었다. 둘째 아이 낳고서 1년간은 아이 키우는 일에만 전념했고, 그 후로는 집안일, 두 아이 키우는 일과 병행하여 박사 논문 제출 자격을 얻기 위해 해야 할 일들을 조금씩 해왔다. 현재 내게는 박사 논문이라는 중요한 과제가 남아있는 상태이다.

박사 과정 공부하는 동안 발표나 과제를 앞두고 힘겨울 때마다 나는 선생님 연구실을 찾아가 실컷 하소연 하고나서 다시 힘을 내곤 하였다. 그렇게 선생님은 자애로운 '엄마 선생님'으로 늘 내 곁에 계셨다. 그야말로 물심양면으로 늘 내게 힘을 실어 주신 것이다. 형편이 어려운 가정에 태어나 무책임한 아버지와 무뚝뚝한 엄마 밑에서 독립적으로 자라난 나에게 선생님께서는 그렇게 자애로운 친정 엄마의 역할까지 해주고 계신다. 그래서 그런지 박사 논문을 미루고 있는 요즘의 나는 엄마의 기대에 못 미쳐 부담감을 깊이 느끼는 딸처럼 선생님께 그런 죄스러움과 송구스러움이 늘 앞선다. 나는 나대로 나름의 이유와 핑계가 있지만, 건강도 좋지 않으시고 정년도 코앞에 두신 상태에서 나 때문에 애타하시는 선생님을 생각하면, 늘 맘이 무겁고 착잡할 뿐이다.

그러나 남들보다 늦어지더라도 서두르지 않고 나의 몸과 맘, 나의 주변을 잘 살펴가면서 나의 앞길을 가고 싶다. 20대 중반까지 나는 "항상 웃으며 열심히 살자!"고 늘 맘속으로 다짐하면서 앞만 보고 걸었다. 그러다 삶을 바라보는 눈이 점차 바뀌면서 앞도 옆도 뒤도 또 안도 보면서 살고자 노력하게 되었다. 이런 나의 모습이 선생님께는 무척이나 답답하게 보일 것이 분명하나, 나의 이러한 모습조차도 거부하지 않으시고 참아주시는 선생님께 또다시 송구스럽고 감사할 따름이다. 딸이 엄마의 모습과 삶을 그대로 따라가지 못한다 해도 딸의 삶의 모습 어딘가에서 엄마의 향내가 은은하게 풍겨날 수 있듯이, 내가 선생님의 삶을 그대로 따르지 못한다 해도 나의 삶 어딘가에서 선생님께 물려받은 향내가 언젠가는 은은하게 풍겨날 수 있으리라 믿는다. 일일이 다 열거할 수 없을 만큼 큰 은혜를 받고 살아 온 제자로서 은퇴하시는 선생님 앞에 마무리하는 모습을 보여드리지 못하여 죄송하지만, 느린 만큼 더 성숙하게 인생을 살겠다는 다짐을 드리는 것으로 오늘의 송구함을 조금이라도 덜고자 한다.

박영순 이사장님께 드리는 편지

조 선 경
(문학박사 · 이주재단 이사)

이사장님, 안녕하세요?

가을인가 싶더니 어느덧 낙엽도 다 떨어지고 이제는 오히려 겨울 분위기가 완연합니다. 가끔 지방에 있는 학교에 강의를 하러 가는 날이면 계절이 겨울로 바뀌고 있다는 것을 실감합니다. 이처럼 점점 추워지는 날씨에 이사장님 건강은 어떠하신지요? 재단에 계실 때 늘 건강이 좋지 않아 고생하셨는데 지금은 괜찮으신지 걱정입니다.

이사장님, 이사장님을 처음 뵈었을 때가 생각납니다. 제가 외국인 근로자 교육을 해보겠다고 찾아뵈었을 때 이사장님께서는 이 일의 필요성을 제게 자세하게 말씀해 주셨습니다. 잘 부탁한다며, 그리고 고맙다며 인자하게 받아주셨던 것이 이사장님과의 첫 만남이었습니다. 그때 처음 뵈었지만 제가 이사장님께 가졌던 인상은 한국어 교육, 특히 소외된 계층에 대한 한국어 교육에 대해 학문적으로만이 아니라 실천적인 부분에도 많은 애정을 가진 분이시구나 하는 것이었습니다. 그런 애정이 있으셨기에 외국인 근로자 한국어 교육 사업이 어려운 가운데서도 시작될 수 있지 않았나 하고 생각합니다.

이사장님, 재단에서 외국인 근로자 사업을 계획하고 있다는 말씀을 들었을 때 한편으로는 놀라웠습니다. 왜냐하면 외국인 근로자에 대해서는 일부 종교단체를 중심으로 막 한국어 교육을 할 때이어서 정부나 학계에서 관심을 가지고 있지 않았을 때인데 정부 관계 기관인 재단에서, 그리고 기관장께서 이 사업에 대해 많은 관심을 가지고 적극적으로 사업을 계획하고 있다는 사실이 놀라웠기 때문입니다. 저는 이런 사업은 특별한 사명감이나 종교적 헌신 없이는 할 수 없다고 생각했었기 때문입니다.

제가 필리핀에 여행을 갔을 때 그곳의 젊은이들과 아이들이 힘없이 착취되고 보호막이 없이 지낼 수 밖에 없는 현실을 보고 이주의 배경을 조금이나마 느낄 수 있었습니다. 이런 경험이 밑거름이 되어 이사장님과의 인연이 시작되었지요. 그런 상황에 있던 제가 기관장의 후원과 지지를 받으면서 일할 수 있었던 것은 정말 행운이었던 것 같습니다. 그런 기쁨과 안정감을 갖고 있으면서도, 그럼에도 불구하고 실제 일을 시작할 때의 상황은 이사장님께서도 아시는 것처럼 쉽지만은 않았습니다. 수업 장소가 외국인 근로자 거주 지역과 멀어 이들을 수업 장소까지 나오게 하는 일, 그리고 한 주는 나왔다가 또 한 주는 나오지 않다가 불규칙하게 출석하는 수강생들, 교육 홍보를 더 해야 더 많은 젊은이들이 한국어를 배울 수 있는 기회를 얻게 되는데 어떻게 알려야 할지 하는 일 등 처음에는 갖추어진 것이 별로 없어서 상황이 어렵기도 하였습니다. 그 때마다 이사장님의 격려와 응원으로, 자원봉사 선생님들의 수고로 토요일 오후에 이들을 모아서 한국어 수업을 하는 일이 그렇게 어렵게만 느껴지지는 않았던 것 같습니다.

이사장님, 지금 생각해 보면 그때는 비록 몸은 힘들었지만 일에 대한 보람은 정말 많았던 것 같습니다. 그랬기에 이주민들이 모여 사는 안산역 근처를 다니면서 홍보 자료를 붙이기도 하고, 또 이들이 많이 다닌다는 대형 할인매장을 다니면서 교육 사업 전단지를 나누어주면서도 힘들다기보다 보람으로 하루하루를 채우지 않았나 생각합니다.

이사장님, 지금은 여러 곳에서 외국인 근로자나 이주 여성, 그리고 그 자녀들에 대한 한국어 교육만이 아니라 체류나 정착 지원, 다문화지원에도 관심을 가지고 있습니다. 저도 올해는 특히 농어촌 지방을 다니면서 얻게 된 국제결혼의 현실과 언어와 문화차로 인한 골 깊은 문제들을 목도하면서 여유있고 너그럽게 피차 수용해야 하는 거구나 하고 느꼈습니다. 이때 만난 이주민들과 가족들의 얼굴을 두고두고 일을 해가는데 떠올릴 것 같습니다. 더욱더 공부하고 실천하는 마음으로 할 수 있는 일을 찾아 가겠습니다. 우리가 편안히 생활하고 쉬는 중에 더 많이 수고하는 아시아의 젊은이들이 있다는 생각은 인생 내내 가져갈 것 같습니다.

이와 더불어 한 기관의 기관장으로서 보여주셨던 이사장님의 판단과 결정, 학자로서 취하셨던 일에 대한 태도 등도 또한 잊지 않고 가져가겠습니다. 권위있고 진지하게 그리고 순수하게 일을 진행해 가셨던 한 여성기관장을 아름답게 기억하겠습니다.

해마다 찬바람이 불면, 호흡이 거칠어지던 이사장님 생각이 날 것 같습니다. 수많은 연구와 일에서 손은 떼시겠지만 국어학과 특히 소외계층의 한국어교육에 가지셨던 애정은 계속 가져가시리라 생각됩니다. 이런 수많은 장면들을 아름다운 추억으로 제게 주신 이사장님께 늘 고맙게 생각합니다.

우리 이사장님, 정년퇴임이 가까우신데도 특히 다리가 아주 예쁘셨지요. 제가 그런 말씀을 드리면 부끄러워하셨던 모습도 즐겁게 기억합니다. 그 부분만을 빼고 저도 이사장님처럼 이쁘게 늙어가렵니다. 늘 연한 보랏빛, 밝은 분홍빛 정장이 무지 잘 어울리셨던 이사장님을 생각하면서요.

많이 추어지는 날씨입니다. 항상 건강하시고 행복하십시오. 안녕히 계십시오.

2007년 11월 16일

조선경 올림

자식사랑과 제자사랑

조 일 영
(한국교원대학교 교수)

세월이 갈수록 나는 내 아이들을 안아주고 싶은 마음이 더해 가는데 정작 아이들은 갈수록 내게 안기려 하지 않는다. 요즘 들어 유난히 스산한 바람이 내 가슴에 돌아다녀서 썰렁한 생각이 든다. 아마 나만 느끼는 것이 아닐 것이다. 나와 비슷한 연령 이상의 부모들이 공통적인 심사가 아닐까 생각한다.

그러나 문득 지금의 나처럼 내 아버지와 어머니들도 나를 안아주고 싶어 하시지 않았을까 하는 생각이 스친다. 나는 왜 내 아버지와 어머니를 한 번이라도 따듯하게 안아드리지 못했을까? 지금처럼 쓸쓸한 바람이 부는 나이에 새삼 그 분들의 따듯한 품이 그립다. 꿈에라도 다시 한 번 그 분들의 품에 안길 수 있다면 나의 이 고단한 삶에 얼마나 위안이 될 수 있을까? 돌아가신지 십 수 년이 지나도 그 아쉬움은 사라지지 않는다.

평범한 사람이 평생에 만나는 사람을 다 합치면 몇 명이나 될까? 그 중에서 의미를 부여할 수 있을 만큼 내 삶에 빛을 주었던 사람들은 과연 얼마나 될까? 부모, 형제, 친척이나 친구들, 직장 동료, 그리고 학창 시절 동문들, 모두 합하면 그럭저럭 꽤 될 것 같다. 그 중에서 부모나 어릴 적 친구들은 잠시 잊고 있다가도 문득 돌아가 앉고 싶은 고향의 언덕배기 같은 사람들이다.

그리고 학창 시절에 만났던 은사님들은 드러내지 않는 사랑을 학문 세계의 엄격한 눈빛으로 바꾸어 넌지시 건네주던 또 다른 사랑의 빛이었다. 그런 분들은 내게는 또 다른 의미의 부모와 같은 존재들이다. 그리고 육신의 부모처럼 평소 잊고 있다가도 문득 생각을 떠올리곤 돌아가 안기고픈 생각이 나는 넉넉한 품들이다. 지금 부모의 심정을 이해하게 된 것과 똑같이 이제 내가 남을 가르치는 선생이라는 직업을 가져보니 과거 선생님들의 심정을 돌이켜 생각하게 된다.

나는 惠堂 선생님을 대학원에서 처음 뵈었다. 그것도 직장을 다니면서 대학원 과정을 밟느라 몸과 마음이 가장 힘들던 시절이었다. 그러나 정말 어렵다고 생각이 든 것은 혜당 선생님이 개설하신 인지문법 수업을 거치면서였다. 강의 첫 시간에, 미국에서 가져온 따끈따끈한 선물이라고 소개하면서 복사물 한 아름을 선생님께서 강단에 내려놓는 순간부터 강의실 안에 있던 수강생들은 바짝 얼어붙었다. 그 후 학기 내내 고난의 행군이 시작되었다. 매 시간마다 영어 원서를 읽고 발췌하여 발표하느라 주말을 잊고 살았다. 랑가커의 이름을 어떻게 발음해야 할지 난감하기는 했었지만 처음 접한 인지문법은 이전에 얄팍하게나마 얻어들은 언어이론들과 달리 당시로서는 한국에 많이 소개되지 않은 새로운 흐름의 언어학 이론이었다.

그 때 선생님께서 열정적으로 소개하신 이론이 그 뒤 학계에서 중요한 화두가 되어 지금까지 이른 것을 보면 선생님의 앞선 감각은 감탄할

만 하다. 지금 내가 대학원에서 의미론 강의의 주제를 인지문법과 관련하여 자주 개설하는 이유는 수강생들이 교사들이 대부분이기 때문이기도 하지만 그때 접한 인지문법의 새로움이 영향을 미쳤기 때문이다. 특히 인지의미론을 처음으로 접해 본 초등학교 교사들은 매우 많은 공감을 하는 눈치여서 방향을 제대로 잡았구나 하는 생각이 들곤 한다.

하긴 선생님의 그런 앞선 감각은 요즘 한창 우리 사회에서 화두가 되어있는 다문화시대의 언어교육 분야에서도 일찍 드러나 있었다. 얼마 전 내가 재직하고 있는 대학의 인문과학연구소에서 개최한 '다문화시대의 언어문화교육'이라는 주제의 세미나에 선생님을 기조연설자로 초청했는데 80년 대 초에 이미 그 주제에 대한 논문을 발표한 적이 있으시다는 것을 알고 놀랐었다.

선생님의 강의와 학업에 대한 엄격함은 또 내게 특별한 기억으로 남아 있다. 당시 교수님들께서는 대체로 직업인(대개는 중등교사들이지만)들을 배려하여 토요일에 강의가 집중되었었다. 어느 토요일 오후 고등학교 일을 마치고 대학원 수업 시간에 늦게 도착하게 되었다. 한창 수업이 진행되고 있는 강의실 뒤쪽으로 조심스럽게 들어서던 내 귀에 대수롭지 않게 하시는 선생님의 말씀 한마디가 울렸다.

"대학원생의 주업이 무엇인가요?"

순간, 나는 눈앞이 아찔했다. 사실 나는 고등학교 교직에 있으면서 대학원 과정을 다니고 있었으므로 강의에 늦는 일이 종종 있었고 그것이 선생님의 눈에 좋게 보일 리가 없었다. 솔직히 말한다면 생활인으로서 공부를 병행한다는 점을 어느 정도 고려해 주시지 않을까하고 은근히 기대는 마음이 있었던 것도 사실이다. 그러나 수업 중 지나가는 말처럼 툭 던진 그 말씀에 너무나 죄송했고 부끄러웠다.

그런 일이 있고 난 후, 박사 과정에 입학해서는 교직을 그만 두었다. 아무래도 직장을 병행한다는 것이 학업을 제대로 수행하는 데는 무리라는 것을 뼈저리게 느꼈기 때문이기도 했지만, 그 시절 선생님이 보여주시던 학문에의 열정과 냉정한 충고가 그런 식으로 해서는 안 되겠다는 자각에 확신을 주었기 때문이기도 하다. 그것이 지금 내가 지도하는 대학원생들에게 학업기간에는 전념해야 한다는 심리적 압박의 주관적 근거이기도 하다.

선생님과의 인연은 석사논문과 박사논문의 심사위원을 모두 맡아주신 학문적인 인연도 있었지만 사적인 인연도 조금 있었다. 내 삼촌 댁이 선생님의 댁과 같은 동네, 같은 골목에 있어서 두 댁이 잘 아시는 사이였고 더구나 같은 성당에 다니셨기 때문이다. 어떤 때는 삼촌댁에 갔다가 선생님을 마주 친 적도 있었다. 삼촌 내외분을 뵐 때마다 선생님께서 나에 대해 말씀하시더라고 흐뭇해하시곤 했다. 선생님께서 그런 배려까지 해주실 줄은 몰랐는데 뜻밖의 지원에 정말 감사했다. 내가 성가하기 전에 부모님이 작고하셔서 삼촌이 보호자 역할을 하시던 때라 선생님의 그런 지원이 절실하게 고맙던 때이기도 하다. 선생님은 그런 식의 제자 지원이 특기이다.

제자들과의 인연은 선생님께는 그대로 모녀 간, 모자 간 같은 정으로 연결되는 것 같다. 직접 지도교수로는 모신 적이 없지만 수업을 통해서 혹은 논문지도를 통해서 맺은 인연은 언제 어떤 장소에서나 각별히 이어진다. 제자들은 누구나 공감하겠지만 선생님을 모시고 공부할 때에는 그 열정과 앞선 감각에 압도되지만 졸업 후에는 또 그 열정이 제자 사랑으로 나타난다. 세상에서 남의 선생 된 사람들이 으레 그렇겠지만 선생님의 제자를 위한 헌신은 모두가 인정하는 바이다. 제자가 학회에서 논문 발표할 때는 맨 앞자리 아니면 멀리 높은 뒷자리에 앉으셔서 발표 대목마다 긍정의 고갯짓으로, 초등학교 음악회에서 볼 수 있는 우리의 전통적인 한국 아줌마의 푸근한 눈길로 격려와 지원을 서슴지 않으신다. 그런 모습은 한국어학회와 한국어의미학회, 이중언어학회 등 국어학의 중추적인 학회를 창립하거나 회장으로서 학회의 전성기를 이끄시던 바쁜 때에도 변함없으셨다.

그런데 나는 모교를 졸업한 후 이런저런 선생님과의 인연과 도움에 한 번 보답해 드리고 싶었지만 그런 기회를 갖지 못해 늘 마음 한 구석에 걸려했다. 더구나 선생님께서는 같은 해에 학위논문심사를 받은 선생님의 직접 지도 제자 정주리 선생과 직접 지도제자는 아니지만 학위논문을 심사해 주신 인연으로 특별히 나까지 초대하여 강남 모 음식점에서 축하모임을 베풀어 주시기도 했다. 늘 그때의 고마움을 새기고 한번쯤 선생님을 모셨으면 했지만 재직하고 있는 대학이 지방이어서 지금까지 여의치 못했다.

그러던 차에 지난 해 12월, 마침 재직하고 있는 대학의 부설연구소에서 주최하는 세미나에 기조 연설자로 선생님을 초청할 기회가 있었다. 모처럼의 기회인지라 한 번 잘 모시리라 마음먹고 주변에 있는 고대 출신의 후배 동문들에게 연락하여 대기하도록 하였으나 선생님은 폐끼치기 싫다고 행사 후에 바로 서울로 돌아가 버리셔서 남아있는 제자들과 함께 아쉬워 할 수밖에 없었다. 교통체증으로 평소보다 시간이 많이 걸린 그 먼 길을 건강도 썩 좋지 않음에도 불구하고 제자의 부탁을 거절 못 하시고 손수 운전하셔서 황황히 돌아가시니 참으로 죄송하기만 했다. 졸업 전에 끼친 심려도 만만치 않은데 졸업 후에도 그렇게 부담만 드리고 복구를 못하니 언제나 보답을 할 수 있을지 모르겠다.

스승의 제자에 대한 관심과 염려와 애정은 부모가 쏟는 자식들에 대한 애정과 흡사한 것 같다. 쏟아지는 사랑만큼 제자와 자식들은 누릴 줄만 알고 돌려드릴 줄은 잘 모른다.

公과 私 혹은 空과 四

진 대 연
(호원대 교수)

내가 재단에 들어와서 당신을 만나기 전에는
당신은 다만
한 분의 원로에 지나지 않았다.

내가 당신의 존재를 인식하게 되었을 때,
당신은 나에게로 와서
스승이 되었다.

내가 박영순 선생님에 대해서 갖고 있는 생각을 함축적으로 표현하기 위하여 김춘수 시인의 '꽃' 일부분을 응용해 보았다. 그렇다. 당신은 내게 공적(公的)으로는 일찍이 한국어교육의 초석을 놓아 준 원로이시고 사적(私的)으로는 후학의 성장을 바라며 여러모로 마음을 써 준 자비로운 스승이시다.

그 분을 가까이에서 모신 것은 7개월여에 불과하지만 선생님의 일에 대한 열정과 사람에 대한 애정을 느끼기에는 충분한 시간이었다. 이렇게 작은 규모의 재단이 그렇게 큰 규모의 일을 할 수 있었던 에너지의 원천은 바로 그 바탕을 마련해 주신 선생님의 노고가 아니었을까? 당신께서 재단 이사장으로 봉직하실 때 건강을 아끼지 않고 열과 성을 다해 일을 추진하던 모습이 여전히 눈에 선하다. 더욱이 일 못지않게 언제나 연구원들의 사기를 생각해 주시던 배려에는 마음속 깊은 곳에서 감사함이 우러나온다.

지난 기간 선생님께서 이루어 놓으신 업적은 헤아릴 수 없이 많다. 한국어의 세계화를 위한 밑천이라고는 아무것도 없던(空) 시절부터 하나하나 차곡차곡 쌓아 주신 선생님의 언덕을 발판으로 한국어가 한반도의 동서남북 사방(四方)에서 뻗어나갈 수 있기를 바란다.

엄마, 그 이상

최 서 윤
(전 국가홍보처 외신 분석 전문위원)

평생 늙지도 않고, 바쁘고, 누구보다 열심히 교수생활을 할 것만 같았던 우리 엄마가 정년퇴임을 한다니…. 믿고 싶지 않으면서도 뭉클한 마음이 드는 게 나의 지금 심정이다. 평생 지칠 것 같지 않던 엄마가 몇 년 전 할머니가 되고, 부쩍 힘든 모습을 보이기 시작했을 때에도 나는 엄마가 늙는다는 사실을 인정하고 싶지 않았었다.

엄마 연세분들 중 평생 사회생활을 하신 분들이 거의 없다는 것을 생각해보면, 나 역시 어쩌면 요새 말하는 '수퍼맘'의 원조격인 엄마에 대해 내 또래들에 비해 남다른 기억과 감정을 가지는 것이 당연할 것 같다.

내가 엄마를 생각할 때 처음으로 떠오르는 모습은 보통 사람들이 생각하는 항상 챙겨주고 뒤치다꺼리 해주고 보살펴주는, '집'이라는 존재와 동일시되는 푸근한 엄마의 모습보다는 항상 강의, 제자들, 세미나,

논문, 책, 학회, 지도학생, 박사 같은 단어들이 입에 붙어있는, 매일매일 출근하고 저녁때 집에서 공부하고 방학 때도 거의 하루도 빠짐없이 연구실에 나가거나 무언가 일을 하는, 꽉찬 스케줄로 참으로 열심히 사는 전문직 여성의 모습이다.

나는 그런 엄마의 모습이 싫었던 적이 한 번도 없다. 엄마와 난 주로 학교 갔다 온 나를 엄마가 맞이하는 것이 아닌 퇴근하고 돌아오는 엄마를 내가 맞이하는 모양새였는데, 나는 늘 정장 차림에 드라이한 머리, 그리고 반쯤 지워진 옅은 화장을 한 모습으로 한 손에는 가방, 다른 손에는 서류봉투나 책을 들고 바깥 공기와 함께 들어오는 엄마의 모습이 너무 좋았다. 학교 끝나고 엄마가 데리러 온다거나 엄마가 집에서 간식을 만들어놓고 나를 맞이한다거나 비 오는 날 우산을 갖고 마중 나온 경험은 별로 없지만, 그런 것을 불평해본 적도 없는 것 같다. 워낙 내가 태어나기 전부터 사회생활을 하던 엄마였기에 처음부터 적응상태였던 점도 있고, 엄마가 시간이 날 때는 항상 가족들에게 최선을 다해 봉사해줬기 때문도 있지만 무엇보다 나는 모든 분야의 상담이 가능하고 사회문제도 얘기할 수 있는 '교수엄마'를 뒀다는 게 무척 자랑스러웠기 때문이다. 그리고 다른 사람들은 모두 선생님, 교수님 하며 어려워하는 사람을 엄마로 두고 맘껏 어리광도 부리고 친구처럼 지내는 것을 은근히 즐겼던 것 같기도 하다.

사실 우리 엄마는 너무나 원하던 딸을 늦게 낳아 엄마로서는 파격적으로(?) 학교 과제인 바느질을 도와주기도 하고, 방학 동안 나에게 수영을 가르쳐주기 위해 새벽 6시부터 YMCA 앞에 줄을 서기도 하고, 1년에 한두 번 정도 남대문 수입시장에 데리고 가 예쁘고 신기한 것들을 잔뜩 사주기도 하는 좋은 엄마였지만, 그래도 왠지 나에게 있어 제일 멋진 엄마의 모습은 할 일이 너무나 많다며 아침에 도시락 싸들고 나가고, 엄마가 주관한 학회가 대성황이었다거나 오늘은 책을 수십 페이지 쓰고 왔다고 자랑하는 모습이었던 것 같다.

정년퇴임 후에도 엄마가 집에만 있고 아무 활동을 안 할 거라는 생각은 (엄마가 아무리 그럴 거라고 주장해도) 전혀 들지 않지만, 엄마가 더 이상 현역 교수가 아니라는 사실은 엄마 스스로에게 만큼이나 나에게도 크게 다가올 거 같다. 엄마는 나에게 있어 결코 엄마만큼 열심히 살 수는 없을 거라는 자괴감을 느끼게도 하지만 그 존재만으로도 나를 다시 돌아보게 만드는 엄마, 그 이상이기 때문이다. 노력 부족, 끈기 부족의 나는 분명 엄마 유전자를 전부 흡수하지 못했기 때문일 거다. (그럼 누구??? 아빠 죄송해요.^^)

요새는 가끔 생각한다. 만약 엄마가 보통의 엄마였다면, 집에서 살림을 하고 모든 관심과 노력을 자식과 남편을 보살피는 데만 쏟는 전업주부였다면 내 삶이 어떻게 달라졌을까 하고. 나의 성격이나 사회성, 학업 성적, 진로 같은 게 달라지진 않았을까, 내가 겪은 시행착오들을 겪지 않고 전혀 다른 삶을 살고 있진 않았을까 하고 말이다. 하지만 나에게 만약 엄마를 고를 선택의 기회가 주어진다면 나는 또다시 엄마를 택할 것이다. 나는 엄마를 단순히 내 엄마여서가 아닌 한 여자로서, 인간으로서, 사회인으로서 사랑하고 존경하기 때문이다. 나는 절대로 엄마를 능가할 수 없는 운명이지만, 그래도 엄마의 딸로 태어난 게 고맙다.

우리 어머니

최 영 준
(캘리포니아 변호사)

내가 초등학교 5학년 때의 일이다. 나는 새 학교로 전학을 한 지 얼마 되지 않은 때여서 새 친구들과 좀 더 친해지고 싶어서 몇 아이들을 우리 집으로 초대했다. 오랜만에 친구를 데려온다는 내 말에 어머니는 일찌감치 집에 돌아오셔서 간식거리를 만들어 놓고 우리를 기다리셨다. 막 간식을 다 먹었을 때 어머니께서 하신 말씀…. "너희들 내가 시험을 보여야 겠다." 어머니는 30분여에 걸쳐 자기 이름, 부모님 이름 한자로 쓰기, 받아쓰기 등 꽤 어려운 문제를 내시고는 일일이 틀린 곳을 바로잡아 주셨다. 물론 그 이후로 우리집에 내 친구들의 발길은 뚝 끊겼다. (약간 과장^^)

내가 중학생이던 어느 해 나는 소위 극기훈련을 위해 수련회를 갔는데 그 첫 날 부모님께 편지를 쓰는 시간이 있었고 한참 '군기'가 잡혀 있던 나는 평소에는 잘 쓰지 않던 "사랑해요"를 남발해 가며 어머니께 편지를 써 보냈다. 보통 어머니라면 그런 편지를 받고 눈물을 글썽이거나 하겠지만 나의 어머니는 빨간 싸인펜으로 철자법 교정을 하셔서 내가 수련회에서 돌아오던 날 보여주시며 꼼꼼히 설명을 해 주셨다. 혹시 이 글을 읽으실 어머니의 손에 빨간 싸인펜이 쥐여져 있는 건 아닐까?

어려서 가장 즐겨하던 놀이가 선생님 놀이(동네 아이들 모아 놓고 공부시키는 놀이?!)였던 나의 어머니, 취미와 특기가 공부라는 나의 어머니, 액션 영화를 보시고 (수년 전 어머니와 Mission Impossible을 보고 난 후) 배울 게 없고 교훈이 없다고 불평하시던 어머니, 동네 뒷산을 오르실 때도 목표를 세웠으면 꼭 달성해야 한다며 아무리 몸이 불편하셔도 꼭 정상을 정복하셔야 직성이 풀리시는 나의 어머니. 나의 어머니는 천상 선생님이시다.

하지만 어머니는 유능한 교수님, 업적이 많은 학자이시기 전에 나에게는 든든하고 헌신적인 어머니이시다. 내 어린 시절 기억 속의 어머니는 서재도 연구실도 아닌 부엌에 계신다. 이른 새벽 우리 삼남매의 도시락을 싸시던 모습, 반장이었던 내가 소풍을 간다고 선생님 몫까지 산더미같은 김밥을 만드시던 모습, 주말이면 우리들에게 건강식을 손수 만들어 주시느라 하루 종일 서 계시던 모습….

연합고사를 앞둔 중 3, 나는 한창 음악과 라디오를 즐겨 들었다. 그러나 당시 우리 집엔 아주 낡은 카세트 라디오 한 대가 전부여서 잡음 반 방송 반을 들어야 했다. 나는 내성적인 성격이라 말은 못하고 속으로만 새 스테레오를 간절히 바라고 있었는데 어느 눈이 내리던 날 어머니는 늦게 공부를 마치고 돌아오는 나를 마중 나오셔서 깜짝 선물을 준비하셨다며 새 스테레오를 내미셨다. 어머니는 항상 그러셨다. 한창 나이키 운동화가 유행 했을 때도 그랬고, Jordache 청바지가 유행 했을 때도 내가 말하기 전에 마련해 주셨다. 당신은 명품과는 담을 쌓고 살더라도 자식들이 혹시 기 죽을까 염려하시는 마음을 마흔을 앞두고 두 아이의 아버지가 된 지금에야 나는 조금 헤아릴 수 있을 듯하다.

평생을 존경 받는 학자로, 교육자로 살아오신 박영순 교수님은 나의 사랑하는 어머니입니다. 어머니, 사랑합니다. 부디 만수무강하소서.

사랑하는 어머니께

최 영 철
(공학박사 · 두산중공업 미국법인 부사장)

아직도 젊고 아름다우신 줄만 알고 있었는데 벌써 정년이시라니 믿어지지도, 실감도 나질 않습니다. 앞으로도 많은 일들을 하실 것으로 믿고 기대됩니다. 평생을 교육에 바치셨고, 훌륭하게 후진들을 키워오셔서 여러 가지로 마음 뿌듯하시리라 생각합니다. 어머니가 학문적으로, 사회적으로 많은 일들을 너무나 열심히 평생을 바쳐 이루셨고, 이는 여러 가지 자료나 증거들을 통해서 쉽게 누구나 알 수 있다고 생각합니다. 반면에 그동안 어머니가 사회생활 못지 않게 희생을 다하신 자녀 가정교육에 있어서는 저희가 다시 가정을 꾸릴 정도로 성장했는데, 그동안 무엇을 배워 어떻게 후손에 전하고 있을까 궁금해 하실 수도 있다고 생각해서, 몇 자 적어 보고자 합니다.

우선 첫 번째는 애국애족입니다. 어머니만큼 우리나라를 생각하고 우리나라가 진심으로 잘 되면 좋겠다고 투철한 믿음을 가지고 계신 분은 많지 않은 것 같습니다. 국제적으로도 활동하시면서도 다른 선진국 혹은 강대국들에 대해 당당한 자세로 대하시는 모습은 제가 어릴 적부터 기억납니다. 긴 미국 생활을 하면서 미국 사람뿐만 아니라 많은 외국인들을 만났습니다. 그 중에는 자기 나라 자랑을 하는 친구도 많이 만났고 한국에 대해서도 관심있는 사람들도 여럿 접해 봤습니다. 그럴 때 한국에 대해 좋은 인상을 주도록 노력했고, 자연스럽게 우리 말이나 문화가 얼마나 아름답고 우수한지에 대해서도 전해주었습니다. 또한 그러기 위해서 나름대로 한국 역사와 문화에 대해 공부도 많이 했습니다. 좀 심한 경우에는 이집트 친구에게 피라미드는 한국 사람이 발명했을지도 모른다고 했다가 논쟁을 벌인 경우도 있었습니다. 외국에 나오면 다 애국자가 된다지만 저는 평소 어머니의 가르치심이 더 큰 것 같습니다. 무엇보다 외국에 살면서도 내가 하는 일이 한국에도 공헌하면 좋겠다는 생각은 변함이 없고 그런 어머니의 가르치심은 앞으로도 저의 앞길에 길잡이가 될 것입니다.

두 번째는 근검절약입니다. 어머니는 평생을 아끼면서 지내 오셨지만 저희들에게, 그리고 불우한 이들에게 한없이 베푸는 모습만 보여주셨습니다. 어머니 말씀은 항상 필요없는 일에는 최대한 아끼고, 필요한 일에는 아낌없이 하라는 것이었습니다. 그 덕분에 저희가 오늘의 이 자리에 있게 된 점 너무나 잘 알고 있습니다. 제가 대학시험을 보고 막 들떠 있을 때, 어머니는 그 당시 판자촌 철거 예정지에 있던 임시 성당에 저를 데리고 가셨습니다. 그 어려운 이웃들의 모습을 기억하며 대학시절 크게 정도에 벗어나지 않게 4년을 보낼 수 있었고 그 후로도 어떤 사람을 대하더라도 겸손하게 저를 낮출 수 있었고, 근검한 모습을 보여주게 되어 많은 사람들로부터 신뢰를 받고 때로는 도움도 받는 일이 많았습니다. 지금도 어머니의 크신 사랑에 감사하며 저희도 이를 본받아 살려고 항상 노력하고 있습니다.

마지막으로 가족 간의 사랑과 화목입니다. 이제 저도 두 아이의 아빠가 되고 보니 자녀교육이 힘들고 많은 일이 뜻대로 되지 않는 것을 배우고 있습니다. 부족하나마 아이들에게 형제끼리 도와주고 우애있게 지내도록 유도하는데 많은 시간을 쓰고 있고, 가족의 중요성을 꾸준히 가르치도록 노력합니다. 저희가 어렸을 때 맛있는 음식점(특히 생각나는 것은 갈비집)에 갔을 때, 저희는 먹느라 정신없었지만 어머니는 자식들이 한 점이라도 더 먹도록 신경 쓰시느라 정작 제대로 잡수시지도 못하고 식당을 번번이 나온 것 말씀은 안 드렸어도 잘 알고 있습니다. 많은 일들로 그때 어린 마음이었지만 감사하다고 생각은 많이 했는데, 표현하는 게 서툴러 아는 척은 못하고 살아왔습니다. 감사는 드리지 못했지만 어머니 같이 진심으로 식구들을 사랑하는 가르침을 잊지 않고 살고 있습니다.

이외에도 헤아릴 수 없이 많은 사랑과 가르침을 받고 성장해 왔고 그 은혜로 이제는 가장이 되어 제 자식들에게도 어떻게 가르쳐야하는지 조금은 알 것 같습니다. 무엇보다 어머니는 말보다는 행동으로, 그리고 저희에게 사랑으로 감동을 주셨기 때문에 저희도 모르게 몸에 완전히 배었다고 감히 말씀드릴 수 있습니다. 이제 이러한 마음과 행동들이 대대손손 물려져 내려가도록 정성을 다해 어머니의 가르치심을 매일매일 되새기며 실천하도록 노력합니다.

어머니 사랑합니다. 오래오래 건강하셔서 어머니가 가정에서 이루신 일들도 결실을 크게 보도록 도와 주세요.

맏아들 영철 올림

Dear Grandma

I hope that your retirement goes well and that you enjoy it. I also hope that you pleasured the hard yours you have done for many years and the books you have written. I have heard that you were a great linguist and a wonderful professor. My mom is also trying to be a good linguist, just like you! I'm so proud of you, Grandma!!! I love you!

Yours truly,
Sophia Choi (최승연)

P.S., I wrote a story about a bunny just for you!!!
This is how it goes:

Mr. Bunnykins Retires

Hop, hop, hop, hop! Mr. Bunnykins hopped off to work. It was his last day, for he was very well at his job and needs rest. That's why he will retire.

Mr. Bunnykins made dictionaries that translated Bunese (Bunese is the language of bunnies (pronounced buh*neeze)) to Wolfian (Wolfian is the language of wolves (pronounced Wohl*vee*ehn)), so bunnies can persuade wolves not to eat them. Today, he'd help other bunnies finish their dictionaries.

"Good morning, Mr. Bunnykins." "Hello, Mr. Bunnykins." Almost every employee was talking to him and being kind to him. Mr. Bunnykins went over to Mr. Carrotcake, who was still working on the "A" part of his dictionary. He helped Mr. Carrotcake until lunch time, where an unexpected thing happened···

"SURPRISE!" the bunnies cried. The staff had prepared a special lunch party to on carrot casserole. Then, Mr. Carrotcake gave a slice of his homemade carrot cake. The special thing was, the cream on the cake spelled "HAPPY RETIREMENT". Everyone chatted and laughed until lunch was over.

The next day, Mr. Bunnykins peeked open one eye and looked at the clock. 8:27. 'Why hasn't my alarm clock gone off? I'm late for work!' But then he realized he didn't need to go to work. He grinned from ear to ear thinking he was retired. He thought of trips around the world with his family and watching sports games cheering for his favorite teams. It was very fun thinking of what he would do and enjoy.

오늘을 일군 30년 전 그 날

최 은 지
(원광사이버대학 교수)

저는 복 받은 사람입니다. 그건 저만의 생각이 아니라, 제 남편, 친구들, 제 주변 사람 모두의 생각입니다. 누구보다도 복 받은 사람이기에 저는, 20대의 후반을 외국인 학생들에게 한국어를 가르치는 교사로서 즐겁게 보냈고, 30대 초반에는 비록 작은 대학이긴 하지만 교수라는 직함을 달고 활동할 수 있었습니다. 그리고 누구보다도 복 받은 사람이기에 수업 준비나 연구 외에도 학회 활동, 프로젝트 등으로 정신없는 나날을 보내고 있습니다.

저는 가끔 궁금했습니다. 과연 이 복이 다 어디에서 온 걸까? 그리고 결론을 내렸죠. 그건 다 내가 시대를 잘 타고났기 때문이지. 부끄럽지만 가끔은 '내가 꽤나 쓸 만한 능력자이기 때문이지'라는 결론을 내릴 때도 있었습니다.

그렇지만 얼마 전, 저는 이 모든 자의적인 결론은 모두 착각에 불과했다는 것을 깨달았습니다. 얼마 전, 그러니까 2011년 11월 5일은 이중언어학회가 태어난 지 30주년이 된 것을 기념하는 날이었습니다. 30주년을 기념하는 날인만큼, 학회 탄생에 큰 공을 세우신 원년멤버들을 초청해 학회를 처음 세웠을 때의 초심을 듣는 시간이 비중 있게 마련되었습니다.

물론 이중언어학회를 세우는 데 결정적인 역할을 하신 우리 혜당 선생님도 당연히 30주년 기념식에 초청되셨습니다. 특유의 밝은 웃음, 반가움이 묻어나는 손길, 따뜻한 포옹 인사. 오랜만에 뵌 선생님은 언제나처럼 그대로셨습니다.

선생님이 단상에 오르셨습니다. 그리고 이중언어학회의 탄생과 초기 활동에 얽힌 비화들을 쏟아내셨습니다. 미국 유학 과정에서 이중언어 연구의 필요성을 느낀 이야기, 한국에 돌아와 우연히 동지를 만나게 된 이야기, 학회명을 이중언어학으로 정하게 된 이유에 대한 이야기, 어느 설렁탕 집에서의 조촐한 모임을 통해 학회를 결성한 이야기, 구소련 시대 모스크바에서의 학술대회를 어렵게 성사시킨 이야기, 중국과의 외교관계가 없던 시절에 중국에서의 국제학술대회를 성사시킨 이야기, 중국 비자를 받기 위해 홍콩까지 몸소 가셨던 이야기, 정부 담당자를 만나 열정적으로 학술대회의 필요성을 설득하셨다는 이야기, 학술대회를 거치면서 동포들의 상황을 생생하게 이해하게 되었다는 이야기……. 무엇보다도 학자들은 사회변화나 정부의 정책보다 한 발 먼저 문제를 발견하고, 문제를 제기하고, 시대를 앞서 준비해야 한다는 이야기, 선생님은 이중언어학을 개척하면서 간직한 수많은 이야기들을 학회원들에게 쏟아내듯 들려주셨습니다.

그 이야기를 들으면서 저는 새삼 절실히 깨달았습니다. 오늘날 한국어교육의 번영은 이중언어교육의 필요성을 선구적으로 제기하고, 척박한 상황에서도 사람들을 설득하면서 열정적으로 활동하셨던 혜당 선생님 같은 분이 계셨기 때문이라는 것을요. 저의 복은 제가 시대를 잘 타고났기 때문도 아니고, 더군다나 제가 능력이 있기 때문도 아닙니다. 혜당 선생님과 같이 미래를 내다보신 분들의 혜안과 열정이 일구어낸 기름진 땅이 있기 때문인 것이지요. 그리고 개인적으로 혜당선생님 문하에서 공부했던 것도 저의 행운임을 새삼 느꼈습니다.

그 날 이후 저는 한 가지를 다짐하게 되었습니다. 나도 다음 세대에게 복을 전해줄 수 있는 그런 사람이 되자, 현실에 파묻혀 코앞에 놓여 있는 일들에 일희일비하지 말고, 멀리 내다보며 새로운 미래를 준비하는 그런 사람이 되자고요.

사랑하는 아내 박영순 교수에게

최 창 근
(KAIST 명예교수)

우선 사랑하는 당신의 정년을 진심으로 축하합니다.

남들이 부러워하는 30여년의 교수생활을 무사히 마치고 건강한 가운데 정년을 맞이하는 것이 말처럼 결코 쉬운 일이 아니라는 것을 나 자신이 잘 알고 있으니까요. 그동안 참 수고 많았어요. 주로 집에서만 당신을 보게 되니까 언제나 나의 아내로서의 당신을 대해왔지만 실은 최고의 업적을 낸 훌륭한 교수로서의 당신을 늘 자랑스럽게 생각해왔답니다.

그러고 보니 당신한테 편지를 써본 지가 꽤 오래 된 것 같네요. 당신과 내가 한국과 미국으로 떨어져 있던 때였으니 30년 하고도 수년이 되는 것 같습니다. 무슨 말을 어떻게 해야 할지? 그저 두근거리는 초심(?)으로 돌아가는 듯합니다.

결혼 후 지난 42년간은 우리가 삶에 충실하는 사이 주마등같이 빨리 지나간 세월이었습니다. 우린 그런대로 서로에게 힘이 되어 잘 살아온 것 같지 않아요? 특히 나에게 당신은 절대적인 존재였고, 힘의 원천이었답니다. 당신 없인 못살아……. ♬♬ 우리 신혼과 유학생활의 긴 여정 동안, 그리고 세 아이를 낳아 기르고 대학 보내고 유학 보내고 결혼시키고 손주들을 볼 때까지의 길다면 길었던 그 인고의 세월동안 나는 집안일은 나 몰라라 하고 당신에게 모든 걸 맡기고 내 할 일만 했지요. 지금 생각하니 내가 너무 무심하고 에고이스트적이었다고 반성하면서 당신의 수고에 진심으로 감사하고 미안하게 생각합니다.

1969년 6월 내가 먼저 유학을 떠나고 당신은 어머니 병환 때문에 6개월 늦게 미국 왔을 때의 일을 당신 기억하고 있죠. 당신은 그때 내가 우리 원룸 아파트에 '환영! 마나님 미국 행차'라고 종이 현수막을 벽면 하나에 크게 달아놓았던 것이 감동이었다고 아이들 앞에서 얘기하곤 했는데, 난 마음으로는 매일 같이 그런 현수막을 걸고 산 답니다.

여보, 당신이 그동안 애쓴 걸 너무나 잘 알고 있어요. 잘 표현은 못해도, 그리고 아는 척 안 해도 내 마음은 당신이 더 잘 알잖아요. 3년간 뇌졸증에 걸리신 어머님 병구완도 당신한테만 맡겼고, 이사 다닐 때도 나 몰라라 했던 내가 아니오? 당신은 내 형제에게도 친형제 이상으로 잘 한 것 내가 왜 모르겠소? 구태여 변명을 해 보자면 당신이 모든 걸 알아서 잘 하니까 믿거라 했던 것 같습니다. 꼭두새벽에 일어나 아이들의 도시락을 6개씩이나 싼다 해도 그저 그러려니 생각했었으니까요. 당신이 얼마나 힘이 들지, 얼마나 잠이 부족할지 그때에는 미처 생각지 못했지요. 그래도 당신이 해주는 밥은 트집 한 번 없이 잘도 먹었고, 잠트집 안 해, 술주정도 안 해, 담배도 안 피워, 당신이 학회활동으로 바깥에서 아무리 시간을 많이 보내도 불평하지 않고 응원했으니 나도 모범생에다 조금이나마 내 방식대로 당신을 외조한 거 맞죠?

당신은 가정에서는 한결같이 좋은 며느리요, 아내요, 어머니였지요. 대외적으로는 훌륭한 교수님이시고. 그동안 많은 어려움을 겪으면서도 2남 1녀 잘 키워내어, 우리 큰 아들 최영철 박사는 30대에 두산 중공업 미국법인의 부사장이 되어 플로리다에서 활약하고 있고, 둘째는 국제 변호사로 캘리포니아에서 활약하고 있으며, 며느리들도 모두 똑똑하고 착하니 얼마나 다행한 일이오? 이 모두가 당신 덕분임을 잘 알고 있습니다. 어디 그뿐이요? 한 명의 손녀와 세 명의 손자가 무럭무럭 자라고 있으니 이게 행복이 아니고 무엇이겠소? 아들들이 미국에 있어 자주 못 보는 것이 당신의 불만이지만 그래도 우리 막내 예쁜 딸과 사위는 한국에 있어 조금 더 자주 만날 수 있고 그 애들 역시 잉꼬부부로 예쁘게 살아주고 있으니 얼마나 고마운 일이요?

그리고 대외적으로는 당신을 아는 사람이면 누구나 당신은 주부로서만 훌륭한 게 아니고 학자로도 교육자로도 훌륭하다고 믿고 있을 겁니다. 그건 당신이 제자들을 얼마나 사랑하는지, 또 제자들이 당신을 얼마나 존경하고 사랑하는지 알고 있기 때문이고, 당신이 내게 가끔 보여주는 당신의 그 많은 저서와 논문을 보며 짐작이 되기 때문입니다.

덕분에 난 마음 놓고 바깥일을 할 수가 있었지만 생각하면 고맙고 미안한 게 너무 많아요. 그래서 내 정년 기념연 때 내가 받은 훈장을 당신 몫이라 하고 목에 걸어주지 않았소? 정말로 매일이라도 당신 목에 훈장을 걸어주고 싶은 것이 나의 마음입니다. 그러니 혹시라도 나한테 섭섭한 일 있거나 속상한 일이 있을 땐 이 말 기억하고, 현수막 기억하고, 훈장 기억하면서 당신은 매일 행복했으면 좋겠습니다.

아, 그리고 내가 제1회 한국공학상 탔을 때 당신은 너무 좋아했죠? 그때 나는 상장을 받았고 당신은 대통령이 주신 금일봉을 받았죠. 이 생각하면 웃음이 절로 나고, 아이들 서울대학교 들어갔을 때, 온가족이 해외여행하며 즐거웠던 때, 아이들 결혼했을 때, 손주들 태어났을 때 등, 이런 좋은 때를 자주자주 떠올리면서 즐겁게 살아갑시다. 또 당신이 그토록 소중하게 여기는 제자들 박사되고 교수되고 했을 때의 기쁨도 생각해 봐요. 당신은 매일 웃지 않을 수 없을 겁니다.

일리노이 대학교 언어학과 어느 크리스마스 파티에서 사람들이 날 Mr. Park이라고 불렀던 일 기억해요? 이 해프닝이 생각났던지 1977년에 당신이 일리노이대학 박사학위증에 'Youngsoon Park Choi'라고 해서 받아 온 걸 보고 난 참 특별한 감회에 젖었답니다. 난 그걸 보는 순간 '그대가 날 평생 지아비로 삼겠다는 뜻이구나, 공부하느라 고생은 자기가 해놓고 영광은 최씨 가문에 돌리려 하는구나!' 하는 생각을 하며 혼자서 얼마나 흡족해 했는지 당신은 모를 거요. 결국 당신은 나의 기대를 저버리지 않고 이렇게 오래 오래, 아니 영원히 내 곁에 있어주어 참으로 고마워요.

여보,

그래도 세월이 흐르고 보니 우리 이만하면 행복한 노후를 맞이한 게 아닙니까? 나이가 들어가면서 우리가 나눈 이런 대화 기억나요? '우리 죽어서도 저 세상에서 다시 만나 결혼 하자.'고, 당신은 '그땐 현세와 반대로 내가 남편되고 당신이 아내가 되어야 공평하다.'고 제안했고, 나는 '현세에서 당신이 내게 한만큼 나도 당신에게 하겠다.'고 약속했지요. 세상에 아무리 유능한 교수라도 어리석은(?) 구석은 있나봐요. 내세에서는 모든 것이 반대라서 부엌일과 애기보기는 남편 차지이고 바깥일과 TV 보는 것은 아내차지라는 것을 당신은 미처 몰랐나 봐요. 약오른다고요? 어쨌든 합의는 합의니까 당신은 남편, 나는 아내가 되는 겁니다. 남편인 당신은 부엌에, 아내인 나는 소파에서 TV를…

이런 당신과 평생을 함께 산 나는 참으로 행운아라 하지 않을 수 없습니다. 그리고 남은 여생을 함께 더욱 행복하게 살아갑시다. 여보. 사랑해요. 아니 사랑보다도 좋은 단어가 있으면 좋겠습니다.

회장과 총무의 인연

최 호 철
(고려대 교수)

혜당 박영순 선생님의 정년을 기념하여 내는 문집에 낼 원고청탁을 받고 필자는 혜당 선생과 관련이 있고 재미있는 이야기가 될 수 있는 일로 무엇이 있을까 하고 생각해 보았습니다. 아무리 생각해 보아도 이러한 조건을 충족시킬 수 있는 일은 떠오르지 않았습니다. 국어 연구라는 한 울타리 안에서 30년 넘는 시간을 보내면서 재미있는 일이 그렇게도 없을까? 이리저리 생각해 보면 나도 모르게 미소가 떠오르는 일이 전혀 없는 것은 아닌 것 같은데 그것을 글로 옮기려니 마땅하지 않아 접고 또 접고 하다 보니 글쓰기는 이루어지지 않고 시간만 흘러가고 있었습니다.

고민하다가 드디어 결정을 내렸습니다. 비록 재미는 없다 하더라도 필자의 마음에서 지워지지 않은 일을 기록하는 것도 의미가 있다고 말입니다. 그 중에서 잊을 수 없는 커다란 사변(?) 두 가지를 말씀 드리고자 합니다. 이 두 가지 사변은 모두 혜당 선생이 학회 회장을 맡으시고, 필자가 그 학회 총무를 맡을 때의 일입니다. 하나는 한국어 의미학회 창립과 관련이 있는 것이고, 또 하나는 한국어학회 제1회 국제학술대회와 관련이 있는 것입니다. 두 번에 걸친 회장과 총무의 특별한 인연입니다.

1997년 2월 21일 오후 5시에 국어의미론학회(가칭) 창립총회가 있었으니 이에 대한 준비는 그 이전에 이루어졌습니다. 혜당 선생이 저에게 전화로 말씀하시기를 "최 선생의 전공이 국어 의미론인데 그 전공을 위한 학회가 없어서야 말이 되느냐. 형식과 내용으로 이루어지는 언어에서 의미가 차지하는 비중이 절반을 담당해야 하지 않느냐. 내가 최 선생과 같은 의미론 전공자를 위한 학회 창설을 생각하고 있는데 최 선생의 생각은 어떠한가." 등이었습니다. 필자가 직접 나서서 하지 못할 일을 혜당 선생이 직접 나서서 일을 꾸리시겠다고 하니 필자로서는 감동의 마음으로 그저 고마울 따름이었습니다.

그리하여 혜당 선생이 학회 창립 준비 위원장이 되고 필자는 바로 그 일에 참여하게 되었습니다. 당시의 정황을 알 수 있는 기록이 「한국어 의미학」 창간호에 실려 있어 지금이라도 누구나 확인할 수 있지만, 2011년에 한국어 의미학회 회장을 맡게 된 필자로서는 그때의 감동과 열정을 잊지 못해 새삼스레 창립 취지문을 다시 싣습니다.

'국어의미론학회'(가칭) 창립 취지문

국어학 연구가 시작된 지도 1세기가 지났습니다. 그 동안 국어학은 양적으로나 질적으로 괄목할 만한 성장을 하였습니다. 학자도 많이 배출되었고, 관련 학회도 여러 개가 탄생하였습니다. 이에 힘입어 국어 의미론 연구도 상당히 발전하고 축적되었습니다. 그럼에도 불구하고 국어 의미론 연구가 만족할 만한 수준에 와 있다고 하기는 어렵습니다.

첫째로, 다른 국어학 분야와 마찬가지로 국어 의미론도 외국 이론이나 일반적인 의미론에 너무 의지해 오지 않았나 합니다. 각 언어의 형식과 내용에는 분명히 언어 보편성이 있고, 이 보편성에 입각한 많은 연구가 필요합니다. 그러나 한 언어의 의미 체계는 언어 보편성보다 언어 개별성이 더 많이 나타나므로 우리 국어 자체의 의미 체계에 대한 우리 스스로의 더 깊은 천착이 있어야 하지 않을까 합니다.

둘째로, 국어 의미론 분야의 연구자 수에 비하여 논문 발표를 위한 시간과 공간이 충분하지 않다고 봅니다. 즉 국어학 관련 학회에서도 의미론은 주변에 머물러 있고, 또 관련 학술지의 지면도 너무나 제한되어 있기 때문입니다.

셋째로, 아직까지 의미론 학자들만의 진지한 토론의 장이 마련되어 있지 않기 때문에 의미론 연구의 종합이나 체계화 등 의미론 연구 환경이 잘 조성되어 있지 않은 실정이라는 점입니다. 이러한 상황은 곧 의미론이 더 크게 발전할 수 있는 여지를 위축시키는 것이 될 수도 있을 것입니다.

언어의 형식과 내용 중 내용에 관한 연구가 의미론인 이상, 의미론은 국어학 연구의 절반을 담당해야 하지 않을까 합니다. 그러나 현실적으로는 몇 분의 일의 비중밖에 담당하지 못하고 있습니다. 주지하는 바와 같이 의미론 자체만 해도 그 영역이 너무나 방대하고 방법 또한 너무나 다양한데, 지금과 같이 언어학의 일부로서만 계속 머물러 있다면 그만큼 발전 속도가 더디게 되지 않을까 염려됩니다.

따라서 몇몇 교수들이 모여 국어 의미론 연구 업적을 종합하고 체계화하며 의미론 연구를 극대화하기 위하여 의미론 전문 학회지 발간 등 의미론을 전담하는 학회의 설립이 필요하다는 데 뜻을 모으게 되었습니다. 언어학이나 국어학 전반에 관한 학회에 적극적으로 참여하면서도 국어 의미론만을 위한 연구 공간과 시간을 따로 확보함으로써 의미론 연구자들의 학문적 역량을 제고하고, 의미론 연구의 폭과 깊이를 확대하여 궁극적으로 국어 의미 연구의 질과 양을 높이며, 한국어와 한국어학의 국제화에 이바지하고자 하는 데에 본 학회 창립의 취지가 있고 목표가 있습니다.

뜻을 같이 하는 많은 동료 학자들의 참여와 아낌 없는 성원이 있기를 바라는 바입니다.

1997년 2월 21일
'국어 의미론 학회'(가칭) 창립 준비 위원회
위원장 박영순

2002년 8월 1~3일 사이에 서울대학교 호암회관에서 한국어학회 제1회 국제학술대회가 개최되었습니다. 학술대회의 주제는 '한국어학의 오늘과 내일'이며, 발표자는 전체 80여명이었는데 그 중에서 초청한 외국 학자는 10여명이나 되었고 자비로 와서 발표한 외국인도 꽤 있었습니다. 국제학술대회를 기획하려고 할 때 필자는 혜당 선생께 "회장님, 일 벌리지 맙시다." 이렇게 말씀 드렸더니, 혜당 선생은 이렇게 답하셨습니다. "그래, 알았어요. 국제학술대회 기획 및 운영 위원회를 별도로 조직할 터이니 최 선생은 통상적인 학회 총무 일만 하세요." 그 뒤로 필자는 학술대회 개최 지원을 요청하기 위해 해당 기관을 방문할 때 동행한 정도의 일을 거들었을 뿐입니다.

학술대회를 기획하고 준비하는 과정에서 외국의 발표자 섭외는 혜당 선생이 국제적인 지명도가 있는 외국 학자들에게 일일이 서신을 보내셨는데, 그 진척 속도는 운영진이 따라가기 힘들 정도였습니다. 이와 같은 혜당 선생의 실천적 행동으로 세계적인 학자들의 발표 응낙을 받을 수 있었습니다. 그 준비 모임은 주로 혜당 선생의 연구실에서 갖게 되었는데, 당시의 연구실은 고려대 중앙 도서관 4층이고 승강기도 없어서 계단을 걸어 올라다녀야 했습니다. 혜당 선생은 그러한 환경을 긍정적으로 생각하시면서 그것은 오히려 건강 유지에 더 좋다고 말씀하신 기억이 납니다.

돌이켜 보건대 한국어 의미학회 창립이 성공적으로 이루어지고, 한국어학회 제1회 국제학술대회가 성대하게 이루어지는 것을 지켜보면서 필자의 마음에 새겨진 혜당의 모습은 아래와 같습니다. 건강하시기 바랍니다.

혜안 당참 박력 영웅 순수

혜당 박영순 교수님의 정년에 즈음하여

태 평 무
(중국중앙민족대학 교수)

박영순 교수님 안녕하십니까?우선 교수님의 정년에 즈음하여 문집 『꿈과 사랑이 있는 풍경』의 출간됨을 축하합니다. 이것이 다 선생님의 인품과 덕성에 대한 사회적인 평가이며 학술과 교수에서 이룩한 성과에 대한 긍정이며 탁월한 사회활동에 대한 인정이 아니겠습니까? 멀리 중국 북경에 있는 태평무는 선생님과의 뜻 깊은 인연을 잊을 수 없으며 선생님의 살뜰한 사랑과 도움에 늘 누님과 같은 친절함을 느끼게 됩니다. 선생님께서는 평생을 학문 연구와 후대들 양성에 그리고 우리민족의 학문 발전과 문화의 창달에 모든 정력과 노력을 아끼시지 않았으며 보람찬 인생의 여정을 풍만한 성과로 단장하고 여성활동가로서의 재능을 남김없이 발휘하였습니다.

제가 선생님을 처음 알게 된 것은 아마 지난 세기 90년대 초라 짐작됩니다. 선생님께서는 우리학문연구와 특히 2중언어학회의 보다 큰 성과와 발전을 위하여 그때 까지도 중한관계에는 아직 찬서리와 쌀쌀한 기운이 가셔지지 않은 시기에 여성의 몸으로 중국 동북 삼성의 찬서리를 무릅쓰고 중한 관계의 어려운 여정을 헤치시며 수고할 때였습니다. 그때로부터 지금까지 장장 20년 동안 저는 선생님의 관심과 도움을 받아오며 돈독한 관계를 쌓아오게 되었고 해외에서의 우리말 연구에 더욱 몰두하게 되었습니다. 지나온 뜻깊은 나날들을 회상해 보느라면 정말 감개무량합니다.

1. 고매한 덕성의 소유자, 참된 인간으로서의 박영순 교수님을 기리며

교수님께서는 우선 인간으로서의 고매한 덕성과 정직하고 소박한 지식인의 품성을 간직한 훌륭한 분이십니다. 20년 간의 오랜 세월 동안 수십번 만나는 가운데 저는 선생님을 인간적으로 많이 알게 되었고 학문적으로 많이 배우게 되었으며 생활적으로 많은 도움을 받았고 또한 사업에 대한 과감한 개척정신에 탄복하기도 하였습니다.

특히 한국어에 대한 세계화의 구상과 방략을 경청할 때마다 우리민족의 세계화를 꿈꾸시는 선생님의 정신적 힘과 노력에 감복하게 되었으며 그러한 바쁜 와중에도 그토록 많은 연구성과물을 내놓으시고 학회사업에 몰두하시고 학문 연구와 보급에 헌신하시는 선생님을 우러르게 되었습니다. 저는 선생님께서 부송한 귀중한 성과물들을 받을 때마다, 그리고 학회논문자료집을 접할 때마다 그 감격의 마음 금치 못하고 있으며 그러한 관심과 혜택이 끊임없이 계속되기를 바라고 있습니다. 이로하여 저도 항상 학문 연구에 몰두하게 되고 자기를 채찍질 하게 되며 우리민족어의 교육과 연구발전에 힘을 더할 것을 다짐하게 됩니다.

교수님께서는 다음으로 학문발전에 대한 명석한 판단과 뛰어난 조직력과 강한 추진력으로 한국에서의 이중언어학회, 민족어문학회, 국어의미학회, 사회언어학회, 한국어 학회의 회장 등을 역임하시면서 여러 차례의 국제학술대회를 주관하셨고,언어학, 언어교육학 분야 및 국내외의 국제학술대회에서 수 십 회의 기조 강연을 하시어 후학 들을 고무하고 학문의 이치를 깨우쳐주셨습니다. 특히 이들 중 1990년 <중국에서의 한국어교육>이라는 주제로 중국 상해와 연변에서 개최한 국제학술대회는 한중 수교 전에 한중 학자들이 공동으로 개최함으로써 한중 학술교류의 첫 물코를 열어 놓았으며, 1991년의 <소련에서의 한국어학과 한국어교육학>이라는 주제로 모스크바에서 개최 한 국제학술대회는 소련이 붕괴되기 직전에 소련 연방국가 전체의 한국학을 아우른 기념비적 의의가 있는 활동으로 평가받고 있습니다. 선생님께서는 특히 한국어의 세계화를 추진시키기 위하여 재단 이사장 직을 맡아오시면서 모든 정력을 이 성스러운 사업에 몰부었고 지어 신체도 돌보시지 않으시고 입원치료를 받으면서도 이사장 사업을 책임성 있게 하시어 보다 큰 실적을 올리시었습니다. 또한 선생님께서 가장 바쁘시고 건강상태가 좋지 않았던 시기가 바로 저가 고대에 방문학자로 가 있은 시기어서 더더욱 많은 심려와 불편을 끼쳐드린 때이기도 하였습니다. 지난 8달 동안의 체한 펠로로 있은 기간 선생님께서는 주일마다 저를 청하시고 생활적으로 관심해주시고 학회에 알선하여 주셔서 저로서는 진짜 인간적으로 많이 배웠고 학문 적으로 많이 터득하였으며 생활적으로도 많은 도움을 받아 평생을 두고 잊을 수 없습니다. 진정 저의 누님교수로 모시고 있습니다. 선생님의 열성에 넘치는 밝으신 웃음, 쉬임을 모르는 부지런한 사업태도, 해박한 학문적 예지와 후배에 대한 뜨거운 사랑 등은 저의 인간수업에 늘 지침이 되고 있으며 저의 연구사업의 추진력으로 되고 있습니다.

3. 우리 학문연구에 평생을 경주하신 학자로서의 박영순 교수님을 기리며

선생님께서는 다음으로 학문에 대한 집착과 학구적 태도로 수십차례 해외 한국학의 고찰과 연구에 평생의 노력을 경주한 분이시기도 합니다. 선생님께서는 일찍부터 이중언어학회 사업을 주관하시며 다언어다문화 교육이론을 한국에 소개하여 한국어의 국제화와 재외동포들의 한국어-현지어 이중언어 교육에 이론적 토대를 쌓았으며, 외국대학의 한국어학과 설립 등 한국어의 세계화에 커다란 기여를 하셨습니다. 특히 한국어세계화재단 이사장을 맡아하시면서 우리말의 연구발전과 세계화를 위해 모든 노력을 아끼시지 않았습니다. 국내국어교육 분야에서도 교육과정 심위위원, 국어교과서 집필위원, 국어 교과서 심의위원 등을 역임하셨으며, 편저 3권을 비롯하여 총 30권의 독창적인 국어학 저서를 출간하셨고, 이중 다섯 권은 학술원과 문화관광부 우수학술도서로 선정되었으며 180여편의 논문을 발표하시어 국어학 분야에 많은 기여를 하였습니다.

4. 후대양성에 평생을 바치신 스승으로서의 박영순 교수님을 기리며

박영순선생님은 다음으로 후대양성에 모든 정력을 몰부었습니다. 1981년 3월부터 고려대학교 사범대학 국어교육과 교수로 부임하여 장장 27년 동안 수많은 학부생을 양성하여, 학자로, 교수로, 언론인으로, 문필가로, 회사원으로 진출시켰으며, 수많은 제자를 배출하셨습니다. 선생님께서는 고대 재직시 고려대학교의 국제화에도 일정한 역할을 하셨으며 해외에 많은 동문과 후학들을 두게 되었습니다.

박영순 교수님의 정년에 즈음하여 다시 한번 축하의 인사를 보내며 건강상황이 그리 좋지 않은 형편에서 건강을 많이 챙기시고 "오래오래 복많이 받으시며 앉으시길" 기원합니다. '앉으시길'은 중국식 표현입니다.

할말은 많으나 이상과 같이 간단히 줄이면서 박영순 교수님과 같은 훌륭한 분을 알게 되어 기쁘고 누님과 같은 살뜰한 사랑을 받아 고마우며 학문적으로 많은 깨우침을 받아 감사합니다. 늘 선생님의 건강한 모습을 기리며 하시는 일이 여의키를 기원합니다. 서투른 글을 감히 내놓으니 많은 양해를 바랍니다.

천(千)의 모습을 가진 한결같은 소녀

홍 종 선
(고려대 교수)

혜당 선생님은 나에게 늘 모순이다. 늘 곱다라한 소녀 그 하나의 모습인데, 하시는 일은 천의 모습을 보이신다. 처음 몇 번은 당황했다. 그저 소꿉장난할 때 파트너— 무엄함을 용서해 주시겠지요?—를 하고 싶은 다소곳한 소녀로만 생각되는데, 교내외에서 무엇무엇을 하신다, 책을 몇 권씩 내신다 등등을 보고 들으면 그것이 금방 나에겐 다가오지 않았다. 천 가지 만 가지 일들을 멋지게 해 나가시는 모습은 영락없는 여장부이시다. 넘치는 에너지? 용감무쌍? 그러나 이런 단어가 별로 어울리지 않을 소녀 같았다, 적어도 처음엔 나에게.

선생님을 처음 뵌 지도 벌써 30년이 지났으니 선생님이나 필자나 그동안 많이 변했고 늙어(?) 왔으리라. 그러나 선생님은 거의 그대로이고 나만 늙은 듯하다. 물론 선생님도 얼굴과 손등에 잔주름이야 생겼겠지만, 선생님의 모습은 늘 한결같이 소녀와 같다. 지금도 선생님을 면전에서 뵈면 밖에서 어떠한 큰 일들을 하고 계신 분이라는 느낌이 전혀 없다. 그냥 우리 선생님일 뿐이다.

선생님을 처음 뵌 것은 필자가 대학원 박사과정 때의 수업 시간에서다. 선생님께서 고려대 국어교육과에 교수로 부임하시고 한 학기가 지났을 때일 것이다. 벌써 30년이 지나다 보니, 모든 학생들이 그렇듯이 그 때 배운 것은 잘 기억나지 않고, 수업이 끝나고 종강 모임 때의 한 장면만이 또렷이 남아있다. 같이 수업을 들은 학생 중에 말솜씨가 좋고 행동이 재미있는 김상돈(현재 부산외대 교수)이 있었는데, 이 친구가 종강 모임에서 선생님의 손을 덥썩 잡고는 "선생님, 야단은 평소에 치시고 학점은 잘 주시는 거죠?"라고 능청을 떨었다. 아, 선생님의 손을 잡다니, 아 어찌나 황공하면서도 부럽던지.

그로부터 10여 년이 지나서야 나는 처음으로 선생님의 손을 잡을 수 있었다. 아, 감격이다. 선생님의 따뜻한 마음을 담은 그 손은 그만큼 따스하게 감싸주는 큰누님의 마음이었다. 김상돈 이 나쁜 놈, 이렇게 따스한 손을 혼자 그토록 일찌감치 잡았다니. 그러나 비교적 가까이 선생님 곁에 있으면서 나는 가끔씩 선생님께서 잡아주시는 손에 나의 손을 아니 나의 마음을 맡길 행운이 있었고, 그 때마다 늘 손과 마음 모두가 포근한 행복을 느낄 수 있었다.

나 역시 이제 회갑을 넘기며 남들을 이토록 따스하게 감싸줄 수 있는 노년을 가졌으면 한다. 그것은 그냥 되는 게 아닐 것이다. 우선 자신을 비우고 남을 배려하는 삶에서 비롯되며, 스스로 수많은 어려운 일들을 열성적으로 해 오면서 깊고 넓어진 삶의 질량이 뒷받침될 때 그 베품이 더욱 안온하고 풍성해질 것이다. 이러한 삶의 궤적을 우리 선생님은 보이셨고, 그것을 가까이 지켜본 우리들은 그만큼 행복했다.

참 많이 하셨다. 무척이나 열심히 하셨다. 이젠 좀 여유있게 인생을 달리 즐기셨으면 하는데, 우리 선생님은 공부하고 일하는 것이 즐기는 거라신다. 그런 점에선 딱하시다. 세상엔 그것 말고 더 짜릿한 환희가 얼마나 많은데… 그러나 선생님은 이제까지 그래 왔듯이 그렇게 공부와 일에만 취해서 앞으로도 사실 것이다, 인생에서 진정 커다란 행복과 보람은 그런 것이라는 듯이.

그런데 선생님이 학교를 떠나신 후 그 빈 자리를 크게 느끼며 우리는 조금씩 알게 되었다. 나보다도 남에게 도움이 되고, 내가 속한 사회 그리고 후대에까지 의미가 있는 그런 일을 하는 것이 오히려 그 무엇보다도 나에게도 커다란 행복이며 삶의 가치라는 것을, 그리고 선생님의 그러한 배려가 우리 주변을 얼마나 따뜻하게 해 주었는지를. 그것이 바로, 천의 모습으로 활동하시면서도 한결같이 소녀이신 비결이었던 것이다. 이제 우리는 진정한 삶이 어떤 것이며 최고의 환희가 어디에 있는지를 선생님을 통해서 비로소 알게 된다. 그것이 우리 박영순 선생님을 통해서 얻는, 가장 커다란 축복이다.

언제나 청춘~

홍 혜 련
(태국 나래수안대학교 한국어과 교수)

따르릉~

"선생님~ '손 좀 잡아주세요'를 한국어로 뭐라고 말해요?" 이제 입학한지 두 주도 안 된 한국어과의 신입생 세 명이 마침 방콕에서 열리는 '동방신기 콘서트'에 가는 길에 전화로 물어왔다. 아직은 솜털이 보송보송한, 덩치도 자그마한 여학생들인지라 염려되면서도 기분 좋은 마음으로 알려주었다. 바로 그 다음날 아침 8시에 있는 한국어 1 수업에 혹시 올 수 있을까 염려했는데 아니나 다를까 얼굴이 한참 상기된 모습으로 제일 앞에 앉아 있다.

"그래, 손 잡았어?"
"네~!!!"

재중오빠가 직접 손을 잡아 주었는데 하늘을 날고 온 듯한 기분이란

다. 물론 반 친구들이 그 학생의 손을 모두 잡아본 것은 당연한 일이다.

1997년 5월 15일 방콕 돈무앙 공항에 국제협력단의 한국어를 교육하는 해외봉사단원으로 첫 발을 내딛었다. 후끈 달아오르는 열기를 주체하지 못하여 에어콘 바람만 찾아다니며 태국어 공부를 시작했고 3주간의 태국어 현지 교육이 끝나자 각자 자신에게 배치된 대학 -대부분이 국립대학이다- 에서 한국어 강의를 시작했다. 한국 사람들의 영어 발음과 태국 사람들의 영어 발음이 전혀 달라서 영어로 시작했던 강의가 태국어로 바뀌어 강의하게 되었고 더불어 강의 준비는 한국어를 교육하는 태국어 공부까지 겸하게 되어 매일 강의 준비로 정신이 없었다. 하지만 아직 한류 바람이 불기 전임에도 불구하고 한국어를 배우겠다는 학생 수가 늘어나고 교양과정으로 한 클라스에 5, 60명씩 네 개반을 개설하게 되면서 태국 학생들에게 한국어를 강의하는 것이 신나기 시작했다.

개강 초에 한국 소개 겸 한국 영화 '쉬리'를 보여주며 남북한의 실정을 설명해 주고 '아리랑'을 들려주며 한국 사람의 정서를 알려줄 때의 감격이란 이루 말할 수 없다. 이렇게 2년이 지나고 귀국하였는데 IMF로 국제협력단의 단원 파견이 이루어지지 않아 한국어 강사가 없는데도 불구하고, 수강하려는 학생들의 요구가 줄어들지않자 학교 측에서는 아예 한국어를 전공하려는 계획을 세우고 한국에 있는 나에게 강의를 요청해왔다. 지나간 2년 동안의 시간은 나에게도 나래수안대학과 학생들을 그립게 했고 강사 부재로 한국어 교육이 이어지지 않고 있다는 사실은 하루 빨리 다시 가서 학생들을 가르쳐야 하겠다는 생각이 들게 했다. 그래서 다시 시작된 태국에서의 생활.

그리고 전공과목을 개설하기 위한 작업을 시작하였다. 교과 과정과 그 과목들에 담긴 목표 달성 등을 하다보니 생소한 과목들이 많았고 과연 그 과목들을 어떻게 강의할 수 있을지 부족함을 느끼기 시작하였다. 그리하여 한국과 같지 않은 방학기간을 이용하여 - 2학기 후의 방학기간이 3월부터 5월말까지 3개월이다. - 한국에 날아가서 나름대로의 공부에 임하기 시작했다. 사막에서의 갈증 해소라고나 할까…. 대학원 강의만으로 부족하여 학부 수업과 교육대학원 수업까지 찾아다니며 수강하기 시작했고 이제야 한국어를 조금은 제대로 바라볼 수 있게 되었다.

사실 한국어 교육이라고 해야 아직 이렇다할 만한 책자나 논문이 많이 나와있지 않은 터라 외국에서 배우고 가르치는 '외국어로서의 한국어 교육'에는 한계가 있었다. 그 와중에 눈에 뜨인 책이 월인에서 출판한 박영순 교수님의 「외국어로서의 한국어교육론」이다. 어쩌면 내 마음을 속속들이 아시는지…. 제법 두껍고 큰 책이었지만 손에서 놓을 수가 없었다.

사모하면 뵙게 되는 건지 드디어 뵈올 날이 왔다. 태국에서도 노동자 대상의 한국어 능력 시험을 한국어세계화재단에서 주관하게 되어 당시 재단의 이사장님으로 계시던 박영순 교수님께서 오신 것이다. 함자로 보아 여성일 확률이 많을텐데도 불구하고 왠지 남자 교수님이 아닐까 하는 생각을 했었는데 너무도 고우신 모습이셨다. 태국 노동청 고위 관계자들과의 면담, 감독장에서의 모습…. 고우신 모습에 반하여 당차게 소신대로 밀고 나가시는 모습은 인상적이었다.

그리고 먼 곳에서 한국어 교육을 한다고 격려해 주시며 한국에 오면 꼭 찾아오라고 말씀해 주셨다. 사실 인삿말로 하셨을 수도 있었는데 다시 한 번 더 뵙고 싶은 생각에 정말 교수님의 연구실로 찾아갔다. 그런데 이름까지 기억해 주시며 반겨주셨다. 특별 요리까지 주문해 주시며 따뜻하게 대해주심은 자상하신 어머니 모습까지 연상하게 했다. 그리고는 그 귀한 책들을 손수 사인까지 해주시며 챙겨 주시기 시작했다. 「외국어로서의 한국어 교육론」, 「현대 한국어 통사론」, 「한국어 문법 교육론」, 「한국어 문장의미론」, 「한국어 은유 연구」, 「한국어 의미론」, 「21세기 한국어교육의 현황과 과제」, 「한국어 교육을 위한 한국문화론」 … 귀한 책들을 선생님 친필 사인과 함께 얻었으니 그 기쁨을 어디에 비교할 수 있을꼬.

이제는 그동안의 연구만으로도 충분하다고 하실 것도 같은데 연구실에 들어서며 뵌 첫 모습은 컴퓨터에 파묻혀 열심히 연구하시고 있는 모습이셨다. 들려주시는 말씀도 앞으로의 연구 계획이었는데 나름대로 열심히 한국어 교육을 하고 있다고 자부하던 내 모습이 얼마나 부끄러웠는지 모른다. 벌써 정년을 맞으신다는데 아직도 여려 보이는 소녀의 모습으로, 불같은 정열로 연구에 임하시는 모습은 청춘 못지 않으신다.

이제 태국에 온지 11년, 이곳 나래수안대학교에서 한국어를 가르친지 벌써 십 년이 넘어간다고 나태해지고 있었는데 선생님의 활기찬 모습에 도전을 받는다. 나이가 무슨 상관이람, 현재 어떤 생각을 하느냐, 어떤 일을 하느냐가 중요하지…. '청춘'의 사전적 의미인 '한창 때'는 나 스스로 만들 수 있겠다는 생각이 든다. 선생님처럼…. 이제부터는 나도 언제나 청춘인 모습으로 살아보련다.

가을 나무

황 재 웅
(문학박사 · 보성여고 교사)

올 가을은 유난히 단풍이 아름답다. 가을 나무는 봄에 싹틔운 연초록 잎들을 여름 내내 키우고 가꾸었다가 이제 막 떠나보낼 채비를 한다. 이곳 서울의 남산 기슭에서는 철마다 펼쳐지는 나무들의 향연을 볼 수 있거니와, 이맘때의 가을 산은 손짓하며 부르는 듯하여, 약간의 여유로운 마음만 있다면 다가가고 싶은 마음이 절로 나게 한다. 남산도서관에서 해방촌 지날 무렵까지에는 길가의 가로수들도 단풍의 물결을 이루고 있다. 이 길은 버스를 타고 달릴 때도 운치가 있지만 천천히 산책하며 걷기에 마침 좋다.

90년대 초반 나는 당시 83번 시내버스를 타고 이 길을 접어들어 해방촌에 있는 한 여자고등학교에 국어 교사로 들어가게 되었다. 집과 학교가 남산도서관을 끼고 한 구역 내에 있기에 나는 이 길을 산책으로, 운동으로, 도서관 볼 일로 많이 걷는 편이다. 이렇게 단풍이 아름다운 날은 일부러 시간을 내어서라도 걸어 보고 싶은 곳이다.

자연의 어떠함을 보며 숱한 시인묵객들이 인생을 느끼고 새삼 깨닫기도 했지만, 나 또한 이런 시간에 지나온 날들과 그리운 사람들을 생각한다. 가끔은 계절의 바뀜에 따라 변하는 산과 나무들을 보며 삶의 의미와 가치를 느껴보기도 한다. 나는 또 요즘 생각해 본다. 그간 내가 가르친 청소년들은 지금 어디에서 무엇을 하고 있는지, 나는 그때 그들에게 어떤 의미로 다가갔는지, 내게도 고만고만한 자녀들을 두고 있는 지금은 과연 부모와 같은 마음으로 그들을 보살피고 있는지….

오늘은 우리 학교의 두 분 선생님이 이 가을의 단풍나무 밑을 거닐고 싶었는지, 운동화를 갈아 신고 남산도서관 쪽으로 향한다. 아이들을 가까이서 멀리서 챙기기를 즐겨하는 분들이어서 평소 존경하고 좋아하는 선생님들이다. 한 분은 따뜻한 미소가 일품이어서 아이들에게 "스마일 샘"이라고 불리는 지리 선생님이다. 또 한 분은 다닐 때는 힘들어하지만 졸업하고 나서는 가장 많이 찾는 일명 "개장수-특유의 목소리 때문-수학 샘"이다. 어울리지 않을 것 같으면서도 무심코 같이 산책길에 나선 두 분. '풋' 하고 즐거운 웃음이 새어 나온 것은, 의외로 같이 걷기에 무척이나 잘 어울린다는 살짝 건방진 생각이 들었기 때문이다. 나는 학교로 들어가면서 두 분 선생님의 행보를 가만히 상상해 본다.

나뭇잎이 가랑비로 내리는 가을날
우리 학교 수학 선생님과 지리 선생님
그 비를 맞으며 나무들 사이로 거닌다.

사랑은 껴안고 있다 떠나보내는 것
애틋했던 마음마저 함께 담아 보내는 것
바람이 실어가는 나뭇잎을 보면서야 깨닫게 된다.

잎의 갈증을 위해 온 여름 차오르던
속 깊은 나무의 보람도
이 세상 어디에 얼마만큼의 실한 나무들이 있어
어디로들 그렇게 떠나보내는지도
십 수 년 아이들을 가르치고도
그이들은 알지 못한다.

바람이 수수히 불어오고 나뭇잎도 날린다.

그리고 그이들은 알지 못한다.
이 나무 밑을 거닐어 오는 동안 그이들 자신
한 그루의 나무로 여기 서 있다는
그 사실을 알지 못한다.

—'가을 나무' 전문

나도 저 나무들처럼 저 분들처럼, 푸르렀다가 끌어안았다가 기꺼이 풋풋한 향내를 담아 떠나고 떠나보낼 수 있을까?

또 나는 생각한다. 유년 시절부터 지금까지 나를 가르쳤던 선생님들을 가을 나무를 보며 떠올린다. 내가 가진 것보다 내 눈을 마주보고 얘기해 주시던 초등학교 1, 2학년 때의 선생님, 내가 약할 때 "뭐 그것 가지고 그래. 넌 할 수 있어!"라고 말해 주시던 중학교 3학년 때의 담임선생님, 내가 힘들어 할 때 "녀석 힘들지?" 하고 물어 봐 주셨던 고1 때의 담임선생님, 내가 잘못했을 때 속상해하며 호되게 야단치셨던 중3 때의 어느 교과목 선생님. 그분들이 한 그루의 실한 나무처럼 소중하게 스쳐간다.

나는 또 한 그루의 커다란 가을 나무 밑을 지나간다. 몇몇의 노오란 잎이 창공에 수를 놓는다. 집에 아이들이 초등학교에 들어갈 무렵, 나는 고려대학교 대학원에 입학하여 지금까지 또 한 번의 긴 공부를 하고 있다. 아이들 가르치며 가장 노릇하며 짬을 내 공부할 때, 모자란 점이 많았지만 용기를 북돋아 주고 세세하게 가르쳐 주시는 나의 지도교수님이신 혜당 박영순 선생님을 떠올린다. 박 선생님은 내게 한 그루의 큰 나무이다. 훗날 나도 아이들에게 넉넉한 한 그루의 나무로 설 수 있다면, 이 아름다운 아름드리 가을 나무 밑에서 보고 깨우치고 사랑받은 덕이라고 생각할 것이다.

혜당이 걸어온 길

어린시절

나는 1942년 10월 27일 중국 장춘시 大街 27번지에서 아버지 朴潤字夏字와 어머니 南淑字在字의 1남 2녀 중 막내로 태어났다. 시조이신 박혁거세왕으로부터는 64세손이고 中始祖 밀성대군(밀양박씨의 시조)의 34세손이요, 派祖인 이조판서 忠簡公의 20세손이다.

나의 아버지는 1912년생으로 일제강점기가 막 시작되었을 때 태어나시고 20대가 되셨을 때는 경북 예천에서 청년 동지들을 규합하여 조직적인 항일 운동을 모의하던 중 발각되어 일본 경찰과 친일파 한국경찰들의 계속된 감시를 받게 되자 할아버지는 나라보다도 소중한 아드님의 안전이 훨씬 더 중요하셔서 아버지께 항일 모임에서 탈퇴할 것을 강력히 종용하셨다고 한다. 지극히 효자셨던 아버지는 할아버지의 강력한 뜻을 저버릴 수도 없고, 그렇다고 나라를 잃은 청년이 방안에만 조용히 앉아 있을 수도 없으니 결국 생각해 내신 것이 만주행이었던 것이다. 그리하여 정착한 곳이 바로 만주국 신경특별시(지금의 장춘)였다. 아버지는 중국 경찰간부시험에 합격하여 장춘에서 경찰관으로 근무하셨는데, 거기서 오빠를 낳고, 1년 7개월 뒤에 다시 나를 낳으셨으니 나의 출생지가 만주국 신경특별시가 된 것이다.

내가 네 살 때 광복이 되어 우리가족은 귀국하였는데, 나의 어머니가 시름시름 앓으시다가 귀국한 지 7개월만에 돌아가셨다. 나는 다섯 살에 어머니를 잃어 모든 사람들의 걱정과 사랑의 대상이 되었다. 아버지께서는 나중에 도산서원 원장, 병산서원 원장, 신라 왕릉 참봉을 맡으셨다. 친가, 처가, 외가 3족이 모두 양반이고, 학덕이 있는 사람이어야 하는 조건에 부합했기 때문이다. 하여튼 난 이러한 집안의 배경 탓으로 어릴 때부터 삼강오륜에 입각한 철저한 유교적인 가정교육을 받고 자랐다.

생모가 그렇게 가시고 그 후 1년후 쯤 새어머니가 오셨다.

나는 1948년 4월에 예천초등학교 입학을 했다. 우리 반에는 나보다 다섯 살이나 많은 친구들도 있었고, 두세 살 위는 더 많았다. 내가 3학년 때 그러니까 1950년 6월 25일 우리 민족 최대 비극인 6·25사변이 터졌다. 당시 아버지는 대한반공청년당 예천 군단장을 맡고 계신 터여서 피난을 가시지 않으면 안 되었는데 모든 가족이 한꺼번에 움직이기가 어려우니까 할아버지, 아버지, 어머니, 오빠 이렇게 4명만 우선 피난을 가고 나중에 상황 봐서 데리러 오신다고 하며 나와 언니는 집에 남게 되었다. 우리 자매를 돌보아주기 위해 친척 한 가족이 우리집에 들어와 함께 살았다.

그런데 우리집은 남하한 인민군의 본부가 되어 버렸다. 사랑채는 인민군 본부였고, 안채는 여성동맹 본부가 되었다. 그리하여 나와 언니는 아랫채에 머무는 신세가 되었다. 당시 언니는 열 네 살이고 나는 아홉 살이었는데, 그래도 누구의 해침도 받지 않고 그 긴 전쟁동안 무사히 집에 있을 수 있었으니 천행인가 싶다.

얼마나 시간이 흘렀을까. 어느 날엔가 우리집에 진을 쳤던 인민군과 여성동맹원들이 모두 거짓말처럼 떠나가고 우리는 다시 안방에서 잘 수 있게 되었다.

얼마 안 있어 피난 갔던 우리가족이 모두 무사히 돌아오고, 비로소 안정이 되고 다시 학교에도 나가게 되었다. 그런데 학교가 모두 불타서 가마니를 깔고 앉아 공부하였다.

내가 5학년 때 아버지는 경북 도의회 의원이 되셔서 대구에 가 계실 때가 많아지고 우리집엔 손님이 끊이질 않았다. 6학년 때는 국가학력고사라는 것이 있었는데, 전국의 학생이 동일한 학력고사를 보았다. 두 달 후 쯤 결과가 나왔는데, 나는 예천에서 일등을 했다. 담임선생님이 "영순이 성적이면 경기여중에도 갈수 있다."고 하셨으나 난 그 말의 의미조차 알지 못한 촌뜨기였다.

초등학교를 졸업한 나는 예천여중에 진학하였다. 그때는 한 반이 보통 75명 정도 되었다. 중학교에 입학한 나는 기쁨도 잠시, 10리길을 걸어다니는 것이 힘에 겨웠다. 설상가상으로 나에게 엄마와 같았던 언니가 18살 밖에 되지 않았는데 시집을 가게 된 것이었다. 어른들의 결정에 따라 언니는 그렇게 안동으로 시집을 가니, 나는 날개 잃은 새 신세가 되었다.

그래도 중3때 담임선생님이 나에게 경북여고에 가라고 말씀해 주셔서 공부를 열심히 했다. 그런데 아버지가 경북도의원 임기를 끝내시고는 도교육위원을 하고 계셨는데, 예천에 여고가 없으니 여고를 설립해야 한다고 강력하게 주장하시며 스스로 예천여고 설립추진위원장을 맡아 활동하고 계신 것을 안 것은 이미 한참 진행된 뒤였다.

예천여고에 입학해 보니 학교라고 달랑 조그만 건물 하나도 완성이 채 안되었고, 다른 건물을 짓기 위해 우리는 건설 노동에 동원되어야 했다. 학교를 가도 힘에 겹고, 집에 있어도 힘에 겨웠다.

고등학교 졸업 후 바로 대학을 가야 했으나 아버지가 군수 선거에 입후보하시고, "영순아, 니가 날 좀 도와다오. 내가 당선하면 널 서울로 대학을 보내주겠다."라고 하셨다. 난 또 혼신의 힘을 기울여 아버지 선거를 도왔으니 그 악명 높은 3.15 부정선거가 소도시 예천에까지 위력을 발휘했으니, 돈많은 자유당 후보에게 억울하게 패배하시니 우리 집은 빚밖에 남는 것이 없고, 나의 대학 진학의 꿈은 물거품이 되었다. 연말이 되자 나는 진지한 고민에 빠졌다. 난 이대로 주저앉아야 하는가… 드디어 나는 일단 대학가겠다고 선언을 하고, 정 보내주지 않으면 가출이라도 해서 대학을 가는 방안을 찾아야겠다는 결심을 했다. 결국 아버지가 지정하신 2년제 서울문리사대를 가는 조건으로 허락을 받았다. 그렇게 하여 나는 대학을 가게 되었고, 나의 꿈이 용틀임하기 시작했다.

나는 가정교사를 하며 대학을 다녔다. 장학금도 받으니 이제는 부모님의 도움은커녕 오히려 내가 부모님께 자주 선물도 보내드리는 등 여유도 생겼고, 좋은 친구들도 많이 사귀어 정말 하루하루가 행복하기만 했다. 다니는 동안은 2년제인지 4년제인지 생각지도 않고 그저 신나게만 학교를 다녔는데 막상 졸업을 하고나니 생각이 달라졌다. 4년제 대학에 편입을 하고 싶었다. 그러나 이때까지도 서울대학 외에는 대학의 우열을 잘 몰라 모교 선생님께 여쭈었더니 두 분 모두 숙대 국문과에 가라고 하셨다. 왜냐하면 교수진이 좋고, 아무래도 여대가 좋지 않겠느냐. 여대라면 숙대가 이대보다 평판이 좋으니 숙대가 좋겠다고 말씀해 주셨다.

난 조금의 주저함도 없이 숙대 편입학 시험을 보았고 합격하였다. 숙대 다니는 2년 동안 친구도 많이 사귀었고, 이 무렵 나의 꿈도 매우 큰 것이었는데, 대충 기억에 남는 것으로는 우리나라 최초의 여성외교관, 신문사 논설위원, 그리고 시골에 중고등학교가 없는 곳에 학교를 세우는 것 등이었던 것 같다. 그리고 나중엔 아예 신문사와 방송국을 하나 갖고 싶은 소망을 가진 적도 있었다. 나는 이런 정도의 꿈은 2, 30년 뒤엔 쉽게 이룰 수 있는 것으로 착각을 하였던 것이다. 숙대 졸업 후 운좋게도 곧바로 한양대 부속여중 교사가 되었다.

치열했던 20대

직장이 없던 시절이라 학교 교사가 되는 건 매우 선호되었고, 특히 여자에게는 남녀차별이 전혀 없는 유일한 직종이었기 때문에 최상의 직장으로 각광을 받기도 하였다. 원래는 한양여중 교사로 부임했으나 공개수업을 한번 한 후 한 학기 만에 고3 담임을 맡는 기록도 세우게 되었다.

1년 후 나는 다시 한 번 심각하게 나 자신을 돌아보게 되었다. 서울의 고등학교 교사라면 누구나 부러워할 만한 정도였고, 나 자신이 교단에 서는 걸 좋아하기 때문에 충분히 만족해야 할 상황이었지만, 난 만족이 안 되는 것이었다. 우선 대학원에 가야 한다는 결론에 이르게 되었다.

이 무렵 나는 한 남자를 만나게 된다. 고종사촌 오빠가 자기 친구를 소개해 준 것이었다. 나의 배우자관은 매우 단순명쾌했다. 첫째, 머리가 매우 우수할 것, 둘째 공무원이거나 공부하는 사람일 것이었는데, 이 분은 이 두 조건을 모두 갖춘 육사 교수였다. 그리고 처음 만나던 날, 나는 내 친구 이야기하는 척 하며 여자가 대학원 가는 걸 어떻게 생각하느냐고 물었더니 '여자라고 깍두기만 썰 필요 있느냐?' 라고 대답했다. 이리하여 우린 금방 의기투합하게 되었다.

내 석사 논문의 제목은 『國語語彙面에 나타난 言語經濟性 考』였다. 누구의 도움도 없이 나 혼자 썼으나 심사 때는 지금의 박사논문처럼 외부 교수까지 다섯 명이 심사를 했다.

논문을 제출하자마자 결혼식을 하게 되었다. 1967년 12월 16일 토요일 1시에 후암동 성당에서 혼배미사를 보았다. 젊은날의 그 치열했던 시간들이 영화를 보듯 한 장면씩 스쳐 지나가니 감회가 새롭다.

우리가 신접살림을 차린 곳은 이태원에 있는 5층짜리 군인아파트였는데, 모든 가구가 9평짜리였다. 안방 하나, 작은 방 하나, 한사람이 겨우 서서 음식을 할 수 있는 미니 부엌 하나, 세면대와 변기만 있는 미니 화장실 하나가 전부였다. 물론 마루도 없고 베란다도 없었다. 이 초미니아파트에 시부모님, 우리 내외, 대학생 시누이와 함께 살게 되었다. 아직 아파트가 거의 없던 시절이어서 승강기도 없어 5층까지 걸어서 올라다녀야 했고, 냉난방도 되지 않았으며, 방구들에 연탄을 넣어 방을 데우고 연탄불로 밥을 해먹는 구조였다. 심지어 가물 때는 수돗물이 안 나와 아파트 마당에 물차가 오면 양동이로 5층까지 물을 날라야했다.

거기다가 허니문베이비가 생겨 심한 입덧을 하며 고생하다가 아들을 낳았다. 이런 와중에도 우린 미국유학을 계획했다. 미국대학에 지원서를 넣어놓고 몇 달이 지나자 드디어 미국대학들에서 답이 오기 시작했는데 남편은 일리노이대학에서 Fellowship을 주겠다는 편지가 오고, 며칠 후 나도 일리노이대학 언어학과에서 입학허가서와 함께 수업료면제(Tuition wave)를 해 주겠다는 편지가 왔다. 정말 두 사람이 유학을 함께 갈 수 있는 거의 완벽한 여건이 되었다. 정말 그때의 감격은 이루 형언할 수 없었다.

그러나 '好事多魔'라고 했던가? 청천벽력같은 일이 벌어지게 되었다. 이제 우리가 미국으로 떠날 날을 한 달 남짓 남겨둔 5월 어느 날 어머님이 배가 아프다고 하셔서 병원에 모시고 갔는데 복부암이라고 하여 수술을 해야 했다. 둘이 함께 유학 가려던 꿈도 깨어지고 남편만 먼저 보낼 수밖에 없었다. 그를 먼저 보내고 겪은 나의 고통은 이루 말할 수 없었다.

미국유학시절

1969년 남편이 6월에 떠나고 6개월이 지나 겨울방학이 되어 난 비로소 유학길에 오르게 되었다. 결혼한 지 1년 6개월 만에 헤어지고 다시 6개월만에 우리는 감격적인 해후를 하게 되었다. 그러나 기쁨은 잠시, 나는 다시 기나긴 터널 속으로 들어가게 된다. 우선 학교 문제부터 보면 미국은 8월이 첫 학기인데, 난 첫 학기를 놓쳐버리고 2학기인 봄 학기부터(2월초) 시작하게 되니 수강신청부터 문제가 생겼다. 선수과목들이 주로 1학기에 개설되는데, 2학기부터 수강신청을 하려니 선택의 여지가 별로 없어 기초가 없는 상태에서 '언어학사' 같은 어려운 과목을 들어야 했고, 음성학의 기초 없이 바로 '음운론'을 듣게 되는 등 어려움이 있었다. 우선 영어도 귀에 잘 안 들어와 고생한 것은 말할 여지도 없거니와, 그때는 한창 변형생성문법의 최전성기여서 언어 보편성이 강조되었기 때문에 거의 모든 언어학자들의 강의에는 설명의 예로서 듣도 보도 못 한 언어, 예를 들면, 아메리카인디언어, 산스크리트어, 아프리카언어들을 가지고 얘길 하니 기가 질렸다. 그리고 한 과목에서 읽으라고 주는 논문과 책 목록이 보통 두세 페이지 가량씩 되었으니 최소 책 10권에 논문 3, 40편이 되는 것이었다.

우리는 미국에서 유학하는 동안 옷이라고는 안 사 입었고, 남편이 한 번도 이발소에 안 가고 솜씨 없는 내가 그래도 유학 5년간 남편 이발을 해주었으며, 나는 내 손으로 내 머리를 잘랐고, 가장 싼 재료인 양배추, 당근, 닭고기만 사서 음식을 만들어야 했다.

이 무렵 나는 학문적으로 획기적인 변화를 겪고 있었다. 처음 수강한 과목들은 모두 순수언어학과목으로 음운론, 통사론, 의미론, 언어학사와 같은 과목들로서 나는 사실상 이들 순수언어학과목들은 모두 이수한 상태였다. 나는 변형문법 이론을 정말 제대로 공부한 셈이었다. 그리고 거의 마지막 단계에서 사회언어학 한 과목을 듣게 되었는데, 이 과목이 향후 나에게 중요한 역할을 하게 될 줄은 당시에는 상상도 못했다. 하여튼 나는 Dickerson 교수한테서 사회언어학 과목을 듣게 되었는데, 이때 새롭게 배운 사회언어학 이론에 빠져 결국 석사학위 논문도 박사학위 논문도 사회언어학으로 쓰게 된다.

1977년 12월 19일 10시에 마지막 관문인 논문심사를 두시간만에 끝냈다. 이 심사가 끝나니 심사위원들이 "Congratulations, Dr. Park(축하합니다 박박사)"라고 하며 악수를 청한다. 본부에서 format check(논문형식을 다시 점검하는 절차)를 하고 바로 제출하고 나니 어느새 난 박사가 되어 있었다. 지도교수에게 몇 번이나 감사하다는 말을 하고 다시 새하얗게 눈으로 덮인 캠퍼스를 걸어 내 기숙사까지 오는데 뜨거운 눈물이 새하얀 눈위로 뚝뚝 떨어졌다. 눈으로 하얗게 덮인 천지에 햇볕이 쨍쨍 내려쬐여 반짝반짝 빛나고 있었다.

학위를 마치고 돌아온 일주일만에 나는 경희대 전임으로 가는 것이 결정되었다. 그래도 나의 박사학위가 위력을 발휘한 셈이었다. 1978년 3월 1일자로 조교수 발령을 받았는데, 그때가 내 나이 만 35세였다.

3년 후 평창동으로 막 이사를 하고 며칠 안 되어 난 우연히 신문에서 고려대 사범대 국어교육과에서 국어학 교수를 채용하는 공고를 보게 된다. 드디어 접수 마감날이 되었다. 오전까지도 결론을 못 내고 망설이고 있다가 오후가 되자 갑자기 용기가 생기기 시작하였다.

시간이 얼마나 지났을까. 어느 날 고대 사대 학장실이라면서 전화가 왔다. 내일 아침 9시까지 학장실로 오라는 전화였다. 약간 떨리는 기분으로 학장님을 만났는데, 이것저것 물어서 대답하고 왔다. 일주일 뒤에 바로 교무처장, 김상협 총장, 그리고 김병관 재단 이사장을 차례로 면담하였다.

행복했던 고려대 교수 시절

1981년 2월이 되자 교수로 확정됐으니까 몇 가지 서류를 내라고 교무처에서 연락이 와서 서류를 낸 지 2, 3주후 2월 말경 어느 날 발령장 받으러 오라고 했다. 이렇게 하여 나는 참으로 운좋게도 고려대 교수가 되었는데, 발령장을 보니 정교수였다. 난 너무도 놀랐다. 경희대에서 조교수로 3년 근무했으니까 잘 하면 부교수라고 생각했었는데. 정교수라니… 나의 이력 중 고등학교 교사 5년, 석사 두 번 한 것 모두를 인정해 준 결과였다. 그리하여 나는 1981년 3월 1일 만 38세에 대 고려대학교의 정교수로 부임하는 엄청난 행운아가 되었다. 그러니까 나는 부교수를 거치지 않고 바로 정교수가 되는 기록도, 30대에 정교수가 된 기록도, 또한 고대에서는 역사상 처음으로 공채를 통하여 교수가 된 기록도 얻게 되었다.

아무튼 내가 고대에 와보니 우리 과에는 오탁번 선생님 혼자 계셨고, 정재호 선생님이 나와 함께 부임하셨다. 국문과에는 현대 문학에 정한숙, 홍일식, 송민호 교수님이 계셨고, 고전 문학에는 정규복, 인권환 교수님, 그리고 어학에는 김민수 교수님과 박병채 교수님이 계셨다. 그리고 서연호 교수가 나와 같은 때에 부임하셨고, 조치원 국문과에는 이기서 교수님이 나와 같은 때에 부임하셨다. 이 세 과가 매우 화목하게 함께 망년회도 하고 신년회도 하면서 모두 가족같은 분위기였다.

나는 고대의 분위기가 너무 좋고, 학생들도 참으로 우수하고 착해서 매일 매일 즐겁게 지냈다. 몇 년 뒤부터는 대학원 제자들도 갖게 되어 점점 더 행복한 교수 생활을 하게 되었다. 초기 내방 제자들은 우리 과는 물론, 전교에서도 수석을 하는 등 최우수 학생들이 내 지도 학생들이 되니 교수로서의 보람을 맘껏 누릴 수 있었다. 이후 난 고대의 열렬팬이 되어 충성을 다해 사랑한 것 같다.

고대에 온 지 한 학기만에 '이중언어학회'를 설립하게 되었다. 9월초에 문과대 약천 김민수 선생님 연구실엘 갔다가 우연히 미국에서 배운 이중언어 이론을 간단히 얘기하고 우리 해외 동포들에게도 바로 이러한 이중언어교육을 받도록 해야 할 것 같고 그러기 위해서는 국어학자들이 해외 동포들의 한국어교육에도 관심을 가져야 할 것 같다고 지나가는 얘기로 하게 되었는데, 이 분이 내 얘기를 듣는 순간 바로 학회를 만들자고 하신 것이었다. 그래서 시내 몇 개 주요 대학들의 국어학 중진 교수들을 모아 임원진을 짜는 것은 약천 선생님이 하시고, 나는 학회 창립 취지문을 만들고, 창립대회 준비를 하게 되었다. 창립 취지문은 우선 내가 초안을 쓴 걸 가지고 서울대 박갑수 교수님하고 함께 다듬었다.

우리는 의기투합하여 1981년 9월 26일 덕성여대에서 정광 선생님을 임시의장으로 하여 창립총회 겸 학술대회를 하게 되었다. 발표는 김민수, 박갑수, 남기심 교수님과 나 이렇게 넷이서 했고, 김민수 교수님이 초대 회장에, 연대의 문효근 교수가 부회장에, 그리고 나는 총무이사에 선출되었다. 이름이 총무이사지, 사실상 학회의 모든 일은 거의 나 혼자서 다하다시피 하였다. 그러나 총무를 수행하기에는 삼남매의 엄마 역할이 너무 컸을 뿐만 아니라, 제일 어려운 것이 교수들에 대한 연락에 어려움이 너무 많았다. 그래서 약천선생님이 연임하게 되셨을 때 나는 임원을 그만 두고 나왔다. 그리고 나서 겨우 시간을 내어 1985년에 『한국어 통사론』을 출간했다. 나의 첫 번째 책이어서 친정아버님의 글씨로 제자를 했더니 학계의 반응이 의외로 뜨거웠다.

나는 1987년 10월 제3대 이중언어학회 회장이 되었다. 정기적으로 학술대회를 하고, 학회지를 발간하는 일부터 시작했다. 기왕에 나온 두 권도 사실상 거의 내 노력으로 이루어진 것이지만, 3호부터는 좀 더 착실하게 출간해야했다. 당시 부회장은 서울대 심재기 교수였고, 총무는 신창순 교수가 맡았다. 나는 '일본에서의 한국어교육' 이라는 주제로 국제대회를 해야겠다고 생각했다. 일본에서 가장 유명한 한국어학자들에게 편지를 썼다. 그런데 그 다섯 명이 아무 조건도 없이 다 와 주었다.

1988년 제1회 이중언어학회 국제대회는 고려대 과학 도서관 대회의실에서 성공적으로 개최되었고, 학회지 제4호 '일본에서의 한국어교육' 이라는 주제의 논문집이 나오게 되었다. 그리하여 나는 최초의 국제대회를 통하여 국제대회에 대한 자신감이 생겼다.

이제 60만명의 교포가 있는 일본에 대한 세미나를 했으니 바로 이어서 이번에는 200만명의 한국교포가 있는 것으로 알려진 중국에서 해야겠다는 생각이 들었다. 그래서 어렵사리 중국조선어학회 회장인 최윤갑 연변대 교수 이름을 알아내어 '중국에서의 한국어교육'이란 주제로 중국에서 국제대회를 하고 싶다는 편지를 썼다. 좋다는 답장과 함께, 자세한 사항을 협의하기 위해 나보고 중국을 한 번 방문해 주면 좋겠다는 답장이 왔다. 그런데 그 다음 해인 1989년 1월에 내가 연구년을 버클리로 가게 되어 있었고, 둘째애가 고3이어서 약천 선생님과 성광수 교수님께 중국을 한 번 다녀오시는 게 어떻겠냐고 했다. 그리고 나는 미국 가야 하니 심재기 부회장님이 회장 대행을 하여 중국대회를 치르라고 얘기했다. 나와 남편은 동시에 미국 UC Berkeley 교환교수로 가게 되어 세 아이들을 모두 데리고 Berkeley로 떠나게 되었다.

Berkeley에 있는 동안 나는 George Lakoff, Robin Lakoff, Fillmore 같은 언어학 거장들을 만날 수 있었고, Ervin-Tripp, Gumperz 같은 사회언어학자도 여러 번 만났으며, 세계적인 한국정치학자인 Scalapino 교수도 여러 번 만났다. 버클리대 언어학과는 Lakoff와 Fillmore가 인지언어학을 발전시켜 Stanford의 Langacker와 함께 세미나도 자주 열었다. 나는 버클리 대학에서 두세 번 특강도 하고, Lakoff와 Fillmore, 그리고 Ervin-Tripp의 강의를 청강하기도 하였다. 특히 Ervin-Tripp과 Fillmore 교수 부인인 Wong Fillmore 교수와도 교분을 쌓아 여러 번 함께 만나 밥도 먹고 환담도 하며 언어 교육 문제에 대해 많은 얘기도 했다. Ervin-Tripp은 내가 일리노이에서 박사논문을 쓸 때 많이 인용한 유명한 교수여서 가까이서 만날 수 있고 친구같이 된 것이 감개무량했다.

나는 미국에 있으면서 '미국에서의 한국어교육' 이란 주제로 학회지를 낼 수 있도록 원고를 모아 성광수 교수님께 보내드려 『미국에서의 한국어교육』 이란 제목으로 이중언어학회 제5집이 나오게 하였다. 그러나 김민수 교수님과 성광수 교수님이 많은 고생을 하며 중국을 다녀오셨으나 결과는 매우 비관적이었다. 중국조선어학회 측에서 1만불을 가져와야만 대회를 치를 수 있다고 했다는 것이다. 당시로서는 만불이 큰 돈이어서 우리 학회가 감당하기 어려운 점도 있었지만, 사실상 한중 학술교류를 처음 여는 우리 학회가 나쁜 선례를 만들어 향후 중국 측과 학술교류를 할 다른 많은 학회에 누가 되어서는 안 된다는 두 가지 이유로 학회는 아무런 활동을 못하고 다시 표류하게 되었다. 설상가상으로 천안문사태가 나서 더욱 중국대회가 멀어졌다. 이 모든 소식을 들은 나는 당장 89년에 하려던 국제대회는 못하게 되었지만, 1990년에는 꼭 성사시켜야겠다는 의지가 생겼다. 그리하여 1989년 9월 25일 나는 미국에서 곧바로 중국으로 가는 비행기를 탔다. 북경에 내려 다시 대련, 심양, 장춘을 거쳐 일주일만에 연길에 도착하였다. 연길에 도착하여 최윤갑교수 이하 여러 교수들과 한국의 이중언어학회와 중국조선어학회가 공동으로 '중국에서의 한국어교육'이란 주제로 1990년 7월 12-15월에 연변대학에서 하기로 합의를 하였고, 1만불은 2천불로 축소되었다. 대신 완성된 논문을 제출하는 중국학자에게 원고료조로 논문 당 30불씩 주기로 약속을 하였다.

1990년 1월말에 귀국하여 나는 바로 중국 국제대회를 준비하게 된다. 우선 국내에 홍보를 하여 중국에 가서 발표할 논문을 모집하고, 한편으로는 중국여행에 필요한 절차를 밟아 나갔다. 우선은 중앙정보부의 허락을 받아야 하는데, 여기에서 걸려버렸다. 할 수 없이 난생 처음으로 이문동에 있는 중앙정보부를 찾아가 국장이라는 사람을 만났다. 거의 두시간 동안 설득하여 겨우 허가를 받아냈다.

이번에는 비자가 또 문제되게 되었다. 할 수 없이 46명의 여권을 가지고 홍콩으로 갔다. 당시는 중국으로 가기 위해서는 홍콩에 있는 중국대사관에 가서 비자를 신청할 수 있는 방법밖에 없었기 때문이다. 홍콩에서도 난색을 표했으나 끈질기게 설득하였다. 그리하여 '처음'이라는 수식어가 많이 붙은 가운데 역사적인 중국대회를 하게 되었다. 중국내의 조선어학자들 대부분이 참석하여 대성황을 이루었다. 한국에서는 이응백 교수님 이하 김민수, 박병채, 박갑수 교수를 위시한 46명의 교수가 가고 중국 측에서는 최윤갑 교수님, 이득춘 교수님을 비롯하여 조선어학자들이 거의 다 모여 150여명의 학자들이 모였다.

이 대회에서 발표된 논문은 모두 80여편이었는데, 귀국하자마자 제6호와 제7호로 묶어 내었다. 중국대회는 이와 같이 한중 수교 이전에 중국에서 이루어진 한중 학술교류의 첫 장을 여는 역사적인 것이었고, 성공적으로 잘 끝났기 때문에 이중언어학회를 사실상 창립하고 발전시킨 나로서는 여간 보람되고 자랑스럽지 않았다. 나를 믿고 자비로 중국까지 함께 가주신 모든 교수님들께 감사하고 싶다.

그러나 나는 여기서 만족할 수가 없고 내친 김에 소련대회도 해야겠다고 생각했다. 수소문끝에 알렉세이 레온체프 교수라면 가능할 것 같다는 것을 알아냈다. 레온체프 교수는 당시 모스크바 국립사범대학의 영문과 교수로서 소련 언어학회 회장이었는데, 국제적인 명성도, 힘도 있다고 하여 이 분 앞으로 편지를 썼다. 한두 달 뒤에 레온체프 교수한테서 긍정적인 답장이 왔다. 역시 구체적인 협의를 위해서는 내가 소련을 방문해 주면 좋겠다고 했다. 이번에는 내가 단신으로 1990년 12월에 난생 처음 모스크바를 방문하게 된다.

모스크바 공항에 내리니 음침하고 허름하게 생긴 공항에 사람도 별로 없고, 눈만 태산같이 쌓여 있었는데, 반백인 레온체프 교수와 젊은 교수 한 명이 내 이름을 쓴 피켓을 들고 서 있었다. 우리는 반갑게 만나 인사를 하고 내 숙소인 모스크바 대학 기숙사로 향했다. 거기서 두 시간 가량을 얘기하는데, 찬물 한 컵도 주지 않았다. 저녁 6시쯤에 그들이 돌아가면서 저녁 식사에 관해서도 말 한마디가 없었다. 나는 그래도 설마 기숙사 식당에 가면 저녁을 사먹을 수 있으려니 기대하고 식당을 찾았으나 식당은 방학이라 닫혀 있었고, 몇 사람한테 물어 보았으나 인근에 식당같은 건 없다는 걸 알게 되었다. 비행기에서도 점심을 못

먹고 내렸는데, 저녁조차 못 먹게 된 것이다. 이런 일이 나흘간 내내 계속되었다.

만일의 경우에 대비해 초콜릿을 조금 사가지고 간 것이 있어 겨우 연명을 하였다. 이튿날 다시 레온체프교수가 와서 두 시간 동안 공동합의안을 마련하였다. 우선 국제대회 시기는 1991년 7월 22-24일 동안 모스크바 사범대에서 하고, 소련측 발표자에겐 full paper를 내는 사람에 한해 30불씩 주기로 하고, 한국어학을 전공하지 않았더라도 고려인 언어학자들을 최대한 많이 참석시켜줄 것 등을 합의하고 귀국하였다.

돌아와서 바로 임원 소집을 하여 소련에 다녀온 이야기며, 합의문을 보여주고 대회 준비에 들어갔다. 소련대회에는 스톡홀름 대학의 조승복, 미국에서는 해롤드 주, 손호민, DLI의 손종영, 호주의 최양희 교수님, 그리고 소련의 한국어 연구에 조예가 깊은 런던 대학의 로쓰 킹 교수를 초청하는 글을 보내니 모두 오겠다고 하였다.

나는 소련대회 준비를 해놓고 1991년 1월 9-12일까지 미국 제20회 이중언어학회에 참석하였다. 워싱튼 힐튼 호텔에서 열린 이 대회에는 무려 2,500여명의 학자들이 참석을 하였다. 나도 그 단상의 두 번째 줄에 앉게 되었고, '한국에서 유일하게 참석한 한국 이중언어학회 회장 고려대학교 박영순 교수'라고 소개받고 우레와 같은 박수까지 받고나니 감개가 무량하였다. 나는 이 대회에서 너무도 많은 걸 배웠다. 우선 미국과 선진국들의 이중언어교육의 흐름을 알 수 있었고, 이중언어교육이 이젠 세계화 시대의 대세라는 것을 확실하게 알았으며, 미국과 캐나다 같은 나라에서는 이중/다중언어교육에 대한 연구가 얼마나 심화 확대되었는지도 것도 알게 되었다.

소련대회에는 모두 156명이 모인 것은 물론, 내가 참석하길 원했던 모든 학자들이 나와 있었다. 호텔도 일류호텔을 잡아놓아 음식같은 것도 제대로 먹을 수 있었다. 무엇보다도 팔순이 넘으신 한득봉 , 박미하일, 마주르, 니콜스키, 드미뜨리 교수님 등 모두 다 참석해 주시고 논문발표, 토론 등에도 참석해 주어서 기뻤다. 대회 중에는 고려인 교수가 노어로 발표하는 내용을 소련인 마주르 교수와 미국인 킹교수가 한국어로 통역을 하는 아이러니컬한 장면이 연출되는 등 웃지 못할 일들도 있었지만, 반대로 타시켄트와 알마티에서는 한국말을 전혀 못하면서도 아리랑은 부를 수 있는 고려인 학자들과 함께 어깨동무하며 노래부르는 감격적인 순간도 있었다.

소련대회 역시 완성된 논문을 직접 받아들고 왔기 때문에 오자마자 바로 학회지에 실을 수 있었다. 이 모든 작업도 거의 나 혼자 하다시피 하여 이중언학회지 제 8호『소련에서의 한국어학과 한국어교육』이라는 700쪽 짜리 대형 논문집을 냈다. 여기엔 50편의 논문과, 두 번의 토론회, 3번의 좌담회 내용도 모두 정리하여 싣고, 마지막으로 이응백 선생님이 쓰신 시『소련에서의 이중언어학회 국제대회』도 실었다. 내 임기 4년(1번 연임)중 내리 3년을 국제대회를 했고, 그것도 중국과 소련같이 남이 상상도 못하던 시절에 온갖 어려움을 겪고 해 낸 것에 대해 매우 자랑스럽게 생각한다. 무모하게 보일 수도 있는 이 대회에 기꺼이 자비를 써가며 협조해 준 당시의 임원들께 감사한다. 또한 내가 이런 활동을 하는 동안 불편도 참아주고, 협조해 준 남편과 아이들에게도 정말로 고맙게 생각한다. 소련대회가 끝나고 한 달도 안 돼 소련이 해체되기 시작했으니 우린 절대절명의 시기에 너무도 운좋게 대회를 하고 소련 전역을 하나의 비자로 여행할 수 있었고, 물가도 가장 쌀 때 했으므로 이래저래 행운이었던 것 같다.

10월에는 우리나라에서 처음으로 대조언어학을 주제로 한 학술대회를 마치고 9호에 실을 원고와, 두둑하게 된 통장과 일본 오사카에서 국제대회를 할 수 있는 기초를 마련해 놓고 1991년 10월에 회장직을 심재기 부회장에게 넘겼다.

나는 실로 오랜만에 집필에 전념할 수 있게 되었다. 『현대한국어 통사론』과 『한국어 의미론』을 잇달아 출간하였다. 1995년에는 정말로 또 다른 경험을 하게 되었다. 교육부 정준섭 편수관이 하루는 전화를 하여 장애자들을 위한 국어교과서를 개발했는데 박선생님이 심사를 좀 맡아 주면 감사하겠다고 했다. 나는 교육과정 4차부터 6차까지 깊숙이 참여했고, 교과서 심사도 십 수 년을 했고, 집필을 하기도 했으며, 중 2교과서에 내 글이 실리기도 하는 등 국어교육 관련 일도 많이 하는 터였다. 나는 한두 권이려니 하고 심사에 가보았더니 심사위원만 8명 정도 되는데 내가 심사위원장을 맡게 되어 있었고, 심사를 해야 하는 교과서가 무려 90여권이었다. 정말 아찔했지만 이미 물러나기에 너무 늦었다. 교과서 종류가 그토록 많았던 것은 우선 초등 1학년부터 고3까지 12년에, 1, 2학기 책이 다르고, 장애의 종류에 따라 달랐기 때문이다. 시각장애, 청각장애, 지체부자유, 정신 지체 등 장애별로 교과서를 다 따로 만들어 쓰는 것을 이때야 비로소 알게 되었다. 심사를 대부분 이들 장애자학교에서 하게 되어 장애어린이도 많이 보게 되고, 장애어린이들을 가르치는 선생님들이 집필에도 참여했기 때문에 심사 때도 나왔는데, 이들 선생님들로부터 많은 것을 배우기도 하고 장애자에 대한 그동안의 무관심을 반성하기도 하였다.

1996년에는 학술진흥재단의 연구비를 받고 하버드 대학의 객원교수로 가게 된다. 학술진흥재단에 낸 프로포잘은 미국에서의 이중언어교육 현황도 조사하는 것이었는데, 나는 이왕 여기에 온 김에 다른 나라의 이중/다중언어교육 현황을 파악해야겠다고 생각하고 자료를 찾았다. 그리고 하버드대학 언어학과 Susumu 교수, 당시 Harvard에 와 있던 Epstein 교수들과 만나 얘기도 하고 함께 세미나도 하였다. 바로 이웃 동네인 MIT에 가서 Chomsky 교수의 강의도 듣고, 연구실로 찾아가 환담도 하고, 가까운 장래에 한국에 한 번 오기로 약속도 받고 사진도 함께 찍었다.

세계에서 인문사회과학 도서가 제일 많다는 하버드대학의 와이드너 도서관에서 자료를 찾았다. 전세계의 이중/다중언어교육 현황을 파악하기 위해서였다. 하루 10시간 내지 열두 시간씩 작업을 했다. 이 자료를 바탕으로 『이중/다중언교육론』을 집필하여 1997년에 출간하였다. 다음은 '한국어의미학회'를 창설하였다. 인하대 김문창, 고려대 최호철, 경북대 임지룡, 서울대 김광해, 한양대 장경희, 상명대 신현숙 교수들과 함께 회칙을 만들고 창립기념 학술대회 개최에 대하여 논의하였다. 일은 일사천리로 진행되어 드디어 1997년 6월 20일 고려대학교 인촌기념관에서 창립기념 학술대회를 열고 창립총회를 하였다.

최종 225명이 참석한 것으로 집계되었다. 서울은 물론이고, 전국에서, 심지어 제주도에서까지 의미론 하신다는 분이 다 모인 것이었다. 발표는 제1부 주제 발표로 심재기 교수의 의미 연구의 발전 과정이 발표되었고 제2부는 기획 주제로 『21세기 국어 의미 연구의 방향』으로 잡고, 임지룡 교수가 '어휘의미 연구의 방향', 내가 '문장 의미 연구의 방향', 그리고 신현숙 교수가 '담화 의미 연구의 방향'을 발표하였다. 그리고 제3부에서는 8명의 개인 연구 발표가 있었다.

학술대회가 끝나고는 총회를 하여 회칙을 통과하고, 회장과 감사를 선출하였다. 내가 창립회장에 당선되고 김태자 교수와 전수태 박사는 감사로 선임되고, 부회장 이하 임원은 회장에게 일임을 해 주었다. 그리하여 부회장 김문창, 총무 최호철, 재무 신현숙, 연구 임지룡, 편집 장경희, 섭외 김광해, 출판 민현식 교수로 조각이 되었다. 그리고 원로 교수들을 고문으로 모시기로 하였다.

그리고 틈틈이 써왔던 『한국어문법교육론』도 출간하였다. 국어의미학회 회장 임기 2년을 마치고 김문창 부회장에게 회장직을 인계하고 물러났다.

이후 나는 제5대 사회언어학회 회장을 맡아 2000년에 창립 10주년 기념 국제학술대회를 개최하였다. 나는 이 학회 회장을 하면서도 한편으로는 은유 연구에 시간과 힘을 쏟았다. 의미론의 마지막은 결국은 은유의 의미를 밝히는 일이라고 믿었기 때문이다. 드디어 2000년에 『한국어 은유 연구』라는 책을 고려대 출판부에서 출간하였고 그 해 문화부 우수학술도서로 선정되었다. 그리고 이듬해에는 두 권의 책을 더 냈다. 『한국어 문장의미론』과 『외국어로서의 한국어교육론』이 그것이다. 이 중 『한국어 문장의미론』은 학술원의 우수학술도서로 선정되었다.

2001년 여름에는 한국어학회장이 되었다. 되자마자 난 국제학술대회를 준비하였다. 맨 먼저 촘스키 교수와 래이코프에게 편지를 썼다. 세 번의 편지가 오갔으나 결국 실패하고 Ronald Langacker, William Labov, Howard Lasnick, John A. Harry Hulst, Anna Bierzwicka, Leonard Talmy, 그리고 Kim-Reneau, 梅田博之, 중국의 崔允甲 교수 이렇게 열 명에게 편지를 썼다. 모두 다 오겠다고 답장이 왔다.

2002년 8월 1일~3일까지 서울대 호암관에서 열린 2002 한국어학회 국제학술 대회에는 10명의 기조 발표와 74편의 논문이 발표되었다. 자비로 외국에서 참가해 준 학자까지 연인원 500명 이상이 참여하는 성대한 국어학 및 언어학 잔치를 하게 되었다. 이 국제대회를 계기로 한국어학회는 일약 최고의 국어학회로 우뚝 서게 되어 기관지 『한국어학』이 국어학분야 최초로 학술진흥재단 등재지가 되었다.

그리고 2002년은 나에게 여러 면에서 뜻깊은 해가 되었다. 우선 이와 같은 한국어학회 국제학술대회가 성공적으로 끝났고, 나의 『한국문화론』이 출간되고 곧이어 문화부 우수학술서로 선정되었으며, 내가 편저한 『21세기 국어학의 현황과 과망』, 『21세기 국어교육학의 현황과 과제』, 『21세기 한국어교육학의 현황과 과제』 3권이 내 제자들의 노력으로 출간되어 출판 기념회를 내 회갑기념으로 하게 되었기 때문이다. 나는 이 세 분야를 한자리에서 아우르는 계기를 만들고 싶어 기획했던 것인데, 이 분야 최고의 필진이 정성스럽게 논문들을 써주어 집필진에게 너무 감사하며, 학계에 조금이나마 기여할 수 있게 되어 기쁘기도 하였다.

2004년에는 『한국어 담화 텍스트론』을 출간하였고, 『한국어교육론』 개고판도 냈다. 또한 『한국어 의미론』, 『한국어의 사회언어학』 등도 모두 개정판을 내게 되었다.

한국어세계화재단 이사장 시절

그런데 2004년 봄에는 나에게 또 한 번의 큰 변화가 왔다. 2004년 2월 16일 나는 한국어세계화재단으로부터 한 통의 전화를 받았다. 우리 재단 이사로 선임되셨으니 17일 11시까지 재단으로 나와 달라는 것이다. 가서 보니 회칙 개정과 함께 이사장을 선출하는 자리였다. 이익섭 초대 이사장님이 임기가 만료되어 새로이 이사장을 선출하는 자리였다. 모두 15명의 이사 중 14명이 참석했는데, 이사진은 다음과 같았다. 이익섭, 박갑수 서울대 명예 교수님, 남기심 국립국어원장님(당연직), 이상섭, 홍윤표, 김하수 연세대 교수님, 박창원 이화여대 교수님, 신현숙 상명대 부총장님, 백봉자, 김중섭 경희대 교수님, 김흥규 고려대 교수님, 민현식 서울대 교수님, 이성원 문화정책국장 (당연직) 등이었다. 여기서 모두 4명이 추천되어 투표에 들어갔다. 1차 투표에서 내가 9표를 얻어 졸지에 이사장이 되었다. 당시 국립국어원장은 남기심 연세대 교수였는데, 나와는 매우 친숙한 사이이고, 매사에 협조적이어서 매우 안심이 되었다.

내가 이사장이 되는 날 이화여대 박창원 교수도 재단의 운영이사가 되었다. 그리고 곧바로 문화부에서 부이사관을 지낸 채규갑 사무국장도 새롭게 왔다. 우리 셋은 어려운 여건에서도 잘해 보자고 결의를 다졌다. 연구실장은 현재 대구대 교수로 있는 우창현 실장이 맡고 있었다. 처음에 취임하여 재단 내부를 들여다보니 한숨 밖에 안 나왔다. 우선 재무 구조가 너무 열악하다는 것과, 재단의 인지도가 너무 낮다는 것, 그리고 이름에 걸맞는 일들을 좀 더 적극적으로 해야겠다는 세 가지로 일단 파악하고, 동분서주하였다.

드디어 노동부에 들어갔다가 예기치 않았던 성과가 있었다. 즉 2005년부터 실시되는 고용허가제에 따라 한국 노동 시장에 들어올 사람들에 대한 한국어능력시험이 있다는 것과, 우리 재단이 이 사업에 참여할 수 있는 가능성을 갖게 되었다는 것이다. 결국 우리 재단이 시험을 보게 된 나라는 필리핀, 태국, 스리랑카로서, 많은 어려움 속에서도 우리 연구원들이 국제 감각을 키울 수 있었고, 재정적으로 여유가 생겼으며, 이 시험 덕분에 국내외적으로 재단의 이름이 많이 홍보되었다는 큰 성과를 얻었다. 또한 이 사업 덕분에 국립인도네시아대학에 한국학과를 만드는 데도 결정적인 역할을 했다는 것이다.

외국인 노동자와 국제이주여성 및 다문화가정 자녀들에 대한 한국어 교육 문제를 우리 재단이 이슈화하고, 실제로 교육하고, 교육도우미를 선발하여 교사연수를 시켜 현장에 투입 하는 등의 일도 하고, 재미 한국어교사들을 초청하여 교사 연수를 해주고, 미국고등학교 교장들을 한국에 초청해 와서 한국 관광 및 한국어 문자의 우수성을 알리는 등 한국을 홍보하고 한국 문화 연수를 하여 보내는 등의 일도 하였다. 물론 한글 디지털 박물관 설립, 100대 한글 문화 유산 정비사업, 한국어 교재 발간, 한국어교육 총서 발간 등의 일도 하였고, 한국어교사 자격증을 주는 한국어교육능력검정시험을 주관하였다. 이 모든 일들은 당시 유능한 연구원들의 열과 성이 있었기에 가능했다. 지금 생각해도 고맙고 자랑스런 마음 가득하다. 마지막 해에는 한국어 학습 수기 공모, 한국어 홍보대사 임명 등은 매우 보람있는 일이었다.

2007년 5월에 난 비로소 재단에서 물러날 수 있게 되었다. 이로써 지난 3년간 힘들었지만 사심 없이 일했던 재단의 생활을 끝내고 이제 한 학기 남은 학교생활에 충실하게 되었다.

교수 생활의 마무리

우선 지난 3년간 끌어온 『한국어 화용론』을 끝내서 출간하고, 곧 이어서 『다문화사회의 한국어문화 교육론』도 끝내고 2007년 8월에 출간하였다. 이중 『한국어화용론』은 문화부 우수학술도서로 선정되어 나의 다섯 번째의 우수학술 도서가 되었다. 2007년은 『한국어 담화 · 텍스트론』과 『한국어은유 연구』 재판도 나왔다. 그동안 내가 지도한 석사는 교육

대학원 포함 58명이고, 박사는 20명이다. 나의 저서는 단독이 26권, 공저 4권, 편저 4권으로 도합 34권이고, 논문이 178편, 다섯 학회의 회장, 다섯 번의 국제대회 개최, 45회의 국내외 학회의 기조강연, 이것이 나의 교수생활 30년간의 결산이다. 제자들에 대한 감사함이 물밀듯 밀려온다.

아직은 비교적 건강한 KAIST 석좌교수인 남편, 2남 1녀의 자식과 그 배우자, 손자 4명, 손녀 2명 등 6명의 손주가 결혼 생활 45년간의 결산이다. 가족들에게도 감사한 마음 가득하다.

이제 순수한 시민으로 돌아가 어려운 시민들과 조금이나마 아픔과 고통을 나누고 싶다. 그리고 계절의 변화가 주는 아름다움도 만끽해 보고 싶고 한국의 구석구석을 누비며 우리의 자연과 문화를 새롭게 음미해 보고 싶다. 작은 풀 한 포기에도, 스쳐지나가는 바람에도 의미를 부여해보고 싶다.

제자들 명단(대학원)

김무림(강릉대 교수)
정주리(동서울대 교수)
원진숙(서울교육대 교수)
전은주(부산대 교수)
김유범(고려대 교수)
김대희(원광대 교수)
윤경애(중국 대련민족대 교수)
김영만(문학박사. 학원장)
김기석(문학박사, 용인고 교사)
박선우(한신대 교수)
고경태(고려대 한국어문화센터 전임교수)
오새내(문학박사, 고려대 강사)
황재웅(문학박사, 보성여고 교사)
조경임(고려대 박사과정 수료)
신미경(서울 교대 강사)
최은지(원광대사이버대 교수)
박봉곤(박사과정 수료, 한양대 강사)
이현희(고려대 연구교수)
이형순(문학박사, 중학교 교사)
고은숙(문학박사, 동국대BK연구원)
정다운(한국학 중앙연구원 선임연구원)
심지연(문학박사, 고려대 강사)
유해준(문학박사, 중앙대 강사)
김진아(서울여대 겸임교수)
오현진(문학박사, 버클리대 교환 학자)
임마누엘(고려대 박사과정 수료)
이준기(고려대 박사과정)

박영순 연구 목록

|저서|

<단독>

1. 『Aspects in the Development of Communicative Competence』 서울: 탑출판사. 1978.
2. 『한국어통사론』 집문당. 1985.
3. 『한국어』(재외국민용, 영어권). 서울대 재외국민교육원. 1988.
4. 『한국어』(재일중학교용). 서울대 재외국민교육원. 1990.
5. 『현대 한국어통사론』. 집문당. 1993.
6. 『한국어의미론』. 고려대학교 출판부. 1994.
7. 『현대 한국어통사론』(개고판). 집문당. 1997.
8. 『이중/다중언어교육론』. 한신문화사. 1997.
9. 『한국어문법교육론』. 박이정. 1998.
10. 『한국어 은유 연구』. 고려대출판부. 2000. (문화관광부 우수학술도서)
11. 『외국어로서의 한국어교육론』. 월인. 2001.
12. 『한국어 문장의미론』 박이정. 2001. (학술원 우수학술도서)
13. 『한국어의 사회언어학』 한국문화사. 2001.
14. 『외국어로서의 한국어교육론』(수정판). 월인. 2002.
15. 『한국어교육을 위한 한국문화론』 한국문화사. 2002. (문화관광부 우수학술도서)
16. 『한국어 담화·텍스트론』. 한국문화사. 2004.
17. 『한국어의 사회언어학』(개고판). 한국문화사. 2004.
18. 『한국어의미론』(개정증보판). 고려대출판부. 2004.
19. 『국어문법교육론』. 박이정. 2005. (문화관광부 우수학술도서)

20. 『한국문화론』. 한림출판사. 2006.
21. 『文化韓國』(중국어판), 民族出版社, 2007.6
22. 『한국어 화용론』. 박이정. 2007. (문화관광부 우수학술도서)
23. 『다문화사회의 언어문화교육론』. 한국문화사. 2007.
24. 『우리가 정말 알아야 할 한국 문화』. 현암사. 2008.
25. 『예천에서 꿈꾸다』(장편 소설). 2010. 10. 계간 문예.
26. 『하나의 위대함 여럿의 아름다움』(에세이집). 2008. 한국문화사.

<공저>
1. 『연변 조선족 자치주 연구』(공저). 고려대 아세아문제연구소. 1988.
2. 『International Handbook of Reading Education』(공저). London: Greenwood Press. 1992.
3. 『세계 속의 한글』(공저). 박이정. 2008. 12. 30.
4. 『Hangeul in the World』(공저). Pagijong Press. 2008.

<편저>
1. 『21세기 국어학의 현황과 과제』(편저). 한국문화사. 2002.
2. 『21세기 국어교육학의 현황과 과제』(편저). 한국문화사. 2002.
3. 『21세기 한국어교육학의 현황과 과제』(편저). 한국문화사. 2002.
4. 『한국어와 한국어교육』. 한국문화사. 2008.

|논문|
1. 말로의 연구, [青坡文學], 4권 1호, pp. 84-91, 淑明女子大學校 文理科大學 國語國文學會, 1964.
2. 국어 어휘 면에 나타난 언어경제성고, 숙명여자대학교 석사학위논문, 1968.
3. 言語의 經濟性考(抄), [教育評論], 127, pp.127-130, 教育評論社, 1969.5.
4. A Study of Korean Female Speech, Univ. of Illinois, M.A. thesis, 1973.

5. 국어경어법의 사회언어학적 연구, [국어국문학], 72권 3호, pp. 47-65, 국어국문학회, 1976. 10.
6. 韓國語와 英語에 있어서의 Relative clause의 對照 研究, [明知語文學], 8호, pp. 102-117, 명지어문학회, 1976.
7. 사회언어학과 언어교육, [청파문학], 12집, pp. 67-84, 숙명여대 국어국문학회, 1977.
8. Aspects in the development of Communicative Competence, Univ. of Illinois, Ph. D. thesis, 1978.
9. Age Variables in Sociolinguistics, [언어], 3권 2호, pp. 87-145, 한국언어학회, 1978.
10. 언어능력과 언어교육, [영어교육], 17호, pp. 97-115, 한국영어교육학회, 1979.2.
11. 4個 語文關係事業 改定試案 에 대한 意見, [語文研究], 22, pp.301-304, 一朝閣, 1979.6.
12. 사회언어학(社會言語學)이 언어학이론(言語學理論)에 미치는 영향, [국어국문학], 제81권, pp. 149-150, 국어국문학회, 1979. 12
13. 현 한국대학생들의 국어실력에 대한 연구조사, [국어국문학], 83호, pp. 193-214, 국어국문학회, 1980.6.
14. 韓國語와 英語의 關係節에 대한 對照研究, [청파문학], 13집, pp. 298-314, 숙명여대 국어국문학과, 1980.
15. 한국어와 영어에 있어서의 언어예절에 대한 비교연구, [비교문학], 제5집, 1980.
16. 존대말에 대하여, 한국일보, 1980.4.3.
17. 한국어와 영어에 있어서의 의문문에 대한 대조연구, [경희문선], 제3집, 1980.
18. 대학생의 한자 실력 연구, [어문연구], 통권 제27호, pp. 436~437, 한국어문 교육연구회, 1980. 10
19. 이중언어교육에 대하여, [사대논집], 6집, pp.243-259, 高麗大學校師範大學, 1981.2.

20. 二重언어교육 의 이론적 배경, [海外同胞], 20 pp.50-52, 해외교포문제연구소, 1981.12.
21. 고교 국어교육의 방법, 고려대 교육신보, 1982.1.17.
22. 문법교육으로서의 국어경어법에 대하여, 이응백교수 회갑기념 논문집, 서울: 보진재, 1982.
23. 문화교육에 대하여, 교육춘추, 1983.3.25
24. 현대 학문의 새 경향, 고려대 신문, 1983.9.19.
25. 이중언어교육의 의의와 해외한국자녀문제, [이중언어학], 1호, pp, 3-27, 이중언어학회, 1983.
26. 현대학문의 새경향 -언어학의 흐름-, 고려대 신문, 1983.9.19.
27. 화법에 대하여, 중 2-2 국어교과서 (국정), 1983.
28. 국어자음규칙에 대한 재고찰, [말], pp. 97-107, 연세대 한국어학당, 1983.12.
29. 의도와 의미, [청파문학], 14집, pp. 183-195, 숙명여대 국어국문학과, 1984.
30. 사회언어학이란?, [문법연구], 제5집. pp.135-159, 문법연구회, 1984.6.
31. 문법교과서 검토본, 새한신문, 1984.
32. 한국어복자음에 대한 사회언어학적 연구, [어문논집], 24호, 박병채교수 회갑 기념 논문집, 안암어문학회, pp. 149-171, 1985.1.
33. 해외교포자녀에 대한 모국어교육 방안, [이중언어학], 2집, pp. 89-131, 이중 언어학회, 1985.
34. The Korean Bilingualism in China and U.S.S.R., Literacy and Languages. No.2. 1985.
35. 관용어에 대하여, [국어교육], 53권. pp. 105-121, 이을환교수 회갑기념특집, 한국국어교육연구학회, 1985.
36. 고등학교 문법교육의 문제점, [사대논집], 10집, pp.75-88, 고려대학교 사범 대학, 1985.12.
37. 서평: 북한의 국어교육 (김민수 저), [아세아 연구], 제29권 1호, pp. 249-259, 고려대 아세아문제연구소, 1986.

38. 국어문법 교육으로서의 의미론에 대하여, [한국어문교육], 제1호, 고려대 사대 국어교육학회, 1986.2.
39. 재중공(在中共) 교포들의 문학잡지에 나타난 한국어 이질화(異質化) 현상에 대하여, [국어국문학], 제95권, pp. 428-429, 국어국문학회, 1986.5.
40. 인문과학에서의 교양교육, 대학교육, 7월호, 1986.
41. 고교문법에서의 보문처리 문제, [국어학 신연구], 탑출판사, 1987.
42. 재중공교포들의 문학활동과 한국어 이질화 양상, [이중언어학], 3호, pp. 23-49, 이중언어학회, 1987.
43. 고교생들의 작문에 나타난 비문 연구, [한국어문교육], 제2호, 고려대 사대 국어교육학회. 1987.6.
44. 국어교육학의 본질, 고려대 교육신보, 1987.6.25.
45. 재중공한인들의 문학작품에 나타난 한국어 이질현상에 대하여, [한글], 197호, pp. 137-154, 한글학회, 1987.9.
46. 바람직한 국어교육, [국어생활], 12, pp. 42-51, 국어연구소, 1988.3.
47. 언어의 질서와 인간의 질서, 고려대 신문, 1027호, 1988.3.28.
48. 재중고한인들의 한국어연구현황과 언어이질화, [아세아 연구], 1988.
49. 국어동의문 연구, [선청어문], 16 · 17호, pp. 310-335, 난대 이응백 교수 정년퇴임 기념논문집, 서울대학교 국어교육과, 1988.
50. 사회변화와 언어, [한국학 연구], pp. 59-89, 고려대학교 한국학 연구소, 1988.
51. 중 2-2 국어 말하기/듣기 단원, 1989.
52. 문화교육, 고려대 교육신보 1988.3.25
53. 서평 김민수 저, [국어정책론], 주시경학보, 제2집, 1989.
54. 남북한 언어 정책 비교, [현대 시학], Vol. 239, pp.44-50, 現代詩學社, 1989.2.
55. 제2언어로서의 문화교육, [이중언어학], 제5호. pp. 43-59, 이중언어학회, 1989.
56. 한국어교육의 유형과 방법론, [한얼], 제8권 제1호, 한국학교 연합회, LA., 1989.

57. 국제화시대의 한국어교육, 고려대 교육신보, 1990. 3.25
58. 이중언어이론과 중국에서의 한국어교육, [이중언어학], 제6호, pp. 135-167, 이중언어학회, 1990.
59. A Sociolinguistic Approach to the Consonant Rules in the Korean Phonology, The Sociology of Language, 1990.
60. 남북한 맞춤법 검토 -논평-, [국어정서법의 종합적 검토], 한국정신문화원, 1990년도 제5회 학술세미나.
61. 국어문법 교육, 전교학 신문, 1990.5.2.
62. 오사카 조선학 국제대회의 의의와 앞으로의 과제, 고려대 신문, 1990.9.3.
63. 영어강의와 고대의 국제화, 고려대 신문 사설, 1990.11.19.
64. Language Policy and Language Education in North Korea, Korea Journal, 제31권 1호, 유네스코 한국위원회, 1991.
65. 남북한 언어동질성 회복 방안, [한국발전], 1991년 가을호.
66. 재외국민교육의 의의와 그 극대화 방안, 재외국민교육, 1991.
67. 소련의 한국어학, 한국어교육, 그리고 언어 이질성에 대하여, [이중언어학], 제8호, pp. 272-298, 이중언어학회, 1991.
68. 국어의문문의 의미에 대하여, 김석득교수 회갑기념논문집, 1991.
69. 국어교육론 100년사, 김민수교수 정년퇴임논문집, 1992.
70. 국어요청문의 의미에 대하여, [주시경학보] 9, 주시경연구소, 1992.
71. 연변의 한국어교육, 이응백교수 고희기념논문집, 1992.
72. 문체론의 성격과 문체 유형에 대하여, [한국어문교육], 제6집, 고려대 사대 국어교육학회, 1992.12.
73. 한국어와 다른 언어와의 대조분석, [이중언어학], 제9호, 이중언어학회, 1992.
74. 국어교육 및 정책, 고영근·성광수·심재기·홍종선 편 [국어학연구 백년사], 일조각, 1992.
75. 문체론의 위상과 체계에 대하여, [語文論集], 3권, 1호, pp. 99-116, 숙명여대 국어국문학과, 1993.2.
76. 재외 한국어교육-연변편, [광복 후의 국어교육], 한샘. 1993.

77. 교육과 언어도 통일돼야 한다, [한국발전], 1993년 겨울호.
78. '가다, 대다, 서다, 보다, 버리다'의 의미 연구- 새로운 사전주석을 위한 시안-, [한국어학], 창간호, pp. 223-247, 한국어학회, 1994.3.
79. 문체론의 본질, [국어문체론], 박갑수 편저, 1994.10.
80. 남북언어의 이질화 현상과 그 극복 방안, [김일성 사후의 북한], 고려대아세아문제연구소, 1994.12.
81. 접속문의 성립과 접속성의 정도에 대하여, [언어], 19-2, pp. 407-429, 한국언어학회, 1994.12.
82. 청유문의 구조와 의미, 이익섭교수 회갑기념논문집, 1995.2.
83. 은유에 대하여, [한남어문학], 제21집, pp.129-146, 韓南大學校國語國文學會, 1995.4.
84. 상대높임법의 사회언어학, [어문논집], 34집, pp. 549-570, 안암어문학회, 국학자료원. 1995.10.
85. 해방 이후의 국어 교육과 국어정책 분야의 현황과 과제, [사회언어학] 제3호, 1995.
86. 남북한의 언어이질화와 그 극복 방안, 고대신문 1238호, 1995.6.12.
87. 이중언어 사용과 인지기능, [이중언어학], 제12집, pp. 1-18, 이중언어학회, 1995.12.
88. 한국어국제화방안, [한국어국제화를 위한 학술대회], 한국어국제화추진협의회, 1995.12.
89. 교포자녀에 대한 민족어교육과 한국어의 세계화. 고려대 민족문화연구소, 1995.12.
90. On the Cultural Elements in Korean Language Education, Symposium on Korean Studies, Sydney University, 1995.12.
91. 한국어능력평가 방안 연구 (공저), 학술진흥재단 보고서. 1996.
92. 미국의 이중언어 교육 이론 및 현황 조사 연구, [이중언어학], 제13호, pp.289-354, [한국어세계화의 제문제], 이중언어학회, 1996.
93. 진취적인 생각이 우리의 희망이다. 고려대 교육신보, 1997.1. 8
94. 이중/다중 언어교육에 대한 이론적 고찰, [語文學論叢], 양문각, 1997.

95. 국어교육과 한국어교육, [한국어학], 6, pp. 1-17, 한국어학회, 1997.8.
96. 21세기 국어의미론 연구의 방향, [한국어의미학], 창간호, pp. 29-58, 한국어 의미학회, 1997.12.
97. 은유의 사회적 의미에 대하여, [사회언어학], 제5권 2호, pp. 1-24, 한국사회언어학회, 1997. 12.
98. 중의문의 의미에 대하여, [추상과 의미의 실재], 박이정, 1998.1.
99. 평서문의 의미에 대하여, [국어학 논총], 1998.2.16.
100. 고교문법에서의 담화텍스트 교육의 내용과 방법, [새로운 국어교육을 위하여], 고려대 사대 국어교육과 창설 20주년 기념 논문집, 1998.10.
101. 한국의 언어계획과 언어정책에 대하여, [사회언어학], 6-2. pp. 5-29, 한국사회언어학회, 1998.12.
102. 조사의 인지의미론적 고찰 -'는'을 중심으로, [국어의 격과 조사], 한국어학회, 1999.
103. 언어교육으로서의 문화교육, [사회언어학], 제7권 2호, 1999.
104. 二重言語 教育과 우리의 漢字教育, [한글 + 漢字문화], pp. 84-87, 전국한자 교육추진총연합회, 1999.12.
105. "아까이대이"와 "와보랑께박물관", 고려대 교육신보 2000.3.2
106. 사회, 문화적 의사소통에 대하여, [사회언어학], 8-1, pp. 35~58, 한국사회언어학회, 2000.6.
107. 창의적인 사고와 교육의 힘, 2000. 고려대 교육신보, 2000. 9.2
108. Cultural Elements for the Korean Language Education Contents, ICKL, 2000.7.
109. 착상(idea)의 개념화 은유에 대한 고찰, [21세기 국어학의 과제], 월인, 2000.
110. 은유의 의미를 통해서 본 생각 (idea)의 개념화에 대하여, [한국어 의미학], 제7호, pp. 49-66, 한국어의미학회, 2000.12.
111. 학습자 언어와 한국어 교육,[한국어교육], 제12권 2호, pp. 1-28,국제한국어 교육학회, 2001.
112. 같은 언어를 사용한다는 이유만으로도--, 고교 국어생활 교과서, 2001,

블랙박스
113. 응용국어학의 현황과 과제, [21세기 국어학의 현황과 과제], 한국문화사, 2002.
114. 국어교육으로서의 문화 교육에 대하여, [21세기 국어교육학의 현황과 과제], 한국문화사, 2002.
115. 한국어 교육학 연구의 현황과 과제, [21세기 한국어교육학의 현황과 과제], 한국문화사, 2002
116. '말' 등에 나타난 인지적 개념화와 은유 생성에 대하여, Pathways into Korean Language and Culture, Edited by Sang-Oak Lee et al.박이정, 2002.
117. 정보화시대의 이중언어교육, [이중언어학], 제21호, 2002.
118. '말'의 은유화 양상에 대한 고찰, [국어학의 새로운 조명], 역락, 2003.2.
119. 한국어교육으로서의 문화 교육에 대하여, [이중언어학], 제23호, pp. 67-89, 2003.11.
120. 한국어 교재의 개발 현황과 발전 방향, [한국어교육], 제14권 3호, pp. 169-188, 국제한국어교육학회, 2003.11.
121. 21세기 국어의미론 연구의 현황과 과제, [언어과학], 28집, 2004.3.
122. 사회언어학연구의 현황과 과제, [사회언어학], 제12권 1호, pp. 123-147, 한국사회언어학회, 2004.6.
123. 동남아시아에서의 이중언어교육과 한국어의 세계화, 이중언어학회 발표 논문. 2004.11.
124. 한국어교육의 현황과 과제, [국어교과교육연구], 제7호, 부산대 국어교과 교육학회, 2004.6.
125. 한국어교사의 역할과 의무, 국립국어원 국제한국어교사 교육 주제 특강. 2004.8.
126. 화용론의 본질과 성격, [한국어학], 27호, pp. 1-24 한국어학회, 2005.5.
127. 이중언어교육의 최근동향과 재중동포의 한국어교육문제, [이중언어학], 제28호, pp. 11-31, 이중언어학회, 2005.6.
128. 한국어 교육과 한류, 중앙대학교 한류아카데미 논문집 1, 2005.6.

129. 담화와 텍스트의 의미분석을 위한 기준에 대하여, [국어 연구와 의미 정보], 이원직 교수 정년퇴임 논문집, 2005.7.
130. 이중언어이론 연구를 위한 사회언어학, 국립국어원 주제 특강. 2005.
131. 한국어교사의 사명과 책무, 국립국어원 주제 특강, 2005.
132. 이중언어교육의 본질과 한국어교육의 과제, [이중언어학], 제29호, pp. 11-33, 이중언어학회, 2005.10.
133. 한국어 교육과정의 바람직한 방향, 국제한국어교육학회 2006년도 추계 학술대회 기조 강연 논문.
134. 한국어 교육의 현황과 과제, 영남대학교 제15회 국어교육과 학술논문집, 2005.11.
135. 한국어 문법 교육의 방향, [국어교육연구], 제16집 107-123, 서울대학교 국어교육연구소, 2005.12.
136. 외국어교육의 최신 이론과 재미한인 자녀 교육문제, 재미한인학교협의회 국제학술대회 발표논문, 2005.
137. 한국어교육 수요가 큰 국가들에 대한 보급 지원 확대 방안, [한국어교육연구], 제1호, 배재대, 2006.1.
138. 한국어교육의 질적 행상 방안, 중국한국어교육연구학회 학술발표대회, 기조강연 논문 2006.7.
139. 한국어의 세계화 문제, [새국어생활], 16권 1호 봄, 2006.3.
140. 한국어에 대한 관심과 한국어교육, [새국어생활], 제16권 2호 여름, 2006.7.
141. 한국어교육의 질적 향상 방안 연구, 중국 국제학술대회 발표 논문, 중국 국제한국어교육학회. 2006.7.
142. 한국어 세계화, 중등 1급 정교사 자격연수, 고려대학교 중등교원연수원 강의집, 2006.7.
143. 한글과 디지털, 삼성 SDS 사보, 2006.10
144. 담화텍스트론, 중등 1급 정교사 자격연수, 고려대학교 중등교원연수원 강의집, 2007.7.
145. 은유 연구의 성과와 방법론, [한국어의미학], 제20호, pp. 1-28, 한국어

의 미학회, 2006.8.

146. 재미한인자녀들의 한국어 교육과 교사의 자질, 미국 한국어 진흥재단 국제학술대회, 2006.8.14.
147. 최신 언어 교육 이론과 한국어교육, Conference of American School Korean Language teachers, 미국한국학교협의회, 2006.8.
148. 한국어 교사의 자질과 태도, 국제교육진흥원 특강 원고 2006.8.17-24.
149. 이주여성과 2세 자녀들의 한국어 교육, 한국어세계화재단 "이주민을 위한 한국어교육 정책 수립"을 위한 심포지엄 주제 발표. 2006.9.8.
150. 한국어교육으로서의 문화교육에 대하여, 이화여대 한국어문화연구소 논문집, 2006.9.13.
151. 국어 교육과정의 바람직한 방향, 국제한국어교육학회 기조발표논문, 2006.10.14.
152. 한국어 교육의 현황과 전망, [재외동포를 위한 한국어 교육], 동국대, 2006.10.
153. 한글의 세계화, 조선대학교 한국어교사 연수 특강 원고, 2007.7.
154. 세계화시대 외국인을 위한 한국어교육, 한국언어문학회 국제학술대회 주제 발표 논문, 2007.10.30.
155. 한국사회의 소수집단과 한국어교육, 사회언어학회 기조발표논문, 2007.11.24.
156. 다문화시대의 언어 교육, 한국교원대학교 학술 세미나 기조강연 논문. 2007. 11.27.
157. 문화시대의 언어 교육정책, 서울교대 국어교육연구소 주최 심포지엄 주제 발표 논문, 2007.12.8.
158. 세계화시대 한국어의 위상, [국어교육학연구] 제30호, 국어교육학회. 2007.12.
159. 신문칼럼텍스트의 화용의미론적 분석, 한국어의미학회발표논문, 2008.2.16.
160. 한국어교육의 개념과 목표, 박영순 편 [한국어와 한국어교육], 2008.2 한국문화사.
161. 한국어의 위상과 한국어교육의 현황, 박영순 편 [한국어와 한국어교육], 2008.2 한국문화사.
162. 한국어의 진흥방안, 박영순편 [한국어와 한국어교육], 2008.2. 한국문화사.

163. 다문화가정의 자녀를 위한 언어교육정책, 박영순 편 [한국어와 한국어교육], 2008. 2. 한국문화사.
164. 다문화 가정을 위한 다언어문화교육 이론, 박영순 편 [한국어와 한국어교육], 2008.2. 한국문화사.
165. 한국어문화교육, 박영순 편 [한국어와 한국어교육], 2008.2. 한국문화사.
166. 이중언어 교육의 원리와 본질, 이중언어학회 발표 논문. 2008.4.5
167. 한글과 한국어교육, 제2회 한국어학회 국제학술대회 '세계와 한글'분야 기조강연 발표 논문. 2008.8.16
168. 다문화사회와 이중언어교육, 2009.2.1 서울교육대학교 다문화교육연구원 교재.
169. 문화교육의 목표와 방법, 209.2.20 순천향대학교 한국어교육원 주최 국제학술 대회 "외국인을 위한 문화교육의 방향" 기조강연 논문
170. 맥락에 맞게 읽기 -위대한 발명품 한글-, 2009.7.31,중학교 국어 1-1,천재교육.
171. 세계 속의 한국어학과 이중/다중 다언어교육의 본질, 세계한국어문학회 추계 학술대회 기조 강연 논문, 2009. 11.7 세계한국어문학회.
172. 다문화가정의 자녀교육에 대하여, 2010. 2. 14 법무부 출입국 사무국 다문화 가정을 위한 한국 적응 워크숍.
173. 한글이 위대한 이유, 초등학교 6학년 2학기 국어교과서, 2010. 6
174. 한국의 다문화사회 진입 현황과 언어변이 연구의 과제, 사회언어학회. 담화 인지언어학회 공동 학술대회 기조 특강 원고, 2010. 4. 24.
175. 다문화이론과 한국 언어문화교육의 내용 구성과 방법 대구 계명대학교에서 담화인지언어학회와 사회언어학회 공동 학술대회 기조 강연 원고 2010.5월 29일(토).
176. 세계 속의 한국어학과 다언어교육의 본질, 세계한국어문학 제3호, 2010. 세계한국어문학회.
177. 한국문화의 특징. 중국대련민족대학 한국어과 특강 원고. 2010.7.25
178. 문화어를 통한 한국문화 교육의 내용과 방법 연구. 세계한국어문학, 제6집. 2011. 10

사진으로 보는 혜당...

1　혜당회 제자들과 함께
2　신라 왕릉 향사 때 초헌관이셨던 아버님(맨 왼쪽
3　생후 6개월, 가족 사진
4　고등학교 때 친구 4총사
5　대학 졸업 여행 중 만난 박정희 대통령 내외
6　최근 가족 사진

1 버클리대 객원교수 시절, 얼빈트립 교수와 함께
2 하버드대 객원교수 시절, 촘스키 교수와 함께
3 2002년 출판 기념회
4 양문회 선생님들과
5 일리노이 대학교 유학시절
6 결혼(1967, 후암동 성당)
7 자택 정원에서 손녀와 함께

1 경희대 교수시절, 사은회
2 경희대 교수시절, 학술답사
3 고려대 교수 시절, 사범대 교수들과 대만여행
4 고려대 교수시절, 사은회
5 고려대 교수 시절, 졸업식때 학생들과 함께
6 고려대 교수 시절, 학술답사
7 스승의 날 제자들과 함께

1 고려대 국어교육과 교수님들과 회의

2 고려대 국어교육과 교수님들과 사범대학 건물 앞에서

3 고려대 국어학 교수님들과 함께

4 1981 이중언어학회 창립대회를 마치고

5 1990 미국 이중언어학회 특별초대 (단상의 둘째줄, 바로 앞이 바바라 부시여사)

1 1990 이중언어학회 제2회 국제대회 (중국)
2 1988 이중언어학회 제1회 국제대회 (일본)
3 1991 이중언어학회 제3회 국제대회 (소련)
4 1997 국어의미론학회 창립대회
5 버클리에서 딸과 함께
6 눈 덮힌 요세미티 공원에서

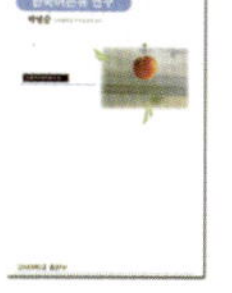

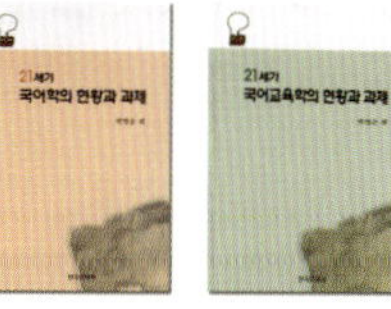

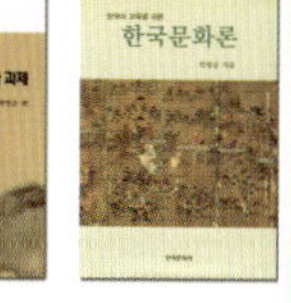

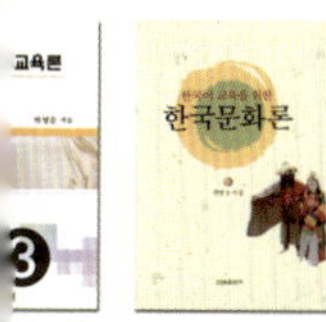

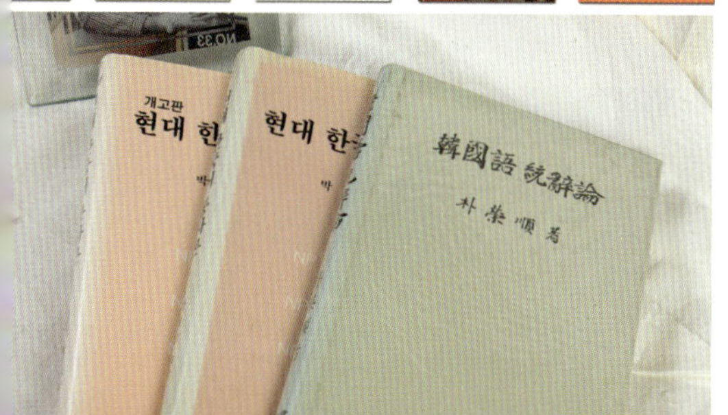

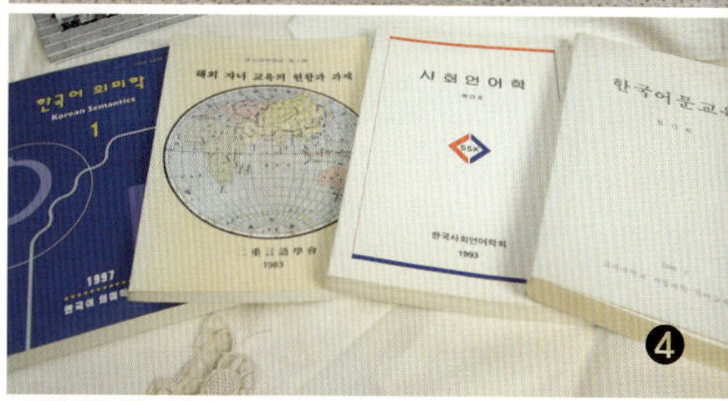

1 2002 한국어학회 제1회 국제대회

2 2000 사회언어학회 국제대회

3 혜당의 저서들

4 혜당이 창간한 학술지

5 혜당의 학술상 수상 저서들

한국어 세계화 재단에서...

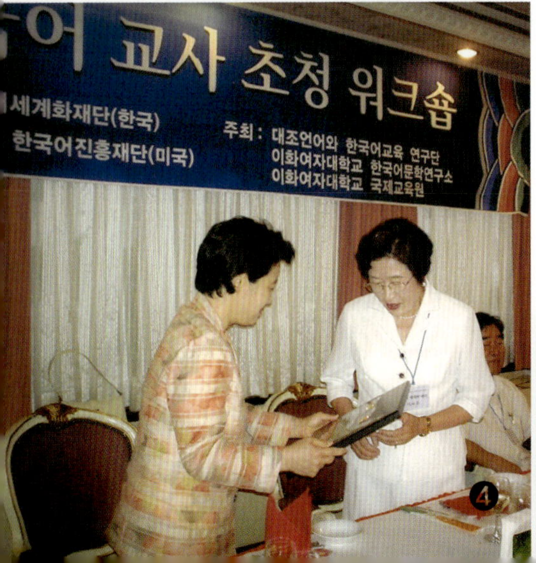

1 한국어 학습 수기 공모 시상식
2 국내 이주민 대상 한국어교육 정책 수립을 위한 심포지엄
3 한국어 홍보대사 임명식
4 미국 한국어 교사 초청 워크숍
5 연구실에서

회갑기념 출판기념회…

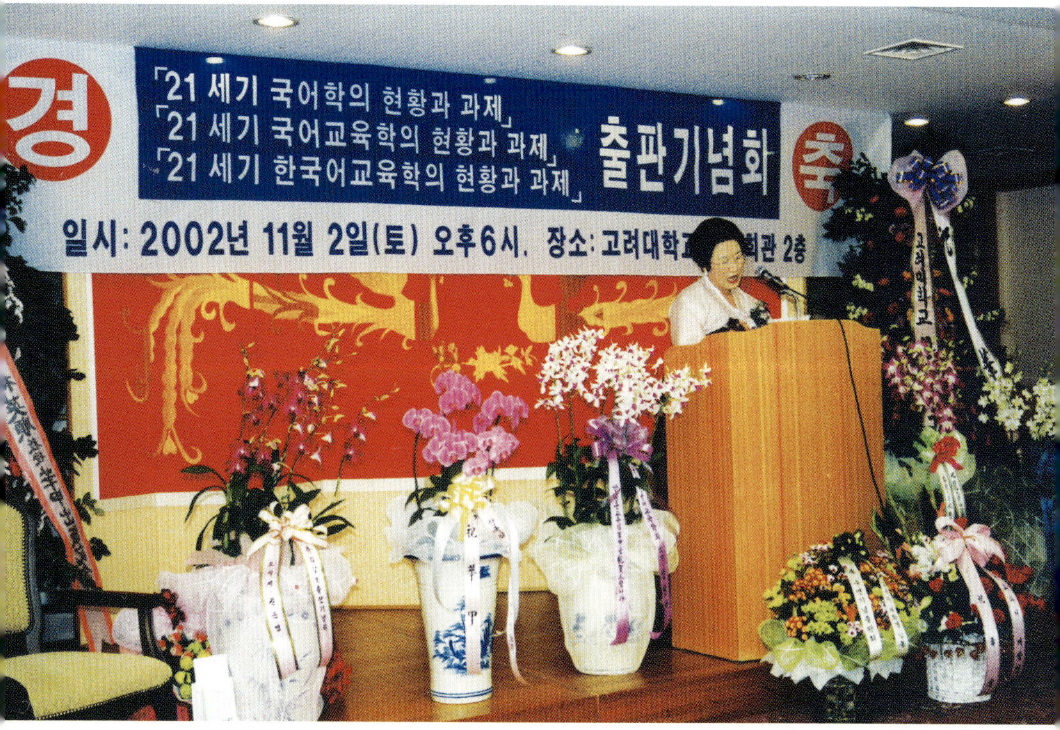

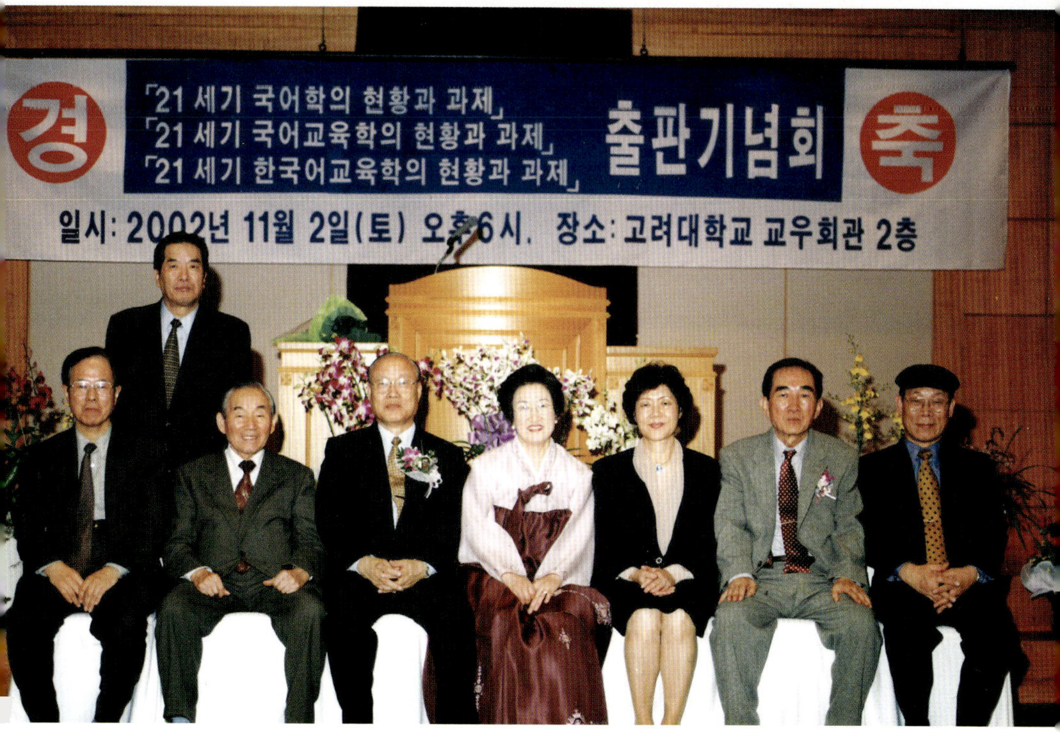

정년퇴임식 이모저모 ...

정년기념 출판기념회 ...

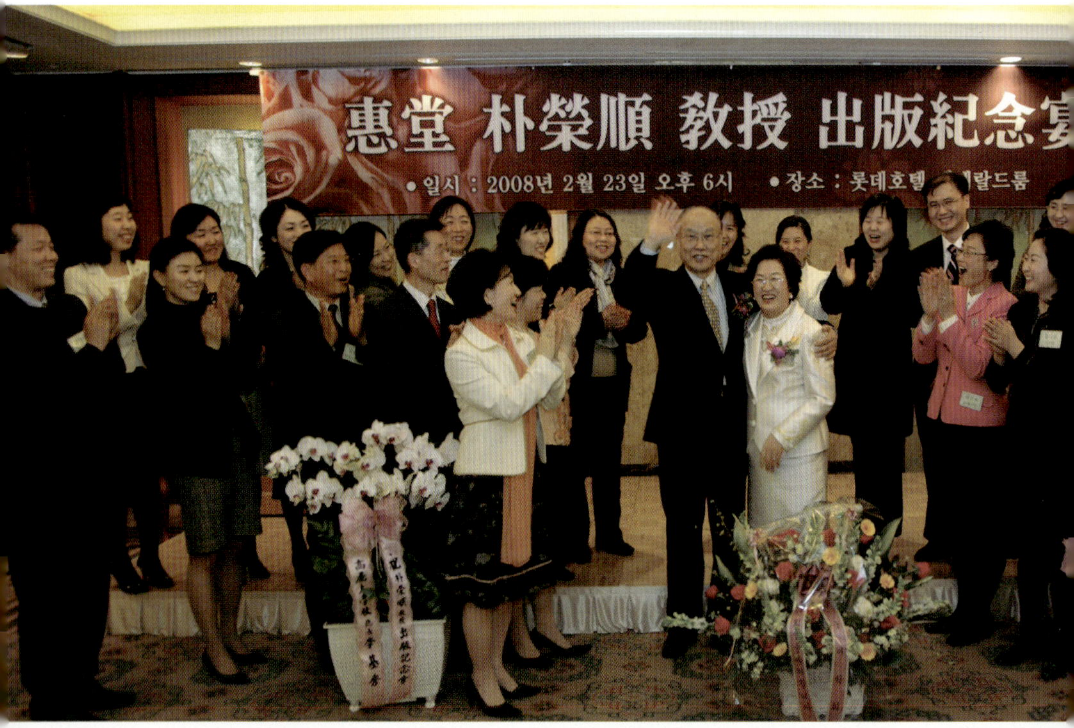

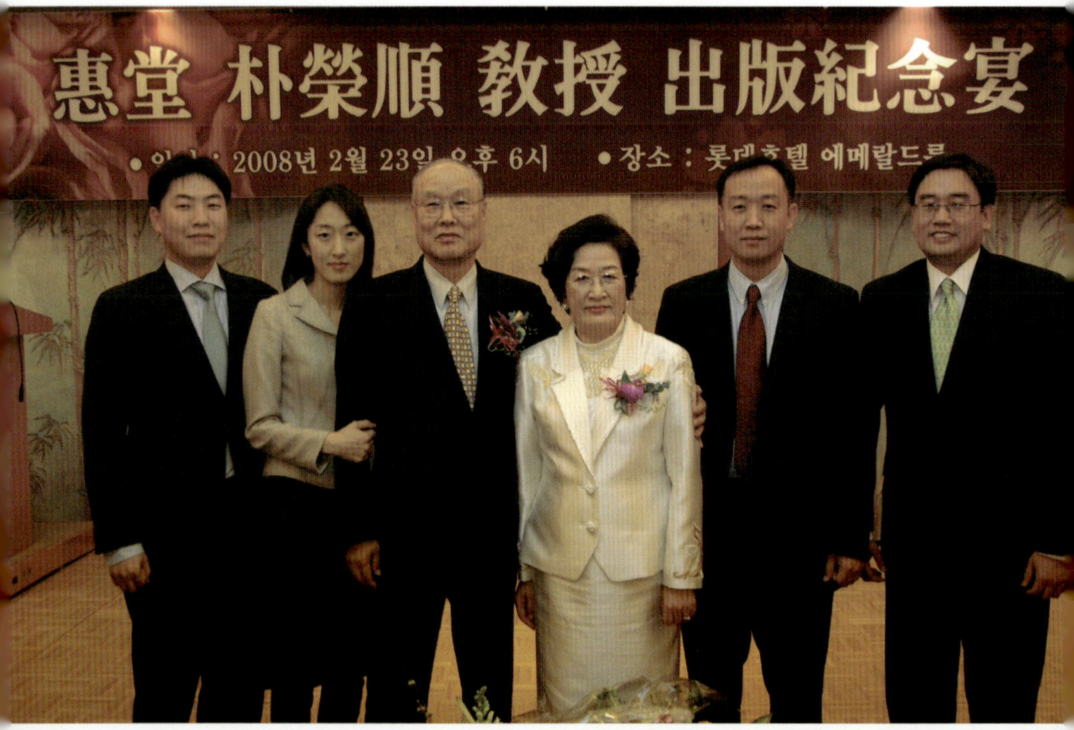

惠堂 朴榮順 教授 出版紀念宴

● 일시 : 2008년 2월 23일 오후 6시 ● 장소 : 롯데호텔 에메랄드룸

박영순 강의실 모습…

• 고려대 사범대 건물인 운초우선교육관 313호실에 명명된 「박영순 강의실」 간판 앞에서 제자들과 함께

학부생들과 마지막 학술답사(도산서원, 2007)...